21世纪职业教育教材·财经管理系列

经济学基础

主　编　陈鸿雁　张　萍
副主编　韩小霞　刘海燕
　　　　许欣然　李联卫
参　编　张锦青　李玉倩
　　　　国　帅

北京大学出版社
PEKING UNIVERSITY PRESS

内容简介

本书内容主要包括微观经济学和宏观经济学两部分内容，同时对相关经济学知识进行了适当的拓展。本书注重适用性、系统性、演进性、趣味性，强调学习效果和理论联系实际。每章均有学习目标、本章小结等引导性内容，并配有各种题型的复习思考题，同时适当插入了一些相关链接和针对知识点的思考问题。

本书适合高职高专学生使用，也可作为教师教学参考书和教师手册，还可作为高等学校经济、管理类的学习参考书和企业在职人员的工作实践指导用书。

图书在版编目（CIP）数据

经济学基础 / 陈鸿雁，张萍主编．—北京：北京大学出版社，2011.9
（全国高职高专规划教材·财经管理系列）
ISBN 978-7-301-19007-4

Ⅰ.①经… Ⅱ.①陈… ②张… Ⅲ.①经济学—高等职业教育—教材 Ⅳ.①F0

中国版本图书馆 CIP 数据核字（2011）第 111205 号

书　　　名：	经济学基础
著作责任者：	陈鸿雁　张　萍　主编
策 划 编 辑：	成　淼
责 任 编 辑：	陈　薇
标 准 书 号：	ISBN 978-7-301-19007-4/F·2791
出 版 发 行：	北京大学出版社（北京市海淀区成府路 205 号　100871）
网　　　址：	http://www.pup.cn
电 子 信 箱：	编辑部 zyjy@pup.cn　总编室 zpup@pup.cn
电　　　话：	邮购部 010-62752015　发行部 010-62750672　编辑部 010-62754934
印 刷 者：	河北滦县鑫华书刊印刷厂
经 销 者：	新华书店
	787 毫米×1092 毫米　16 开本　19.5 印张　450 千字
	2011 年 9 月第 1 版　2024 年 8 月第 9 次印刷
定　　　价：	48.00 元

未经许可，不得以任何方式复制或抄袭本书之部分或全部内容。
版权所有，侵权必究
举报电话：(010) 62752024　电子信箱：fd@pup.cn

前　言

当前社会经济发展正经历着罕见的重大挑战，全球性的经济危机影响着每一个国家、每一个个体；生活中的各种经济问题也影响和困扰着我们每一个人。我们可能对许多经济现象充满着疑惑，学习和了解基本的经济学知识对于每个学生显得更加重要。同时，四十多年的改革开放，中国经济发生了巨大的变化，我国社会主义市场经济的不断完善给学习经济学的学生提供了肥沃的土壤。为满足高职高专层次学生学习经济学知识的需要，我们编写了本书。本书贯彻落实党的二十大精神，根据高等职业教育的特点，融合现代最先进的经济理念，吸收国内外优秀经济学教材的精华，以及编写团队成员多年的教学经验、多年为企业咨询的经验、实践和研究成果，参阅大量的有关书籍资料，吸纳经济学学科前沿的理论知识，使学生了解经济学的基本概念、基本规律、基本理论，分析和解决实际生活中的经济现象和经济问题，培养学生清晰的逻辑思路和综合实践应用能力。

本书在遵循基本理论框架的前提下，注重应用性和实战性，能够为学生提供新的经济理念和新的思维模式。本书的特点主要体现在以下几方面。

1. 适用性

高职教育是以社会、经济现实和未来发展趋向需求为导向的人才培养教育模式，在应用型人才培养中，既应注重专业技术培养，同时又要注重基本理论知识的学习。本书在内容选择上结合高职高专特点，以"必需、够用"为原则，注重基本理论的讲精讲透，简化了一些繁琐的求证过程，只运用了一些最基本的高等数学知识和图表、公式等工具以服从理论学习的需要，做到了体系简洁、结构合理，便于学生理解，而对拓展性知识以简单介绍为主。本书坚持用通俗、生动的语言描述西方经济学内容。

2. 理论的系统性与演进性

经济学是一门系统性很强的学科，所以在以"基本知识和基本理论够用"为原则的前提下，为保证经济学知识体系的完整性，我们注重对经济学基础知识进行系统的介绍。本书全面、系统地介绍了经济学（微观经济学和宏观经济学）的基本内容。同时，经济学又是一门具有演变性的学科，随社会经济的发展，其内容会有新的进展，为此本教材在基本内容上作了相应的调整。

3. 联系实际，注重案例教学

为满足应用型人才培养的需要，本书理论介绍全部从案例导入开始，案例分析服从对理论的推导。案例的使用尽量本土化、生活化。书中除列举生活中的实例外，同时添加了更具现实意义的内容，尤其是对当前经济形势下相关经济问题进行列举、分析。做到了理论联系实际。

4. 趣味性

本书密切结合高职学生的特点，寓教于乐，各篇章首设计了"名人名言"、"导入案例"，以引起学生的兴趣与思考；篇中设计"课堂互动"，篇末设计了"案例分析"等栏目，切实贯彻"在快乐中学习，在学习中掌握知识与技能"的思想，旨在丰富教学内容，调动学生学习的兴趣，激发学生学习的热情，培养学生的主体意识、开放意识、训练意识、互动意识、交流意识，使学生真正成为学习的主人、课堂的主人，获得应有的收获。

5. 操作性

为了便于学生学习和突出重点，本书每章均有学习目标、本章小结，并配有各种题型的复习思考题。为拓展学生视野，在每章适当地插入了一些相关链接和针对知识点的"课堂互动"、"动手操作"、"案例分析"等，注重手脑并用的教学方法，注重学生技能的提高。

6. 创新性

本书根据高等职业教育的教学特点，在内容、结构、体系等方面进行了大胆的尝试和创新。本书在编写中力求彰显工学结合的先进理念，在引入当前出现的前沿性经济理论时，编者参阅了国内外近些年出版的相关教材，结合多年的科研和教学成果，吸收国外企业的内训教材，使本书具有观念新、易学习的特点。本书每章以导入案例开头，以案例分析结束，并且在课程的内容、结构、体系等方面进行了大胆的尝试和创新，具有很强的可读性。每章所选用的案例经过精挑细选，参考了大量的案例加工而成，真正起到了画龙点睛的作用。从某种意义上讲，这些案例是教材每一部分理论的延伸，与章节知识相互补充、相互结合，成为章节内容的有机组成部分，使读者通过案例对管理知识有更深层次的理解和把握。

"经济学基础"是经济类、管理类专业的重要专业基础课程之一。本书抓住经济思维和实践的精髓，在内容、体系等方面力求做到题材新颖，选材适当，突出案例，注重运用。全书共十二章。第一章导论，介绍了经济学的研究对象和基本内容；第二章至第七章为微观经济学的内容，介绍了供求理论、消费者行为理论、生产者行为理论、市场结构理论、分配理论、市场失灵与微观经济政策；第八章至第十二章为宏观经济学的内容，介绍了国民收入核算、国民收入决定理论、失业和通货膨胀理论、经济增长与经济周期理论、宏观经济政策。

本书设计了名言警句、学习目标、课堂互动、要点回放、技能训练等栏目，构建了相对完整的经济学理论及操作体系，回归了以培养学生技术应用能力为主线的高职高专教育本位，突出强调学生学习的参与性与主动性，体现了教材定位、规划、设计与编写等方面的职业教育教学改革示范性，适合高职高专院校经济类、管理类专业及相关专业选用。

《经济学基础》一书由全国百所示范性高职院校淄博职业学院"经济学基础"课程负责人陈鸿雁研究、开发和设计，山东工业职业学院、山东交通职业学院、山东丝绸纺织职业学院、山东省工会管理干部学院等其他高职院校老师参与编写工作。陈鸿雁、张萍担任主编，韩小霞、刘海燕、许欣然、李联卫担任副主编，张锦青、李玉倩、国帅也参与了编写。具体分工如下：陈鸿雁编写前言、目录、内容简介、第一、第二章，张萍编写第三、第六、第十一章，许欣然、国帅编写第四章，刘海燕编写第五、第八章，韩小霞编写第七章，张锦青编写第九章，李联卫编写第十章，李玉倩编写第十二章。陈鸿雁对全书统一加工整理，总纂定稿。

  在本书编写过程中，我们参阅了目前已出版的国内外西方经济学的优秀教材、专著和相关资料，以及行业技术专家馈赠的一些国内外企业的宝贵资料，引用了一些有关的内容和研究成果，恕不一一详尽说明，仅在参考文献中列出，在此向有关作者致以谢意。北京大学出版社对本书的出版也给予了大力支持与帮助，在此，一并致以衷心感谢。

  作为全国百所示范性高职院校之一，不断探索与实践既是我们的责任，也是我们的使命。我们深知，作为示范性院校建设的阶段性成果，本书难免会有错误与疏漏，敬请广大专家和读者批评指正，以便修订时改进。如读者在使用本书的过程中有其他意见或建议，恳请向编者（chhy1222@126.com）踊跃提出宝贵意见。

编 者
2023 年 8 月

目 录

第一章 经济学导论 ... 1
第一节 经济学的产生和发展 ... 2
一、经济学的含义 ... 2
二、经济学的产生与发展 ... 3
第二节 经济学的研究对象 ... 5
一、资源的稀缺性 ... 6
二、生产可能性曲线与机会成本 ... 7
三、资源的配置与利用 ... 8
四、经济体制 ... 10
第三节 微观经济学与宏观经济学 ... 12
一、微观经济学 ... 12
二、宏观经济学 ... 13
三、微观经济学与宏观经济学的关系 ... 15
第四节 经济学的研究方法与意义 ... 16
一、经济学的研究方法 ... 16
二、学习经济学的意义 ... 20

第二章 需求、供给与价格 ... 26
第一节 市场需求 ... 27
一、需求 ... 27
二、需求函数、需求表和需求曲线 ... 29
三、需求定理 ... 30
四、需求量变动与需求变动 ... 32
第二节 市场供给 ... 32
一、供给 ... 33
二、供给函数、供给表与供给曲线 ... 34
三、供给定理 ... 34
四、供给量变动与供给变动 ... 35
第三节 均衡价格 ... 36
一、市场均衡的含义 ... 36
二、均衡价格 ... 36
三、支持价格和限制价格 ... 39
第四节 弹性理论与应用 ... 39
一、需求价格弹性 ... 40
二、交叉价格弹性 ... 42
三、需求收入弹性 ... 43
四、供给价格弹性 ... 44

第三章 消费者的行为 ... 51
第一节 效用论概述 ... 52
一、欲望 ... 52
二、效用 ... 53
三、效用的评价方法 ... 53
第二节 基数效用与消费者行为 ... 54

I

　　　　　一、总效用和边际效用 ·· 54
　　　　　二、边际效用递减规律 ·· 55
　　　　　三、消费者均衡 ·· 56
　　　　　四、消费者剩余 ·· 57
　　第三节　序数效用与消费者行为 ·· 59
　　　　　一、消费者偏好 ·· 59
　　　　　二、无差异曲线 ·· 59
　　　　　三、边际替代率 ·· 61
　　　　　四、预算线 ··· 62
　　　　　五、消费者均衡 ·· 63
　　第四节　消费者行为理论的应用 ·· 64
　　　　　一、收入与价格变化对消费需求的影响 ···························· 64
　　　　　二、替代效应和收入效应 ··· 65
　　　　　三、消费者行为理论与企业决策 ···································· 66

第四章　生产者的行为 ·· 72
　　第一节　生产与生产函数 ·· 73
　　　　　一、生产 ·· 73
　　　　　二、生产函数 ·· 75
　　第二节　生产要素的最适组合 ·· 80
　　　　　一、两种可变生产要素的生产函数 ································· 80
　　　　　二、等产量曲线 ·· 80
　　　　　三、边际技术替代率 ·· 82
　　　　　四、等成本曲线 ·· 83
　　　　　五、生产要素的最适组合 ··· 84
　　　　　六、生产扩张曲线 ··· 86
　　　　　七、规模收益 ·· 86
　　第三节　成本分析 ··· 88
　　　　　一、成本概念 ·· 89
　　　　　二、短期总成本曲线 ·· 90
　　　　　三、长期总成本曲线 ·· 93
　　　　　四、各类成本之间的关系 ··· 95
　　第四节　企业收益与利润最大化 ·· 96
　　　　　一、企业收益 ·· 96
　　　　　二、利润最大化 ·· 98

第五章　市　场 ·· 106
　　第一节　市场概述 ·· 107
　　　　　一、市场 ··· 107
　　　　　二、划分市场类型的因素 ·· 108
　　　　　三、四种基本市场类型的划分及特征 ···························· 108
　　第二节　完全竞争市场 ·· 109
　　　　　一、完全竞争市场的含义与条件 ·································· 109
　　　　　二、完全竞争市场的需求曲线和收益曲线 ····················· 110
　　　　　三、完全竞争市场厂商的短期均衡 ······························ 112
　　　　　四、完全竞争市场厂商的长期均衡 ······························ 114
　　第三节　完全垄断市场 ·· 115
　　　　　一、完全垄断市场的含义及条件 ·································· 115
　　　　　二、完全垄断市场的需求曲线和收益曲线 ····················· 116
　　　　　三、完全垄断市场厂商的短期均衡 ······························ 117

四、完全垄断市场厂商的长期均衡 …………………………………… 118
　　　五、垄断厂商的歧视定价与垄断利润 …………………………………… 118
　第四节　垄断竞争市场 …………………………………………………………… 120
　　　一、垄断竞争市场的含义与特征 …………………………………………… 120
　　　二、垄断竞争厂商面临的市场需求曲线和收益曲线 …………………… 121
　　　三、垄断竞争厂商的短期均衡 …………………………………………… 121
　　　四、垄断竞争厂商的长期均衡 …………………………………………… 122
　第五节　寡头垄断市场 …………………………………………………………… 123
　　　一、寡头垄断市场的含义与特点 ………………………………………… 123
　　　二、寡头垄断厂商的均衡 ………………………………………………… 124
　　　三、博弈论 ………………………………………………………………… 125
　第六节　不同市场类型经济效益的比较 ………………………………………… 128
　　　一、完全竞争市场的经济效益 …………………………………………… 128
　　　二、完全垄断市场的经济效益 …………………………………………… 129
　　　三、垄断竞争市场的经济效益 …………………………………………… 129
　　　四、寡头市场的经济效益 ………………………………………………… 130

第六章　收入分配 …………………………………………………………………… 136
　第一节　生产要素的概述 ………………………………………………………… 138
　　　一、生产要素的需求与派生需求 ………………………………………… 138
　　　二、要素市场与产品市场的区别与联系 ………………………………… 139
　　　三、生产要素价格的确定 ………………………………………………… 139
　第二节　要素市场的分析 ………………………………………………………… 141
　　　一、劳动和工资 …………………………………………………………… 141
　　　二、地租的决定 …………………………………………………………… 145
　　　三、租金、准租金和经济租金 …………………………………………… 146
　　　四、资本与利息率 ………………………………………………………… 148
　　　五、利润理论 ……………………………………………………………… 150
　第三节　分配中的平等与效率 …………………………………………………… 152
　　　一、衡量收入分配平均程度的标准 ……………………………………… 152
　　　二、平等与效率的替代关系 ……………………………………………… 154
　　　三、平等与效率的先后次序 ……………………………………………… 155
　　　四、平等与效率协调的政策 ……………………………………………… 155

第七章　市场失灵与政府干预 ……………………………………………………… 161
　第一节　市场失灵 ………………………………………………………………… 162
　　　一、市场失灵的内涵 ……………………………………………………… 162
　　　二、市场失灵的原因 ……………………………………………………… 163
　　　三、市场失灵的表现 ……………………………………………………… 163
　第二节　政府对垄断的公共政策 ………………………………………………… 165
　　　一、垄断的危害 …………………………………………………………… 165
　　　二、政府针对垄断的公共政策 …………………………………………… 166
　第三节　公共物品 ………………………………………………………………… 168
　　　一、公共物品的含义和特征 ……………………………………………… 168
　　　二、公共物品的分类 ……………………………………………………… 169
　　　三、公共物品和市场失灵 ………………………………………………… 170
　　　四、政府对公共物品的对策 ……………………………………………… 171
　第四节　外部性 …………………………………………………………………… 174
　　　一、外部性及其分类 ……………………………………………………… 174
　　　二、外部性和市场失灵 …………………………………………………… 176

           　　三、政府解决外部性的政策 …… 176
    第五节　不对称信息 …… 178
           　　一、逆向选择与"次品"问题 …… 178
           　　二、委托代理问题 …… 178
           　　三、道德风险问题 …… 179
           　　四、信号传递与甄别问题 …… 180
           　　五、不对称信息问题的解决 …… 180

第八章　国民收入核算体系 …… 186
    第一节　国内生产总值与国民收入 …… 187
           　　一、国内生产总值（GDP） …… 187
           　　二、与国内生产总值相关的几个概念 …… 190
           　　三、国民经济中的总产出、总收入与总支出 …… 191
    第二节　国民收入核算的基本方法 …… 192
           　　一、支出法 …… 192
           　　二、收入法 …… 193
           　　三、生产法 …… 194
    第三节　国民收入核算中的恒等关系 …… 195
           　　一、两部门经济中的收入流量循环模型与储蓄—投资恒等关系 …… 195
           　　二、三部门经济中的收入流量循环模型与储蓄—投资恒等关系 …… 197
           　　三、四部门经济中的收入流量循环模型与储蓄—投资恒等关系 …… 198

第九章　国民收入决定 …… 203
    第一节　国民收入的循环模型 …… 205
           　　一、两部门的国民经济循环模型 …… 205
           　　二、三部门的国民经济循环模型 …… 206
           　　三、四部门的国民经济循环模型 …… 207
    第二节　简单的国民收入决定模型 …… 209
           　　一、45°线模型 …… 209
           　　二、消费、储蓄与投资 …… 210
           　　三、简单的国民收入决定模型 …… 214
    第三节　总需求—总供给模型 …… 217
           　　一、IS—LM 模型 …… 217
           　　二、总需求与总供给曲线 …… 221

第十章　失业与通货膨胀 …… 229
    第一节　失业 …… 230
           　　一、失业的内涵 …… 230
           　　二、失业的类型 …… 231
           　　三、失业的原因 …… 233
           　　四、失业的影响 …… 234
           　　五、治理失业的政策 …… 235
    第二节　通货膨胀 …… 236
           　　一、通货膨胀的含义与衡量 …… 237
           　　二、通货膨胀的类型及成因 …… 238
           　　三、通货膨胀对经济的影响 …… 240
           　　四、抑制通货膨胀的对策 …… 241
    第三节　失业与通货膨胀的关系 …… 243
           　　一、凯恩斯的观点 …… 243
           　　二、菲利普斯曲线 …… 243
           　　三、货币主义的观点 …… 244

四、停滞膨胀 ··· 245

第十一章　经济周期与经济增长 ··· 252
　第一节　经济周期 ··· 253
　　　一、经济周期的含义、阶段与类型 ······································ 253
　　　二、经济周期的理论概述 ··· 255
　　　三、乘数—加速数原理 ··· 256
　第二节　经济增长 ··· 259
　　　一、经济增长与经济发展 ··· 259
　　　二、经济增长理论概述 ··· 261
　　　三、经济增长模型 ··· 261
　　　四、经济增长因素分析 ··· 264
　　　五、经济增长极限论与经济增长怀疑论 ······························· 267
　　　六、新经济增长理论 ·· 269

第十二章　宏观经济政策 ··· 275
　第一节　宏观经济政策 ··· 276
　　　一、宏观经济政策的含义与目标 ··· 276
　　　二、宏观经济政策的工具 ··· 278
　　　三、宏观经济政策的发展与演变 ··· 278
　第二节　财政政策 ··· 279
　　　一、财政政策的含义 ·· 279
　　　二、财政政策的工具 ·· 279
　　　三、财政政策的运用 ·· 281
　　　四、财政制度中的内在稳定器 ·· 281
　　　五、酌情使用财政政策 ··· 282
　第三节　货币政策 ··· 283
　　　一、货币政策的基本知识 ··· 283
　　　二、货币政策及其作用 ··· 286
　　　三、货币政策工具 ··· 286
　　　四、货币政策的运作 ·· 288
　　　五、影响货币政策的因素 ··· 289
　第四节　供给管理政策 ··· 289
　　　一、收入政策 ·· 289
　　　二、指数化政策 ··· 290
　　　三、人力政策 ·· 290
　　　四、经济增长政策 ··· 291
　第五节　宏观经济政策的应用 ·· 292
　　　一、宏观经济政策的选择 ··· 292
　　　二、政策目标的矛盾与协调 ·· 293

参考文献 ··· 299

第一章　经济学导论

> 经济学理论并没有提供一套立即可用的完整结论。它不是一种教条，只是一种方法、一种心灵的器官、一种思维的技巧，帮助拥有它的人得出正确结论。
> ——约翰·梅纳德·凯恩斯

学习目标

●知识目标
1. 掌握经济学的含义；
2. 了解经济学的形成和发展；
3. 掌握资源的稀缺性和由此产生的经济学对资源配置与利用的问题；
4. 初步认识经济学的主要研究方法。

●能力（技能）目标
1. 认识并初步分析生活中的经济问题；
2. 能初步形成经济学的总体框架。

●情感目标
1. 初步培养起对经济学学习的兴趣，增强对经济学学习重要性的认识；
2. 认知并有意识地培养自己的经济意识。

经济与生活

生活不是为了挣钱，挣钱只是为了更好的生活

一个富翁努力工作了数十年，终于决定到海边去度假。每天，他欣赏着阳光、沙滩与海浪，觉得自己很成功，很了不起。

这个富翁在海边发现了一个渔夫，天天也都和他一样躺在沙滩上晒太阳，基本上不去打鱼，他感到非常奇怪。在观察了几天以后，他决定前去问个明白。

富翁问："你为什么不天天都打鱼？"

渔夫反问："为何要天天都打鱼呢？"

富翁说："天天打鱼可以挣许多钱啊！"

渔夫又问："挣许多钱又干什么呢？"

富翁好心地说："挣许多钱之后，你就可以请其他人为自己工作呀。"

渔夫却道："其他人为我工作了又怎样呢？"

富翁说："那样你就可以与我一样出来度假晒太阳了。"

这时，渔夫看了看富翁，慢慢地说："那你觉得我现在在干什么呢？"

富翁终于无话可说了。

这个经济学故事看起来好像很简单，却意味深长，它暗含了人生中某些结局性的殊途同归与不谋而合。一个人若想生活得更幸福和快乐，最大化地让自己感到满足，就需要考虑时间的分配，多少时间用于挣钱，多少时间用来休闲。生活不是为了挣钱，挣钱只是为了更好地生活，每个人都应该明白这样一个道理。无论今后干什么，不会后悔自己学过经济学。

第一节　经济学的产生和发展

人类为了自身的生存和发展，从来没有停止过利用资源进行物质资料生产的活动。物质资料生产是人类社会存在和发展的基础，也是经济学研究的出发点。

一、经济学的含义

"经济"一词（Economy）源于希腊语，意为"管理一个家庭"。一个家庭总要面临许多决策，比如说：买房还是租房？供子女出国留学还是投资股票？要不要雇保姆？……一家之长必须充分考虑到每个成员的愿望、能力和努力，在既有条件下作出恰当的安排和选择。这便是经济学的核心问题——经济选择。

"Economy"这个词后来又衍生出"政治经济学"和"经济学"，用来指研究人类社会经济活动的科学。

"政治经济学"一词最早出现于17世纪。那时，欧洲的国家在经济活动中的作用日渐显要。于是，最初在法国，"Politique"和"Economie"构成"政治经济学"（Politiqueeconomie）一词，用以指对国家事务的公共管理。在那期间，人们除了研究公共管理的经济政策之外，还研究经济活动本身，诸如生产、消费、交换等的规律。但所有这些研究都包含在"政治经济学"这一名词之下。

到19世纪中叶，政治经济学的含义受到两方面的批判。马克思和恩格斯批评政治经济学的研究范围太狭隘，认为它应该是关于整个资本主义社会的理论，因此还得研究除经济活动以外的社会政治活动和关系。而另一种观点则认为"政治经济学"一词令人误解，主张以"经济学"一词来定义研究经济活动内在规律的理论科学，而把"政治经济学"定义为研究经济政策的应用经济学。但当时及以后的一些经济学家仍将"经济学"和"政治经济学"视为同义词。虽然马克思主义经济学与西方经济学都来源于古典政治经济学,都是对资本主义经济的分析和研究,但是由于两者立场不同,研究的目的、对象不同,因此分别得出资本主义必然灭亡和永恒存在两种截然相反的结论。

到19世纪末,"政治经济学"一词在西方经济学界逐渐为"经济学"(Economics)所替代。现代经济学家通常都用"经济学"或"现代经济学"一词。从一定意义上说,政治经济学与经济学具有相同的内涵,政治经济学也可简称为经济学。而在中国,因为历史的原因,有时候将马克思主义经济学称为政治经济学,将非马克思主义经济学称为"西方经济学"。其实,在马克思的《资本论》和其他著作中,也常把政治经济学与经济学通用。

经济学是研究人们和社会如何做出选择来使用可以有其他用途的稀缺的经济资源,在现在或将来生产各种商品,并把商品分配给社会的各个成员或集团以供消费之用的一门社会科学。至今,经济学的学科体系已相当庞杂,有微观经济学、宏观经济学、国际经济学、产业经济学、区域经济学、发展经济学、转型经济学、公共经济学等。

经济学绝不是死记硬背的教条,也不仅仅是"说钱的理论"。学习经济学能获得一种新的思考方法和行为方式,它将有助于你提高理解世界问题的洞察力,帮助你在生活中作出正确的决策。正如爱尔兰戏剧家萧伯纳曾写的:"经济学是最大限度享受生活的艺术。"

【课堂互动1—1】 有人说经济学是"说钱的理论",你认为对吗?

二、经济学的产生与发展

经济学作为一门独立学科,是与资本主义生产方式相伴随产生并发展起来的。虽然早在古代许多思想家就研究了经济问题,但这些对经济问题的论述与哲学、政治学、伦理学等混杂在一起,经济学本身在当时并没有成为一门独立的学科。

1. 经济学的萌芽阶段——重商主义

重商主义产生于15世纪,终结于17世纪中期。这是资本主义生产方式的形成与确立时期。重商主义的主要代表人物有英国经济学家约翰·海尔斯、威廉·斯塔福德、托马斯·曼,法国经济学家安·德·孟克莱田、让·巴·柯尔培等人。孟克莱田在1615年发表了《献给皇上和皇太后的政治经济学》,最早使用了政治经济学这一概念。重商主义者并没有什么系统的理论,其基本观点是:金银是唯一的财富,一国的财富来自对外贸易,增加财富的办法就是扩大出口、限制进口,这样就必须实行国家对经济生活的干预。

重商主义的这些观点,反映了原始积累时期资本主义经济发展的要求。但重商主义仅限于对流通领域的研究,其内容也只是一些政策主张,并没有形成一个完整的经济学体系,只能说是经济学的萌芽阶段。真正的经济科学只有在从流通领域进入到生产领域中时才算形成。

2. 经济学的形成时期——古典经济学

古典经济学是从17世纪中期开始,到19世纪70年代为止。主要的代表人物有英国经济学家亚当·斯密、大卫·李嘉图、约翰·穆勒、马尔萨斯、法国经济学家让·巴·萨伊等人。最重要的代表人物是亚当·斯密,被人称为经济学鼻祖,其代表作是1776年出版的《国富论》。

《国富论》的发表被视为经济学史上的第一次革命，即对重商主义的革命。以斯密为代表的古典经济学家的贡献，是建立了以自由放任为中心的经济学体系。

古典经济学研究的中心是国民财富如何增长，强调财富是物质产品，增加国民财富的途径是通过增加资本积累和分工来发展生产。围绕这一点，古典经济学家研究了经济增长、价值、价格、收入分配等广泛的经济问题。斯密从人是利己的"经济人"这一假设出发，论述了由价格"这只看不见的手"来调节经济的运行，可以把个人利己的行为引向增加国民财富和社会福利的行为，因此，由价格调节经济就是一种正常的自然秩序，由此得出了自由放任的政策结论。

古典经济学自由放任的思想反映了自由竞争时期经济发展的要求。古典经济学家把经济研究从流通领域转移到生产领域，使经济学真正成为一门独立体系的科学。

3. 新古典经济学——微观经济学的形成和发展阶段

新古典经济学从19世纪70年代的"边际革命"开始，到20世纪30年代结束。这一时期经济学的中心仍然是自由放任。从这种意义上说，新古典经济学仍然是古典经济学的延续。但是，它又用新的方法，从新的角度来论述自由放任思想，并建立了说明价格如何调节经济的微观经济学体系，所以，在古典经济学前加一"新"字，以示其与古典经济学的不同之处。

19世纪70年代，奥地利经济学家K.门格尔、英国经济学家W.S.杰文斯和法国经济学家L.瓦尔拉斯分别提出了边际效用价值论，引发了经济学上的"边际革命"，从而开创了经济学的一个新时期。其后，英国剑桥学派经济学家A.马歇尔在1890年出版了《经济学原理》，总结了当时的各种经济理论，成为新古典经济学的代表作。

边际效用价值论认为，商品的价值取决于人们对商品先验的主观评价。这种边际效用价值论采用边际分析法。新古典经济学已不像古典经济学那样只重视对生产的研究，而是转向理论消费和需求，他们把消费、需求分析与生产、供给分析结合在一起，建立了现代微观经济学体系及其基本内容。由于该体系是以完全竞争为前提的，所以在20世纪初出现垄断后，英国经济学家J.罗宾逊和美国经济学家E.张伯伦在30年代提出了垄断竞争或不完全竞争条件下的资源配置问题，是对微观经济学体系的重要发展。

4. 当代经济学——宏观经济学的建立与发展

当代经济学是以20世纪30年代凯恩斯主义的出现为目标。这一阶段的中心是宏观经济学的形成与发展。我们可以将这一阶段分为三个时期。

第一个时期是凯恩斯革命时期。这一时期从20世纪30年代到50年代前期。1929—1933年的经济危机，使得新古典经济学论述的市场调节的完善性的神话被打破，传统经济理论与现实发生了尖锐的矛盾。经济学面临着它的第一次危机。在此形势下，英国经济学家J.M.凯恩斯于1936年发表了《就业、利息和货币通论》一书。此书把产量与就业水平联系起来，从总需求的角度分析国民收入的决定，认为失业存在的原因是有效需求不足，在政策上提出了放弃自由放任，由国家干预经济的主张。凯恩斯的这些观点被认为是经济学史上的第三次革命——凯恩斯革命。这次革命所产生的凯恩斯主义提出了以国民收入决定为理论中心，以国家干预为基调的现代宏观经济学体系。凯恩斯本人也被誉为"宏观经济学之父"。

第二个时期是凯恩斯主义发展时期。这一时期从20世纪50年代到60年代末。战后，西方各国都加强了对经济生活的全面干预，凯恩斯主义得到了广泛的传播和发展。美国经济学家 P. 萨缪尔森等人把凯恩斯主义的宏观经济学与新古典经济学的微观经济学结合在一起，形成了新古典综合派。新古典综合派全面发展了凯恩斯主义，对各国经济理论与政策产生了重大影响，新古典综合派成为当代经济学的主流。以英国女经济学家 J. 罗宾逊为首的剑桥学派主张把凯恩斯主义与新古典经济学的联系进一步切断，要以分配理论为中心来完成凯恩斯革命，该学派以李嘉图的劳动价值论为基础，并由英国经济学家 P. 斯拉伐发展和完善了这种劳动价值论，被称为经济学史上第四次革命——斯拉伐革命。新古典综合派与新剑桥学派对凯恩斯主义的解释与发展存在着原则性的分歧。在50—60年代，他们之间的争论对经济学的发展产生了相当大的影响。但就经济理论与政策倾向看，新古典综合派的地位并没有动摇。

第三个时期是自由放任思想的复兴时期。这一时期从20世纪70年代至今。战后，国家干预经济的政策虽然促进了经济的巨大发展，但同时也出现了经济停滞和通货膨胀并存的"滞胀"局面，引起了凯恩斯主义危机。这次危机使自由放任思想复兴。以美国经济学者 M. 弗里德曼为首的货币主义者，拥护自由放任思想。货币主义的出现被称为经济学史上的第五次革命——货币主义革命。70年代后，又出现了美国经济学家 R. 卢卡斯为首的理性预期学派。该学派亦拥护自由放任思想，它的出现被称为经济学史上的第六次革命——理性预期革命。

在这一时期，新古典综合派与货币主义和理性预期学派的争论成为经济学的主旋律。在理论上，尽管新古典综合派仍占主流地位，但对方的观点，如货币主义对货币重要性的论述、理性预期学派的预期概念，都已成为现代宏观经济学的重要组成部分。在政策上，虽然国家干预经济的基本格调没有根本变化，但价格政策的自由化也产生了重要影响。应该说，这三个流派的争论是经济学发展的动力。

可以看出，经济学是为现实服务的，经济学的发展与演变正是现实经济发展的反映。无论是资本主义原始积累时期的重商主义，还是自由竞争时期的古典经济学与新古典经济学，以及国家垄断资本主义时期的凯恩斯主义，这些经济理论都是现实经济发展的要求在理论上的反映。一部经济学发展史说明了一个平凡的真理：存在决定意识。

第二节 经济学的研究对象

自古以来，人类社会就为经济问题所困扰。进入21世纪之后，经济失衡、贫富对立、失业、通货膨胀、经济停滞、国际经济冲突等等，仍然是各国所面临的难题。透过各种表面现象，人类经济问题的根源在于资源的有限性。一方面，相对于人类的无穷欲望而言，拥有的资源太少了；另一方面，由于自然或社会的原因，这些有限的资源往往还得不到充分利用。因此，如何合理地配置和利用有限的资源，就成为人类社会永恒的问题。经济学正是为解决这个问题而产生的。

一、资源的稀缺性

1. 资源的含义与种类

资源是指能直接或间接地满足人类需要的物品。资源可分为经济资源和自由取用资源（或非经济资源）。前者是稀缺的，以至于要使用它就必须付出一定的代价；后者如空气，其数量如此丰富以至于人类不付分文就可以得到它。判断一种资源是经济资源还是自由取用资源的标准是是否只有价格，经济资源有价格，而自由取用资源无价格。经济学研究的资源仅指经济资源。

经济资源也称为生产要素或投入。现代西方经济学家把经济资源或生产要素分为四种类型。

（1）土地。土地是一切自然资源的简称，它包括大自然提供的一切，如土地本身、矿藏、原始森林、空气、阳光、河流等一切自然形成的资源。

（2）劳动。劳动又称人力资源，包括一般劳动者和受过教育、专门培训的专家，是人们体力和脑力的运用和开发。

土地和劳动通常被称为"初级生产要素"，它们的存在是由于物理上或生理上的因素，而不是由于经济上的因素。

（3）资本。资本也称作资本品，它是由劳动和土地生产出来再用于生产过程的生产要素，包括机器、厂房、设备、道路、原料和存货等。资本与前述的初级生产要素不同，它既是一种投入品，同时又是经济社会的产出品。

（4）企业家才能。企业家才能是使其他经济资源组织起来，并使之具有活力的另一种生产要素，包括组织、经营、管理、创新、承担风险等活动。

【课堂互动1-2】空气、阳光和时间是资源吗？是经济学研究的资源吗？

2. 人类欲望的无限性

人类社会要生存，就需要生活物品，而且这种需要是无限的。这表现为以下几点。

（1）人类具有多多益善的偏好。例如，人们有了小房子还想要大房子，成了百万富翁还想当千万富翁。

（2）当人们原有的需要得到满足后，就会产生新的欲望。例如，饥寒交迫的人们需要温饱，但是丰衣足食之后，他们会产生安全、医疗、学习、旅游等方面的需要。

（3）人们各种欲望的发展总是超前于生产力的发展，正是这种需要的无限性构成人类经济活动不断进步的恒久动力。但是，人类只有一个地球，满足各种需要的资源具有稀缺性。

【课堂互动1-3】终日奔波只为饥，方才一饱便思衣；衣食两般皆具足，又想娇容美貌妻；娶得美妻生下子，恨无田地少根基；买得田园多广阔，出入无船少马骑；槽头拴了骡和马，叹无官职被人欺；县承主簿还嫌小，又要朝中挂紫衣；若要世人心里足，除是南柯一梦西。"不知足"说明了什么？

3. 资源的稀缺性

所谓资源的稀缺性，是指相对于人类社会的无限欲望而言，满足欲望的资源总是有限的。一方面，资源的稀缺性不是指资源绝对数量的多少，而是相对于人类社会需求的无限性来说，资源总是不足的，所以，资源的稀缺是相对的。另一方面，资源的稀缺性存在于人类社会的任何时期和任何经济体制的社会。从现实看，无论是贫穷的国家，还是富裕的国家，资源都是不足的，所以资源的稀缺性又是绝对的。

二、生产可能性曲线与机会成本

1. 生产可能性曲线

"大炮与黄油的矛盾"是经济学家经常谈论的话题，大炮代表一个国家的军费开支，黄油代表民用开支。为简单起见，假设某国（经济体）只生产大炮和黄油两种物品，由于资源是稀缺的，大炮和黄油的生产量是一个此消彼长的关系，多生产大炮就要少生产黄油，多生产黄油就要少生产大炮。根据该国的状况，大炮与黄油的生产存在见表1-1所描述的六种可能性。组合 A 和组合 F 分别是该国把所有资源都用于生产大炮和把所有资源都投入到黄油生产上的两种极端情况。

表1-1　社会生产的组合方式表

组合方式	黄油（万吨）	大炮（万门）
A	0	15
B	1	14
C	2	12
D	3	9
E	4	5
F	5	0

用横轴表示黄油，纵轴表示大炮，把表1-1的六个组合点连接起来形成一条曲线，如图1-1所示，曲线 AF 即为生产可能性曲线。生产可能性曲线是在资源既定的条件下，物品所能达到的最大产量的组合。根据图1-1所示的生产可能性曲线，我们可以分析和思考以下三个问题。

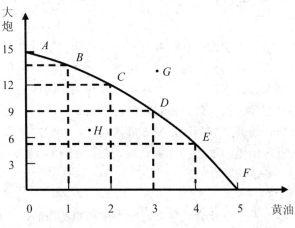

图1-1　生产可能性曲线

（1）曲线 AF 上的任何一点都实现了大炮和黄油最大产量的组合，是有效率的，但社会在多种生产可能性中应选择哪一种？

（2）曲线 AF 内的任何一点上（如 H 点上）都不是大炮和黄油最大数量的组合，为什么有时社会生产的大炮与黄油的组合达不到 AF 曲线，导致资源没有得到充分利用？

（3）曲线 AF 外的任何一点上（如 G 点上）都是大炮与黄油更大数量的组合，但在现有资源条件下无法实现，怎样才能使社会生产的大炮与黄油的组合超出 AF 曲线？

【课堂互动 1-4】 张同学 1 小时可以看 15 页《经济学》书，也可以 1 小时看 20 页《管理学》书，张同学每天学习 4 小时。请画出张同学读《经济学》和《管理学》书籍的生产可能性曲线。

2. 机会成本

生产可能性曲线反映了资源稀缺性的特征。当具有多种用途的稀缺资源使经济主体需要选择时，选择会带来成本，选择的成本我们称为机会成本。在经济学中，如果一项资源可以用于多种用途，那么该资源被用于某一种特定用途的机会成本是由该选择所放弃的其他最优用途的代价来衡量的，即一项资源被用于一种产品生产时的机会成本，是指这一资源在其他用途上可以得到的最高价值。

有一得，必有一失，所谓鱼与熊掌不可兼得。你选择做一件事，必然会放弃另外一件，那个被放弃的事所带来的收益就是你的机会成本。例如，与只生产大炮相比，选择生产 1 万吨黄油的机会成本就是因此而放弃的 1 万门大炮的价值。又比如，如果一个专业管理人员在煤矿劳动的年薪是 1 万美元，那么他选择放弃工作而就读于一所免费社会大学的机会成本就是 1 万美元。

当资源有不同的用途时，选择就是要权衡这些不同用途所带来的好处与所需要的成本。这样，经济问题的解决就被归结为如何使得选择的机会成本达到最低。经济学正是围绕着如何解决基本经济问题展开讨论的。

【课堂互动 1-5】 亚当·斯密曾经说过："国王会羡慕在路边晒太阳的农夫，因为农夫有着国王永远不会有的安全感"。这句话的含义是什么？

三、资源的配置与利用

1. 资源的配置

大炮和黄油的不同组合表明，各种资源有不同的用途，既可以用于生产大炮，也可以用于生产黄油。在面对人类社会无穷的欲望的时候，怎样解决大炮和黄油的生产量的问题呢？在一定的时间和技术条件下，社会拥有的可以实现利用的资源是有限的，投入到某种生产的资源增加就必然会导致投入到其他领域的资源减少，因此，就需要从有限资源各种可能的用途中进行选择，使其充分利用，发挥最佳效用，以解决资源的稀缺性问题。人类进行选择的过程就是资源配置的过程。这就是所谓的"经济问题"。具体来说，经济学要研究解决的是以下五个基本问题。

（1）生产什么，生产多少

生产什么，生产多少，是指社会必须决定应当生产哪些商品、产量是多少的问题。这也就是社会资源的配置问题。一种经济资源可有多种用途，有多种组合，统称为机会集合。但由于资源有限，用于生产某种产品的资源多一些，用于生产另一种产品的资源就会少一些。同时由于各国资源条件不同，生产什么，生产多少，都有其不同的最优组合。所以人们必须作出选择：用多少资源生产某一种产品，用多少资源生产其他产品。

美国经济学家萨缪尔森认为，在市场经济中，"生产什么、生产多少的问题是由消费者的货币选票决定的"。从单个企业的角度来看，通常情况下企业追求的是利润，只要有生产能力并有利可图，企业的选择是消费者需要什么就生产什么，需要多少就生产多少。一件商品是在销售给消费者的那一瞬间实现了商品本身的价值，而不是在消费者将它用掉的时候才实现价值的，所以企业生产的目的是销售。但是，从社会总体需求的角度来看，生产什么、生产多少这个问题需要考虑当前社会的总体需求与长远利益、局部需求与全局利益、个体需求与整体利益等各方面的矛盾，这就需要国家通过宏观调控进行资源优化配置。

(2) 怎样生产

如何生产主要是指生产方式的选择，包括由谁来生产（如谁去打猎，谁去钓鱼），使用什么资源（如用热力，还是水利，或是原子能发电），采用何种技术、工艺、方法等（如大规模生产还是小规模生产，机器生产还是手工生产等）。

一般来说，一种产品根据其产量、质量、技术水准、材料、工艺、效率和收益等方面的不同可以采取不同的形式和方法。不同的生产方法和资源组合是可以相互替代的。同一种产品的生产可以采用不同的资源组合（如劳动密集型方法、资本密集型方法、技术密集型方法）。增加一种产品的产量，既可以通过扩大外延的粗放方式，也可以通过增加内涵的集约方式。

在确定同一产品具体的生产手段时，往往需要统筹考虑，争取尽可能好的经济和社会效益。实践表明，由于技术不同，一定投入的生产效率可以相差几倍甚至几十倍。在现代化生产中，技术进步是决定性因素，发达国家的经济增长有50%～80%是来自技术进步。

(3) 为谁生产

无论生产什么和怎么生产，都有一个为谁生产的问题。为谁生产，确切地来说就是如何进行产品分配的问题，它是指生产出来的产品和劳务如何分配给社会的各个集团和个人，即谁来享受经济活动的成果。比如企业经理、运动员、工人、公务员和资本所有者，谁应当得到高收入；社会应该给穷人提供最低消费，还是遵循不劳动者不得食的原则。产品如何在人们之间进行分配，根据什么原则，采用什么机制进行分配，分配的数量界限如何把握等。这里既有产品的分配，也有社会经济成果的分享，是收入、财富的分配问题。

在市场经济条件下，商品的分配是由市场所形成的价格机制来进行指挥分配。英国经济学家亚当·斯密在《国富论》中所说，"我们的晚餐并非来自屠宰商、酿酒师和面包师的恩惠，而是来自他们对自身利益的关切。""每个人都力图利用好他的资本。他所追求的仅仅是他个人的利益和所得。但在他这样做的时候，有一只看不见的手在引导着他去帮助实现另一种目标，这种目标并非是他本意所要追求的东西。通过追逐个人利益，他经常增进社会利益，其效果比他真的想促成社会利益时所能够得到的那一种要更好。"

(4) 何时生产

何时生产是指经济资源利用的时间配置，也就是发展计划问题。正是因为一国经济资源有限，决不能"今朝有酒今朝醉"，而必须作好动态规划，达到可持续发展的目的。例如，中国海上石油资源丰富，但开采需要资金和技术。如果我们充分利用外资，"有水快流"，虽然可以马上得到工业化急需的石油，但根据合同有一半产量必须分给外国；如果我们一味自力更生，等具备条件再开采，全部原油固然可以自己利用，但却会延续工业化的进程。从长远利益出发，海上油田应当选择何种开发战略，现在提出了"科学发展观"、"循环经济"等概念。

（5）谁做决策

生产什么、怎么生产、为谁生产、何时生产这四个问题，究竟由谁来做出经济决策，以什么样的程序做出决策？这是经济体制问题。所谓的经济体制就是用来就某一地区或一个国家的生产、投入和消费作出决定并实施和完成这些决定的一整套的机制和组织机构。

上述五个基本经济问题既互相联系，又互相区别，构成了人类经济社会选择的基本内容。从本质上看，"生产什么，生产多少"决定着"怎么生产"、"为谁生产"和"何时生产"；同时，"怎么生产"、"为谁生产"和"何时生产"又反过来影响着"生产什么、生产多少"；这四个问题又都是由"谁做决策"决定的。可见，上述五个基本问题的有效解决依赖于人类社会对稀缺经济资源进行科学合理的配置。对这五个方面问题的研究及解决成为经济学的对象和任务。

【课堂互动1-6】 暑假期间，你准备上一个培训班，现在有两种选择，一种是电脑培训班，一种是英语口语培训班。电脑班收费1 500元，英语口语班收费1 200元。你该怎样作出选择？

2. 资源的利用

20世纪30年代的大萧条充分表明，即使社会资源是稀缺的，但稀缺的资源还是不能得到充分的利用，因为社会中存在太多的失业和机器闲置。图1-1中的H点就是稀缺的资源被浪费的表现。另一方面，人类社会要不断发展，也不能仅仅满足于达到生产可能性曲线的水平，还要使既定的资源生产出更多的物品，如图1-1中的G点。资源利用就是使稀缺的资源得到充分利用，使稀缺资源生产更多的物品。资源利用包括三个相关的问题，这三个问题也是宏观经济学要研究的问题。

（1）为什么资源得不到充分利用？在经济学中，要解决的是"充分就业"问题，即通过什么方法可以消除失业和资本与土地的闲置？

（2）为什么产量是不稳定的，时高时低？在经济学中，要解决的是"经济周期和经济增长"的问题，即通过什么方法可以实现经济持续稳定的增长？

（3）货币购买力的变动对生产有哪些影响？在经济学中，即通过什么方法可以实现物价的稳定？

四、经济体制

尽管各种社会都存在资源选择、配置和稀缺性的问题，但解决的方法却不同。换句话说，在不同的经济制度下，资源配置与资源利用问题的解决方法是不同的。在考察这一问题时，西方经济学家一般把经济体制分为以下四种类型。

1. 传统经济体制

传统经济体制泛指资本主义以前的经济体制，其主要特征是：第一，以自给自足为基本表现形式的小生产；第二，社会存在牢固的家庭纽带和严格的等级制度；第三，宗教和宿命论的价值观主宰着人们的行为。这种经济体制的效率比较低。在今天，非洲的某些国家还保留某些传统经济体制的特征。

2. 计划经济体制

计划经济体制是指以计划调节作为资源配置主要工具的经济体制。社会资源主要由政府占有，四个基本经济问题由政府通过指令性计划解决。这种经济体制存在技术与激励两方面的弊病。在现有的技术条件下，由于社会供求信息十分庞杂且瞬息万变，人们无法制订正确的能够将供求衔接好的计划。由于计划赶不上变化，按计划来生产，必然导致过与不足两方面的问题。更严重的是缺乏有效的激励机制，即使当局制定出了科学的计划，也无法保证人们能够按照计划进行生产。因此，计划经济体制下，资源的配置必然缺乏效率。解体前的苏联具有典型的计划经济特征。

3. 市场经济体制

市场经济体制是以市场上的价格调节作为资源配置主要手段的一种经济体制。市场经济建立在发达的商品经济基础之上，产生于资本主义社会。生产的目的是为了商品交换，满足市场需要，不同商品生产者之间通过市场交换商品，建立联系；市场是经济资源分配的枢纽。

在市场经济体制下，社会资源主要由私人占有，生产什么、如何生产、为谁生产与生产率的高低由私人决定。由于存在竞争，可以促使商品生产者不断改进生产技术和生产方法、提高产品质量、降低成本、提高劳动生产率、改善经营管理，进而有力地推动生产力和社会的不断发展。因此市场经济体制较好地避免了计划体制下的弊端，但又产生了市场失灵、分配的不公平和资源的不能充分利用等其他的弊病。从20世纪总体经济状况来看，市场经济是一种比较有效的资源配置方式，是优于计划经济的。

4. 混合经济体制

混合经济体制指的是由市场经济和政府调控相结合的一种经济体制。萨缪尔森首创"混合经济"的概念，并指出像美国这样的经济体制，一方面是市场机制协调着人们的经济行为，另一方面政府也在对一些经济体制进行有意识的干预。当今，所有社会的经济体制都是既带有市场成分又带有指令成分的混合经济体制，从来没有一个百分之百的市场经济体制。混合经济体制的优点在于能够避免单一经济体制中不可避免的缺陷。但实际上，人们总是根据分散决策程度的高低，将混合经济体制划分为市场经济体制和计划经济体制两大类。

【课堂互动1-7】当今世界各国，既没有完全实行市场经济的，也没有完全实行计划经济的。各国的经济体制都是既带有市场成分又带有指令成分的"混合经济体制"。有人说："混合经济是一半市场、一半计划。"你认为对吗？

第三节 微观经济学与宏观经济学

经济学研究的对象是资源的配置与利用,现代西方经济学把经济学原理或经济理论,即有关经济问题的知识体系,分为微观经济学和宏观经济学两大组成部分。其中,微观经济学研究资源的配置,宏观经济学研究资源的利用。

一、微观经济学

1. 微观经济学的含义

简单地说,微观经济学就是"小"的经济学,"小"主要体现在"小"的经济单位,从个体上观察经济。微观经济学是以单个经济单位为研究对象,通过研究单个经济单位的经济行为和相应的经济变量数值的决定,来说明价格机制如何解决社会的资源配置问题。这一定义包括以下四个方面的内容。

(1) 研究对象是单个经济单位

单个经济单位是指经济活动中的最基本单位,如居民户和厂商。居民户又称为家庭,是经济中的消费者。厂商又称企业,是经济中的生产者。在微观经济学的研究中,假设居民户和厂商经济行为的目标是实现最大化,即消费者要实现满足程度(即效用)最大化,生产者厂商要实现利润最大化。微观经济学研究居民户与厂商的经济行为就是研究居民如把有限的收入分配于各种物品的消费,以实现满足程度最大化,以及厂商如何把有限的资源用于各种物品的生产,以实现利润最大化。

(2) 解决问题是资源配置

解决资源配置问题就是要使资源配置达到最大化,即在这种资源配置下能给社会带来最大的经济福利。微观经济学从研究单个经济单位的最大化行为入手,来解决社会资源的最优配置问题。因为每个经济单位都实现了最大化,那么,整个社会的资源配置也就实现了最优化。

(3) 中心理论是价格理论

在市场经济中,居民户和厂商的行为要受价格的支配,生产什么、如何生产和为谁生产都由价格决定。价格像一只看不见的手,调节着整个社会的经济活动,实现着社会资源配置的最优化。因此,价格理论是微观经济学的中心,其他内容都是围绕这一中心问题展开的。因此,微观经济学也称为价格理论。

(4) 研究方法是个量分析

个量分析是研究经济变量的单项数值如何决定。例如,某种商品的价格,就是价格这种经济变量的单项数值。微观经济学分析个量的决定、变动及其相互间的关系。

2. 微观经济学的基本假设

经济学的研究是以一定的假设条件为前提的。就微观经济学而言,有三个基本假设条件。

(1) 市场出清

市场出清即资源流动没有任何障碍,市场供求相等,或者说产品既无过剩,又非不足。理想的状态下,价格机制可以自发实现市场出清。市场出清可以表现出市场运动的方向和终点。市场出清假设可以使我们把复杂的动态研究转化为简化的静态分析。

(2) 完全理性

完全理性即消费者和厂商都是理性经纪人,其行为动力是自己的利益,行为目标是最大化。在这一假设下,价格调节资源配置最优化才是可能的。

(3) 完全信息

完全信息即消费者和厂商可以免费而迅速地获得各种市场信息。消费者和厂商只有具备完全而迅速的市场信息才能及时对价格信号做出反应,以实现其行为的最优化。

只有在以上三个假设条件之下,微观经济学关于价格调节实现资源配置最优化的理论,以及由此引出的自由放任的经济政策,才是正确的。但事实上,这三个假定条件并不一定具备,这也是传统微观经济学受到现代经济学家质疑的重要原因。

3. 微观经济学的基本内容

(1) 价格理论

研究商品的价格是如何决定的,以及价格如何调节整个经济的运行。它是微观经济学的核心理论。

(2) 消费者行为理论

研究消费者如何把有限的收入分配于各种物品的消费上,以实现效用最大化。

(3) 生产者行为理论

研究生产者如何把有限资源用于各种物品的生产而实现利润的最大化。这一部分包括研究生产要素与产量之间关系的生产理论,研究成本与收益的成本收益理论,以及研究不同市场条件下厂商行为的厂商理论。

(4) 分配理论

研究产品按什么原则分配给社会各成员,即工资、利息、地租和利润如何决定。

(5) 一般均衡理论与福利经济学

研究全社会的所有市场如何实现均衡,经济资源怎样实现最优配置,社会经济福利怎样实现最大化。

(6) 微观经济政策

研究政府有关价格管理、消费与生产调节,以及实现收入分配平等化的政策。这些政策属于国家对价格调节经济作用的干预,是以微观经济理论为基础的。

二、宏观经济学

1. 宏观经济学的含义

简单地说,宏观经济学就是"大"的经济学,"大"主要体现在从总体上观察经济。宏观经济学是以整个国民经济为研究对象,通过研究经济中各有关总量的决定及其变化,来说明资源如何才能得到充分利用。这一定义包括以下四个方面的内容。

(1) 研究的对象是整个经济

这就是说,宏观经济学研究的不是经济中的各个单位,而是由这些单位所组成的整体;不是树木,而是由这些树木所组成的森林。这样,宏观经济学就要研究整个经济的运行方式与规律,从整体上分析经济问题。

（2）解决的问题是资源利用

宏观经济学把资源配置作为既定前提，研究现有资源未能得到充分利用的原因，达到充分利用的途径，以及如何增长等问题。

（3）中心理论是国民收入决定理论

宏观经济学把国民收入作为最基本的总量，以国民收入的决定为中心来研究资源利用问题，分析整个国民经济的运行。其他理论都围绕着这一理论展开。

（4）研究方法是总量分析

总量是指能反映整个经济运行情况的经济变量。这种总量有两类：一类是个量的总和，例如，国民收入是组成整个经济的各个单位的收入的总和，总投资是各个厂商的投资之和，总消费是各个居民户消费的总和。另一类是平均量，例如，价格水平是各种商品与劳务的平均价格。总量分析就是研究这些总量的决定、变动及其相互关系，从而说明整个经济的状况。因此，宏观经济学也称为总量经济学。

2. 宏观经济学的基本假设

宏观经济学产生于 20 世纪 30 年代，它的基本内容基于以下假设。

（1）市场机制是不完善的

自从市场经济产生以来，市场经济各国的经济就是在繁荣与萧条的交替中发展的，若干年一次的经济危机成为市场经济的必然产物。尤其是 20 世纪 30 年代的大萧条使经济学家认识到，如果只靠市场机制的自发调节，经济就无法克服危机与失业，就会在资源稀缺的同时，又产生资源的浪费。稀缺性不仅要求资源得到恰到配置，而且还要使资源得到充分利用。要做到这一点，仅仅靠市场机制就不够了。

（2）政府有能力调节经济，纠正市场机制的缺点

人类不是只能顺从市场机制的作用，而是能在尊重基本经济规律的前提下，对经济进行调节。进行这种调节的就是政府。政府可以通过研究，认识经济运行的规律，并采用适当的手段进行调节。整个宏观经济学正是建立在对政府调节经济能力信任的基础之上的。

（3）各种经济变量之间存在错综复杂的相互关系

宏观经济学研究的是总量，它就必须考虑各种个量之间的关系。著名的蝴蝶效应虽然有些夸张，但是它说明了世界万物之间具有相互影响力的现实。与微观经济学相比，宏观经济学这种更反映现实的假设，使它更为复杂化了。

3. 宏观经济学的基本内容

（1）国民收入决定理论

国民收入是衡量一国经济资源利用情况和整个国民经济状况的基本指标。国民收入决定理论就是要从总需求和总供给的角度出发，分析国民收入决定及其变动的规律。它是宏观经济学的中心理论。

（2）失业与通货膨胀理论

失业与通货膨胀是各国经济中最主要的问题。宏观经济学把失业与通货膨胀和国民收入联系起来，分析其原因和相互关系，以便找出解决这两个问题的途径。

（3）经济周期与经济增长理论

经济周期是指国民经济的短期波动，经济增长是国民收入的长期增长趋势。这一理论要分析国民收入短期波动的原因、长期增长的源泉等，以期实现经济长期稳定的增长。

（4）宏观经济政策

宏观经济学是为国家干预经济服务并为它提供理论依据的，而宏观经济政策要为这种干预提供具体的措施。政策问题包括政策目标、政策工具以及政策效应。经济学界对经济运行的认识和分析不同，提出的政策主张和建议不同，形成了不同的经济学流派，如货币学派、供给学派和理性预期学派等。

三、微观经济学与宏观经济学的关系

1. 微观经济学与宏观经济学的区别

（1）研究的对象不同

微观经济学的研究对象是市场中单个经济单位的经济行为，即单个家庭、单个厂商和单个市场的经济行为以及相应的经济变量数值的决定。这种单个经济单位的最优化行为奠定了微观经济学的基础。宏观经济学研究的是国民经济总过程的活动，着重考察和说明国民收入、就业水平、价格水平等经济总量是如何决定的、如何波动的。如果说微观经济学研究的是森林中的树木，那么宏观经济学研究的就是由树木组成的森林。

（2）要解决的问题不同

微观经济学要解决的是资源配置问题，宏观经济学要解决的是资源利用问题。微观经济学把资源的充分利用作为既定的前提，研究如何使资源得到最优配置；宏观经济学把资源的最优配置作为既定的前提，研究如何使资源得到最充分的利用。

（3）中心理论不同

微观经济学的中心理论是价格理论，所有的分析与政策都是围绕价格机制的运行展开的。宏观经济学的中心理论是国民收入决定理论，所有的分析与政策都是围绕国民收入的决定展开的。

（4）研究方法不同

微观经济学的研究方法是个量分析，即分析经济变量的单项数值如何决定。宏观经济学的研究方法是总量分析，即对能够反映整个经济运行情况的经济变量的决定、变动及其相互关系进行分析。从这个角度来讲，微观经济学的有些结论不一定适用于宏观经济学。例如，降低工资可以降低企业成本，增加企业利润，从而可以增加生产和增加工人。但如果每个企业都降低工资，那么，由工人占较大比重的消费者整体会由于收入减少而减少消费，使总需求下降，从而导致整个社会生产减少和就业减少。

（5）基本假设不同

微观经济学的基本假设是市场均衡、完全理性、信息充分，认为"看不见的手"能自由调节，实现资源配置的最优化。宏观经济学则假定市场机制是不完善的，政府有能力调节经济，通过"看得见的手"纠正市场机制的缺陷。

2. 微观经济学与宏观经济学的联系

（1）微观经济学与宏观经济学是互相补充的

经济学的目的是要实现社会经济福利的最大化。为了达到这一目的，既要实现微观经济学所要解决的资源的最优配置问题，又要实现宏观经济学所要解决的资源的充分利用问题。所以，它们之间是相互补充的，它们共同组成了经济学的基本原理。

(2) 微观经济学与宏观经济学都属于实证经济学

微观经济学和宏观经济学在分析经济问题时，都不涉及具体的社会经济制度，都是分析在一个既定的制度下的资源配置与利用问题。另外，经济学的科学化也就是经济学的实证化，努力使所研究的问题摆脱价值判断，只分析经济学现象之间的联系，是微观经济学与宏观经济学共同的目的。

(3) 微观经济学是宏观经济学的基础

整体经济是单个经济单位的总和，宏观经济行为的分析是以一定的微观分析为其理论基础的。例如，失业与通货膨胀理论等宏观经济理论，必然涉及劳动的供求与工资的决定的工资理论，以及商品供求关系决定的价格理论。

第四节 经济学的研究方法与意义

一、经济学的研究方法

任何一门学科都有特定的研究方法。要学习经济学，首先要了解经济学的研究方法。研究经济学常用的方法有以下几种。

1. 实证分析法与规范分析法

(1) 实证分析法

实证分析是用理论对社会各种经济活动或经济现象进行客观的陈述和分析，揭示经济变量之间稳定的函数关系或因果关系，提出假说、预测和理论，再由经验事实加以验证。实证分析的目的在于了解经济是如何运行的。

用实证分析方法来研究经济问题的理论称为实证经济学。实证经济学试图超脱、排除一切价值判断，只研究经济本身的内在规律，并根据这些规律，分析和预测人们经济行为的效果。实证经济学所力图说明和回答的问题是：经济现象是什么？经济现象的现状如何？有几种可供选择的方案？如果选择了某方案，将会带来什么后果？它不回答是不是应该作出这种选择的问题。实证经济学所研究的内容具有客观性，不以人们的意志为转移，是说明客观事物是怎样的实证科学，其结论可以用经济事实来检验。例如，现在的失业率是多少？失业率如何影响通货膨胀？汽油税会怎样影响汽油的消费量？

(2) 规范分析法

与实证分析法相对应的是规范分析法。规范分析法是以一定的价值判断作为出发点和基础，提出行为标准，并以此作为处理经济问题和制定经济政策的依据，探讨如何才能符合这些标准的分析和研究方法。规范分析的目的在于评价政策行动的后果。

用规范分析法来研究经济问题的理论称为规范经济学。规范经济学以一定的价值判断为基础，提出某些标准作为分析处理经济问题的标准，树立经济标准的前提，作为制定经济政策的依据，并研究如何才能符合这些标准。规范经济学研究和回答的经济问题是：经济活动"应该是什么"，或社会面临的经济问题应该怎样解决；什么方案是好的？什么方案是不好的？采用某种方案是否应该？是否合理？为什么要作出这样的选择，而不作另外的选择？它涉及是非善恶、应该与否、合理与否的问题，与伦理学、道德学相似，具有根据某种原则规范人们行为的性质。由于人们的立场、观点、伦理和道德观念不同，对同一经济事物、经济政策、经济问题会有迥然不同的意见和价值判断，谁是谁非没有什么绝对标准，从而也就无法进行检验。例如，通货膨胀的容忍限度应该是多少？国防开支每年应当增长3％，还是5％？对这些问题可以进行争论，但是绝不可能通过科学或事实加以解决。

实证分析是现代经济学中最重要的分析方法。经济学作为一门科学，其科学性最直接的体现在于所研究的经济问题的结论应该是客观的、可检验的。要使经济学成为一门像数学、物理学一样的真正的科学，必须通过实证分析揭示各种经济现象发展变化的客观规律，正确回答客观事实是怎样的。经济学的实证化是经济学科学化的唯一途径。经济学作为"社会科学的皇后"，同时又属于社会科学，使经济学无法回避价值判断的问题，因为经济学在为一定的社会经济制度和经济利益服务时，必须对客观经济现象的好与坏，以及应该是什么作出判断。另外，实证分析与规范分析的区分是相对的，事实上任何实证分析都是由研究者进行的，提出什么问题进行研究，采用什么研究方法，突出强调哪些因素，势必受研究者个人偏好的影响，涉及研究者个人的价值判断，不可能有完全的、绝对的实证分析。所以，许多经济学家都认为，在经济学的研究中应该把实证分析方法和规范分析方法结合起来。

【课堂互动1-8】下述命题哪些属于实证命题？哪些属于规范命题？

A. 政府的财政赤字会降低失业率，但会促使价格上涨。B. 是政府是优先解决失业问题，实施赤字财政政策呢？还是优先解决通货膨胀问题，实施财政紧缩政策呢？C. 最低工资立法引起了失业。D. 通货膨胀和失业具有替代关系。E. 政府应该提高最低工资。F. 扩大政府开支和减少税收造成财政赤字。G. 政府应该加大再分配政策的力度以解决收入差距过大的问题。

【课堂互动1-9】"轿车进入家庭"是社会出现的一种重要现象。对这种现象，你持什么样的观点？你的同学呢？你们的观点为什么会产生分歧？

2. 均衡分析法

均衡，亦称平衡，是从物理学中引进的概念。在物理学中，均衡是表示同一物体同时受到几个方向不同的外力作用而合力为零时，该物体所处的静止或匀速运动的状态。英国经济学家马歇尔将均衡概念应用于经济分析。均衡分析是对经济均衡的形成与变动条件的分析。均衡分析法是在对研究的问题所涉及的诸多经济变量（因素）中，假定自变量是已知的或不变的，然后分析当因变量达到均衡状态时会出现的情况及需具备的条件，即均衡条件。例如，在消费者需求理论中，就假定消费品的价格、消费者的偏好、消费者的支出是已知的和不变的，同时还假定消费者的目标是实现满足最大化，而待求解的因变量则是消费者实现既定目标所需购买各种商品的数量组合和实现满足最大化所需具备的条件。

均衡分析可分为局部均衡分析和一般均衡分析。

（1）局部均衡分析

局部均衡分析是指假定某一市场对其他市场不产生影响，其他市场对这一市场也不发生影响的情况下来分析某种商品（或生产要素）供给与需求达到均衡时的价格决定。美国经济学家马歇尔是局部均衡论的代表人物，他在其价值论和分配论中广泛运用了局部均衡分析法。例如,均衡价格论就是假定其他条件不变,即假定某一商品的价格只取决于该商品本身的供求状况,而不受其他商品价格、供求状况等因素的影响,这一商品的价格如何由供给和需求两种相反力量的作用而达到均衡。

(2)一般均衡分析

相对局部均衡分析而言,一般均衡分析是研究整个经济体系的价格和产量结构如何实现均衡的一种经济理论,也称为总均衡分析。一般均衡分析把整个经济体系作为一个整体,从市场上各种商品的价格、供求是相互影响、相互依存的前提出发,考察各种商品的价格、供求同时达到均衡状态条件下的价格决定问题。也就是说,一般均衡分析在分析某种商品的价格决定时,在各种商品和生产要素的供给、需求、价格相互影响的条件下来分析所有商品和生产要素的供给和需求同时达到均衡时所有商品的价格如何决定。一种商品的价格和供求的均衡,只有在所有的商品的价格和供求都达到均衡时才能决定。

一般均衡分析重视不同市场中的商品的产量和价格的关系,强调经济体系中各部门、各市场的相互作用,是一种比较全面的分析方法。但由于一般均衡分析涉及的经济变量太多,而这些经济变量又是错综复杂和瞬息万变的,实际上使得这种分析十分复杂和困难,所以,在经济学中,大多采用局部均衡分析方法。

均衡分析也称静态分析。如果把时间因素导入经济分析,具体分析当自变量发生变化后,原来的均衡点怎样过渡到新的均衡点的实际变化过程,这就是动态分析。由于动态分析的重点是研究实际变化的过程,因此,动态分析也称为过程分析。

【课堂互动 1-10】 去市场买鸡蛋,卖方的要价是每千克 7 元,买方的出价是每千克 6 元,最后以每千克 6.5 元成交。这意味着任何高于或低于 6.5 元,买卖双方中总有一方会受损,但为什么买卖双方能够达成交易?

3. 边际分析法

边际分析实际上是把数学中的微分学引进了经济学,边际就是一阶导数。边际分析法是利用边际量对经济行为和经济变量进行数量分析的方法。边际是额外或增加的意思,即所增加的下一个单位或最后一个单位。在经济学分析中,边际是指对原有经济总量的每一次增加或减少,或自变量发生微小变动时,因变量的变动率。例如,一个人已经吃了三块面包,获得了一定的效用(满足),在这个基础上再吃第四块面包所增加的效用,便是第四块面包的边际效用。边际效用就是作为自变量的消费量发生变动时,作为因变量的总效用的变动率。

在经济分析中引入边际分析方法是经济学上的一个革命,尤其是在定量分析中,边际概念和边际分析方法被广泛地应用,如边际效用、边际成本、边际产量、边际收益、边际消费倾向、边际储蓄倾向等。在企业决策中,边际分析法主要用于确定企业规模、价格、生产要素的投入比例和产品结构等。边际分析法是管理经济学的基本方法,贯穿于管理经济学决策分析的始终。运用边际分析法进行企业或个人决策时,判断某项业务活动是否有利,不是根据它的全部成本的大小,而是应当把由这项活动引起的边际收益和它的边际成本相比较,如果边际收益大于边际成本,就有利,否则就不利。

【课堂互动 1-11】 某个体运输公司某线路的票价为 100 元,汽车在车站即将出发时,还有一个空位。有一个乘客只想花 70 元坐这辆车,70 元低于每个乘客的平均成本 80 元。如果你是该个体运输公司的车主,你让不让乘客上车?请从经济学的角度进行分析。

4. 经济模型

经济模型是指用来描述与所研究的经济现象有关的经济变量之间的依存关系的理论结构。简单地说，经济模型就是用变量的函数关系来说明经济理论，是经济理论的简单表达。经济模型可用文字来说明，也可用数学方程式来表达，还可用图表、图形来表达。一般的经济模型通常包括四部分：定义、假设、假说、预测。

（1）定义

定义是对经济模型所包括的各种变量给出明确的含义。经济变量一般包括四类：(1) 内生变量与外生变量。内生变量是由模型本身决定并要加以说明的变量，是由经济体系内在因素决定的未知变量。外生变量是由经济体系外或模型之外因素决定的已知变量。(2) 存量与流量。按决定变量的时间维度差异来划分，变量可分为存量和流量，存量是指某一时点所测定变量的值，流量是指一定时期内所测定变量的值。(3) 自变量与因变量。自变量是由模型外的力量决定、自己可以变化的量。因变量是由模型决定的经济变量，或被决定的变量。(4) 常数与参数。常数是一个不变的量。与变量相连的常数叫系数。参数是可以变化的常数。

（2）假设

假设是建立经济模型的前提条件，或者指某一种理论成立或运用的条件。任何一种理论都是相对的、有条件的。因此，假设在理论分析中非常重要，甚至可以说不存在没有假设的理论和规律。例如，需求定理就是在假定消费者的收入、偏好、其他商品价格不变的前提条件下，来研究商品需求量与商品价格之间的相互关系的。如果离开这些假设条件，需求量与商品价格成反比这一需求规律就不能成立。在形成理论时，所假设的某些条件往往不现实，但没有这些假设就很难得出正确的结论。

（3）假说

假说是根据一定的事实和理论对未知对象所作的推测性的、带假定意义的理论解释，或者说，假说是在一定假设条件下，运用定义去说明变量之间的关系，提出未被证明的理论。假说在理论形成中有着重要的作用：一是可以使研究目标明确；二是为建立科学的理论铺路搭桥；三是把研究引向深入并开拓新领域。假说不是凭空产生的，而是来源于实际，假说是构建经济模型的关键与核心部分。

（4）预测

预测是根据假说提出的对经济现象或经济事物未来发展趋势的看法，是根据假说所推论的结论。科学的预测是一种有条件性的说明，其形式一般是"如果……就会…"。预测在经济模型建立中有其重要作用和意义：一是应用，经济模型的应用是通过预测而实现的；二是检验，观察预测与实际情况的符合程度，验证经济模型的正误。预测是否正确，是对假说的验证。正确的假说的作用就在于它能正确地预测未来。

经济理论与经济模型的形成及相互关系可用图 1-2 来概括。

图 1-2 说明了在形成一种经济理论时，首先要对所研究的经济变量确定定义，并提出一些假设条件；然后，根据这些定义与假设提出一种假说；再根据这种假说提出对未来的预测；最后，用事实来验证这种预测是否正确。如果预测正确，这一假说就是正确的理论；如果预测不正确，这一假说就是错误的，要被放弃，或进行修改。

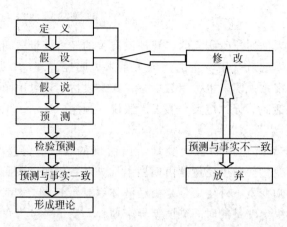

图 1-2　经济理论与经济模型形成及相互关系图

【课堂互动 1-12】以分析研究汽车能否进入家庭为例，试建立汽车需求量与收入水平之间的经济模型。

二、学习经济学的意义

人类社会进行物质资料生产的经济活动已有上万年的历史，在经济活动中对资源的配置与利用问题的探索也经历了 2000 多年的时间，而经济学最终成为一门科学，则仅仅是近几百年的事情。然而，这并不影响经济学在当今社会科学中的地位。西方一些经济学文献对经济学科的地位作了高度的评价：如果说数学是自然科学的明珠，经济学则是社会科学的明珠，经济学是社会科学的"皇后"。因此，经济学这门课在许多高校、许多专业被列为基础课和必修课，这既体现了社会发展的趋势，也是社会人才需求的体现。经济已经渗透到社会生活的各个方面。现代经济学是经济学在西方国家发展到当代的产物。我国作为发展中社会主义国家，学习和研究经济学，有着非常积极和重要的意义。

1. 学习经济学有利于增进对西方国家的了解和研究，加强同西方国家的交往，促进我国的改革开放

在西方，经济学是基础学科，不了解西方经济学，就难以看懂西方国家的经济报刊文章，也无从把握西方国家的经济政策。因为西方的经济学著作和报刊文章都是依照西方经济学的基本理论写成的，西方经济政策的制定也是以西方经济学为理论依据的。同时，在目前的国际经济机构中，西方经济学也是通用的经济语言和工具。具备西方经济学的基本知识，是加入国际经济机构的必备条件。现在，我国要坚定不移地执行对外开放的基本国策，加快改革开放的步伐，就必须了解、学习和研究西方经济学，只有这样，才能了解西方国家的经济政策及理论依据，知道他们的经济运行机理，懂得他们的经济组织和管理方法，研究他们的发展现状和趋势，积极加入各种国际性和区域性的经济组织和机构，真正做到知己知彼，促进改革开放的顺利发展。

2. 学习经济学有利于促进社会主义市场经济的顺利发展

党的十四大明确指出，我国经济体制改革的目标模式是建立和完善社会主义市场经济体制。那么，什么是市场经济？它的运行机理和发展规律如何？如何建立和完善社会主义市场经济体制？这些问题，迫切需要有新的理论来解释、回答和阐述。而西方经济学则可以为我们提供参考和借鉴。虽然西方经济学从本质来说是一种资产阶级的思想体系，是为资产阶级的利益服务的，但西方经济学也具有实用性特征，它的理论体系是建立在资本主义市场经济和社会化大生产的基础之上的，它的理论观点和政策主张主要是为解决市场经济运行中出现的种种问题和矛盾服务的。可以这样说，西方经济学实际上是关于市场经济发展规律的科学。比如说，西方微观经济学中的供求理论、价格理论、成本和收益理论、市场理论、收入分配理论，宏观经济学中的国民收入核算理论、宏观经济政策和通货膨胀理论、货币理论、经济周期和经济增长理论等。这些理论实际上都是关于市场经济的一般理论，它可以为建立社会主义市场经济理论体系、促进社会主义市场经济的建立和发展提供有益的参考和借鉴。

3. 学习经济学有利于促进马克思主义经济学的发展

马克思主义政治经济学是在吸收资产阶级古典政治经济学的科学成分的基础上，在同形形色色的庸俗经济学的斗争中发展起来的。《资本论》问世一百多年来，一直遭到资产阶级经济学家的责难和攻击。现代西方经济学的一些重要人物也总是拿他们的各种理论来对抗和诋毁马克思主义经济学。我们要坚持和捍卫马克思主义经济学，就必须了解和研究西方经济学，只有这样，才能知己知彼，百战不殆。同时，经济在发展，时代在前进，马克思主义经济学也要不断向前发展。在新的形势下，面对新的问题，马克思主义经济学只有合理地吸收现代西方经济学的有益成果才能不断发展。

要点回放

1. 经济学，被称为"社会科学的皇后"，经济学的实质是基于人类欲望的无限性和经济资源的相对稀缺性，找到最大限度解决两者之间矛盾的方法。稀缺和效率是经济学的双重主题。

2. 经济学经历了重商主义、古典经济学、新古典经济学和当代经济学四个时期。其中重商主义是经济学的启蒙阶段；古典经济学是经济学的形成时期，最重要的代表人物是亚当·斯密，代表作是1776年出版的《国富论》，自由放任是古典经济学的核心；新古典经济学是微观经济学的形成与建立时期，边际革命开创了经济学的一个新时期；当代经济学是宏观经济学的建立与发展时期，凯恩斯被称为"现代宏观经济学之父"。

3. 资源配置的过程，实际上就是对稀缺资源的选择，选择包含"生产什么、如何生产和为谁生产"三个基本问题，是微观经济学要研究的问题。

4. 资源利用，包括"为什么资源得不到充分利用？""为什么产量是不稳定的，时高时低？""货币购买力的变动对生产有哪些影响？"三个方面的问题，是宏观经济学要研究的问题。

5. 当前世界上解决资源配置与利用问题的方式有市场经济和计划经济两种基本的经济制度。实际上都是采用既带有市场成分也带有计划成分的混合经济。

6. 经济学的主要研究方法，有实证分析法、均衡分析法、边际分析法和经济模型四种常用的经济学分析方法。实证分析法力图说明和回答经济现象是什么的问题；均衡分析法是针对研究的问题所涉及的诸多经济变量（因素），假定自变量是已知的或不变的,然后分析当因变量达到均衡状态时会出现的情况及需具备的条件;边际分析法在用于企业或个人决策时,判断某项业务活动是否有利,是用这项活动引起的边际收益和它的边际成本相比较来判断的;经济模型通常包括四部分:定义、假设、假说、预测。

7. 现代经济学把经济学原理或经济理论区分为微观经济学和宏观经济学两大组成部分。微观经济学的中心理论是价格理论,基本内容包括:价格理论、消费者行为理论、生产者行为理论、分配理论、一般均衡理论与福利经济学以及微观经济政策;宏观经济学的中心理论是国民收入决定理论,基本内容包括:国民收入决定理论、失业与通货膨胀理论、经济周期与经济增长理论和宏观经济政策。

8. 微观经济学的基本假设条件,是消费者或生产者都是"经济人"或"理性人";宏观经济学的基本假设,是市场机制是不完善的,政府有能力调节经济,纠正市场机制的缺陷。

9. 微观经济学与宏观经济学的区别,体现在研究的对象不同、要解决的问题不同、中心理论不同和研究方法不同四个方面。微观经济学与宏观经济学的联系体现在二者是互相补充的,都属于实证经济学,前者是后者的基础三个方面。

技能训练

一、关键词

经济学 稀缺性 生产可能性曲线 计划经济 市场经济 混合经济 实证分析 规范分析 边际分析 均衡分析 经济模型 微观经济学 宏观经济学

二、单项选择

1. 经济学主要研究（   ）。
   A. 如何使私人企业避免利益损失
   B. 证明资本主义经济比社会主义经济更优越
   C. 如何有效配置使用稀缺资源
   D. 决定最公平地分配社会产品

2. 资源是稀缺的,说明人们必须（   ）。
   A. 接受高价格   B. 买不到想买的东西
   C. 做出选择   D. 生活节俭

3. 如何生产更多的大炮和黄油属于（   ）问题。
   A. 成本   B. 资源选择
   C. 资源稀缺   D. 资源利用

4. 下述活动中与宏观经济学有关的是（   ）。
   A. 北京市大学毕业生的收入水平的调查
   B. 对2010年全国物价总水平和失业率的调查
   C. 对1978年以来小麦价格变动趋势的研究
   D. 通过实例研究家电企业的定价与生产决策

5. 下面哪一个是微观经济描述？（ ）
   A. 去年实际国内生产总值增长了9%
   B. 去年失业人口占劳动人口的12%
   C. 去年小麦平均价格上涨了7%
   D. 去年全国物价总水平上涨幅度达5.4%
6. 下面哪一项陈述是关于宏观经济学的？（ ）
   A. 由于工资收入增加，张华强决定多存一些钱
   B. 由于牛肉价格下降，养牛专业户王刚决定改养鸡
   C. 第一季度国内生产总值比去年同期增长12.4%
   D. 中国人民建设银行将对私人住宅进行按揭贷款的利率提高一个百分点
7. 王老师说："对啤酒征税会使其价格上涨。"而李老师则认为："在校大学生们喝啤酒喝得太多，因此应该对啤酒征税。"由此我们知道（ ）。
   A. 王老师的说法是规范性的，而李老师的则是实证性的
   B. 王老师的说法是实证性的，而李老师的则是规范性的
   C. 两人的说法都是实证性的
   D. 两人的说法都是规范性的
8. 宏观经济学的中心理论是（ ）。
   A. 价格决定理论   B. 工资决定理论
   C. 国民收入决定理论   D. 汇率决定理论
9. 经济学研究的基本问题是（ ）。
   A. 生产什么，生产多少   B. 怎样生产
   C. 为谁生产   D. 以上问题均正确

三、多项选择
1. 经济体制可分为的类型有（ ）。
   A. 自给自足经济   B. 计划经济
   C. 市场经济   D. 混合经济
2. 微观经济学的主要内容包括（ ）。
   A. 价格理论   B. 消费者行为理论
   C. 生产理论   D. 成本理论
   E. 微观经济政策
3. 宏观经济学的主要内容包括（ ）。
   A. 国民收入决定理论   B. 经济周期理论
   C. 失业与通货膨胀理论   D. 经济周期与经济增长理论
   E. 宏观经济政策
4. 下列对资源的稀缺性描述不正确的是（ ）。
   A. 世界上大多数人生活在贫困中
   B. 相对于需求而言，资源总是不足的
   C. 资源必须保留给下一代

D. 世界上资源最终将由于生产更多的物品而耗尽

5. 以下属于微观经济学所考察的问题的是（　　）。

A. 一个厂商的产出水平

B. 国家高税收对商品销售的影响

C. 失业的上升或下降

D. 某行业中雇用工人数量

6. 下列属于实证主义陈述的是（　　）。

A. 海湾战争引起石油价格上升，并导致了汽油消费的下降

B. 穷人不应该纳税

C. 中国经济比美国经济增长的更快

D. 提高利率阻碍经济发展

四、判断正误(T/F)

1. 稀缺性仅仅是市场经济中存在的问题。（　　）

2. 在一个由行政指令来协调经济活动的社会经济中，生产什么、如何生产和为谁生产的决策是价格调节的结果。（　　）

3. 如果某个人在生产某种物品时机会成本比别人低，就可以说这个人在生产这种物品时具有比较优势。（　　）

4. 微观经济学的中心理论是价格理论。（　　）

5. 实证表述的是关于"是什么"的问题，规范表述的是关于"应该是什么"的问题。（　　）

6. 资源的稀缺性决定了资源可以得到充分利用，不会出现资源浪费现象。（　　）

7. 只要有人类社会，就会存在稀缺性。（　　）

8. 在不同的经济制度下，资源配置问题的解决方法是不同的。（　　）

9. 微观经济学要解决的问题是资源利用，宏观经济学要解决的问题是资源配置。（　　）

10. 微观经济学的基本假设是市场失灵。（　　）

五、简答

1. 何谓经济学？其经济含义是什么？

2. 实证分析法和规范分析法的区别有哪些？

3. 微观经济学与宏观经济学研究的基本问题是什么？

4. 微观经济学与宏观经济学的区别和联系体现在哪些方面？

5. 经济学的发展经历了哪四个主要时期？

六、论述

1. 用生产可能性边界说明经济学既要研究资源配置问题又要研究资源利用问题。

2. 联系实际，谈谈为什么要学好经济学？

七、案例分析

关于占座现象的经济学分析

"占座"这一现象在生活中时有发生,在大学校园里更是司空见惯。无论是三九严冬,还是烈日酷暑,总有一帮"占座族"手持书本忠诚地守候在教学楼或图书馆门前,大门一开,争先恐后地奔入,瞅准座位,忙不迭地将书本等物置于桌上,方才松了一口气,不无得意地守护着自己的"殖民地"。后来之人,只能望座兴叹,屈居后排。上课的视听效果大打折扣,因而不免牢骚四起,大呼"占座无理"。

阅读上述材料,回答下列问题:

(1) 大家为什么要提前花费这么多的时间占座?结合经济学的基本假设进行分析,并以此分析经济学的基本假设是否合理和必要。

(2) 分析占座是否符合经济效率,如果不是,如何改进?

八、动手操作

5天后考《经济学》和《管理学》,你估计这两门课的考试分数与复习时间之间的关系如下表所示:

复习天数	经济学	管理学
0	50	60
1	63	72
2	72	80
3	80	86
4	85	90
5	88	92

如果你想使两门课的总分最高,应该怎样分配复习时间?

(提示:运用边际分析法,当两门功课的边际增分相等时,两门课的总分最高。)

第二章　需求、供给与价格

> 每个人都在力图应用他的资本,来使其产品能够到最大的价值。一般地说,他并不企图增进公共福利,也不知道他所增进的公共福利是多少。他所追求的仅仅是他个人的利益。在这样做时,有一只看不见的手引导他去促进一种目标,而这种目标决不是他所追求的东西。由于追逐他自己的利益,他经常促进社会利益,其效果要比他真正想促进社会利益时所得到的效果更大。
>
> ——亚当·斯密

学习目标

● 知识目标

1. 掌握需求的含义和需求规律;
2. 掌握供给的含义和供给规律;
3. 掌握均衡价格的含义与形成;
4. 了解支持价格和限制价格。

● 能力(技能)目标

1. 能区分需求变动和需求量变动、供给变动和供给量变动;
2. 能运用需求、供给和均衡价格的基本知识分析现实的经济问题。

● 情感目标

1. 深刻认识价格作为市场机制下的一只"看不见的手"所起的作用;
2. 理解"谷贱伤农"蕴含的经济学道理。

经济与生活

铁路春运

2009年2月19日,各地火车站迎来2009年铁路春运的最后一天。中国铁道部当日上午举行2009年中国国铁路春运第三次新闻发布会,介绍铁路春运情况。铁道部新闻发言人王勇平在会上表示,2009年铁路春运工作实现了预期目标,为期40天的铁路春运发送旅客总量将达到1.92亿人,日均480万人。特别是2月13日(春运第34天)一天,随着铁路节后客流不断攀升,全国铁路发送旅客570.9万人,比前一日增加15.7万人,同比增加57.7万人,增长11.2%,创该年春运客流新高,并再创历史新高。

受金融危机影响,今年春运体现出一个不同于往年的新特点:北京、上海、东莞、福州、深圳等地的部分打工人员纷纷提前返乡,形成一股早到的"返乡潮",客流高峰提前到来。加之今年春节相比往年较早,学生流、探亲流、返乡流高度叠加,部分车票骤然紧张,对春运是一个新的挑战。尽管2009年春运比上年春运增加150列客车,但"一票难求"局面难扭转,缺口还是非常大。

如何解决上述的春运难题呢?2007年铁路宣布的春运旅客列车票价不上浮的政策是否还会坚持下去?春运期间铁路票价上涨,会不会将大量返乡者推向其他的运输方式呢?为什么年年"一票难求",但乘坐火车的人数没降反而升呢?如果铁路票价出现上涨300%,作为消费者的你还会选择乘坐火车出去旅游吗?这种情况发生在春运期间,会导致什么样的结果?为什么铁路春运市场,车票黑市如此猖獗?放开价格,对于票贩子会有什么样的影响?

对于以上的问题你是否感兴趣?想知道原因吗?正如上述实例一样,事实上,生活中很多时候价格的起伏波动背后的机理都是一样的,它们都是由供给和需求两种力量共同决定的。供给和需求共同决定了市场上出售的某种商品的价格和产量,而价格作为市场机制下的一只"看不见的手",又时时刻刻影响着产品的供给量和需求量的变动。究竟供给量和需求量对于价格变动的反应程度有多大呢?

第一节　市场需求

一、需求

1. 需求的含义

需求(Demnd)是指在某一特定时期内,在每一价格水平上消费者愿意而且能够购买某种商品或劳务的数量。需求实际上反映了人们购买商品的数量与商品价格这两个变量之间的关系。从日常生活中我们可以发现,人们购买的数量一般是随着价格的变化而变化。例如,当某种食品的价格为每千克6元时,某人会购买2千克;当价格上涨到每千克8元时,他也许只会购买1千克。

需求必须同时具备两个条件:一是消费者有购买欲望,即需求一方面要取决于消费者的嗜好或偏好,这是消费者本身的一种主观上的需要;二是消费者有购买能力,即需求另一方面要受到消费者本身收入预算的限制,这是消费者本身的一种客观上的收入约束。购买欲望与购买能力是构成市场需求的缺一不可的条件。例如,有人有钱但不想购买房子,或有人想买房子但又没钱,均不能构成对房子的需求;某人只有在既有购买房子的欲望,同时又有购买房子的实力的条件下,才能构成对房子的需求。

需求有个人需求和市场需求之分。个人需求是指对应于某种商品的每一可能的价格,某个消费者或家庭愿意并有能力购买的商品的数量;市场需求是指与每一可能价格相对应的所有个人需求的总和。

2. 影响需求的因素

消费者对某种商品(或劳务)的需求取决于许多因素。不同的因素对商品需求的影响程度及影响方向是不同的。一般而言,影响需求的主要因素有以下几种。

(1) 商品自身的价格(P_A)

一般而言,价格是影响消费者需求最直接的因素。商品的价格与需求量成反方向变动,即商品价格越高,需求越少;商品价格越低,需求越多。价格与需求量之间的这种关系对大部分商品都是适用的,而且这种关系也很普遍,以至于经济学家称之为需求定理。

(2) 消费者的收入(I)

收入对需求的影响由商品的不同特性所决定。在其他条件不变的情况下,对大部分正常商品来说,消费者的收入越高,对它们需求越多,反之越少。而对另一部分劣等商品来说,随着收入水平的提高,对它们的需求反而减少。因此,经济学把需求量的变动与消费者收入同方向变化的商品称为正常品;把需求量的变动与消费者收入反方向变化的商品称为劣等品。如化纤服装、黑白电视机等一些较低档的日用消费品属于劣等品。

(3) 相关商品的价格(P_B 和 P_C)

相关商品是指与需要购买的商品存在直接或间接关联的商品。它可以分为替代品和互补品两类。

替代品是指其使用价值或使用功能与所研究商品之间存在相同或相似,可以互相替代的商品,如大米与面粉、猪肉与牛肉等。商品价格与替代品价格(P_B)之间具有正相关关系,如当猪肉价格上涨,而牛肉价格不变时,人们会把原先对猪肉的需求转移到对牛肉的需求上,使牛肉的需求量增加;反之,若猪肉的价格下跌,而牛肉价格不变,同样会引起猪肉需求量增加,牛肉需求量减少。所以,一种商品需求量与其替代品价格呈同向变化。

互补品是指那些需要与所研究商品相互搭配并结合在一起使用的商品,如汽车与汽油、照相机与胶卷等。商品价格与其互补品价格(P_C)之间具有负相关关系。如汽油价格上涨会使汽车需求量减少;反之,若汽油价格下跌会使汽车需求量增加。所以,一种商品的需求量与其互补品价格呈反向变化。

(4) 消费者偏好(T)

消费者偏好是指消费者个人性格、长期习惯形成的对商品的嗜好或偏爱,偏好不同而对商品作出的选择也不同。偏好既与消费者的个人爱好和个人性格有关,也与整个社会风俗、时尚有关。"穿衣戴帽,各有所好",有人喜欢吃羊肉,终生不食猪肉;也有人喜爱吃猪肉,一辈子不沾羊肉。有人对流行时装、流行音乐十分敏感;也有人对古老唐装、古老民歌情有独钟,难以割舍。同样是饮料,东方人喜欢喝茶,西方人喜欢喝咖啡,而年轻人喜欢喝可口可乐……消费者的偏好对需求的影响是显而易见的。当消费者对某种商品的偏好程度增强时,该商品的需求就会增加。相反,偏好程度减弱,需求就会减少。

(5) 消费者对商品的价格预期(E)

价格预期是指社会群体对某种商品未来价格的期望,不论这种预期是否正确,都会对某种商品当前的需求量产生影响。当消费者预期某种商品的价格在将来某一时期会上升时,就会增加对该商品的目前的需求;当消费者预期某商品的价格在将来某一时期会下降时,就会减少对该商品的现期需求。如人们普遍预期商品房价格将会继续显著上涨,则会增加现期商品房消费,促使人们提前或增加对商品房的购买。消费者对未来商品价格的预期效应有时会带来商品价格越高、需求量反而越大的反常现象,这是因为人们普遍存有"买涨不买跌"的心理。

(6) 广告 (A)

商品广告会影响消费者对商品的偏好与选择。一般来说,广告的费用支出越大,人们对商品的需求量也就越大。但广告费用的投入对商品需求量的影响是一个递减变化。起初,单位广告费用的投入会使商品需求量有较大的增加,当广告费用增加到一定程度后,再继续增加广告投入,则增加单位广告费用会引起需求量的递减。所以,对广告费用的投入也存在一个合理限度问题,即增加到一定限度后,再增加广告费用的投入就不一定合算了。

(7) 其他因素

人口数量、规则制定、气候、时间等因素也会影响商品的需求。

二、需求函数、需求表和需求曲线

1. 需求函数

如果把影响需求的因素作为自变量,把需求量作为因变量,则可以用函数关系来表达。需求函数(Demand Function)是指某一特定时期内,某种商品的需求量与影响需求的因素之间的函数关系。记作:$Q_d = f(P_A, P_B, P_C, I, T, A, E, \cdots)$

如果只考虑需求量与价格之间的关系,则需求函数的形式为:$Q_d = f(P)$

如果商品的需求量与其价格之间是线性关系,那么此需求曲线是一条直线,这种需求函数是线性需求函数,其公式为:

$$Q_d = a - b \cdot P$$

公式 2-1

如果商品的需求量与其价格之间是非线性关系,那么此需求曲线就不是一条直线,这种需求函数是非线性需求函数,其公式为:

$$Q_d = aP^{-a}$$

公式 2-2

式中 a、b 为正常数,P 为价格。

2. 需求表

需求表是描述商品的需求量和商品价格之间的函数关系的表格。例如,某一时间内某人对鸡蛋需求情况见表 2-1。

表 2-1 消费者 A 对鸡蛋的需求表

价格(元/500 克)	需求量(千克)
3.1	2
3.2	1.5
3.3	1
3.4	0.5
3.5	0

需求表相应地也有个人需求表和市场需求表之分。表2-1为消费者A的个人需求表。反映市场上某商品所有消费者需求量与其价格之间函数关系的表格是市场需求表，见表2-2。

表2-2　个人需求表和市场需求表

价格（元/500克）	个人需求量（千克）			市场需求量（千克）
	消费者A	消费者B	消费者C	
3.1	2	2.1	2.0	6.1
3.2	1.5	1.6	1.6	4.7
3.3	1	1.1	1.2	3.3
3.4	0.5	0.6	0.6	1.7
3.5	0	0.3	0.2	0.5

3. 需求曲线

需求曲线是表示商品的价格和需求量之间关系的曲线，是需求函数的图像，通常是一条向右下方倾斜的曲线，也可以是一条负斜率的直线。如图2-1所示，横轴OQ表示商品的数量，纵轴OP表示商品的价格，曲线D表示需求曲线。与数学上的习惯相反，在微观经济学分析需求曲线和供给曲线时，通常以纵轴表示自变量P，以横轴表示因变量Q。

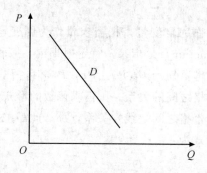

图2-1　需求曲线图

需求曲线可以是直线型的，也可以是曲线型的。当需求函数为一元一次线性函数时，相应的需求曲线是一条直线；当需求函数为非线性函数时，相应的需求曲线是一条曲线。在微观经济分析中，为简化分析过程，在不影响结论的前提下，大多都用线性需求函数和线性需求曲线。

【课堂互动2-1】某皮鞋厂生产皮鞋的价格为100元/双时，消费者的需求量为3万双。若价格降为60元/双时，消费者的需求量为5万双。假定其他影响因素固定不变，写出消费者的需求函数并画出需求曲线图像。

三、需求定理

从需求表和需求曲线中可以看出，某种商品的需求量与其价格是呈反方向变动的。这种现象普遍存在，称为需求定理（Law of Demand）。需求定理是说明商品本身价格与其需求量之间关系的理论，其基本内容是：在其他条件不变的情况下，一种商品的需求量与价格呈反方向变动，即需求量随着商品本身价格的上升而减少，随商品本身价格的下降而增加。

在理解需求定理时，也同样要注意"在其他条件不变的情况下"这个假设前提。这也就是说，需求定理是在假定影响需求的其它因素不变的前提下，研究商品本身价格与需求量之间的关系。离开了这一前提，需求定理就无法成立。

对需求定理有三项说明：第一，其他条件不变主要是指收入不变，消费者偏好不变，相关商品的价格不变，消费者预期不变；第二，需求定理是建立在常识和经济理论基础之上的，并且经过了经验材料的检验和证明，几乎适用于一切商品；第三，任何一条市场需求曲线，仅仅适用于某一个特定时期。

需求定理是指一般商品的规律，但这一定理也有以下几种例外的情况，如图2-2所示。

1. 垂直需求曲线

消费者对某种商品的需求数量不受价格的影响，消费者的需求曲线是一条垂直于横轴的直线。这表明，无论商品价格有多高，消费者愿意并且能够购买的数量都保持不变。比如，在当今社会中，人们对丧葬服务的需求就满足这种特征。

2. 水平需求曲线

需求者对商品价格的变动极其敏感，以至于价格升高时消费者的需求量为零，而价格降低时需求量趋向于无穷大。此时，消费者的需求曲线是一条平行于横轴的直线。

3. 向右上方倾斜的需求曲线

（1）吉芬商品。人们把那些贫困地区生活所必需的低档商品称为吉芬商品。英国经济学家吉芬在研究爱尔兰土豆销售情况时发现，在特定条件下，当土豆价格下跌时，人们的需求量会减少；而土豆价格上涨时，需求量反而增加。

（2）某些炫耀性消费的商品，如珠宝、文物、名画、名车等。这类商品的价格已成为消费者地位和身份的象征。价格越高，越显示拥有者的地位，需求量也越大；反之，当价格下跌，不能再显示拥有者的地位时，需求量反而下降。

（3）投机商品。某些商品（如证券、黄金市场常有这种情况）的价格小幅度升降时，需求量按正常情况变动；大幅度升降时，人们会因不同的预期而采取不同的行动。股市"看涨不看跌"正说明了上述情况。

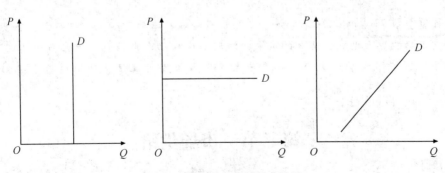

图2-2 需求定理的例外曲线图

四、需求量变动与需求变动

需求量的变动和需求的变动都是需求数量的变动,它们的区别在于引起这两种变动的因素是不相同的,而且,这两种变动在几何图形中的表示也是不相同的。

1. 需求量的变动

需求量的变动是指在其他条件不变时,由商品的价格变动所引起的需求数量的变动。在几何图形中,需求量的变动表现为商品的价格与需求数量组合的点沿着同一条既定的需求曲线运动。当价格由 P_1 下降至 P_2 时,点 A_1 沿着需求曲线 D 按箭头所示移动到点 A_2,需求量由 Q_1 降至 Q_2;反之,当价格由 P_1 上升至 P_3 时,点 A_1 沿着需求曲线 D 按箭头所示移动到点 A_3,需求量由 Q_1 增至 Q_3,如图 2-3 所示。

2. 需求的变动

需求的变动是指在商品本身价格不变的条件下,由其他因素变动所引起的该商品的需求数量的变动。在几何图形中,需求的变动表现为需求曲线的位置发生平行移动,表示整个需求情况的变化。通常,需求增加表现为需求曲线向右平移,即由 D_1 按箭头所示平移到 D_2;反之需求减少表现为需求曲线向左平移,即由 D_1 按箭头所示平移到 D_3。如图 2-4 所示。

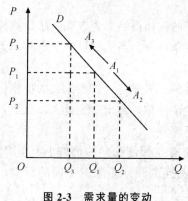

图 2-3 需求量的变动　　　　　　　图 2-4 需求的变动

【课堂互动 2-2】以啤酒为例,如果消费者收入增加,即使价格不变,消费者想要购买的啤酒数量也会增加,啤酒的需求曲线应如何移动?当消费者面临啤酒价格下降时,在其他条件保持不变的情况下,消费者趋于购买更多的啤酒,啤酒的需求曲线又如何移动?

第二节　市场供给

在商品经济社会中,市场上居民所需求的商品,主要来自于厂商的供给。供给与需求一样,也是市场经济最基本的构成部分,商品需求者与供给者之间存在着相互依存的关系。要研究市场,离不开研究商品供给。

一、供给

1. 供给的含义

供给（Supply）是指在一定时期内，厂商在各种可能的价格下，愿意并且能够提供的某种商品的数量。显然，要形成供给也必须具备两个基本条件：一是厂商愿意出售某种商品；二是厂商在客观上有能力提供某种商品。

2. 影响供给的因素

影响商品供给的因素很多，其中主要因素有以下几点。

（1）商品价格（P）

一般情况下，商品价格提高，商品供给量就会随之增加。这是因为商品提价后，生产者在新价格下更有利可图，生产者会进一步扩大生产量，愿意为市场提供更多数量的商品。同时，由于商品价格的提高，又会吸引更多的企业加入这一行业来投资办厂，使得企业或行业的商品供给量有所增加。反之，商品价格下降，其供给量就会随之减少。

（2）生产成本（C）

在商品自身价格不变的情况下，商品生产成本降低，则单位商品的利润就会增加，企业为了获得更多的利润，就愿意生产或提供更多的商品，从而使商品的供给量随之增加。反之，商品生产成本增加，商品的供给量就会减少。需要说明的是，生产成本的高低是由技术进步程度决定的。技术进步通常会带来生产成本的降低或总成本不变的情况下生产产量的提高，使商品供给量增加。

（3）相关商品价格（P_s）

如果其他商品的价格上升了，那么，生产者很可能放弃原商品的生产而被吸引到其他商品的生产中去。在原商品价格一定的前提下，就会减少原商品的生产与供给，特别是在生产设备、生产技术、生产工艺大致相近的商品之间，这种替代性尤为明显。例如，农民利用同样的土地资源，既可以种小麦，又可以种花生。如果小麦涨价，而花生价格不变，农民就会多种小麦而少种花生，结果是小麦涨价，会使花生的供给量减少。

（4）生产者对商品未来价格的预期（E）

与消费者一样，生产者对商品未来的市场价格也有预期。如果生产者预期的商品价格要上涨，那么，生产者会尽量减少现时供给，囤积居奇，使供给量减少。反之，如果生产者预期的商品价格要下降，他就会减少这种商品的生产，并想方设法将现有商品销售出去，使现时供给量相应增加。

（5）政府税收（t）

政府税收直接影响生产成本，如果税收增加，则使商品成本增加，在相同的价格下，供给量就会减少。政府补贴使商品成本降低，供给量增加。

（6）其他

除上述影响供给量的主要因素外，其他诸如自然条件、交通运输、政府出台的政策等因素，也会影响商品的供给。

二、供给函数、供给表与供给曲线

1. 供给函数

如果把影响供给的各种因素作为自变量,把供给作为因变量,则可以用函数关系来表示影响供给的因素与供给之间的关系,这种函数称为供给函数(Q_s)。记作:$Q_s = f(P, P_s, C, E, t, \cdots)$。

在影响供给的各因素中,价格是最直接、最重要的影响因素。在其他因素固定不变的条件下,商品自身价格与供给量之间的关系,可用以下供给函数式来表示:$Q_s = f(P)$。

2. 供给表

商品的供给量和商品价格之间的函数关系可以用商品的供给表表示。

商品的供给表是表示某种商品的各种价格和与各种价格相对应的该商品的供给数量之间关系的数字序列表。如某彩色胶卷的价格与供给量的关系可用表2-3表示。

表2-3 彩色胶卷的供给表

价格(元)	15	17	19	21	23
供给量(万个)	530	534	538	542	546

3. 供给曲线

供给曲线是表示商品的价格和供给量之间关系的曲线。如图2-5所示,横轴OQ表示商品的数量,纵轴OP表示商品的价格,曲线S表示供给曲线。

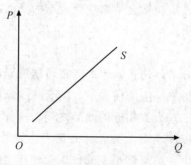

图2-5 供给曲线

如同需求曲线,供给曲线可以是直线型的,也可以是曲线型的。当供给函数为一元一次线性函数时,相应的供给曲线是一条直线;当供给函数为非线性函数时,相应的供给曲线是一条曲线。在微观经济分析中,为简化分析过程,在不影响结论的前提下,大多都用线性供给函数和线性供给曲线。

【课堂互动2-3】 根据表2-3的数据,画出彩色胶卷的供给曲线。

三、供给定理

以供给函数为基础的供给表和供给曲线都反映了商品的价格变动和供给量变动二者之间的关系,这一关系可以总结为:在其他条件不变的情况下,某商品的供给量与价格之间成同方向变动,即供给量随着商品本身价格的上升而增加,随商品本身价格的下降而减少。因此，供给曲线是一条自右上方向左下方倾斜的曲线，即具有正斜率的曲线。这种规律称为供给规定理（Law of Supply），又称为供给法则。

这里所说的"其他条件相同"，是指除了商品本身的价格之外，其他影响供给的因素都不变。也就是说，供给定理是在假定影响供给的因素不变的前提下，研究商品本身价格与供给量之间的关系。离开了这一前提，供给定理就无法成立。另外，供给定理是指一般商品的规律，但这一定理也有例外的情况。例如，当劳动工资增加到一定程度时，如果继续增加，则劳动的供给量不仅不会增加，反而会减少。某些特殊商品，如土地、文物等，由于受各种条件限制，其供给量是固定的，无论价格如何上升，其供给量也无法增加。

根据供给定理，当价格上涨时，能产生如下效应使供给量增加：

（1）原来亏损的企业因商品价格上涨，有望扭亏为盈而愿意生产该商品，使该商品的供给量增加；

（2）原来盈利的企业，因商品价格上涨，有望获取更大利润而追加投入，扩大生产，使该商品的供给量增加；

（3）原来用于生产其他替代品的资源，因商品价格上涨，而转为生产该商品，使该商品的供给量增加；

（4）因为该商品价格上涨，也会吸引更多的企业加入到这个行业中来，使该商品的供给量增加。

四、供给量变动与供给变动

和需求量变动与需求变动一样，供给量变动与供给变动也是两个不同的概念。

1. 供给量的变动

供给量变动是指当影响供给量的其他因素固定不变时，商品自身价格变化所引起的供给数量的变动。供给量变动时，其供给方程、供给曲线和供给表都不发生变化。如图2-6所示，当商品的价格由P_1上升到P_2时，对应在供给曲线S上的点A_1沿着供给曲线S按图中箭头所示移动到点A_2，商品的供给量由Q_1增加到Q_2。相反，当价格由P_1下降至P_3时，在供给曲线S上，点A_1沿着供给曲线S按图中箭头所示移动到点A_3，商品的供给量由Q_1减少到Q_3，而供给曲线S位置不变。

2. 供给的变动

供给变动是指除商品自身价格以外的其他因素变化而引起的整个供给数量的变动。从供给曲线来看，供给变动是整条供给曲线的空间位移。如图2-7所示，供给增加表现为供给曲线向右平移，供给曲线S_1按箭头所示平移到S_2。因为当价格为P_1不变时，由其他因素影响，供给数量由Q_1增加到Q_2。相反，供给减少表现为供给曲线向左平移，供给曲线S_1按箭头所示平移到S_3。

【课堂互动2-4】某同学说："供给量变动是价格变化时，供给量沿供给曲线移动；而供给变动是指除价格外，任何一种影响供给的因素变动时供给曲线的平行移动。"对吗？

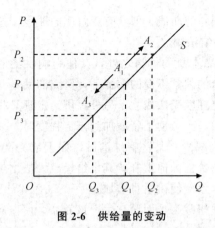
图 2-6　供给量的变动

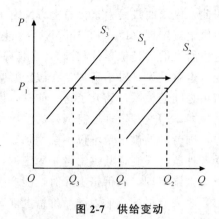
图 2-7　供给变动

第三节　均衡价格

前面我们分别介绍了需求与供给定理，但在市场经济中价格是由需求和供给两种力量共同决定的。在这节，我们将进一步分析需求和供给如何决定均衡价格，以及均衡价格如何随需求、供给而变动。

一、市场均衡的含义

在经济学中，均衡指变动着的各种力量处于一种暂时稳定（或相对静止）的状态。均衡并不意味着不会再变动。若条件变了，原来的均衡就不存在，进而会产生新的均衡。从动态的观点看，均衡是短暂的，是一个不间断的过程。均衡是一种分析方法，通过对均衡价格的分析，可说明需求、供给与价格之间的关系。在市场上，市场供求达到平衡时的状态则称之市场均衡，即需求和供给相等，此时，均衡价格等于需求价格和供给价格，均衡数量等于需求量和供给量。

二、均衡价格

1. 均衡价格的含义

产品市场价格的形成，取决于供需双方。市场需求曲线 D 和市场供给曲线 S 的交点 E 就是均衡点。均衡点 E 的纵坐标 P_0 就是均衡价格，横坐标 Q_0 就是均衡数量。

均衡价格是指某种商品的市场需求量和市场供给量相等时的价格。供给和需求两条曲线相交之处，表明此时需求量等于供给量，也即表明按这种价格成交能够使供需双方都满意。

根据上述定义，对于均衡价格的理解应注意以下几点：

（1）均衡价格是由于供给和需求这两种相反力量的作用使价格处于一种相对静止、不再变动的状态，此时市场上既没有商品的过剩，也没有商品的短缺，市场刚好出清；

（2）决定均衡价格的是需求和供给，两者对价格的决定作用不分主次、同等重要；

（3）市场上各种商品的均衡价格是最后呈现的结果，其形成的过程是在市场背后自发进行的。

【课堂互动2-5】 以小组为单位讨论均衡的意义。

2. 均衡价格的形成

商品的均衡价格表现为商品市场上需求和供给这两种相反的力量共同作用的结果，它是在市场的供求力量的自发调节下形成的，如图 2-8 所示。当市场价格偏离均衡价格时，市场上就会出现需求量和供给量不相等的状态。一般来说，在市场机制的作用下，这种供求不相等的非均衡状态会逐步消失，实际的市场价格会自动恢复到均衡价格水平。

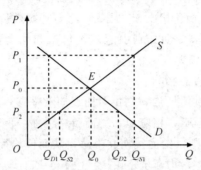

图 2-8　均衡价格的形成

当市场价格 P_1 高于均衡价格 P_0 时，由于需求量少于供给量，即 $Q_{D1}<Q_0<Q_{S1}$，一方面会使需求者压低价格来得到他所要购买的商品量；另一方面，又会使供给者减少商品的供给量。这样，必将导致价格下跌。在此过程中，只要供求曲线不发生移动，价格就会一直下跌到 P_0 为止，从而使供求量相等，又恢复了均衡。

当市场价格 P_2 低于均衡价格 P_0 时，由于需求量大于供给量，即 $Q_{D1}>Q_0>Q_{S1}$，一方面迫使需求者提高价格来得到他所要购买的商品量，另一方面，又会使供给者增加商品的供给量。这样，必使价格上升。在此过程中，只要供求曲线不发生移动，价格就会一直上升到 P_0 为止，从而使供求量相等，又恢复了均衡。

总之，市场均衡价格的形成，取决于供需双方。均衡是市场的必然趋势，也是市场的正常状态。而脱离均衡点的价格必然形成供过于求或求过于供的失衡状态。由于市场中供求双方竞争力量的作用，存在着自我调节的机制，失衡将趋于均衡。当然，如果在此过程中有外力的干预（如垄断力量的存在或国家的干预），那么，这种价格就不是均衡价格。

【课堂互动2-6】 某商品均衡价格的决定见表 2-4，该商品的均衡价格是多少？均衡数量是多少？

表 2-4　某商品的均衡价格的决定

价格（元/公斤）	市场需求量（吨）	市场供给量（吨）
1	110	10
2	90	53
3	77.5	77.5
4	67.5	100
5	62.5	115
6	60	122.5

3. 均衡价格的变动

一种商品的均衡价格是由该商品的市场需求曲线和市场供给曲线的交点所决定的。因而，需求曲线和供给曲线的位置移动都会使均衡价格发生变动。

(1) 需求变动对均衡价格的影响

在供给不变的前提下，需求增加，则需求曲线向右平移，从而使均衡价格和均衡数量都增加，均衡点由 E_1 移至 E_2，相应地，均衡价格由 P_1 上升至 P_2，均衡数量由 Q_1 增加至 Q_2；反之，需求减少，则需求曲线向左平移，从而使均衡价格和均衡数量都减少，均衡点由 E_1 移至 E_3，相应地，均衡价格由 P_1 下降至 P_3，均衡数量由 Q_1 减少至 Q_3。总之，在其他条件不变的前提下，需求变动分别引起均衡价格和均衡数量的同向变动，如图 2-9 所示。

(2) 供给变动对均衡价格的影响

在需求不变的前提下，供给增加，则供给曲线向右平移，从而使均衡价格下降和均衡数量增加，均衡点由 E_1 移至 E_2，相应地，均衡价格由 P_1 下降至 P_2，均衡数量由 Q_1 增加至 Q_2；反之，供给减少，则供给曲线向左平移，从而使均衡价格上升和均衡数量减少，均衡点由 E_1 移至 E_3，相应地，均衡价格由 P_1 上升至 P_3，均衡数量由 Q_1 减少至 Q_3。总之，在其他条件不变的前提下，供给变动分别引起均衡价格的反向变动和均衡数量的同向变动，如图 2-10 所示。

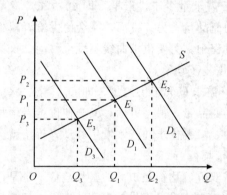 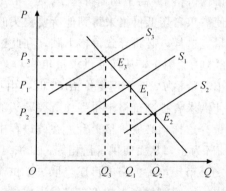

图 2-9　需求变动对均衡价格的影响　　图 2-10　供给变动对均衡价格的影响

(3) 需求和供给同时变动对均衡价格的影响

若需求和供给同时发生变动，则商品的均衡价格和均衡数量的变化难以确定，要具体情况具体分析。一般而言，供给与需求同时变动有以下两种情况。

一是供求同时同方向变动，即同时增加或减少。在这种情况下，均衡数量将同时增加或减少，而均衡价格的变动取决于供需变动的相对量，可能提高，可能下降，也可能保持不变。如果需求曲线移动的幅度大于供给曲线移动的幅度，均衡价格就会上升；如果前者移动的幅度小于后者，均衡价格则下降；两条曲线移动的幅度相同，均衡价格保持不变。

二是供求同时呈反方向变动。这时，均衡价格总是按照需求的变动方向变动，而均衡数量的变动取决于供求双方变动的相对比例，可能增加，可能减少，也可能维持不变。如果供给曲线移动的幅度少于需求曲线相反移动的幅度，均衡数量减少；如果前者移动的幅度大于后者，均衡数量则增加。只有两者变动的幅度相同时，均衡数量才会维持不变。

【课堂互动2-7】 政府为了让低收入者能够住有所居,将房租限制在市场的均衡价格之下。你认为政府的房屋租金限制,一定能够有效解决低收入者的住房问题吗?

三、支持价格和限制价格

市场经济是由价格这只"无形的手"自发进行调节的。然而,有时候单纯依靠市场价格(供求关系),结果往往具有不完善性。表现为:第一,供求关系所决定的价格在短期可能是合适的,但在长期可能会对生产产生不利影响;第二,由供求关系所决定的价格可能会产生负面影响。因此,需要政府实施某些价格政策进行调整纠正。

1. 支持价格

支持价格是指政府为了支持某一行业的发展,对该行业产品规定的高于市场均衡价格的最低价格。如果政府认为由市场供求力量自发决定的某种产品的价格太低,不利于该行业的发展,政府就可以对该产品实行支持价格。可见,支持价格总是高于市场均衡价格。由于农产品生产周期比较长,而且其供给随价格改变的幅度比较小。过低的农产品价格会降低农户的收益,挫伤农民的积极性,"谷贱伤农"。因此,许多国家的政府对农产品实行支持价格。显然,就农产品支持价格而言,目的是稳定农业生产和农民的收入,有其积极意义,但这也增加了农产品过剩,不利于市场调节下的农业结构调整。因此,为了实行支持价格,政府一般会采取大量收购的做法,用于出口、援助、储备、开发新用途等。

2. 限制价格

限制价格是指政府为了限制某些生活必需品的价格上涨而对其规定的低于市场均衡价格的最高价格,以防止某些关乎民生的商品因价格太高而损害消费者利益。可见,限制价格总是低于市场均衡价格。限制价格政策的实施,往往伴随着"供不应求"的情形。于是市场上会出现排队争购、搭配、黑市交易、质量低劣化的现象。因此,这种行政手段的实际效果有待讨论。

在现代经济社会,随着收入水平的大大提高,人们的需要不仅高层次化,而且越来越多样化,可变性也越来越强。因而,满足固定需要的必需品的生产在整个生产中所占的比重越来越小,更多的商品和劳务生产不得不伴随着需要的变化而变化。在某种意义上说,现代经济生活更多的是"需求创造供给",而非"供给创造需求"。

【课堂互动2-8】 政府对棉花规定最低"保护价格",又称"支持价格"后,对棉花的供求会产生什么样的影响?

第四节 弹性理论与应用

商品的需求量大小是受各种因素影响的,影响因素发生变动,商品需求量也会随之发生变动。商品种类不同,对各种影响因素变动反应的程度也各不相同。针对商品需求量变动对其影响因素变动的反应程度,经济学引出了商品需求弹性理论,来加以分析和说明。商品弹性主要包括:需求价格弹性、需求交叉价格弹性、需求收入弹性和供给价格弹性。

一、需求价格弹性

1. 需求价格弹性的含义

需求的价格弹性又称需求弹性,是指价格变动的比率所引起的需求量变动的比率,即需求量变动对价格变动的反应程度,它反映了商品需求量变动对其价格变动的反应程度。不同商品需求量变动对价格变动反应的敏感程度不同,需求价格弹性就不同。一般用需求价格弹性系数来表示其弹性的大小,以 E_d 来表示,Q 代表需求量,ΔQ 代表需求量的变动量,P 代表价格,ΔP 代表价格的变动量,则需求价格弹性系数可用下列公式表示:

$$E_d = (\Delta Q/Q)/(\Delta P/P) = (\Delta Q/\Delta P) \cdot (P/Q) \quad \text{公式2-3}$$

在理解需求弹性的含义时要注意以下几点。

(1) 在需求量与价格这两个经济变量中,价格是自变量,需求量是因变量。所以,需求弹性就是指价格变动所引起的需求量变动的程度,或者说需求量变动对价格变动的反应程度。

(2) 需求弹性系数是价格变动的比率与需求量变动的比率的比率,而不是价格变动的绝对量与需求量变动的绝对量的比率。

(3) 弹性系数的数值可以为正值,也可以为负值。但在实际运用时,为了方便起见,一般都取其绝对值。

(4) 同一条需求曲线上不同点的弹性系数大小是不相同的。

2. 需求价格弹性的计算

(1) 一般计算法。计算公式为:

$$E_d = (\Delta Q/Q)/(\Delta P/P) = (\Delta Q/\Delta P) \cdot (P/Q) \quad \text{公式2-3}$$

(2) 中点法。用中点法计算出的需求价格弹性称为弧弹性。在计算同一条弧的需求弧弹性时,由于 P 和 Q 所取的基数值不同,因此,降价和涨价的计算结果不同。如果仅是一般计算某一条弧的需求弧弹性,并未强调是作为降价或涨价的结果,则为了避免不同的计算结果,通常取两点的价格和需求量各自的平均值(中值)来作为 P 和 Q 值。即需求弧弹性中点公式为:

$$E_d = [\Delta Q/(Q_1+Q_2)/2]/[\Delta P/(P_1+P_2)/2] \quad \text{公式2-4}$$

【课堂互动2-9】某商品的价格由20元/件下降为15元/件,需求量由20件增加到40件,这时,该商品的需求弹性是多少?若将上例倒过来,即该商品价格由15元/件上升为20元/件,需求量由40件减少到20件,则该商品的需求弹性是多少?若运用中点公式计算,则该商品的需求弹性是多少?

3. 需求价格弹性的分类

根据各种商品需求弹性系数的大小,可以把需求价格弹性分为五类。

(1) 需求完全无弹性,即 $E_d=0$。在这种情况下,无论价格如何变动,需求量都不会变动。这时的需求曲线是一条与横轴垂直的线。生活中,人们对丧葬服务的需求近似于这种情况。

(2) 需求无限弹性,即 $E_d \to \infty$。在这种情况下,价格升高时消费者的需求量为零,而价格降低时需求量趋向于无穷大。这时的需求曲线是一条与横轴平行的线。生活中,政府按照既定价格收购黄金，多多益善，不受数量的限制，近似于这种情况。

（3）单位需求弹性，即 $E_d=1$。在这种情况下，需求量变动的比率与价格变动的比率相等。这时的需求曲线是一条正双曲线。

（4）需求缺乏弹性，即 $1>E_d>0$。在这种情况下，需求量变动的比率小于价格变动的比率。这时的需求曲线是一条较陡的向右下方倾斜的曲线。生活必需品大都属于这种情况，如柴米油盐等。

（5）需求富有弹性，即 $E_d>1$。在这种情况下，需求量变动的比率大于价格变动的比率。这时的需求曲线是一条比较平坦的向右下方倾斜的曲线。奢侈品、耐用品，如珠宝、汽车、旅游等属于这种情况。

【课堂互动2-10】你是一个大型动物园的园长。你的财务经理告诉你，动物园缺乏资金，并建议你考虑改变门票价格以增加总收益。你将怎么办呢？是提高门票价格，还是降低门票价格？

4．影响需求价格弹性的因素

为什么不同的商品的需求弹性不同呢？一般来说，有这样几种因素影响着需求弹性的大小。

（1）消费者对某种商品的需求强度，即产品的性质，该商品是生活必需品还是奢侈品。一般来说，消费者对生活必需品的需求强度大而稳定，所以，生活必需品的需求弹性小；相反，消费者对奢侈品的需求强度小而不稳定，所以奢侈品的需求弹性大。

（2）可替代商品的多少。如果一种商品有许多可替代品，那么，该商品的需求就越有弹性。因为，价格上升时，消费者会购买其他替代品；价格下降时，消费者会购买这种商品来取代其他替代品。

（3）商品本身用途的广泛性。一种商品的用途越广泛，其需求弹性也就越大；用途越少，则其需求弹性也就越小。

（4）消费者调整需求量的时间。一般来说，消费者调整需求的时间越短，需求的价格弹性越小；相反调整时间越长，需求的价格弹性越大。如某商品价格上升，短期内不会影响其需求量，但长期的话人们可能寻找到其替代品，从而对需求量产生明显影响。

（5）商品在家庭支出中所占的比例。在家庭支出中占比例小的商品，价格变动对需求的影响小，所以其需求弹性也小；在家庭支出中占比例大的商品，价格变动对需求的影响大，所以其弹性也大。

在以上五种影响需求弹性的因素中，最重要的是需求强度、可替代商品的多少和在家庭支出中所占的比例。某种商品的需求弹性到底有多大，是由上述这些因素综合决定的，不能只考虑其中的一种因素，而且，某种商品的需求弹性也因时期、消费者收入水平和地区而不同。

5．需求价格弹性的应用

合理运用需求价格弹性，对分析许多现实经济问题和作出经济决策是十分重要的。

（1）用于分析商品销售量

商品销售收入既与其销售价格有关，也与其销售量有关；而商品的价格、价格弹性和边际收入三者之间存在密切的关系。因此，可以应用产品需求价格弹性对其价格与销售量的变化进行分析。

(2) 用于商品定价

商品需求价格弹性是企业定价的基础。如果企业经营的商品是新产品或改进型产品，那么企业在任何情况下也不应把产品价格定在弹性不足的区域，而应定在弹性充足的区域内，以实现利润最大化。如果企业经营多种产品，这些产品处于需求曲线不同的位置上，那么应根据产品不同的需求价格弹性，采取不同的定价策略。

对于缺乏需求价格弹性的产品，企业应提高产品价格，增加其销售收入。这是因为产品缺乏需求价格弹性时，其价格上涨需求量虽有所减少，但减少的幅度比涨价的幅度要来得小，企业总销售收入还是在增加。

对于需求价格弹性充足的产品，企业应降低产品价格，增加其销售收入。这是因为产品需求价格弹性充足时，其价格下降，需求量就会增加，其增加的幅度比降价的幅度要来得大，企业总销售收入不但不会减少，反而会增加，使企业产品实现薄利多销。反之，如果企业产品的需求价格弹性不足时，如仍采取降价促销策略，虽然会使需求量有所增加，但需求量增加的幅度小于降价的幅度，企业销售总收入还是在减少，起不到降价促销增收之目的。

对于单位需求价格弹性的产品，由于企业销售收入已达到最大值，这时企业产品的价格无论是涨还是降，其销售总收入都不会变化，调价策略不起作用。

总之，企业对于不同需求价格弹性的产品应采取不同的价格策略：对于需求价格弹性不足的产品，宜适当提价来增加销售收入；对于需求价格弹性充足的产品，宜适当降价来提高销售收入；对于单位需求价格弹性的产品，不用调整价格而影响销售收入。

(3) 用于选择市场竞争策略

在市场经济条件下，企业会受到来自国内外、行业内外众多竞争企业的挑战。为了巩固壮大已有的目标市场，开拓发展新的目标市场，企业可以针对不同的市场，结合不同的产品需求价格弹性，采取不同的定价策略与竞争对手角逐。如当企业要进行市场扩张时，可以采用降价策略，扩大市场占有率，把竞争对手挤出市场；当企业要提高商品声誉、塑造企业形象时，则可适当提高商品价格，以树立本企业产品在消费者中的知名度、美誉度。

(4) 用于政府对市场的宏观调控

对某些需限制生产的商品（或因这类商品对环境有污染、对人民健康有害；或因这类商品要耗用稀缺的战略资源等），政府要不要采取课征产品税的方法来限制其生产，还需要考虑这些商品的需求价格弹性。只有对于需求价格弹性充足的商品，这种方法才能获得预期的效果。

【课堂互动2-11】海湾战争期间，由于国际局势紧张，某国预计来年原油进口量缩减26%，经预测估计原油需求价格弹性在1.0~1.5之间。试预测来年油价的上涨额。

二、交叉价格弹性

1. 需求交叉价格弹性的含义与计算

需求交叉价格弹性又称交叉弹性，是指相关的两种商品中一种商品的价格变动比率所引起的另一种商品的需求量变动比率,即一种商品的需求量变动对另一种商品价格变动的反应程度。

设有两种相关商品 X 和 Y,计算 X 产品的交叉弹性的一般公式为:

$$E_{XY} = (\Delta Q_X/Q_X) / (\Delta P_Y/P_Y) = (\Delta Q_X/\Delta P_Y) \cdot (P_Y/Q_X)$$ 公式 2-5

公式表示产品 X 的价格(P_x)不变时,相关产品 Y 的价格(P_Y)变动时,引起产品 X 的需求量(Q_X)的变动的百分率。同理,可得 Y 产品的交叉价格弹性的计算公式为:

$$E_{YX} = (\Delta Q_Y/Q_Y) / (\Delta P_X/P_X) = (\Delta Q_Y/\Delta P_X) \cdot (P_X/Q_Y)$$ 公式 2-6

对于不同的商品关系而言,交叉弹性的弹性系数是不同的。互补商品之间价格与需求量成反方向变动,其弹性系数为负值,弹性的绝对值越大,互补性越强。替代商品之间价格与需求量成同方向变动,其弹性系数为正值,弹性的值越大,替代性越强。

2. 需求交叉价格弹性分类

需求交叉弹性系数的符号取决于所考察的两种商品的关系。依据商品相互之间的关系不同,可以将其分为替代品、互补品和独立品。

(1) 如果交叉弹性为负值,则这两种商品为互补关系,其弹性的绝对值越接近于 1,互补关系越密切。

(2) 如果交叉弹性为正值,则这两种商品为替代关系,其弹性的绝对值越接近于 1,替代关系就越强。

(3) 如果交叉弹性为零,则这两种商品之间没有关系,即互为独立品。

三、需求收入弹性

1. 需求收入弹性的含义与计算

需求的收入弹性又称收入弹性,是指某种商品的需求量的变动对于消费者收入变动的反应程度。一般用收入弹性的弹性系数来表示弹性的大小,以 E_M 来表示,Q 代表需求量,ΔQ 代表需求量的变动量,M 代表收入,ΔM 代表收入的变动量,则需求价格弹性系数可用下列公式表示:

$$E_M = (\Delta Q/Q) / (\Delta M/M)$$ 公式 2-7

要注意两点:(1) 在计算收入弹性时,假设价格和其他影响需求的因素是不变的。(2) 一般情况下收入与需求量同方向变动,所以收入弹性系数一般为正值。

2. 需求收入弹性的分类

在其他条件不变的情况下,消费者收入增加后对各种商品的需求也会增加,但对不同商品需求增加的多少是不相同的。因此,各种商品的收入弹性大小也就不同,收入弹性一般分为五类。

(1) 收入无弹性,即 $E_M = 0$。

(2) 收入富有弹性,即 $E_M > 1$。

(3) 收入缺乏弹性,即 $0 < E_M < 1$。

(4) 收入单位弹性,即 $E_M = 1$。

(5) 收入负弹性,即 $E_M < 0$。

3. 需求收入弹性与恩格尔定理

恩格尔是 19 世纪德国统计学家，他在研究人们的消费结构变化时发现了一条规律，即一个家庭收入越少，这个家庭用来购买食物的支出所占的比例就越大，反过来也是一样。而这个家庭用以购买食物的支出与这个家庭的总收入之比，就叫恩格尔系数。这是因为食品属于缺乏弹性的商品，我们收入增加几乎不增加食物，收入增加后增加的几乎是弹性大的商品。由此可以得出结论，对一个国家而言，这个国家越穷，其恩格尔系数就越高；反之，这个国家越富，其恩格尔系数就越低。这就是世界经济学界所公认的恩格尔定理。恩格尔系数反映一个国家或一个家庭富裕程度与生活水平的高低。

恩格尔定理说明了生活必需品（食物）的收入弹性小。此外，还可以根据收入弹性的大小来划分商品的类型。一般认为，收入弹性为正值，即随着收入增加需求量增加的商品是正常商品；收入弹性为负值，即随着收入增加需求量减少的商品为低档商品；收入弹性大于 1 的商品为奢侈品；收入弹性小于 1 的商品为必需品。

四、供给价格弹性

1. 供给价格弹性的含义与计算

供给价格弹性又称供给弹性，是指商品价格变动所引起的供给量变动的比率，它反映了商品供给量变动对其价格变动的反应程度。

供给弹性的大小可以用供给弹性的弹性系数来表示，以 E_S 来表示，Q_S 代表供给量，ΔQ 代表供给量的变动量，P 代表价格，ΔP 代表价格的变动量，则需求价格弹性系数可用下列公式表示：

$$E_S = (\Delta Q_S/Q_S)/(\Delta P/P)$$

公式 2-8

供给定理表明，一种商品的价格下降使其供给量增加，所以供给弹性的弹性系数为正值。

2. 供给价格弹性的分类

各种商品的供给弹性大小并不相同，可以把供给价格弹性分为五类。

（1）供给无弹性，即 $E_S=0$。在这种情况下，无论价格如何变动，供给量都不变，这时的供给曲线是一条与横轴垂直的线。如土地、文物、某些艺术品的供给。

（2）供给有无限弹性，即 $E_S \to \infty$。在这种情况下，价格既定而供给量无限。这时的供给曲线是一条与横轴平行的线。

（3）单位供给弹性，即 $E_S=1$。在这种情况下，价格变动的百分比与供给量变动的百分比相同。这时供给曲线是一条与横轴成 45°，并向右上方倾斜的线。

（4）供给富有弹性，即 $E_S>1$。在这种情况下，供给量变动的百分比大于价格变动的百分比。这时的供给曲线是一条向右上方倾斜，且较为平坦的线。

（5）供给缺乏弹性，即 $E_S<1$。在这种情况下，供给量变动的百分比小于价格变动的百分比。这时的供给曲线是一条向右上方倾斜，且较为陡峭的线。

3. 影响供给价格弹性的因素

影响供给价格弹性的因素主要可以概括为调整产量的难易和调整时间的长短两方面。

（1）调整产量的难易

当其他条件不变时，生产成本随产量变化而变化的情况和产品的生产周期的长短，是影响供给弹性的两个重要因素。就生产成本而言，如果产量增加引起边际成本提高较小，则供给弹性较大；反之，如果产量增加引起边际成本提高较大，则供给弹性较小。就产品的生产周期而言，生产周期较短的商品，供给弹性较大；反之，生产周期较长的商品，供给弹性较小。总之，产量易于调整的商品，供给弹性较大；反之，产量难于调整的商品，供给弹性较小。例如，农产品受自然力的影响大，产量难于调整，缺乏供给弹性；工业制成品受自然力的影响小，产量较易调整，供给弹性较大。

（2）调整时间的长短

这是影响供给弹性大小的主要因素。在价格发生变动之时，供给量很难调整，生产无法立即增加或减少。所以，短期供给弹性几乎为零。在短期中，价格变动后，可以通过调整劳动力、原料这类生产要素来改变供给量。短期中供给是缺乏弹性的。在长期中，价格变动后可以调整生产规模，供给可以充分调整，长期中供给是富有弹性的。

要点回放

1. 市场供求就像"人"字结构的一撇与一捺，相互作用，共同决定市场价格，市场价格又反过来可以调节市场供求。市场的这种调节功能称为市场机制。

2. 市场均衡是指市场供求相等，供给价格等于需求价格，供给量等于需求量，商品既不短缺，也不过剩。如果其他非价格影响因素固定不变，市场均衡将保持稳定的状态，并实现社会资源合理优化配置。

3. 需求变动是指除价格以外其他非价格因素变动而导致的整个需求曲线的移动；而需求量变动是指仅仅由于价格变动而导致的需求量沿着原需求曲线上下移动。

4. 供给变动是指除商品自身价格以外的其他因素变化而引起的整个供给数量的变动；而供给量变动是指当影响供给量的其他因素固定不变时，商品自身价格变化所引起的供给数量的变动。

5. 需求弹性是研究需求量对其影响因素变化的反应程度，它等于需求量的变动率与影响因素变动率之比。供给弹性是研究供给量对其影响因素变化的反应程度，它等于供给量的变动率与影响因素变动率之比。

6. 供求决定价格还是价格决定供求？从市场供求原理上看，市场供求决定市场价格；反过来，市场价格又决定市场供求，两者互为反函数。

技能训练

一、关键词

需求定理　供给定理　正常品　低档品　替代品　互补品　均衡价格　均衡数量　弹性　需求的价格弹性　富有弹性　缺乏弹性　弹性无穷大　完全无弹性　需求价格弹性供给价格弹性

二、单项选择

1. 如果蓝牛仔裤价格上升引起网球鞋需求增加，那么蓝牛仔裤和网球鞋是（   ）。
   A. 替代品   B. 互补品
   C. 正常物品   D. 低档物品

2. 需求定理说明（   ）。
   A. 药品的价格上涨会使得药品质量提高   B. 计算机价格下降导致销售量增加
   C. 丝绸价格提高，游览公园的人数增加   D. 汽油的价格提高，小汽车的销售量增加

3. 供给定理说明，一种物品价格上升，（   ）。
   A. 该物品需求减少   B. 该物品需求量减少
   C. 该物品供给增加   D. 该物品供给量增加

4. 下列哪一件事使手表的需求曲线向右移动（   ）?
   A. 手表的价格下降
   B. 如果手表是正常物品，消费者收入减少
   C. 如果手表电池与手表是互补品，手表电池价格下降
   D. 手表的价格上升

5. 当（   ）时，猪肉的供给曲线右移。
   A. 养猪的成本下降   B. 养猪的成本上升
   C. 消费者的收入增加   D. 养猪者的收入增加

6. 如果某种商品的市场供给减少，而市场需求保持不变，则（   ）。
   A. 均衡价格下降   B. 均衡数量增加
   C. 均衡价格和均衡数量都减少   D. 均衡价格上升但均衡数量减少

7. 假设个人电脑的供给和需求都增加，在个人电脑市场上，我们可以预期（   ）。
   A. 均衡数量增加，而均衡价格上升
   B. 均衡数量增加，而均衡价格下降
   C. 均衡数量增加，而均衡价格保持不变
   D. 均衡数量增加，而均衡价格变动无法确定

8. 中国政府为了扶持农业，对农产品规定了最低限价。政府为维持最低限价，应该采取的相应措施是（   ）。
   A. 增加对农产品的税收   B. 实行农产品的配给制
   C. 收购过剩的农产品   D. 对农产品实行补贴

9. 假设某商品的需求曲线为 $Q=3-2P$，市场上该商品的均衡价格为 4，那么当需求曲线变为 $Q=5-2P$ 后，均衡价格将（   ）。
   A. 大于 4   B. 小于 4
   C. 等于 4   D. 小于或等于 4

10. 如果一个渔民在鱼腐烂之前要以他能得到的任何一种价格把他当天捕到的鱼卖出去，一旦捕到鱼，渔民鲜鱼的供给价格弹性就是（   ）。
    A. 0   B. 1
    C. 无限大   D. 不能根据这个信息来决定

三、多项选择

1. 满足需求的条件包括（　　）。
   A. 满足全家人的欲望　　　　　　B. 愿意购买
   C. 满足心理要求　　　　　　　　D. 有能力购买
   E. 满足自我实现的要求
2. 影响需求量的因素包括（　　）。
   A. 价格　　　　　　　　　　　　B. 质量
   C. 收入　　　　　　　　　　　　D. 个人偏好
   E. 未来的预期
3. 需求定理是指（　　）。
   A. 商品价格提高，对该商品的需求量减少
   B. 商品价格提高，对该商品的需求量增加
   C. 商品价格下降，对该商品的需求量增加
   D. 商品价格下降，对该商品的需求量减少
   E. 商品与价格成反向变化
4. 影响供给量的因素有（　　）。
   A. 价格　　　　　　　　　　　　B. 质量
   C. 成本　　　　　　　　　　　　D. 自然条件
   E. 政府的政策
5. 供给定理是指（　　）。
   A. 商品价格提高，对该商品的供给量减少
   B. 商品价格提高，对该商品的供给量增加
   C. 商品价格下降，对该商品的供给量增加
   D. 商品价格下降，对该商品的供给量减少
   E. 商品与价格成同向变化
6. 均衡价格就是（　　）。
   A. 供给量等于需求量时的价格
   B. 供给价格等于需求价格，同时供给量也等于需求量时的价格
   C. 供给曲线与需求曲线交点时的价格
   D. 供给等于需求时的价格
   E. 需求等于供给时的价格
7. 政府对商品的调节通过价格进行，其对价格实施（　　）。
   A. 政府直接定价　　　　　　　　B. 指导价
   C. 支持价格　　　　　　　　　　D. 建议价
   E. 限制价格
8. 需求的变动引起（　　）。
   A. 均衡价格同方向变动　　　　　B. 均衡价格反方向变动
   C. 均衡数量同方向变动　　　　　D. 均衡数量反方向变动
   E. 供给同方向变动

9. 供给的变动引起（   ）。
A. 均衡价格同方向变动   B. 均衡价格反方向变动
C. 均衡数量同方向变动   D. 均衡数量反方向变动
E. 需求同方向变动

10. 需求的价格弹性的种类有（   ）。
A. $E_d > 1$ B. $E_d = 1$
C. $E_d = 0$ D. $E_d < 1$
E. $E_d < 0$

四、判断正误(T/F)

1. 需求的变动是指商品本身价格变动所引起的该商品的需求数量的变动。（   ）
2. 当消费者的收入发生变化时，会引起需求曲线的移动。（   ）
3. 生产者预期某商品未来价格要下降，就会减少该商品当前的供给。（   ）
4. 任何情况下商品的需求量与价格都是反方向变化的。（   ）
5. 均衡价格就是供给量等于需求量时的价格。（   ）
6. 均衡价格一定是供给曲线与需求曲线交点时的价格。（   ）
7. 限制价格应高于市场价格，支持价格应低于市场价格。（   ）
8. 如果一般性商品的价格高于均衡价格，那价格一定会下跌并向均衡价格靠拢。（   ）
9. 供给曲线右移表示生产者在每一种价格上提供更多的产品。（   ）
10. 如果价格和总收益呈同方向变化，则需求是缺乏弹性的。（   ）

五、简答

1. 什么是需求？影响需求的因素有哪些？
2. 什么是供给？影响供给的因素有哪些？
3. 需求量的变动与需求的变动有何不同？
4. 供给量的变动与供给的变动有何不同？
5. 什么是支持价格和限制价格？政府为什么有时要实施这样的价格政策？这两种价格政策会产生什么效应？

六、计算

1. 某商品的供给价格弹性系数为2，当它降价10%时，供给量会增加多少？
2. 某商品原价格为1元，销售量为1 000千克，该商品的供给弹性系数为2.4。如降价0.8元，此时的销售量是多少？降价后总收益是增加了还是减少了？增加或减少了多少？
3. 某商品价格$P_1 = 500$元时，销售量$Q_1 = 100$件，此时总收益是多少？如果价格下跌了10%，而该商品是富有弹性的商品，价格弹性系数$E_d = 2$，销售量将是多少？总收益是多少？是增加还是减少？如果该商品是缺乏弹性的商品，价格弹性系数$E_d = 0.5$，则销售量将是多少？总收益是多少？是增加还是减少？
4. 已知某一时期内某商品的需求函数为$E_d = 50 - 5P$，供给函数为$Q_s = -10 + 5P$。

(1) 求出均衡价格 P_0 和均衡数量 Q_0，并作出几何图形。

(2) 假定供给函数不变，由于消费者收入水平提高，使需求函数变为 $E_d=60-5P$，求出相应的均衡价格 P_0 和均衡数量 Q_0，并作出几何图形。

(3) 假定需求函数不变，由于生产技术水平提高，使供给函数变为 $Q_s=-5+5P$，求出相应的均衡价格 P_0 和均衡数量 Q_0，并作出几何图形。

七、论述

1. 阐述均衡价格理论的内容及其现实应用。
2. 结合对供求规律的学习，谈谈你对市场的认识。

八、案例分析

北京市场上的猪肉和鸡蛋价格上涨

2007年5月中旬以来，北京市场上的猪肉和鸡蛋价格直线上升，猪肉零售价格陡涨至每500克10元；普通鸡蛋的零售价涨到4元，均达到10年来最高。自去年年底以来，米、面、油、肉和鸡蛋价格轮番上演，而且一涨再涨，一些居民表示对生活的担忧。

夏季本是猪肉销售的淡季，也应是一年中价格最低的季节，但是今年猪肉价格不跌反涨。20日记者在沃尔玛宣武门超市看到，猪龙骨每斤由10天前的5.9元上涨到7.9元，猪排骨由13.9元上涨至15.9元，猪五花肉上涨到10.9元。

21日，记者在北京新发地农产品批发市场了解到，受生猪货源偏紧的影响，猪肉批发价格由去年同期的每公斤7元至8元，陡涨至16元。该市场副总经理顾兆学在谈到猪肉价格上涨原因时说，造成猪肉价格上涨的原因有三方面：一是去年毛猪的收购价每500克仅为2元多，养猪户普遍赔钱，所以今年减少了生猪存栏量，货源减少，价格自然上涨，这也体现出市场经济的变化规律。二是去年年底粮食价格上涨，带动饲料价格的上涨，猪饲料价格由去年的每吨1 400多元涨到1 700多元。养殖成本的提高，也必将体现在猪的身上，目前毛猪的收购价为每公斤13元。三是南方的一些养猪地区在今年年初发生无名高热病导致仔猪供应不足，从而影响了猪源的供应。

普通鸡蛋价格同比上涨78%。进入5月以来，北京市场上的普通鲜鸡蛋价格一直是在缓慢上升。在宣武区西草厂做鸡蛋生意的一位女士说，从"五一"黄金周以来，鸡蛋的价格几乎是一天一个价。每次去拿货，价格都会往上蹿一点点，20日拿货的价格为3.5元/500克，卖3.9元/500克。21日市场零售价蹿到每500克4元钱。

顾兆学分析认为，造成鸡蛋价格上涨的主要原因：一是从鸡的生长规律看，夏季是鸡产蛋的淡季。老母鸡由于天热产蛋量下降，小母鸡在7月底8月初才进入产蛋期，鸡蛋处于青黄不接的时期，从产地收不上来鸡蛋。二是受饲料价格上涨的影响，养殖成本提升，推动了鸡蛋价格的上升。

新发地批发市场平均日生猪的交易量由1 700多头（100吨），下降到1 300多头（近80吨），同比交易量下降了30%左右。该市场鸡蛋的日交易量由9万公斤左右，骤降到4万公斤左右，凸显出猪源和鸡蛋货源紧缺的状况。

顾兆学分析认为，猪和鸡都有一个生长周期。所以，由于毛猪供应量的短缺，价格还会上涨。猪肉价格将持续上涨到9月份毛猪大量出栏后，随着猪源紧张局面的缓解，猪肉的价格也将有一个回落的过程。随着气温越来越高,鸡产蛋率下降,导致鸡蛋价格偏高的因素短时期内难以消除,近期内鸡蛋价格仍将维持历史同期较高水平。

据了解,北京市有关部门对此次猪肉和鸡蛋价格的大幅度上升还没有作出回应,而商务部已经采取措施加强各地的市场监测,引导养殖户适当补栏,增加市场供给,引导货源流向,调剂区域间的余缺。商务部有关负责人表示,将密切关注市场的变化,做好在适当的时候动用国家储备肉的准备。

(资料来源:http//news3.xinhuanet.com/life2007－05/24)

阅读上述材料,回答下列问题:

(1) 造成猪肉价格上涨的因素有哪些?

(2) 造成鸡蛋价格上涨的因素有哪些?

(3) 平抑肉、蛋价格有哪些措施?

九、动手操作

价格理论以及供给弹性理论在经济生活中起着重要的指导意义。请你根据本章所学习到的内容,对你的创业作一个简单的决策。(提示:如定价决策、经营决策及产品决策等方面。)

第三章　消费者的行为

> 我们所需的一日三餐，不是来自屠夫、酿酒家或面包师的施舍，而是来自他们自身利益的所需。我们唤起的是他们的利己心，而不是他们的仁慈心，不是我们之所需，而是他们之所要。这种行为为人类所独有的。
>
> ——亚当·斯密

学习目标

● 知识目标

1. 了解总效用、边际效用概念及边际效用递减规律；
2. 掌握无差异曲线的特点；
3. 理解消费者均衡原则；
4. 掌握消费者剩余概念。

● 能力（技能）目标

理解序数效用论主要以无差异曲线、边际替代率和预算线与无差异曲线的切点上的均衡，来解释消费者行为和需求曲线。

● 情感目标

1. 认识并有意识的培养收入预算下实现效用最大化的理性消费观念；
2. 能较客观地分析、评价西方经济学关于消费者行为的理论。

经济与生活

春节联欢晚会的怪圈

大约从20世纪80年代初期开始，我国老百姓在过春节的年夜饭中增添了一套诱人的内容，那就是春节联欢晚会。记得1982年第一届春节联欢晚会的出台，在当时娱乐事业尚不发达的我国引起了极大的轰动。晚会的节目成为全国老百姓在街头巷尾和茶余饭后津津乐道的题材。

晚会年复一年地办下来了，投入的人力和物力越来越大，技术效果越来越先进，场面设计越来越宏大，节目种类也越来越丰富。但不知从哪一年开始，人们对春晚的评价却越来越差了。原来街头巷尾和茶余饭后的赞美之词变成了一片骂声，春晚成了一道众口难调的大菜，晚会陷入了"年年办，年年骂；年年骂，年年办"的怪圈。

在其他条件不变的前提下，当一个人在消费某种物品时，随着消费量的增加，他（她）从中得到的效用是越来越少的，这种现象普遍存在，在经济学中被称为边际效用递减规律。边际效用递减规律虽然是一种主观感受，但在其背后也有生理学的基础：反复接受某种刺激，反应神经就会越来越迟钝。第一届春节联欢晚会让我们欢呼雀跃，但举办次数多了，由于刺激反应弱化，尽管节目本身的质量在整体提升，但人们对晚会节目的感觉却越来越差了。

边际效用递减规律时时在支配着我们的生活，尽管有时我们没有明确地意识到。在大多数情况下，边际效用递减规律决定了第一次最重要。

第一节　效用论概述

消费者行为理论也叫做效用理论，它研究消费者如何在各种商品和劳务之间分配他们的收入，以达到满足程度的最大化。这一理论将要解释为什么需求曲线向右下方倾斜。考察消费者行为，可以采用两种分析工具或分析方法：一种是以基数效用论为基础的边际效用分析；一种是以序数效用论为基础的无差异曲线分析。现代西方经济学界，比较流行的是无差异曲线分析。

一、欲望

欲望是研究消费者行为的出发点。在经济学中，欲望是指消费者主观心理上的一种缺乏的感觉和要求满足的愿望。

欲望是人们进行经济活动的根本动力，它推动消费者去购买商品、获得服务。同时，人的欲望又是无限的，而且随着社会进步而不断提高。一种欲望满足之后又会产生新的欲望，人的欲望永远没有完全满足的时候。这种无限性既有消极作用也有积极作用。消极作用是使人贪得无厌，积极作用是使人为满足无限的欲望而不断努力、奋斗，进而推动社会的进步。

人的欲望是无限的，但又有轻重缓急之分，可分为不同的欲望层次。美国心理学家马斯洛把欲望分为五个层次。

第一层次是人的基本生理需要，包括衣食住行等基本生存条件的需要。这是人的最基本欲望。

第二层次是安全需要，主要是指对现在与未来生活安全的需要。这种欲望实际上是生理需要的延伸。

第三层次是社会交往需要，主要指在团体里求得一席之地，以及与别人建立友情等需要。这是一种人作为社会的人的需要，它产生于人的社会性。

第四层次是尊重需要，包括自尊与来自别人的尊重。自尊包括对获得信心、能力、本领、成就、独立和自由等的愿望。来自他人的尊重包括威望、承认、接受、关心、地位、名誉和赏识。这是人更高层次的社会需要。

第五层次是自我实现需要，主要指利用自己潜在能力的需要和对完善自己的追求，以及实现自己理想抱负的欲望。这是一种精神追求，是人类最高层次的欲望。

由马斯洛的需求层次理论我们知道，人的欲望尽管是无限的，但又有轻重缓急之分。不同时期处于不同的欲望层次，而在一定时期，又有一个主导的需要。所以，我们在研究消费者行为时通常假设欲望是既定的。

【课堂互动 3-1】有句俗语"人心不足蛇吞象"，说明了欲望的什么特征？

二、效用

效用是指商品满足人的欲望的能力，或者说，它是消费者在消费商品时所感觉到的满足程度。效用是消费者在消费活动中的一种主观心理感受，所以，效用会因人而异，因时而异，因地而异。一种商品对消费者是否有效用，首先要看他是否有消费这种商品的欲望。

消费者消费某种物品能满足欲望的程度高就是效用大，反之，就是效用小。因此，这里所说的效用不同于使用价值，它不仅在于物品本身具有的满足人们欲望的客观的物质属性（如面包可以充饥，衣服可以御寒），而且它有无效用和效用大小，还依存于消费者的主观感受。对效用概念的理解请注意以下几个方面。

第一，效用的主观性，即效用是一个主观衡量概念。一种商品对消费者是否具有效用，取决于消费者是否有消费这种商品的欲望。同一种商品的效用对不同的消费者来说是不同的。同一种商品的效用对在不同的时间和地点的同一消费者也是不同的。

第二，效用不含伦理学判断，只要能满足人们某种欲望的物品就有效用，而这种欲望本身是否符合社会道德则不在效用评价范围之内。

第三，效用计量可以大，可以小，可以正，可以负。人们的消费活动使人们获得了欲望满足，则获得了正效用；若感受到痛苦或不适，则是负效用。

【课堂互动 3-2】人生最重要的是幸福。对于什么是幸福，美国的经济学家萨缪尔森用"幸福方程式"来概括。这个"幸福方程式"就是：幸福＝效用/欲望。谈谈你对幸福方程式的理解。

三、效用的评价方法

20 世纪初以前，经济学家常认为效用是能够具体衡量并加总求和的，可进行具体的效用量之间的比较，并提出了可测量的效用单位（Util）这一术语来计量效用的大小。这与数学中的基数概念的特征相符合，基数是指 1，2，3，……，可以加总求和，于是经济学家提出了基数效用的概念，并在此基础上形成了边际效用分析方法。

20 世纪 30 年代以后，人们开始质疑，消费者从某种商品中所获得的效用的数量能否真正精确、科学地估算？为了解决这个问题，经济学家们借用了另一数学概念即序数。序数只表示顺序或等级，如第一、第二、第三、……，且序数不能加总求和。这时的经济学家认为，效用的大小是无法具体衡量的，效用之间的比较只能通过顺序或等级来表示。在序数效用的基础上,经济学家提出了无差异曲线分析方法。

基数效用论的边际效用分析方法和序数效用论的无差异曲线分析方法,是分析消费者行为的两种方法。

第二节 基数效用与消费者行为

一、总效用和边际效用

1. 总效用(Total Utility)

总效用(TU)是指消费者在一定时间内从一定数量的商品消费中所得到的好处或满足的总量。在效用中,自变量是某物品的消费量,因变量是满足程度。假定消费者对一种商品的消费数量为Q,则总效用函数为:

$$TU=f(Q) \quad \text{公式 3-1}$$

基数效用论认为效用是可以测量并且可以加总求和的。

2. 边际效用(Marginal Utility)

所谓边际效用(MU)是指消费者在一定时间内增加一单位商品的消费所得到的效用量的增量。"边际"是经济学中一个很重要的概念,边际的含义是增量,边际量的一般含义表示一单位的自变量的变化量所引起的因变量的变化量,则边际效用函数为:

$$MU=\Delta TU/\Delta Q \quad \text{公式 3-2}$$

当商品的增加量趋近无穷小时,即$\Delta Q \to 0$时:

$$MU=dTU/dQ \quad \text{公式 3-3}$$

通过表3-1,我们来理解总效用与边际效用及其之间的关系。由表可知,当面包的消费由0增加到1时,总效用由0增加到30个效用单位,增加1单位商品消费所得到的效用增加量即边际效用为30个效用单位;当面包的消费量由1增加到2时,总效用由30增加到50个效用单位,而增加1单位面包消费所得到的效用增加量是20个效用单位。

表3-1 总效用与边际效用

面包消费量(Q)	边际效用(MU)	总效用(TU)
0	0	0
1	30	30
2	20	50
3	10	60
4	0	60
5	−10	50

3. 总效用与边际效用的关系

如果把表3-1中的数字描绘在坐标图上,就可以得到总效用曲线和边际效用曲线。横轴代表面包的消费量,纵轴分别代表总效用(TU)和边际效用(MU),可得总效用曲线和边际效用曲线,如图 3-1 所示。由于边际效用被定义为消费品的一个单位变化量所带来的总效用的变化量,又由于图中面包的消费量是离散的,所以,MU 曲线上的每一个值都记在相应的两个消费数量的中点上。

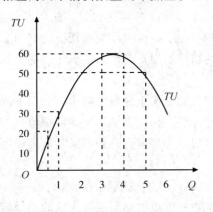 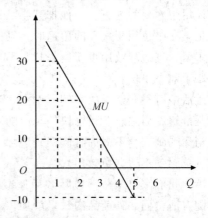

图 3-1 总效用与边际效用的关系

我们很容易观察到,总效用和边际效用的关系是这样的。

(1) 边际效用为总效用函数的导数,而总效用为边际效用函数的积分。一定消费量的边际效用,可用总效用曲线在该消费量的斜率表示;该消费量的总效用,可用其边际效用曲线与两轴所包围的面积表示。

(2) 总效用曲线以递减的速度递增,凹向横轴,具有正的斜率;边际效用曲线以递减的速度递减,凸向横轴,具有负的斜率。

(3) 如果边际效用大于 0,总效用处于递增状态;如果边际效用小于 0,总效用处于递减状态;如果边际效用等于 0,总效用达到最大。

【课堂互动 3-3】 猪八戒吃大饼,吃第一个的时候是风卷残云,第二个是狼吞虎咽,第三个、第四个就吃得越来越慢,吃到第五个时,猪八戒很勉强地吃完了,也吃饱了。用袖子擦了擦嘴角,看见唐僧没有吃的,猪八戒感慨道:"早知道吃第五个饼可以吃饱,我就不吃前面四个了,都留给师父。"猪八戒的错误在哪里?

二、边际效用递减规律

由图 3-1 我们发现,边际效用曲线是向下倾斜的平滑曲线,边际效用是持续递减的。为什么消费过程中会呈现出边际效用递减规律(The Law Of Diminishing Marginal Utility)呢?

基数效用论者认为有两方面的原因。

1. 生理或心理的原因

从消费者的生理或心理角度讲,人的欲望虽然多种多样,无穷无尽,但由于生理、心理因素的限制,某个具体的欲望却是有限的。随着相同消费品的连续增加,按先后顺序从每一单位消费品中所感受到的满足程度和对重复刺激的反应程度是递减的。这就是说,最初欲望最大,因而增加一单位某物品的消费时满足程度也最大,随着消费的增加,欲望也随之减少，从而感觉上的满足程度也降低。

2. 物品本身用途的多样性

从商品的用途看，一种商品往往有几种用途，消费者总是将第一单位的消费品用在最重要的用途上，第二单位的消费品用在次重要的用途上，也就是先用于效用最大的地方，然后才用于次要的地方。当他把某物品第一单位用于最重要的用途时，其边际效用最大；当他把第二单位用于次要的用途时，其边际效用相对小了，按顺序继续用下去其用途越来越不重要，其边际效用也就越来越小。后一单位的物品给消费者带来的满足或提供的效用一定小于前一单位。

生活中有很多这样的实例。例如，当你极度口渴的时候十分需要喝水，你喝下的第一杯水是最解燃眉之急、最畅快的，但随着口渴程度降低，你对下一杯水的渴望值也不断减少，当你喝到完全不渴的时候即是边际，这时候再喝下去甚至会感到不适，再继续喝下去会越来越感到不适（负效用）。

下面我们来总结一下边际效用递减规律。所谓边际效用递减规律是指，在单位时间内，随着消费同一种商品的数量增加，消费者每增加一单位的商品所带来的效用增量不是以恒定的速率增加，其所得到的效用增量是递减的。也就是说，随着单位时间内同一商品消费量的增加，其边际效用趋于递减。

【课堂互动3-4】 美国总统罗斯福连任三届后，曾有记者问他有何感想，总统一言不发，只是拿出一块三明治面包让记者吃，这位记者不明白总统的用意，又不便问，只好吃了。接着总统拿出第二块，记者还是勉强吃了。紧接着总统拿出第三块，记者为了不撑破肚皮，赶紧婉言谢绝。这时罗斯福总统微微一笑："现在你知道我连任三届总统的滋味了吧？"请分析罗斯福想表达什么意思？

三、消费者均衡

每个消费者的收入是有限的，而人的需求往往是越多越好，因此消费者必须在众多的需求中作出选择。消费者均衡（Consumer Optimum）是研究消费者把有限的货币收入用于购买何种商品、购买多少能达到效用最大，即研究消费者的最佳购买行为问题。消费者均衡将效用、边际效用与收入、价格联系起来了。消费者对任何一种商品的最优购买量是使最后一元钱购买该商品所带来的边际效用和所付出的这一元钱的货币的边际效用相等。

1. 货币的边际效用

基数效用论认为，消费者用货币购买商品就是用货币的效用去换商品的效用。在分析消费者行为时，通常假设货币的边际效用是不变的常数。因为在一般情况下，消费者的收入是给定的，单位商品的价格只占消费者总货币收入量中的很小部分，所以，当消费者对某种商品的购买量发生很小变化时，所支出的货币的边际效用的变化是非常微小的，可以忽略不计。

2. 消费者效用最大化的均衡条件

假设消费者既定收入为 I，购买 n 种商品，价格分别为 P_1, P_2, $\cdots$, P_n，各种商品的边际效用分别为 MU_1, MU_2, $\cdots$, MU_n，货币的边际效用为 λ，购买各种商品的数量分别为 X_1, X_2, $\cdots$, X_n，则消费者均衡的条件可与消费者用全部收入所购买的商品所带来的边际效用与为购买这些物品所支付的价格之比相等。

如果消费者购买两种商品，消费者效用最大化的均衡条件为：

限制条件：$P_1X_1+P_2X_2=I$

均衡条件：$MU_1/P_1=MU_2/P_2=\lambda$

如果消费者购买多种商品，那么消费者用既定的收入购买商品的最优选择的条件是各种商品的边际效用与各自的价格之比相等，所以消费者均衡条件为：

限制条件：$P_1X_1+P_2X_2+P_3X_3+\cdots+P_nX_n=I$

均衡条件：$MU_1/P_1=MU_2/P_2=MU_3/P_3=\cdots=MU_n/P_n=\lambda$

假设某消费者花费100元钱购买以下商品，每元货币边际效用为1个单位，各种商品的价格见表3-2，我们来看他用100元钱分别购买哪些商品、各购买多少？

表3-2 购买多种商品的消费者均衡

商品种类	单价（元）	边际效用					最大效用原则 $MU/P=1$	消费数量	货币支出（元）
		1	2	3	4	5			
大米	2	6	5	4	3	2	2/2=1	5	10
猪肉	15	20	15	10	5	0	15/15=1	2	30
梨	5	7	5	3	1	0	5/5=1	2	10
衬衣	50	50	40	20	0		50/50=1	1	50
龙虾	80	80	70	65	60	55	80/80=1	1	80

由于消费者收入为100，所以，他是不能购买龙虾的。

下面以购买两种商品为例，说明消费者效用最大化的均衡条件。为什么消费者在实现了 $MU_1/P_1=MU_2/P_2=\lambda$ 时，才能获得最大效用？

(1) 当 $MU_1/P_1<MU_2/P_2$ 时

当 $MU_1/P_1<MU_2/P_2$ 时，消费者花同样的一元钱购买商品1所获得的边际效用小于购买商品2所获得的边际效用。理性的消费者就会减少对商品1的购买而增加对商品2的购买，由此带来的商品1边际效用的递减量是小于商品2的边际效用的增加量的，因此总效用是增加的。而在边际效用递减规律的作用下，商品1的边际效用会随着其购买量的减少而递增，商品2的边际效用会随着其购买量的增加而递减。当消费者将两种商品的购买组合调整到同样一元钱购买这两种产品的边际效用相等时，即 $MU_1/P_1=MU_2/P_2$，消费者便得到了减少购买商品1增加购买商品2所带来的总效用的最大值。

(2) 当 $MU_1/P_1>MU_2/P_2$ 时

同样的道理，当 $MU_1/P_1>MU_2/P_2$ 时，消费者花同样的一元钱购买商品1所获得的边际效用大于购买商品2所获得的边际效用。消费者会增加对商品1的购买而减少对商品2的购买，直到 $MU_1/P_1=MU_2/P_2$，从而获得最大效用。

所以只有满足 $MU_1/P_1=MU_2/P_2$ 的组合才能带来最大效用

四、消费者剩余

消费者在市场上购买商品是为了获得满足或效用。该商品给消费者带来的效用的大小决定了消费者愿意支付价格的高低。该商品给消费者带来的效用越大，消费者愿意支付的价格就越高；反之，消费者愿意支付的价格就越低。但是，市场上的实际价格并不等于消费者愿意支付的价格。消费者在购买商品时是按市场的实际价格支付的。于是，在消费者愿意支付的价格与实际支付的价格之间就产生一个差额，这个差额称为消费者剩余（Consumer Surplus）。

在图 3-2 中，需求曲线 D 表示消费者对每一单位物品所愿支付的价格，当市场价格为 P_0，消费者的购买量为 Q_0 时，消费者所愿支付的总货币额为从 O 到 Q_0 区间需求曲线以下的面积，即相当于图中的面积 $OABQ_0$；而消费者实际支付的货币额为市场价格 P_0 乘以购买量 Q_0，即相当于图中的面积 OP_0BQ_0。这两块面积的差额即图中阴影部分的面积，就是消费者剩余。可见，消费者剩余等于需求曲线以下，市场价格线之上的阴影面积。

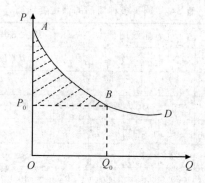

图 3-2 消费者剩余分析图

我们以买电脑为例，虽然大家都知道戴尔公司的电脑质量和性能不错，但是，消费者愿意支付的价格是有差异的。甲方，愿意出 9 000 元的价格买戴尔电脑；乙方，愿意出 8 700 元；丙方愿意出 8 300 元；丁方只愿意出 8 000 元成交。假如现在戴尔公司就只有 1 台电脑可卖，由 4 位买者竞价，最后的胜出者肯定是甲方，当他以 8 750 元买到这台电脑的时候，他的额外收益是多少呢？比起他愿意出的 9 000 元来，他还得到了 250 元的"消费者剩余"。假如现在有 4 台戴尔电脑出售，为了使事情简单化，就统一以 8 000 元的相同价格卖出，结果会是怎样的呢？我们可以发现，除了丁没有得到消费者剩余之外，其他几个人都不同程度地得了消费者剩余。其中最多的当然是甲，他获得了 1 000 元的消费者剩余，乙获得了 700 元的消费者剩余，就连丙也获得了 300 元的消费者剩余。这样算来，4 台戴尔电脑的消费者剩余之和是 2 000 元。实际上丁方虽然没有获得消费者剩余，也并没有觉得自己吃亏，因为他没有以高于自己愿意支付的价格去买。

【课堂互动 3—5】 在南北朝时，有个叫吕僧珍的人，世代居住在广陵地区。他为人正直，很有智谋和胆略，因此受到人们的尊敬和爱戴，而且远近闻名。因为吕僧珍的品德高尚，人们都愿意和他接近和交谈。同时代有一个名叫宋季雅的官员，被罢免南郡太守后，由于仰慕吕僧珍的名声，特地买下吕僧珍宅屋旁的一幢普通的房子，与吕为邻。一天吕僧珍问宋季雅："你花多少钱买这幢房子？"宋季雅回答："1 100 金。"吕僧珍听了大吃一惊："怎么这么贵？"宋季雅笑着回答说："我用 100 金买房屋，用 1 000 金买个好邻居。"你能理解为什么宋季雅买那么贵的房子还很高兴吗？

第三节 序数效用与消费者行为

一、消费者偏好

序数效用论者提出了消费者偏好（Consumer's Preference）的概念。所谓偏好，就是爱好或喜欢的意思。例如，有的人喜欢古典音乐，有的人喜欢流行音乐；有的人偏爱高度烈酒，而有的人则偏爱低度啤酒。对于不同的商品组合，消费者的效用评价不同，这是由于对不同商品组合的偏好程度的差别。对于偏好，序数效用论者提出了三个基本假定。

第一个假定是偏好的可比性。消费者总是把自己的偏好评价准确地表达出来，并且可以比较和排列所给出的不同商品组合。换言之，对于任何两个商品组合 A 和 B，消费者总是可以作出，而且也仅仅只能作出以下 3 种判断中的一种：对 A 的偏好大于对 B 的偏好；对 A 的偏好小于对 B 的偏好；对 A 的偏好和 B 的偏好相同。

第二个假定是偏好的可传递性。可传递性是指对于任何三个商品组合 A、B、C，如果消费者对 A 的偏好大于 B，对 B 的偏好大于 C，那么在 A、C 这两个组合中，对 A 的偏好大于 C。偏好的可传递性保证了消费者的偏好是一致的，是理性的。

第三个假定是偏好的非饱和性。消费者对于每一种商品的消费都没达到饱和点，或者说，对于任何一种商品，消费者总是认为多比少好。

【课堂互动3-6】兔子和猫争论，世界上什么东西最好吃。兔子说："世界上萝卜最好吃。萝卜又甜又脆又解渴，我一想起萝卜就要流口水。"猫不同意，说，"世界上最好吃的东西是老鼠。老鼠的肉非常嫩，嚼起来又酥又松，味道美极了！"兔子和猫争论不休、相持不下，跑去请猴子评理。猴子听了，不由得大笑起来："瞧你们这两个傻瓜蛋，连这点儿常识都不懂！世界上最好吃的东西是什么？是桃子呀！桃子不但美味可口，而且长得漂亮。我每天做梦都梦见吃桃子。"兔子和猫听了，全都直摇头。那么，世界上到底什么东西最好吃呢？请你说明为什么三个动物的回答不一样？

二、无差异曲线

1. 无差异曲线的定义

无差异曲线是指能给消费者带来相同的效用水平或满足程度的两种商品的所有组合的集合，或者说指消费者偏好相同的两种商品的所有组合的集合的图形表现。与无差异曲线相对应的效用函数为：

$$U = f(x, y)$$

其中，X 和 Y 分别为商品 1 和商品 2 的数量；U 是常数，表示某个效用水平。在现实生活中，消费者在消费两种可互相替代的商品 X 和 Y 时，他可以多消费一点 X 而少消费一点 Y，或少消费一点 X 而多消费一点 Y，但他得到的效用不变。例如在消费猪肉和牛肉、咖啡和牛奶这些可以相互替代的商品时，都可能出现这种情况。无差异曲线是消费者偏好相同的两种商品不同组合的轨迹。每一条无差异曲线的任何点所代表的商品组合给消费者带来的效用都是相等的,不同的无差异曲线所代表的效用水平是不同的,如图 3-3 所示。

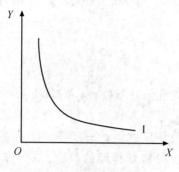

图 3-3　无差异曲线 1

2. 无差异性曲线的特点

根据无差异曲线的含义,无差异曲线具有以下四个重要特点。

(1) 无差异曲线是一条向右下方倾斜、斜率为负数的曲线

在收入和价格既定的条件下,消费者为了得到相同的总效用,要增加一种物品的消费就必须放弃一定数量的另一种物品,两种物品的消费不能同时增加或减少。

(2) 同一坐标平面图上的任何两条无差异曲线不会相交。

(3) 在同一坐标图中,可以画出无数条无差异曲线。

由于消费者的偏好是无限的,因此在同一平面上就可以有无数条无差异曲线,形成无差异曲线群。如图 3-4 所示,同一条无差异曲线代表同样的满足程度,不同的无差异曲线代表不同的满足程度。离原点越远的无差异曲线代表的满足程度越高,离原点越近的无差异曲线代表的满足程度越低。在图中 I_1、I_2 和 I_3 代表三条不同的无差异曲线,$I_1 < I_2 < I_3$。

(4) 无差异曲线是凸向原点

这是由边际替代率递减规律决定的,将在后面介绍。

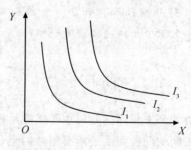

图 3-4　无差异曲线 2

3. 几种特殊形状的无差异曲线

(1) 完全替代品的无差异曲线

完全替代品之间的替代比例是固定不变的,相应的无差异曲线是一条斜率不变的直线。如图 3-5 所示,如果消费者认为一瓶菠萝汁与一瓶芒果汁是无差异的,则菠萝汁和芒果汁的相互替代比例固定不变,为 1 比 1。

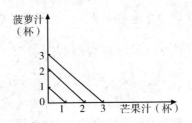

图 3-5 完全替代品的无差异曲线

(2) 互补品的无差异曲线

完全互补品的两种商品按固定不变的比例同时被使用，相应的无差异曲线为直角形状。例如，眼镜架和眼镜片就是完全互补品。因为眼镜只有按一副眼镜架配两个镜片的比例组合在一起，才能够被使用。如图3-6所示，只有在直角形的顶点，眼镜架和眼镜片的比例固定不变，为1比2，对消费者才能产生效用。

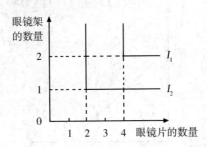

图 3-6 完全互补品的无差异曲线

三、边际替代率

当一个消费者沿着一条既定的无差异曲线的上下进行选择的时候，两种商品的数量组合会不断地发生变化，而效用水平却保持不变。在消费者的效用水平不变的前提条件下，两种商品的消费数量之间存在着替代的关系，消费者在增加一种商品的消费数量的同时，必然会放弃一定数量的另一种商品，这就是商品的边际替代率（Marginal Rate of Substitution，简称MRS）。用数学公式表示，苹果（设为 X）对香蕉（设为 Y）的边际替代率为：

$$MRS_{XY} = -\Delta Y/\Delta X \qquad 公式\ 3\text{-}4$$

当商品 X 数量的变化趋向于无穷小时，则商品 X 对商品 Y 的边际替代率公式为：

$$MRS_{XY} = -dY/dX \qquad 公式\ 3\text{-}5$$

从图中可以看出，无差异曲线的斜率就是边际替代率的相反数，过无差异曲线上的某点作一切线，切线的斜率的绝对值就是该点的边际替代率。

西方经济学家指出，在两商品替代过程中，普遍存在这么一种规律，即商品的边际替代率递减规律。具体地说，商品的边际替代率递减规律是指：消费者在维持效用水平不变的前提下，随着一种商品的消费数量的连续增加，消费者为得到每一单位的这种商品所需要放弃的另一种商品的消费数量是递减的。

发生这种现象的原因在于，当一种商品的数量逐步增加时，增加一单位这种商品对消费者的重要程度或能给他带来满足的程度也越来越低，而他为了多获得一单位的这种商品而愿意放弃的另一种商品的数量就会越来越少。

四、预算线

1. 预算线的含义

预算线（Budget Line）又称预算约束线、消费可能线或价格线，表示在消费者收入和商品价格既定的条件下，消费者用现有的全部收入所能购买的两种商品的各种可能数量组合。假定某消费者的收入为40元，X商品的价格为1元，Y商品的价格为10元。如果全购买X商品，可以购买40单位；如果全购买Y商品，可以购买4单位。

预算线AB把平面坐标图划分为三个区域：预算线以内的区域中的任何一点，表示消费者的全部收入在购买该点商品组合以后还有剩余；预算线以外区域中的一点，是消费者利用全部收入都不可能实现的商品购买的组合点；只有在预算线AB上的点才是消费者的全部收入刚好花完所能购买到的商品组合点，如图3-7所示。

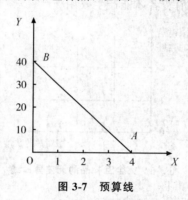

图3-7 预算线

如果I表示消费者的全部收入，P_1、P_2分别为商品1和商品2的价格，X_1、X_2分别表示商品1和商品2的购买数量，则预算线的公式为：

$$P_1X_1 + P_2X_2 = I \qquad \text{公式 3-6}$$

该式表示，消费者的全部收入等于他购买商品1和商品2的总支出。预算线的方程也可改写成以下形式：

$$X_2 = -(P_1/P_2)X_1 + I/P_2 \qquad \text{公式 3-7}$$

可得，预算线的斜率为$\text{MRS}_{xy} = P_x/P_y$，纵截距为$I/P_2$。

2. 预算线的变动

预算约束线是在收入和价格一定的条件下的消费可能线，但是收入和商品的市场价格是会变化的，所以预算约束线也将发生移动。预算线的变动可以归纳为以下四种情况。

（1）当两种商品的价格不变，消费者的收入发生变化时，预算线的位置会发生平移，如图3-8（a）所示。

（2）当消费者的收入不变，两种商品的价格同比例同方向变化时，预算线的位置也会发生平移，如图3-8（a）所示。

（3）当消费者的收入不变，一种商品的价格不变而另一种商品的价格发生变化时，预算线会沿着价格发生变化的商品轴摆动；如果该商品的价格上升，预算线往原点方向摆动；如果价格下降，预算线逆原点方向摆动，如图 3-8（b）、3-8（c）所示。

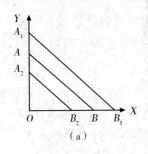 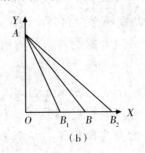 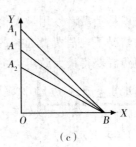

图 3-8 预算线的变动

五、消费者均衡

在序数效用论下，消费者最优购买行为必须满足两个条件：第一、最优的商品购买组合必须是能够给消费者带来最大效用的组合；第二、最优的商品购买组合必须位于给定的预算线上。在这两个约束条件下，序数效用论者把无差异曲线和预算线结合在一起来分析消费者的均衡。把消费者的预算约束线与无差异曲线图结合起来就能决定消费者效用最大化的最优选择。

如图 3-9 所示，AB 为消费者收入既定和商品价格已知条件下的预算线，I_1、I_2 和 I_3 为消费者无数条无差异曲线的具有代表性的三条，其中 I_1 的效用水平最低，I_2 较高，I_3 最高。图中，既定的预算线 AB 和其中一条无差异曲线相切于 E 点，则在既定收入下，E 就是消费者能够获得最大效用的均衡点。这是因为，虽然 I_3 的效用水平最高，但它与预算线没有交点，也就是说在消费者既定的收入水平下无法购买到无差异曲线 I_3 效用水平下的商品组合。而对于无差异曲线 I_1 而言，预算线与其相交于 a、b 两点，表明消费者的收入可以购买该效用水平下的商品组合，但所获得的效用水平较低，理性的消费者不会用全部的收入去购买这两点的商品组合。而如果消费者能够沿着预算线 AB 购买 a 点以右、b 点以左的任何一点商品组合，均可以获得更高的效用水平。这种运动必然在 E 点达到均衡。因此只有在 E 点时，才能实现消费者既定收入下的效用最大化。

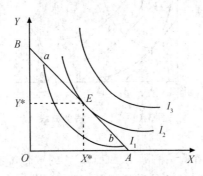

图 3-9 消费者的均衡

从数学上看，点 E 是曲线 I_2 与直线 AB 的切点，在这一点上，I_2 与 AB 的斜率相等，而无差异曲线的斜率的绝对值就是商品的边际替代率 MRS_{xy}，预算约束线的斜率的绝对值可以用两种商品的价格之比 P_x/P_y 来表示，因此，在均衡点 E 有：

$$\text{MRS}_{xy} = P_x/P_y \qquad \text{公式 3-8}$$

这就是消费者效用最大化的均衡条件。它表示,在消费者的偏好、收入和商品的价格既定的情况下,消费者选择的商品组合能使两商品的边际替代率等于两商品的价格之比时,消费者获得最大效用。

【课堂互动3-7】你现在有10元钱,准备到超市买苹果和梨子。你记得上次苹果是5元/千克,今天变为4元/千克;梨子是4元/千克,今天没有变。上次你买了1千克苹果,1.25千克梨子。今天,由于苹果降价了,你决定分别买多少苹果和梨子?你为什么会作出这种购买决策呢?

第四节 消费者行为理论的应用

一、收入与价格变化对消费需求的影响

1. 收入变化对消费者均衡的影响

消费者效用最大化时的均衡点由无差异曲线和预算约束线的切点决定,在上一节中我们已经知道,当其他条件均保持不变时,消费者收入变化时,预算约束线的位置会发生平移,那么与相应的无差异曲线相切的切点也随之移动,将移动的均衡点用平滑曲线连接起来可以得到收入—消费曲线,如图3-10所示。

所谓收入—消费曲线是在消费者的偏好及其他商品价格不变的条件下,与消费者不同收入水平相联系的消费者效用最大化的均衡点的轨迹。

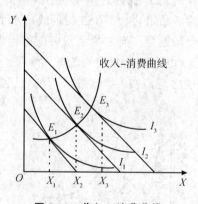

图3-10 收入—消费曲线

随着收入的增加,消费者购买商品 X 和商品 Y 的数量都有所增加,即消费者对商品 X 和 Y 的需求量都是上升的,这两种商品都是正常商品(Normal Good)。正常商品是其需求量随收入的增加而增加的物品。

有些商品,人们对它的需求因收入增加反而减少,如对某些消费者来说,在收入水平较低时,土豆是正常品;而在收入水平较高时,土豆就有可能成为低档商品。所谓低档商品(Inferior Good)是指需求量随收入的增加而下降的物品。

2. 恩格尔曲线

表示收入变化和 X 商品消费量变化的曲线,就是恩格尔曲线,如图 3-11 所示。

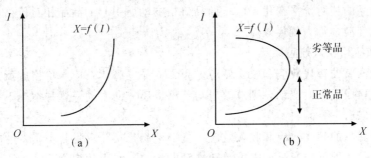

图 3-11　恩格尔曲线

正常商品的收入—消费曲线和恩格尔曲线是向右上方倾斜的,而当正常品转变为低档商品时,低档商品需求随收入的上升而下降,从而其收入—消费曲线和恩格尔曲线向左上方倾斜,如图 3-11 所示。

3. 价格变化对消费者均衡的影响

价格—消费曲线是在消费者的偏好、收入以及其他商品价格不变的条件下,与某一种商品的不同价格水平相联系的消费者效用最大化的均衡点的轨迹,如图 3-12(a)所示。

4. 消费者的需求曲线

消费者的需求曲线(Demand Curve)是一种表示消费者的需求与价格变化的曲线。图 3-12(a)中的价格—消费曲线上的每一点表示的是:一种商品不同价格时的最优的商品数量组合,也就是说有价格变化的某种商品的价格总与某种商品的数量相对应,如果将该商品的价格及其相对应的最优数量的关系置于该商品的价格—需求数量的坐标图中,就可推出消费者的需求曲线,如图 3-12(b)所示。

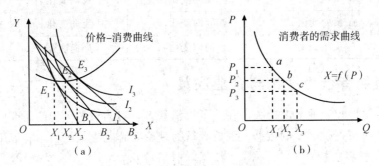

图 3-12　价格—消费曲线和消费者的需求曲线

二、替代效应和收入效应

一种物品价格的变化会引起该物品的需求量的变化,这种变化可以被分解为替代效应(Substitution Effect)和收入效应(Income Effect)两个部分,即总效应=收入效应+替代效应。

1. 替代效应和收入效应的含义

价格变化对预算约束具有双重影响。

一是使消费者的实际收入水平变化。由于商品价格变动所引起的实际收入水平的变动,从而引起需求量的变动,称为收入效应。

二是使商品的相对价格变化。由于商品价格变动所引起的商品相对价格的变动,从而引起需求量的变动,称为替代效应。

2. 替代效应和收入效应

(1) 正常商品的替代效应和收入效应。正常商品的替代效应与价格成反方向变动,收入效应也与价格成反方向变动,则总效应与价格成反方向变动。这种情况下得到正常商品的需求曲线是向右下方倾斜。

(2) 低档商品的替代效应和收入效应。低档商品是指需求量与消费者的收入水平成反方向变动的商品,即低档商品的需求量随着消费者收入水平的提高而减少,随着消费者收入水平的下降而增加。低档商品的替代效应与价格成反方向变动,收入效应与价格成同方向变动。一般情况下,收入效应的作用小于替代效应的作用,所以总效应与价格成反方向变动,相应的需求曲线向右下方倾斜。

3. 吉芬难题

在低档商品中有一些特殊情况,其收入效应的作用大于替代效应的作用,于是价格下降时总效应与价格同方向变动,随着价格的下降变为负值,相应的需求曲线并不向右下方倾斜。这种特殊的低档商品就是吉芬商品(Giffen Goods)。吉芬商品必须具备两个条件:一是必须是低档商品;二是必须在消费者支出中占很大比重,才能使收入效应大到足以抵消消费替代效应。事实上,吉芬商品在现实中很难找到。

三种商品价格变化引起的替代效应和收入效应见表3-3。

表3-3 商品价格变化引起的替代效应和收入效应

商品类别	替代效应与价格的关系	收入效应与价格的关系	总效应与价格的关系	需求曲线的形状
正常商品	反向变化	反向变化	反向变化	向右下方倾斜
低档商品	反向变化	同向变化	反向变化	向右下方倾斜
吉芬商品	反向变化	同向变化	同向变化	向右上方倾斜

三、消费者行为理论与企业决策

在市场经济中,企业成功的关键在于了解消费者,对消费者行为的研究能够为企业成功地作出商业决策提供必要的依据。消费者行为理论对企业决策的启示有以下几点。

1. 重视消费者主权

在市场经济中,"顾客是上帝",消费者主权越来越重要。消费者主权就是指企业要根据消费者的需求进行生产,这也是市场营销学革命的标志。消费者行为理论告诉我们,消费者购买物品是为了效用最大化,而且,物品的边际效用越大,消费者愿意支付的价格越高。

2. 研究消费者偏好

根据消费者行为理论,企业在决定生产什么时首先要考虑物品能给消费者带来多大效用。效用是一种心理感觉,取决于消费者的偏好。所以,企业要使自己生产出的产品能销售出去,而且能卖高价,就要分析消费者的心理,满足消费者的偏好。消费者的偏好首先取决于消费时尚。不同时代消费时尚不同,一个企业要成功,不仅要了解当前的消费时尚,还要善于发现未来的消费时尚。这样才能从消费时尚中了解到消费者的偏好及变动,并及时开发出能满足这种偏好的物品。另外,消费者需求受广告的影响越来越大。广告是生产者主权的一种体现。现代社会一个很重要的消费特点是生产者通过广告影响消费者的偏好,创造需求。从社会来看,影响消费者偏好的是消费时尚与广告;但从个人来看,消费者的偏好要受个人立场和伦理道德观的影响。所以,企业在开发物品时要定位于某一消费群体,根据特定群体的偏好来开发物品。

3. 企业要不断创新

消费者行为理论告诉我们,物品的边际效用是递减的。如果企业开发的物品仅仅是数量增加,它带给消费者的边际效用就在递减,消费者愿意支付的价格就低。因此,企业的物品要多样化,即使是同类产品,只要型号、功能等不相同,就不会引起边际效用递减。边际效用递减规律要求企业不断进行创新,不断生产不同的物品。

【课堂互动3-8】 20世纪80年代中期,日本电视连续剧《血疑》曾风靡神州大地。精明的商家从中看出了市场机遇。上海一家服装厂推出了"信于裙",北京一家服装厂推出了"大岛茂风衣"。但结果并不一样,上海的厂家大获其利,北京的厂家却亏了。你认为是何原因?

要点回放

1. 基数效用理论用总效用和边际效用概念来说明消费者行为,并且用边际效用概念和边际效用递减规律来解释消费者的需求和支付意愿。

2. 消费者均衡是指在收入和价格既定时,消费者在购买多种商品时,要使每一种商品的边际效用与价格之比同其他商品的边际效用与价格之比相等,这样就能实现效用最大化。

3. 边际效用虽然决定消费者的支付意愿,但消费者实际支付价格是由市场中买者之间、卖者之间、买卖之间的竞争决定的。消费者剩余是边际效用与市场价格的差额。

4. 边际效用递减规律是指在一定时间内,在其他商品的消费数量保持不变的条件下,随着消费者对某种商品消费量的增加,消费者从该商品连续增加的每一消费单位中所得到的效用增量即边际效用是递减的。

5. 无差异曲线是表示两种物品的各种组合,这些组合使消费者产生的总满足程度(即提供的效用)是相同的。序数效用论用无差异曲线和预算线来说明消费者均衡。

6. 商品的边际替代率逐减规律是指在维持效用水平不变的前提下,随着一种商品消费数量的连续增加,消费者为得到每一单位的这种商品所需要放弃的另一种商品的消费量是递减的。

7. 预算线又称为消费约束线、消费可能线或价格线,是用来表示消费者在一定收入和商品价格已知的条件下,消费者用其全部收入所能购买的两种商品的不同数量的组合。

8. 价格—消费曲线是指在消费者的偏好、收入水平不变的情况下,商品价格变动所引起的消费者均衡点移动的轨迹，它反映商品价格变化引起的需求量变动的情况。

9. 商品的总效用等于替代效用加收入效用。任何商品的价格与替代效用成反方向变化。正常商品的价格与收入效用成反方向的变化，而劣等品的价格与收入效用成同方向的变化。

技能训练

一、关键词

总效用　边际效用　边际效用递减规律　消费者均衡　消费者剩余　消费者偏好
无差异曲线　预算线　边际替代率　替代效应　收入效应

二、单项选择

1. 序数效用论认为，商品效用的大小（　　）。
   A. 取决于它的使用价值　　　　B. 取决于它的价格
   C. 不可比较　　　　　　　　　D. 可以比较

2. 无差异曲线的形状取决于（　　）。
   A. 消费者偏好　　　　　　　　B. 消费者收入
   C. 所购商品的价格　　　　　　D. 商品效用水平的大小

3. 无差异曲线为斜率不变的直线时，表示相结合的两种商品是（　　）。
   A. 可以替代的　　　　　　　　B. 完全替代的
   C. 互补的　　　　　　　　　　D. 互补相关的

4. 同一条无差异曲线上的不同点表示（　　）。
   A. 效用水平不同，但所消费的两种商品组合比例相同
   B. 效用水平相同，但所消费的两种商品的组合比例不同
   C. 效用水平不同，两种商品的组合比例也不相同
   D. 效用水平相同，两种商品的组合比例也相同

5. 预算线的位置和斜率取决于（　　）。
   A. 消费者的收入　　　　　　　B. 消费者的收入和商品价格
   C. 消费者的偏好　　　　　　　D. 消费者的偏好、收入和商品价格

6. 总效用达到最大时，（　　）。
   A. 边际效用为零　　　　　　　B. 边际效用最大
   C. 边际效用为负　　　　　　　D. 边际效用为正

7. 无差异曲线的斜率被称为（　　）。
   A. 边际替代率　　　　　　　　B. 边际技术替代率
   C. 边际转换率　　　　　　　　D. 边际效用

8. 消费者剩余是消费者的（　　）。
   A. 实际所得　　　　　　　　　B. 主观感受
   C. 变相所得　　　　　　　　　D. 实际损失

9. 某些人在收入较低时购买黑白电视机，在收入提高时，则去购买彩色电视机，黑白电视机对这些人来说是（　　）。
   A. 生活必需品　　　　　　　　B. 奢侈品
   C. 低档商品　　　　　　　　　D. 吉芬商品

10. 某低档商品的价格下降，在其他情况不变时，（　　）。
   A. 替代效应和收入效应相互加强导致该商品需求量增加
   B. 替代效应和收入效应相互加强导致该商品需求量减少
   C. 替代效应倾向于增加该商品的需求量，而收入效应倾向于减少其需求量
   D. 替代效应倾向于减少该商品的需求量，而收入效应倾向于增加其需求量

三、多项选择

1. 效用是（　　）。
   A. 指商品满足人的欲望和需要的能力和程度
   B. 一种主观感受
   C. 客观存在的

2. 随着消费商品数量的增加（　　）。
   A. 边际效用递减　　　　　　　　B. 边际效用递增
   C. 边际效用会小于零　　　　　　D. 边际效用大于等于零

3. 以下关于边际效用的说法正确的有（　　）。
   A. 对于通常情况来说，消费者消费商品服从边际效用递增规律
   B. 边际效用不会为零
   C. 对于通常情况来说，消费者消费商品服从边际效用递减规律
   D. 在边际效用大于等于零时，边际效用与总效用反方向变动
   E. 每增加（减少）一个单位的对物品的消费所引起的总效用的增（减）量

4. 总效用和边际效用的关系（　　）。
   A. 当边际效用为零时，总效用最大
   B. 当边际效用为负时，总效用递减
   C. 当边际效用为正时，总效用递增
   D. 当边际效用为负时，总效用递增

5. 消费者剩余是指（　　）。
   A. 需求曲线之下，价格线以上部分
   B. 消费者从商品的消费中得到的满足程度大于他实际支付的价格部分
   C. 需求曲线之下，价格线以下部分

6. 无差异曲线的特征包括（　　）。
   A. 一般来说无差异曲线具有负斜率
   B. 任意两条无差异曲线不能相交
   C. 在坐标图上有许多条无差异曲线
   D. 无差异曲线在一个平面内有一条

7. 商品的边际替代率（　　）。
   A. 是负的　　　　　　　　　　　B. 具有递减的趋势
   C. 等于该两种商品的边际效用之比　D. 具有递增的趋势
   E. 是指消费者在保持原有的效用水平或满足程度不变的前提下，增加一单位某种商品的消费时，而需放弃另一种商品的消费数量
8. 关于消费者均衡点的下列看法正确的有（　　）。
   A. 均衡点位于预算线上　　　　　B. 均衡点由预算线和无差异曲线的切点决定
   C. 在离原点最远的曲线上　　　　D. 均衡点位于无差异曲线上

四、判断正误(T/F)

1. 同一杯水具有相同的效用。（　　）
2. 无差异曲线表示不同的消费者消费两种商品的不同数量组合所得到的效用是相同的。（　　）
3. 如果边际效用递减，则总效用下降。（　　）
4. 消费者剩余是消费者的主观感受。（　　）
5. 对所有人来说，钱的边际效用是不会递减的。（　　）
6. 作为消费者的合理选择，哪一种商品的边际效用最大就应当选择哪一种商品。（　　）
7. 吉芬商品是一种低档品，但低档品不一定是吉芬商品。（　　）
8. 消费者的效用最大化要求预算线与无差异曲线相交。（　　）
9. 收入－消费曲线是消费者收入的变化引起效用最大化变化的轨迹。（　　）
10. 预算线的平行移动说明消费者收入发生变化，价格没有发生变化。（　　）

五、简答

1. 请解释亚当·斯密提出的"价值之谜"——水的使用价值很大，而交换价值却很小；钻石的使用价值很小，但交换价值却很大。
2. 无差异曲线的特征是什么？
3. 简述基数效用论和序数效用论的区别。
4. 简要分析边际替代率递减的原因。
5. 简要分析边际效用递减的原因。

六、计算

1. 某人每月120元可花费在 X 和 Y 两种商品上，他的效用函数为 $U=XY$，$Px=2$ 元，$Py=4$ 元。请计算：
   (1) 为获得最大效用，他会购买几单位 X 和 Y？
   (2) 货币的边际效用和总效用各多少？
   (3) 假如 X 的价格提高 44%，Y 的价格不变，为使他保持原有的效用水平，收入必须增加多少？
2. 小张购买第一件装饰品愿付10元，第二件愿支付9元，……，直到第10件1元，第11件就不愿付钱。请计算：

(1) 假如每件装饰品需付 3 元，他将买多少件装饰品？他的消费者剩余是多少？
(2) 装饰品的价格每件涨到 5 元，情况又怎样呢？
(3) 你能表述小张所获得的消费者剩余和商品价格之间的关系吗？

七、论述

1. 在三年自然灾害期间，一些农民将收入几乎全部用来购买红薯，而当红薯的价格降低时，其消费量却减少了，在这种情况下红薯是正常物品、抵档物品还是吉芬物品？请结合图形解释你的理论。

2. 序数效用论如何论证消费者效用最大化均衡的实现？

八、案例分析

市场反常现象

美国人罗伯特·西奥迪尼写的《影响力》一书中有这样一个故事：在美国亚利桑那州的一处旅游胜地，新开了一家售卖印第安饰品的珠宝店。由于正值旅游旺季，珠宝店里总是顾客盈门，各种价格高昂的银饰、宝石首饰都卖得很好。唯独一批光泽莹润、价格低廉的绿松石总是无人问津。为了尽快脱手，老板试了很多方法，例如把绿松石摆在最显眼的地方、让店员进行强力推销等。然而，所有这一切都徒劳无功。在一次到外地进货之前，不胜其烦的老板决定亏本处理掉这批绿松石。在出行前她给店员留下一张纸条："所有绿松石珠宝，价格乘二分之一。"等她进货归来，那批绿松石全部售罄。店员兴奋地告诉她，自从提价以后，那批绿松石成了店里的招牌货。"提价？"老板瞪大了眼睛。原来，粗心的店员把纸条中的"乘二分之一"看成了"乘二"。

阅读上述材料，回答下列问题：
(1) 经济学中把价格上升需求量也上升的商品称为什么商品？
(2) 试分析为什么会出现价格上升需求量上升的市场反常现象？

九、动手操作

我国许多大城市，由于水源不足，自来水供应紧张，请根据边际效用递减原理，设计一种方案供政府来缓解或消除这个问题。并请回答这种措施：
(1) 对消费者剩余有何影响？
(2) 对生产资源的配置有何有利或不利的效应？
(3) 对于城市居民的收入分配有何影响？能否有什么补救办法？

第四章 生产者的行为

● 知识目标
1. 了解生产与成本中的几个基本概念，现代企业的生产目标；
2. 理解生产函数、成本函数、边际产量递减规律、边际技术替代率及短期与长期中各种成本的变动规律；
3. 掌握总产量、平均产量和边际产量之间的关系、一种可变要素的合理区间、短期及长期内总成本、平均成本和边际成本收益曲线的变动规律；
4. 理解并掌握规模收益及利润最大化条件及原因。

● 能力（技能）目标
1. 能够进行规模经济分析及决策；
2. 能够运用成本理论及利润最大化理论进行短期经营决策。

● 情感目标
1. 应用经济学理论认识国有企业减员增效的意义；
2. 能结合现实生活中的实际状况分析当前社会存在的一些冲突，并做出经济理性的选择。

经济与生活

烤鸭店老板的决策

假设有一个烤鸭店，如果烤炉数量不变，只有一个，一个工人烤鸭子，一小时能烤2只；再增加一个工人，炉子还是一个，可能一小时一共能烤5只鸭子，增加到三个工人，一共可以烤10只鸭子。

由此你可以看到，随着工人的不断加入，每个工人的劳动效率是增加的。很显然，这种效率的提高，是劳动分工造成的。烤鸭子是需要多种工序的（比如至少三道）：把鸭子收拾干净；拿到案板上开膛破肚；送到烤炉里烤。当一个人做所有这些事情时，效率一定比较低。因为当他收拾鸭子时，案板和烤炉都闲置着。当工人增加到三个后，一个人收拾鸭子，一个人做案板工作，一个人专门负责烤鸭子。由于分工，案板和烤炉都没有闲置，而且每个人专门做一个工序，也会提高工作的效率。可是，如果继续追加工人呢？随着工人数量进一步增加，迟早会出现后面一个人的产量不如前面一个人多的情况。因为无论是案板还是烤炉，跟工人都有一个最佳的配比，人多到一定数量，超过了这个配比，案板和烤炉前都会排队，窝工又会出现，因此效率反而降了下来。由此看来，人多未必力量大，究竟需要多少个工人，的确是需要老板费费脑筋。

假定烤炉和劳动力的劳动时间都可以无限细分（劳动时间的细分基本能做到，可以按小时或分钟计算；把烤炉看作是租来的，烤炉的细分就可以理解了，可以按照租借的小时或者分钟来分。当然这是假设！）如果租烤炉的最后一块钱所产生的烤鸭数量，大于雇佣工人的最后一块钱所产生的烤鸭数量，烤鸭店老板会做出什么决定？反之呢？何时可以使烤鸭的总产量达到最大呢？

假定该烤鸭店共生产了1 000只烤鸭，售价是每只100元，但是每只的总成本是120元，老板一定是亏损了？亏损就一定要停产吗？如果租借烤炉的租金，摊到每只鸭子身上约为40元，你认为老板会做出继续生产的决定吗？

同消费者行为理论假定消费者以效用极大化为目标一样，在研究生产者行为时，假定生产者是具有完全理性的经济人，生产的目的是实现利润最大化，即在既定的产量之下实现成本最小，或者在既定的成本下达到产量最大。

第一节　生产与生产函数

在经济学中，生产者为厂商或企业，生产理论所讨论的是企业的行为，企业是能够做出统一的生产决策的单个经济单位。

一、生产

生产在经济学中是一个具有普遍意义的概念，含义十分广泛。不仅仅是指制造一台机器或是生产一台电视机，更是包含了各种各样的经济活动，如各类商场的经营，律师为他人打官司，客运服务及家政服务等等。这些活动都是为都涉及为某个人或经济实体提供产品或服务，并从中创造价值。因此，我们可以理解为任何创造价值的活动都是生产。

生产是指把投入物（如原材料、机器设备、劳动力等）转变为产品或服务的过程。在这个过程中厂商作为主体，从生产要素市场上购买到生产要素即投入物，经过加工生产，生产出产品或服务，再在产品市场向消费者或其他生产进行销售，并赚取利润。

1. 企业

企业是指能够单独作出经营决策的单一经济单位,是生产过程的主体。企业既可以是生产产品的企业,也可以是提供服务的企业。例如工厂、医院、超市、理发店等等都是企业。

在组织形式上,企业一般有三类形式:独资企业、合资企业及公司制企业。

(1) 独资企业

独资企业是由个人出资、所有、经营并自负盈亏的企业。独资企业的利润动机明确、强烈,决策灵活,规模较小,易于管理。但资金有限,限制了生产的发展。

(2) 合资企业

合资企业也叫合伙制企业,是指由两人或两人以上共同出资、共同所有、共同经营并共同承担企业责任的企业。合资企业相对独资企业而言,资金较多,规模较大,易于管理,专业化得到加强。但不利于协调和统一,资金和规模仍有限,合伙人之间的契约关系不稳定。

(3) 公司制企业

公司制企业又叫股份制企业,是指由两个以上投资人(自然人或法人)依法出资组建,有独立法人财产,自主经营,自负盈亏的法人企业。

公司制是最重要的现代企业组织形式,实行法人治理结构,由股东会、董事会、监事会和总经理组成,公司由股东所有,公司的控制权在董事会监督下的总经理手中。股东会是公司的权力机构,决定公司的经营方针、投资计划等重大事项,并选举董事和监事;董事会是公司的经营决策和业务执行机构,向股东会负责,并聘任总经理;总经理负责组织实施董事会决议和日常经营管理;监事会是公司内部的监督机构,对经营管理者违反法律、法规或公司章程的行为进行监督。

在资本市场上,公司制企业是一种非常有效的融资组织形式,它主要利用发行债券和股票来筹集资金。公司制企业资金雄厚,有利于实现规模经济。公司的组织形式相对稳定,有利于生产的长期发展。但公司组织往往可能由于规模庞大,内部的管理协调有一定的困难。公司所有权和管理权的分离,也带来很多的问题。在我国公司制企业主要形式为有限责任公司和股份有限公司。

在经济学中,我们一般总是假设企业的目标是追求利润最大化,这也是企业生产的唯一目标。在现实生活中,他们的目标只能是有条件地追求尽可能多的利润。这是因为:一是现实企业的经营活动要受到一定的限制,如政府的法规制度、资源限制等,企业因此不能为所欲为。二是从短期看企业的目标可能是多样的,比如市场份额的扩大、新产品的研发与老产品的更新换代、社会责任承担等等。但从长期来看,企业应以实现利润最大化作为目标,这也是企业生存竞争的基本法则。

2. 生产要素

生产要素是指生产商品所使用的各种经济资源。按照各种要素在生产中的作用,我们可以将生产要素分为以下四种。

(1) 劳动 (L)。生产中的劳动是指在生产过程中所有体力和智力的消耗,因此这里的劳动可以分为体力劳动和脑力劳动。劳动是最基本的生产要素。

(2) 资源 (N)。资源是指在生产过程中所必须投入的各类自然资源。既包括土地资源，还包括其他自然界中一切可以开发和利用的资源，如江河湖泊、森林、海洋、矿藏等。

（3）资本（K）。这里的资本包括实物资本和货币资本。实物资本是指生产过程中所使用的各种机器设备、厂房等。货币资本是指以货币形式存在的资本，它在生产过程中的职能是购买其他生产要素。

（4）企业家才能（E）。企业家才能主要是指企业家组建和经营管理企业并组织生产要素生产的才能。

生产是四种生产要素合作的过程，产品是四种生产要素共同努力的结果。通过对生产要素的运用，企业可以提供各种实物产品，如食品、房屋、日用品等，也可以提供各种无形的产品，如医疗、旅游、金融服务等。

二、生产函数

企业需要解决的核心问题是，如何利用最小的投入创造最大的产出，或者用同样多的投入创造更大的产出。要研究这个问题，我们就需要研究生产中投入与产出间的关系，也就是谋求利润最大或效率最高的问题。

1. 生产函数的内涵

生产中的投入与产出关系，我们可以用生产函数来表示。生产函数是指在一定时间内，一定生产技术条件下，各种生产要素组合与可能最大产量之间的技术关系。它反映了生产过程中投入和产出之间的技术数量关系。

假定投入的生产要素有劳动（L）、资本（K）、土地（N）、企业家才能（E）等，在目前现有技术条件下所能生产出的产量为 Q，那么生产函数可以表示为：

$$Q = f(L, K, N, E)\quad \text{公式 4-1}$$

该公式说明，在现有技术条件下，最大可能产量 Q 取决于劳动、资本、土地、企业家才能等因素，且以上各种生产要素都得到了充分有效使用。而如果现有技术条件改变的话，那么同样的劳动、资本、土地等组合可能达到新的产量。在一般情况下，从生产要素的组合比例能够看出一个企业或整个社会的生产情况。

在分析生产要素与产量的关系时，一般土地是固定的，企业家才能难以估算，因此，经济学通常假定投入要素只有两种：劳动（L）和资本（K）。生产函数通常简写为：

$$Q = f(L, K)\quad \text{公式 4-2}$$

关于生产函数的概念应注意以下几点。

（1）生产函数从某个特定时期考察投入与产出之间的关系，如果时期不同，生产函数也可能发生变化。

（2）生产函数取决于技术水平，每一种既定的技术条件下，都存在着一个生产函数。一旦技术水平有了改变，就会形成新的生产函数。

（3）要生产出一定数量的产品，生产要素投入量的比例通常是可以变动的。例如，资本和劳动的比例在一定范围内变化以后，仍然能够生产出同样数量的产品。

（4）生产函数中的产量，是最大产品数量。也就是说，生产函数所反映的投入与产出之间的关系是以企业经营得很好，一切投入要素的使用都非常有效为假设的。

2. 生产函数的类型

不同行业生产不同的产品时，各种生产要素的配合比例是不同的。为生产一定量某种产品所需要的各种生产要素的配合比例称为技术系数。

(1) 固定投入比例的生产函数

如果生产某种产品所需要的各种生产要素的配合比例是不能改变的，就是固定技术系数，相应的生产函数称为固定投入比例的生产函数。例如，办公室每个员工配一台电脑，员工和电脑的比例为1∶1，就是一种固定技术系数。固定技术系数表明各种生产要素之间不可相互替代，要素投入必须按同一比例增减。

(2) 可变投入比例的生产函数

如果生产某种产品所需要的各种生产要素的配合比例可以改变，就是可变技术系数，相应的生产函数称为可变投入比例的生产函数。可变投入比例的生产函数中的各种生产要素之间可以互相替代，如果多用某种生产要素，就可以少用另一种生产要素。一般情况下，技术系数是可变的。例如，生产同样产量，可采用劳动密集型（多用劳动少用资本），也可采用资本密集型（多用资本少用劳动）。邮局信件自动分拣机、收割机、挖土机等都是用机器（资本）代替人的劳动。

(3) 柯布—道格拉斯生产函数

如果以社会总体为观察对象，可以得出用社会生产的投入产出总量来表示的生产函数，它是关于一个国家或地区在某一特定历史时期的生产函数。1928年，美国数学家C.W. 柯布和经济学家P.H. 道格拉斯根据历史统计资料，研究1899—1922年间美国的资本投入（K）和劳动投入（L）这两种生产要素投入量对生产量（Q）的影响，得出这一时期美国的生产函数，即柯布—道格拉斯生产函数。该函数为：

$$Q = AK^{\alpha}L^{\beta}$$ 公式 4-3

式中 A、α、β 为常数，且 $A>0$ 为规模参数，$\alpha<0$，$\beta<0$。

当 $\alpha+\beta>1$ 时，称为递增报酬型，表明按技术用扩大生产规模来增加产出是有利的。

当 $\alpha+\beta<1$ 时，称为递减报酬型，表明按技术用扩大生产规模来增加产出是得不偿失的。

当 $\alpha+\beta=1$ 时，称为不变报酬型，表明生产效率并不会随着生产规模的扩大而提高，只有提高技术水平，才会提高经济效益。

3. 短期生产函数与长期生产函数

生产函数是生产者在可能达到某个产量时所采取的各种生产要素的组合。但是，在某些情况下，这些组合并不是都可以供生产者自由选择的。例如，当产品需求量突然增加，厂商需要临时增加产量的话，那么它只能选择增加雇佣工人、延长工人劳动时间等办法，而增加厂房和机器设备是不可能的。所以，我们需要将生产函数分为短期生产函数和长期生产函数。

(1) 短期生产函数

短期是指不改变所有生产要素投入的这段时期。短期内不能改变的生产要素投入量称为固定投入。这些生产要素之所以不能在短期内改变，不是指不能改变，而是指在短期内做出改变的话会大大增加成本,导致厂商不愿意做此付出。例如上例中所提到的厂房和机器设备。同时,对短期内可以改变投入量的生产要素我们称为变动投入。例如上例中的工人,也就是生产要素中的劳动。为分析某一种生产要素对产量的影响,我们可用短期生产函数来考虑。例如,在短期生产函数中,我们假定资本是固定的,其既定数量为 K^0,而劳动投入量是可变动的,那么这个短期函数可以表示为:

$$Q=f(L,K^0)$$

公式 4-4

(2) 长期生产函数

长期是指厂商可以改变所有生产要素投入的时期。因此,在长期内也就不存在固定投入和变动投入之分。在长期内,所有的生产要素都是可变的,经济学通常以两种可变生产要素的生产函数来考察长期生产理论。在生产函数 $Q=f(L,K)$ 中,劳动投入量 L 和资本投入量 K 都是可变的,这个函数是通常采用的两种可变生产要素的生产函数形式,也被称为长期生产函数。

对于一个生产者来说,在利用两种生产要素生产一种产品时,就应该实现生产要素的最佳配置,也即生产者均衡。长期生产理论要研究的问题是在两种生产要素可以变动的情况下,这两种生产要素按照什么比例配合可以实现生产者均衡。生产者均衡与消费者均衡很相似。

短期与长期在时间上并没有一个具体的规定。不同的行业也存在着很大的差异。例如,技术含量不高的一些企业,如服装厂,其厂房、机器设备可以很容易改变,这个过程需要的时间较短。而对一些技术含量高或机械加工类的企业,如汽车制造厂,短期内改变生产线甚至厂房是不太可能的。

4. 总产量、平均产量和边际产量

(1) 总产量。总产量是指一定的生产要素投入量所生产出来的全部产量,用 TP 来表示,可以用公式表示为:

$$TP=f(L)$$

公式 4-5

(2) 平均产量。平均产量是指平均每单位生产要素投入量所生产的产量,用 AP 来表示,可以用公式表示为:

$$AP=TP/L$$

公式 4-6

(3) 边际产量。边际产量是指每增加一单位生产要素所带来的总产量的增量,用 MP 来表示,可以用公式表示为:

$$MP=\Delta TP/\Delta L$$

公式 4-7

总产量、平均产量和边际产量之间的关系我们可以通过以下例子来理解。假定某企业生产某类商品,资本等其他生产要素在某一时期内是固定不变的,当劳动投入量变动时,总产量、平均产量和边际产量的变动见表 4-1。

表 4-1　总产量、平均产量和边际产量关系表

劳动投入量（L）	总产量（TP）		平均产量（AP）		边际产量（MP）	
	数值	状态	数值	状态	数值	状态
0	0		0			
1	50		50	递增	50	递增
2	150		75		100	
3	330	递增	110		180	最高
4	480		120	最高	150	
5	580		116		100	
6	660		110		80	
7	700	最高	100		40	递减
8	700		87.5	递减	0	
9	675		75		−25	
10	630	递减	63		−45	
11	550		55		−80	

从表 4-1 中可以看出，当劳动投入量为 1 时，总产量、平均产量、边际产量均为 50；当劳动投入量为 3 时，边际产量达到最高 180；当劳动投入量为 4 时，平均产量达到最高 120；当劳动投入量增加到 7 时，总产量达到最高 700；当劳动投入量由 7 增加为 8 时，总产量仍为 700，但边际产量为 0。由此，我们可以看出，总产量、平均产量与边际产量之间存在以下三种关系。

（1）随着劳动投入量的逐步增加，总产量、平均产量和边际产量均是先递增，在先后分别达到某个顶点后又分别递减，如图 4-1 所示。

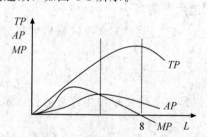

图 4-1　总产量、平均产量与边际产量之间的关系

（2）边际产量曲线与平均产量曲线相交于平均产量曲线的最高点。这是因为，边际产量是增加一个劳动投入量而增加的总产量，平均产量是人均产量。当增加一个劳动投入量所带来的总产量增加值大于人均产量时，人均产量就会增加；相反，当增加一个劳动投入量所带来的总产量增加值小于人均产量时，人均产量就会减少。

（3）当边际产量为零时，总产量为最高；当边际产量为负数的时候，总产量就会绝对减少。

5. 边际产量递减规律

由上述理论我们可以看出，在只有一种生产要素可变动的生产中，这种生产要素的边际产量是先递增后递减的，这就是边际产量递减规律。

边际产量递减规律又称边际收益递减规律或边际报酬递减规律，是指在一定技术水平

下,当一种可变生产要素与其他不变生产要素投入到生产过程中时,随着这种可变要素投入量的不断增加,其边际产量也在不但增加;但当这种可变要素投入量增加到某个程度的时候,增加一单位的该生产要素,其所带来的总产量增加量是逐渐递减的。

在理解边际产量递减规律规律时,需要注意以下问题。

(1) 边际产量递减规律的发生条件是生产技术条件不变。生产技术条件不变是指在一定时期内生产技术没有发生较大变革,也就是没有对生产要素投入所带来的总产量变化产生影响。经济学家马尔萨斯(1766—1834)的人口论曾依据边际产量递减规律认为,随着人口的膨胀,将有越来越多的劳动耕种土地,地球上有限的土地将无法提供足够的食物,最终劳动的边际产出与平均产出下降,但又有更多的人需要食物,因而会产生大的饥荒。但是马尔萨斯没有意识到随着农业技术的提高,必然会导致劳动生产力的提高,从而使土地农作物的产量超过人口的增长,也就不会造成普遍的饥荒。当然,尽管当今时代生产技术的变革很快,但就某一时期内,这种假设是可以成立的。

(2) 边际产量递减规律的发生条件还包括只有一种生产要素可以变化,其他生产要素是不变的。如果其他生产要素也同时变动的话,那么这一规律就不成立了。

(3) 边际产量递减规律并不是说边际产量是一直递减的。而是最初投入量时,边际产量是递增的,在达到某个顶点后才逐步递减。

边际产量递减规律是短期生产理论中的一条基本法则。在我们的现实生活中也存在着很多实例。以一亩地为例,在现有技术水平和其他生产要素投入不变的情况下,给这一亩地施一袋100公斤的化肥,会给这一亩地带来总产量的增加;当施第二袋100公斤化肥的时候,总产量也会有所增加,但增加量会不如第一袋化肥所带来的产量多。当施第三袋100公斤化肥的时候,总产量就会减少甚至为零。此类的例子还有很多,比如"一个和尚挑水喝,两个和尚抬水喝,三个和尚没水喝"、"人多瞎捣乱"等等说的就是这个道理。

【课堂互动4-1】一般我们把"一个和尚挑水喝,两个和尚抬水喝,三个和尚没水喝"的现象归结为和尚太懒,但如果这个寺庙在增加和尚的同时,也相应增加水桶,还会出现这种现象吗?在我们身边还有哪些边际产量(收益)递减规律的例子?

6. 一种可变生产要素的合理投入区间

通过以上理论,我们可以得知,在生产技术条件一定和其他生产要素投入量不变的情况下,单纯增加某一可变生产要素的投入量(即短期生产)并不一定能给总产量带来增幅。那么,我们就需要研究单一可变生产要素的投入量为多少对总产量来讲是最优的;或者说以一定总产量为目标,我们需要多少这种可变生产要素的投入量。

为解决这一问题,根据图4-1中总产量曲线、平均产量曲线和边际产量曲线的变化,我们以两条虚线为分割点将劳动投入量分为三个区间。其中,两条虚线分别对应的是平均产量的最高点和总产量的最高点。

第一区间,总产量、平均产量为递增趋势,边际产量先递增后递减。在这区间,劳动投入量的边际产量大于平均产量,这说明劳动投入量的边际水平超过平均水平,因而对于理性厂商来讲不会在此区间确定劳动投入量,而是选择继续增加劳动投入量。

第二区间,总产量仍呈递增趋势,边际产量与平均产量为递减趋势,但边际产量仍为正值,不过边际产量小于平均产量。这说明虽然边际产量在一直下降,但因为没有降为零或负数,总产量仍然是增加的,且逐步增加到最大值。

第三区间,总产量、平均产量和边际产量均呈递减趋势,且边际产量为负数。这说明,在此区间随着劳动投入量的增加,不仅不会带来总产量的增加,相反会带来总产量的减少。也就是说,在此区间劳动投入量的增加不会给总产量带来有益的增幅。因此,理性的厂商也不会在此区间选择劳动量的投入。

从上述分析可知,理性的厂商会将劳动投入量的选择放在第二区间,即平均产量由最大至边际产量为零之间。当厂商发现劳动投入量在第一区间时,会通过增加劳动投入量来使总产量增加;当厂商发现劳动投入量在第三区间时,会通过减少劳动投入量来使产量达到最高。因此,平均产量由最大至边际产量为零的区间是一种可变生产要素的合理投入区间。

【课堂互动4-2】"一个和尚挑水喝,两个和尚抬水喝,三个和尚没水喝"实际上就是在大桶(资本)不变的情况下,增加劳动量。只有一个和尚的时候类似于处于生产的第几阶段?两个和尚的时候类似于处于生产的第几阶段?三个和尚的时候处于生产的第几阶段?

第二节 生产要素的最适组合

上节我们研究了在假定生产技术一定和其他生产要素不变的情况下,一种可变生产要素的可变量与产量变化之间的关系,并研究了一种生产要素的合理投入问题。而在两种生产要素可变的情况下,企业如何确定这两种可变生产要素的合理投入问题呢?本节我们就此问题展开讨论。

一、两种可变生产要素的生产函数

假定企业处于生产的长期,这时,企业就可以调整生产过程中的所有生产要素的投入量。在这里,为分析方便,我们假定企业只是用劳动和资本两种生产要素,且这两种生产要素的投入量都是可变的。那么,劳动和资本这两种生产要素的任意组合都相应对应着一个总产量。劳动和资本这两种生产要素与总产量之间的关系就是长期生产函数。我们可以用如下公式来表示长期生产函数:

$$Q=f(L,K) \qquad \text{公式 4-8}$$

该公式反映了劳动和资本这两种生产要素组合与总产量之间的关系。

二、等产量曲线

要进一步考察劳动和资本这两种生产要素投入量与总产量之间的关系,我们需要用等产量曲线来考察。

1. 等产量曲线的含义

等产量曲线是指在技术水平一定的条件下,两种生产要素的不同投入量可以生产相同产量的一条曲线。也可以理解为,在一定目标产量的情况下,我们可以通过两种生产要素不同的投入量组合来表示。例如,生产 100 单位的产品,我们既可以用 3 个劳动投入量和 2 个资本投入量,也可以用 2 个劳动投入量和 4 个资本投入量。我们可以通过表 4-2 来进一步了解。

表 4-2 劳动和资本组合方式

组合方式	劳动投入量（L）	资本投入量（K）	总产量（TP）
A	1	6	100
B	2	4	100
C	3	2	100
D	4	1	100

依据表 4-2,我们可以以纵轴表示资本 K,用横轴表示劳动 L,在平面坐标上画出 A、B、C、D 四点,然后连接四点得一曲线,在此曲线上的任意一点表示不同的劳动和资本投入量都可带来相同的产量,此曲线即为等产量曲线,如图 4-2 所示。

2. 等产量曲线的性质

根据图 4-2,我们可以看出等产量曲线具有如下性质。

(1) 等产量曲线是一条自左上方向右下方倾斜的曲线,且凸向原点,斜率为负。这说明,在技术条件和其他生产要素不变的情况下,生产者为达到相同的总产量,在增加一种生产要素的投入量时,必须减少另一种生产要素的投入量,两种生产要素不能同时增加或减少。

(2) 同一等产量曲线图上任意两条等产量曲线不能相交。这说明任意一种生产要素组合只能有一个最大产量,因而过此组合点的等产量曲线也只能有一条。

(3) 在同一平面上,可以有许多条等产量曲线。每条等产量曲线表示不同的产量水平,且离原点越远所代表的产量水平越高,离原点越近所代表的产量水平越低。如图 4-3 所示。

(4) 等产量曲线凸向原点。这是由边际技术替代率递减规律决定的,在下文介绍。

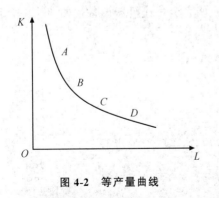

图 4-2 等产量曲线

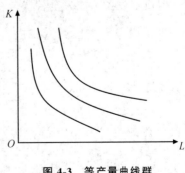

图 4-3 等产量曲线群

【课堂互动 4-3】 为什么任意两条等产量曲线不能相交?为什么离原点越远所代表的产量水平越高?

3. 等产量曲线的类型

按生产要素能够相互替代的程度，等产量曲线可以划分为以下三种类型。

（1）投入要素之间完全可以替代。例如：供热公司供热，既可以完全用煤来做燃料，也可以完全用天然气来做燃料，同时也可以用一部分煤的同时用一部分天然气。这两种投入要素之间是可以完全相互替代的。这种等产量曲线的形状是一条直线，如图4-4所示。

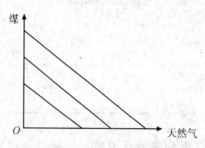

图4-4　完全可以替代的等产量曲线

（2）投入要素之间完全不能替代。如生产自行车，投入要素车架和车轮是完全不能相互替代的。这种等产量曲线的形状是一条直角线，如图4-5所示。

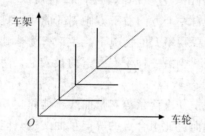

图4-5　完全不能替代的等产量曲线

（3）投入要素之间的替代是不完全的。例如生产中，机器设备与劳动的投入量能够相互替代，但机器设备不能完全替代劳动，劳动也不能完全替代机器设备，如图4-6所示。

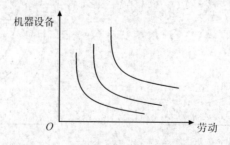

图4-6　不能完全替代的等产量曲线

三、边际技术替代率

边际技术替代率是指在保持相同产量的前提下，增加一种生产要素的投入量时可以替代另一种生产要素的投入量，即两种生产要素投入量之间的替代关系。我们仍以劳动和资本两种生产要素作为可变投入量来进行探讨。

劳动对资本的边际技术替代率，也可用两种投入生产要素的边际产量之比 MP_L/MP_K 来表示，用公式表示为：

$$\text{MRTS}_{LK} = \Delta K/\Delta L = MP_L/MP_K$$

公式 4-9

公式中，ΔK 表示资本的减少（增加）量，ΔL 表示劳动的增加（减少）量。边际技术替代率为负数，这是因为在保证相同产量的前提下，增加劳动投入量，意味着资本投入量的减少，反之亦然。为方便起见，边际技术替代率一般用绝对值表示。同时，边际技术替代率等于该生产技术条件下的两种生产要素组合等产量曲线的斜率。

在总产量固定不变的情况下，以劳动来替代资本的边际技术替代率是递减的，这就是边际技术替代率递减规律。

边际技术替代率递减规律是指在保证总产量固定不变的情况下，随着一种生产要素投入量的增加，每单位该要素所替代的另外一种生产要素的数量是递减的，也就是说一种生产要素的边际技术替代率随该要素的投入量的增加而递减。这是边际产量递减规律在起作用。随着劳动投入量的不断增加，每单位的劳动投入量的边际产量在递减；而随着资本投入量的减少，资本的边际产量却越来越大。因此，每增加一单位的劳动投入量所能替代的资本的数量会越来越少。所以，边际技术替代率递减规律反映了边际产量递减规律，如图 4-7 所示。

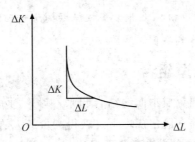

图 4-7　边际技术替代率递减规律

四、等成本曲线

等产量曲线只能告诉我们生产一定的总产量可以有不同的生产要素投入组合方式，但没有告诉我们哪种组合方式是最适的。要考虑最适生产要素组合方式，即考虑哪种组合方式的成本最低，就需要引入等成本曲线这一概念。

等成本曲线又称企业预算线或预算约束线，是指在这条曲线上，投入两种生产要素的不同组合方式，都不能导致总成本的变化。也可以这样理解，在一定时期，生产要素的价格既定的情况下，厂商付出同样的总成本所能组成的两种生产要素的所有可能组合方式。

我们仍以上题为例。假定目前资本的价格为 P_K，劳动的价格为 P_L，总成本用 C 来表示，那么用总成本 C 可以购买资本和劳动两种生产要素的组合公式（等成本曲线方程）可以表示为：

$$C = P_K K + P_L L$$

公式 4-10

也可以用图 4-8 来表示等成本曲线：

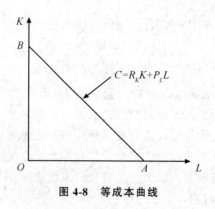

图 4-8 等成本曲线

从图 4-8 可以看出，等成本曲线的斜率为 $-P_L/P_K$，它是劳动和资本的价格比，其大小取决于资本与劳动两生产要素相对价格的高低。等成本曲线与横轴交点 A 表示全部成本可以购买的最大劳动投入量，与纵轴交点 B 表示全部成本可以购买的最大资本投入量。在这两点之间的等成本曲线上任一点，都表示不同的生产要素组合比例（总成本相同）。这也意味着，在等成本曲线上，厂商把自己欲投资的全部货币资本都用来购买了资本和劳动，同时，若某一种或两种生产要素价格发生变化，那么等成本曲线也会相应变动。

【课堂互动 4-4】若劳动价格上涨，等成本曲线会如何变化？若资本和劳动价格同时上涨或下降，等成本曲线又会如何变化？

五、生产要素的最适组合

现在我们将等产量曲线和等成本曲线结合起来，讨论两种生产要素的最适组合问题。生产要素的最适组合是指厂商在既定成本下，获得产量最大的生产要素组合点。

1. 既定成本条件下产量最大的生产要素组合

前面我们讨论的等产量曲线表示各种生产要素组合与总产量之间的关系，而等成本曲线反映的是各种生产要素组合与成本之间的关系。在等产量曲线上，任意一种生产要素组合所表示的总产量是相同的，而在等成本曲线上，任意一种生产要素组合所表示的总成本是相同的。这样就会出现这样一个问题，在等产量曲线上，尽管任意一种生产要素组合所代表的产量是相同的，但所花费的成本却是不同的；而在等成本曲线上，尽管任意一种生产要素组合所花费的成本是相同的，但所代表的总产量也是不同的。那么，什么情况下相同的总产量花费的成本最少，或者相同的成本带来的产量最高呢？现在我们将等产量曲线和等成本曲线结合起来进行考虑，如图 4-9 所示。

图 4-9 中分别有三条等产量曲线 Q_0、Q_1、Q_2，三条等产量曲线大小顺序为：$Q_2 > Q_0 > Q_1$。AB 为等成本曲线。其中等产量曲线 Q_0 与等成本曲线 AB 相切于 C 点，意味着生产要素的最适组合。这是因为，等产量曲线 Q_2 在等成本曲线之外，超出厂商成本支付能力，因此不予考虑。而等产量曲线 Q_1 虽然与等成本曲线相交，其产量却小于 Q_0，也就是说未能实现最大产量，因而也不予考虑。而在 C 点，厂商用最大的支出获得了最大的产量。也就是说，在生产技术和生产要素价格既定的情况下，C 点是厂商所需要考虑的最佳投资组合点，也就是最适组合。

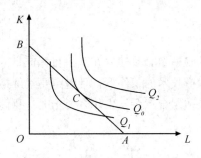

图 4-9　既定成本条件下产量最大的生产要素组合

2. 既定产量条件下成本最小的生产要素组合

相同的道理，在既定目标总产量的情况下，如何确定生产要素的成本最小呢？既然目标总产量既定，也就说明厂商面临一条既定的等产量曲线。那么，我们可以把这条等产量曲线和许多等成本曲线放在一起，如图 4-10 所示。

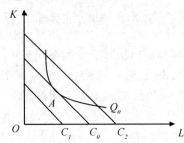

图 4-10　既定产量条件下成本最小的生产要素组合

图 4-10 中分别有一条等产量曲线 Q_0 和三条等成本曲线 C_0、C_1、C_2，其大小关系为 $C_2>C_0>C_1$。其中，等成本曲线 C_0 与等产量曲线相切于 A 点，意味着在既定目标产量的情况下，能使成本达到最小的两种生产要素的最优组合点。这是因为，C_1 虽然成本低，但却不能达到既定目标产量；C_2 虽可达到既定目标产量，但却不是最低成本。只有 A 点能且只能在达到既定目标产量的情况下所花费的成本最小。因此，A 点也就是在既定目标产量下的两种生产要素的最适组合点。

综合两种情况，我们可以得知：在等产量曲线与等成本曲线的切点处，等产量曲线的斜率也就等于等成本曲线的斜率。由于等产量曲线的斜率可以用边际技术替代率 $MRTS_{LK}$ 表示，而等成本曲线的斜率等于劳动的价格与资本的价格之比，即 P_L/P_K，我们也就可以推导出公式：

$$MRTS_{LK}=P_L/P_K=MP_L/MP_K \qquad \text{公式 4-11}$$

4-11 式可以变形为：

$$MP_L/P_L=MP_K/P_K \qquad \text{公式 4-12}$$

由公式 4-12 我们可以得知，在每单位成本购买任意一种生产要素所得到的边际产量都相等的情况下，厂商才能用既定的成本实现最大的产量。也可以说公式 4-12 是实现最小成本的生产要素组合条件。

六、生产扩张曲线

前面我们讨论生产要素的最适组合是建立在既定目标产量的情况下，成本最低的生产要素组合。那么，如果在既定生产技术的条件下，且生产要素价格不变，那么厂商进行成本扩张或产出扩张，生产要素的最适组合点会发生什么变化呢？我们通过图4-11来进行观察。

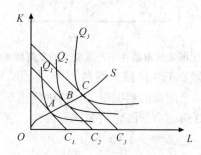

图 4-11 生产扩张曲线

如图4-11所示，当厂商的产量为Q_1时，等成本曲线C_1与其切点A是产量为Q_1时的最适组合。当厂商将产量提高为Q_2时，同样可得到等成本曲线C_2和相切点B。同样的推理，我们也可以得到C……这些切点都表示在不同产量下，生产要素投入的最适组合。把这些切点连接起来得到的曲线就是厂商的生产扩张曲线。生产扩张曲线表明，在生产要素价格保持不变的情况下，生产要素的投入组合随着成本或产出的变化而变化。

七、规模收益

前面我们讨论了短期中一种变动要素投入的变动情况。那么，长期中，厂商对两种生产要素同时进行调整，会引起规模的变化。随着规模的变化，厂商生产的产品的产量也会发生变化，而要研究其变化规律，就涉及规模收益的问题。

1. 规模收益

厂商一般是通过各种生产要素投入量的改变而改变生产规模的，这都是在长期中实现的。当然各种生产要素投入量的调整，可以按相同的比例进行，也可以按不同的比例进行。为分析方便，现我们假定各生产要素投入量的调整是按固定比例进行的，同时产品的生产技术也是一定的，那么，规模收益即生产要素投入量按相同的比例变动所引起的产量的变动。

根据产量变动与生产要素投入量变动之间的关系，规模收益可以分为规模收益不变、规模收益递增和规模收益递减这三种情况。

(1) 规模收益不变。规模收益不变是指产量变动的倍数等于生产要素投入量变动的倍数。例如：当劳动和资本的投入量分别增加2倍时，那么产量也增加2倍，如图4-12中的Q_1。

(2) 规模收益递增。规模收益递增是指产量变动的倍数大于生产要素投入量变动的倍数。例如：当劳动和资本的投入量分别增加2倍时，而产量增加了3倍，如图4-12中的Q_2。

(3) 规模收益递减。规模收益递减与规模收益递增正好相反，即产量变动的倍数小于生产要素投入量变动的倍数。例如：当劳动和资本的收入量分别增加2倍时，而产量只增加了 1 倍。如图 4-12 中的 Q_3。

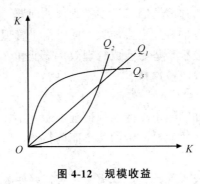

图 4-12　规模收益

一般而言，随着厂商生产规模的扩大，其规模收益往往会先递增，然后不变，而在此时如果厂商继续扩大生产规模，就可能出现规模收益递减的情况。厂商要想追求利润最大化，就需要通过生产规模的不断调整，来尽可能降低长期平均成本。

随着我国经济的发展和对外经济交往的不断扩大，我国的农业生产和工业生产也都面临着规模经营的问题，如何在生产中实现规模经营，提高生产效率，降低生产成本，提高市场竞争力，是值得我们不断研究和探讨的问题。

2．影响规模收益的因素

我们前面了解到，在长期中，厂商对生产要素投入量进行调整时，规模收益会出现三种情况。那么为什么会出现这样三种情况？这是因为在不同的情况下，有不同的因素在起作用。

（1）影响规模收益递增的因素

厂商规模在由小变大时，会出现规模收益递增。这主要是以下几种因素在起作用。

①工人的专业化。通过生产过程的分工，实现专业化作业，有利于提高工人的工作技能和熟练程度，有利于提高劳动生产率。

②采用专门化设备和较先进的生产技术。生产规模的扩大，实现大量生产，有利于专门化的生产设备和较先进的生产技术的采用。而专门化的生产设备和较先进的生产技术的采用，也会使产品的产量大幅度增加。

③大设备单位能力的制造和运转费用通常比小设备要低。例如大高炉比小高炉、大型电机比小型电机单位能力的制造成本和运转成本要低。

④生产要素具有不可分割性。例如一座 1 000 吨的高炉，由于不可分割，除非产量达到 1000 吨，否则就不能充分利用。

⑤其他因素。如大规模生产可以对副产品进行再加工、再利用；便于实行联合化和多种经营；也便于实行大量销售和大量采购（可以节省购销费用）等等。

（2）影响规模收益不变的因素

我们知道当规模收益递增到一定程度后便会出现规模收益不变。这是因为影响规模收益递增的因素不再起作用。例如工人分工过细，会导致工人工作单调，工作积极性下降。而设备的生产效率受技术水平的限制，也会出现一个顶点，不会再有提高。因此，对产品生产厂商来讲，会面临一个最优规模，达到这个最优规模后，生产厂商若想进一步扩大再生产，他们会选择建设若干个规模相当的工厂的办法。

(3) 影响规模收益递减的因素

导致规模收益由不变转为递减的因素主要是管理的问题。随着厂商规模的扩大，对厂商各方面业务进行协调和管理的难度也会加大。同时由于管理层次的增加，导致厂商上层管理层与基层的接触与沟通较少，势必造成管理效率降低和管理人员冗余，甚至会出现官僚主义等问题，从而导致规模收益递减。

3. 适度规模

从以上分析我们可以得知，一个厂商的规模既不能过小，也不能过大，也就是要实现适度规模。而规模是根据生产要素投入量的调整而调整的，所以对于厂商来讲生产要素投入量要适度。

生产要素投入量的适度投入就是生产规模的扩大正好使收益递增达到最大。在收益递增达到最大后，便不再增加生产要素的投入量，以维持当前生产规模。

不同行业的厂商，其适度规模的大小是不同的，更没有统一的标准。在确定适度规模时，需要参考以下几个因素。

（1）本行业的技术特点

生产投资量大、机器设备大且复杂的行业，其适度规模也会大。例如钢铁制造、汽车制造、造船、化工等行业，其规模越大规模收益越高。而对于生产投资量小，机器设备简单的行业来讲，其适度规模也小。例如服务、小商品制造、食品加工等行业，生产规模小会更好地适应市场需求变化，从而有利于生产。

（2）市场条件

一般来讲，生产市场需求量大、生产标准化程度高的企业，其适度规模也应该大。比如重工业行业。相反，生产市场需求量小、生产标准化程度低的企业，其适度规模也应该小。

当然，确定适度规模的因素还有很多，如交通条件、能源供给、原料供给、政府政策等。

另外，由于各国、各地的经济发展水平、自然条件、市场规模等因素的差异，同一行业不同地区的企业的适度规模标准也是不同的。同时，随着科技的发展，生产技术也在不断提高，从而导致各行业适度规模的标准也在不断变化。最后，需要注意的是，不同行业规模调整的方式也是不同的。如生产连续性强、产业链衔接紧密的行业需要采取集中扩大规模的方式。而服务业受市场等条件的影响，则需要采取分散扩大规模的方式，例如超市的连锁经营等。

【课堂互动4-5】规模大就一定经济吗？边际产量递减规律对规模效益的意义是什么？

第三节　成本分析

前面我们分析了投入与产出的关系，但对于把利润最大化作为唯一目标的厂商来讲，仅仅分析投入与产出的关系是不够的。利润受成本和收益关系的影响，所以要想实现利润最大化就必须解决成本与收益之间的关系。

一、成本概念

成本也叫生产费用，是指厂商为生产商品所购买所有生产要素的全部支出。也就是所有生产要素与其价格之乘积的总和。我们这里讲的成本，不仅是会计学上的会计成本，还包括没有在账簿上反映出来的潜在成本等等。下面讲解几个重要的成本概念。

1. 显性成本和隐形成本

显性成本是指厂商为购买生产要素所支付的所有费用，是计入会计账簿、看得见的支出。它包括员工工资、购买原材料费用、房屋租金、利息和广告费等。它反映的是实际应用成本。

隐形成本是指包括在厂商总成本之内的，厂商所使用的与自有资源相联系的成本。例如，厂商使用自己已有厂房进行生产，那么这个厂房若可以出租，租金收入就是隐形成本。这部分成本是不会反映在会计账簿上的。

对于经济活动，其全部机会成本应该包含显性成本和隐性成本。如果只依据显性成本进行决策，其结论不一定正确。例如，某人从一家年薪5万元的企业辞职，用自有房屋开了一家商店，并亲自管理，年收益是6万元。虽然看上去年收益6万元高于在企业工作的年薪5万元，但再考虑到他的自有房屋如果出租，年租金是2万元，那么，他开商店的隐性成本总共有7万元。由于他在企业工作的年薪和出租房屋的租金两项收益并没有实际发生，所以，没有计入会计成本中。但是，从资源的利用效率来看，他选择开店的决策不是最优的。

2. 机会成本和会计成本

机会成本是指因为资源是稀缺性的，当一种资源用于某种用途时，就不能再用作其他用途，那么放弃这种资源在其他用途上所获得的收益就是机会成本。例如，10万元用在A、B用途上的收益分别是2万元、3万元，那么把这10万元用在A用途上时的机会成本是3万元。

会计成本是会计学上的概念，是指企业为进行生产经营而发生的各种耗费，是可以计量和用货币表示的，并且是可以在会计账簿上记录和反映的。因此，会计成本也是显性成本。显然，会计成本有两个特点：一是会计成本属于历史成本；二是会计成本只反映了使用资源的实际货币支出，而没有反映企业为使用这些资源所付出的总代价。正是这两个方面的原因，会计成本不能用于面向未来的决策。会计成本可以成为确定机会成本的基础。

【课堂互动4-6】甲从一家年薪5万元的企业辞职，自己开公司自己管理，不拿工资；乙在一家年薪5万元的企业被辞退，开了一家公司，聘请他人来管理，年薪5万元。甲和乙开公司的机会成本和会计成本分别是多少？

3. 增量成本和沉没成本

决策的结果既可能对成本产生影响，也可能不产生影响。例如，一家企业原来生产任务不足，现在接到了新订单。新订单会引起全部变动成本（如相关人工费用、原材料费用等）的增加，但不会引起全部固定成本（如折旧、房租等）的变化。在这里，变动成本的增加量是接受新订单的增量成本，固定成本则是沉没成本。

增量成本是指因做出某一特定决策而引起的全部成本的变化。与增量成本相对应，沉没成本是不因决策而变化且已支出的成本，或者已经承诺支出的成本，决策对它没有影响，因而与决策无关。沉没成本是决策不需再考虑的成本。

4. 固定成本和变动成本

固定成本（FC）也叫不变成本，是指厂商在短期内为生产一定量产品必须支付的不能调整的生产要素的费用。固定成本不随产量的变动而变动，主要包括厂房和设备的折旧费、维修费、即使在暂时停产期间也要继续雇用的管理人员的工资。固定成本曲线为一水平线。

变动成本（VC）是指厂商在短期内为生产一定量产品必须支付的可以调整的生产要素的费用。可变成本随着产量的变动而变动，主要包括购买原材料、燃料的费用、短期借款的利息以及工人工资等。

5. 短期总成本和长期总成本

与前面所讲的短期和长期生产函数一样，这里讲的短期仍是厂商来不及调整所有生产要素的时期。而长期是指厂商可以调整所有生产要素的时期。那么短期总成本就是厂商在短期内生产一定量产品所需要的成本总和，是短期内每一产量水平的固定成本和可变成本之和。我们用 STC 来表示。长期总成本则是在长期内生产一定量产品所需要的成本总和，我们用 LTC 来表示。

二、短期总成本曲线

因为短期内厂商来不及调整所有生产要素，因此短期总成本包括固定成本和变动成本，即

$$STC=FC+VC \quad \text{公式 4-13}$$

1. 短期总成本与固定成本、变动成本的关系

因为在短期内固定成本是固定不变的常数，因此，短期总成本的变动完全取决于变动成本的变动。同时，因为变动成本变动是随产量的增加而增加，因此短期总成本是一条向右上方延伸的曲线，且与变动成本的斜率一致，如图 4-13 所示。

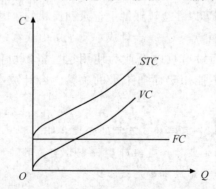

图 4-13 短期总成本与固定成本、变动成本的关系

从上图我们可以看出，因为短期总成本为固定成本和变动成本之和，所以，短期总成本曲线与变动成本曲线的垂直距离始终等于固定成本。

2. 短期平均成本与短期平均固定成本、短期平均变动成本

短期平均成本是指短期内生产每一单位产品平均花费的成本，即短期总成本除以产量，我们用 SAC 表示短期平均成本，其计算公式为：

$$SAC = STC/Q \qquad \text{公式 4-14}$$

短期平均固定成本是指短期内生产每一单位产品平均花费的固定成本，即固定成本除以产量，我们用 AFC 表示短期平均固定成本，其计算公式为：

$$AFC = FC/Q \qquad \text{公式 4-15}$$

短期平均变动成本则是指短期内生产每一单位产品平均花费的变动成本，即变动成本除以产量，我们用 AVC 表示短期平均变动成本，其计算公式为：

$$AVC = AC/Q \qquad \text{公式 4-16}$$

我们用图形表示三种成本，如图 4-14 所示。

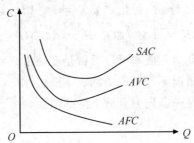

图 4-14 短期平均成本、短期平均固定成本与短期平均变动成本

从图 4-14 中，我们可以看出，平均固定成本曲线是一条向右下方倾斜的曲线，这说明平均固定成本随产品产量的增加而减少。需要注意的是，平均固定成本随着产量的增加只会无限接近于 0，但绝对不会为 0，也就是不会与横轴相交。平均变动成本曲线是一条先下降后上升的曲线，这说明平均变动成本随产品产量的增加先减少后增加。这是因为边际产量递减规律在起作用。例如：假如短期内只有劳动这一种可变生产要素，那么，随着劳动投入量的不断增加（变动成本的不断增加），劳动的平均产量是先增加后递减，因而每单位产量所需要的劳动投入量随着产量的增加是先递减后递增。而短期平均成本也是一条先下降后上升的曲线。

【课堂互动 4-7】 为什么短期平均成本也是一条先下降后上升的曲线？

3. 短期边际成本

短期边际成本是指每增加一单位的产品产量所增加的成本量。我们用 SMC 表示短期边际成本，以 ΔQ 表示产量增加量，以 ΔSTC 表示成本增加量。那么用公式表示为：

$$SMC = \Delta STC/\Delta Q \qquad \text{公式 4-17}$$

需要注意的是，因为短期内固定成本是不随产量的增加而变化的，那么短期边际成本实际上是只与短期变动成本相关的。短期边际成本曲线的变动趋势如图 4-15 所示。

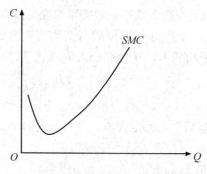

图 4-15 短期边际成本

短期边际成本曲线也是一条先下降后上升的曲线,这也是因为边际产量递减规律。我们知道短期边际成本与短期内变动成本有关,短期内变动成本等于变动生产要素数量乘以其价格。我们仍假设短期内只变动一种生产要素劳动,则短期边际成本可以表示为:

$$SMC = (\Delta L/\Delta Q) P_L = (1/MP) P_L \qquad 公式4-18$$

由此,我们可以看出短期边际成本可以看做是变动生产要素价格与其边际产量倒数的乘积,且在要素价格不变的情况下,短期边际成本随边际产量的变动而变动,变动方向正好相反。因为边际产量曲线是一条先上升后下降的曲线,那么短期边际成本曲线就是一条先下降后上升的曲线。

【课堂互动4-8】设某厂商的短期总成本函数为$STC=5Q^2+10Q+20$,求该厂商的固定成本FC、可变成本VC、平均固定成本AFC、平均可变成本AVC、短期平均成本SAC和边际成本SMC。

4. 短期总成本曲线之间的关系

前面我们分别了解了几种不同成本曲线的形式,同时也知道他们之间并不是孤立存在的,而是存在着某种联系。下面我们分别来分析。

(1) 短期边际成本曲线与总成本曲线、变动成本曲线之间的关系

根据前面所讲,短期边际成本是总成本的增加量,那么短期边际成本越小,总成本增加的速度就慢。反过来,短期边际成本越大,那么总成本增加的速度就越快。因此,当边际成本递减时,总成本增加的速度也就递减,总成本曲线就变得越来越平缓;当边际成本递增时,总成本增加的速度就递增,总成本曲线也就越来越陡峭。

同样,因为短期边际成本等于变动成本的变动量,而变动成本的变动量即是短期内总成本的变动量,因此短期边际成本曲线与变动成本曲线之间的关系就是短期边际成本曲线与总成本曲线之间的关系。

(2) 短期边际成本曲线与平均成本曲线、平均变动成本曲线之间的关系

与边际产量和平均产量之间的关系类似,短期边际成本曲线与平均成本曲线、平均变动成本曲线均相交于平均成本曲线、平均变动成本曲线的最低点。这是因为,当平均成本下降时,每增加单位产量而增加的成本比平均成本低;相反,当平均成本递增时,每增加单位产量而增加的成本要比平均成本高。同时,当每增加单位产量而增加的成本等于平均成本时,平均成本也就达到了最低点,因此短期边际成本曲线与平均成本曲线的最低点相

交。同样，短期边际成本曲线也与平均变动成本曲线相交于平均变动成本曲线的最低点，如图 4-16 所示。

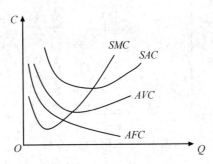

图 4-16 短期边际成本曲线、平均成本曲线与平均变动成本曲线

综上所述，短期成本曲线的特性见表 4-3。

表 4-3 短期成本曲线特性

短期成本	数学公式	曲线特性
固定成本	FC=常数	平行于横轴的一条水平线
可变成本	VC=f（Q）	先递减增加、后递增增加的一条曲线
短期总成本	STC=FC+VC	比 VC 高 FC 的一条曲线
平均固定成本	AFC=FC/Q	从左上方向右下方倾斜，为横轴的渐近线
平均可变成本	AVC=VC/Q	先下降后上升，成"U"形
短期平均成本	SAC=STC/Q	比 AVC 高 AFC 的一条"U"形曲线
边际成本	SMC=ΔSTC/ΔQ	先下降后上升，先后通过 AVC、SAC 的最低点

【课堂互动 4-9】 李先生经营一家台球场。根据计算，每玩一局的平均总成本（包括房屋租金、设备折旧、所耗电力以及支付给工作人员的工资等）为 5 元。如果每局的价格高于 5 元，经营当然有利；如果每局的价格等于 5 元，也可以实现收支相抵。但午夜时如果价格降至 3 元仍有人来玩，而高于 3 元则没有人玩。试分析：李先生是应该把价格降为 3 元继续经营，还是不降价到了午夜就停业？

三、长期总成本曲线

在长期内，厂商可以调整所有生产要素，因此总成本就不再区分固定成本和变动成本，因而长期总成本曲线就只包括长期总成本、长期平均成本和长期边际成本。

1. 长期总成本

长期总成本是厂商在长期内生产一定量产品所需要的成本总和，即 LTC。与长期总成本对应的是长期总成本函数，其计算公式为：

$$LTC=f（Q）$$ 公式 4-19

长期总成本曲线如图 4-17 所示。由图可以看出，长期总成本曲线是一条从原点出发向右上方倾斜的曲线。它随产量的增加而增加，不过其增长率是先递减后递增，且当产量为零时,总成本也为零。

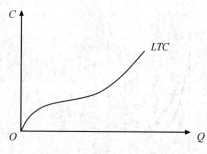

图 4-17　长期总成本曲线

2. 长期平均成本

长期平均成本是厂商在每单位产量所花费的成本,我们用 LAC 表示,其计算公式为:

$$LAC=LTC/Q \qquad \text{公式 4-20}$$

长期平均成本曲线如图 4-18 所示。由图可以看出,长期平均成本曲线是一条先下降后上升的曲线,呈"U"形。这说明,长期平均成本是随着产量的增加,先减少后增加。这与短期平均成本曲线类似。

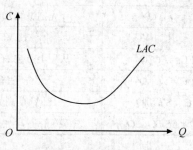

图 4-18　长期平均成本曲线

3. 长期边际成本

长期边际成本是指厂商每增加一单位产品所增加的成本,我们用 LMC 表示,其计算公式为:

$$LMC=\Delta LTC/\Delta Q \qquad \text{公式 4-21}$$

长期边际成本如图 4-19 所示。由图可以看出,长期边际成本曲线也是一条先下降后上升的曲线。

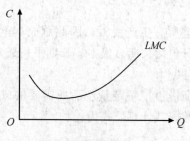

图 4-19　长期边际成本曲线

4. 长期平均成本与长期边际成本的关系

长期平均成本与长期边际成本的关系和短期平均成本与短期边际成本的关系是一样的，因此，长期边际成本曲线也与长期平均成本曲线的最低点相交。

四、各类成本之间的关系

我们分别讨论了短期总成本与长期总成本，现在我们把这两类成本综合起来研究他们之间的关系。

1. 短期总成本与长期总成本

短期总成本与长期总成本的区别为：短期总成本包括固定成本，长期总成本不包括固定成本；当产量为零时，长期总成本也会为零而短期总成本不为零。且每条短期总成本曲线与长期总成本曲线都有一个切点，切点处短期总成本均等于长期总成本。此外各点，均为短期总成本大于长期总成本，如图4-20所示。

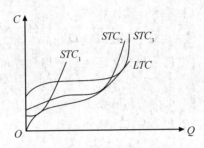

图 4-20 短期总成本与长期总成本

2. 短期平均成本与长期平均成本

在图形上，长期平均成本曲线把各条短期平均成本曲线包在其中，因此，长期平均成本曲线又称"包络线"。各条短期平均成本曲线与长期平均成本曲线都各有一个切点，在长期平均成本曲线最低点，一条短期平均成本曲线的最低点与之相切。在此之左，各条短期平均成本曲线最低点左边的一点与长期平均成本曲线相切；在此之右，短期平均成本曲线最低点右边的一点与长期平均成本曲线相切。

另外，长期平均成本曲线比短期平均成本曲线缓和平滑，它下降得缓慢，上升也较缓慢。这是因为，在长期中所投入的要素都是可变的，厂房设备可以随生产的扩大而调整，所有的成本都是变动成本，很少是固定不变的。因此要素的配合比较合理，能充分发挥效率。

3. 短期边际成本与长期边际成本

每条短期边际成本曲线与长期边际成本曲线只有一个交点，交点处短期边际成本等于长期边际成本，并且交点处所对应的产量即是短期总成本与长期总成本相切时的产量。

【课堂互动4-10】作为一个大学生，我们一定会计算我们读大学的成本。上一年大学的成本是多少呢？学杂费5 000~10 000元，伙食费5 000~8 000元，交通、通讯费1 000~2 000元，社会交往费用1 000~2 000元，购买学习用品费用500元，衣着花费1 000元，其他费用500元，共计14 000~24 000元。你认为这是我们读大学的全部成本吗？如果不是，应该是多少？

第四节 企业收益与利润最大化

前面我们讨论了生产与成本理论,既然厂商的目标是利润最大化,那么,我们本节就用生产、成本理论来讨论企业收益、利润和利润最大化的问题。

一、企业收益

1. 收益概念及其关系

(1) 总收益

总收益是指厂商销售所生产的产品所得到的全部收入,也就是价格与产品销售量的乘积,即销售收入,我们用 TR 来表示,其计算公式为:

$$TR = P \cdot Q \quad \text{公式 4-22}$$

总收益里面既包括成本,也包括利润,还包括平均收益和边际收益。

(2) 平均收益

平均收益是指厂商销售每一单位产品所获得的收入,也就是说,平均收益等于单位产品的平均售价。平均收益用 AR 表示,其计算公式为:

$$AR = TR/Q \quad \text{公式 4-23}$$

(3) 边际收益

边际收益是指每增加一单位产品销售量所引起的总收益的增加值,也可以理解为最后销售的一个单位产品的售价,边际收益用 MR 表示,其计算公式为:

$$MR = \Delta TR/\Delta Q \quad \text{公式 4-24}$$

(4) 总收益、平均收益与边际收益的关系

如果产品销售价格 P 不变,产品销售量为 Q,则三者的关系是:

$$TR = P \cdot Q = AR \cdot Q \quad \text{公式 4-25}$$

$$AR = TR/Q = (P \cdot Q)/Q = P \quad \text{公式 4-26}$$

$$MR = \Delta TR/\Delta Q = P \quad \text{公式 4-27}$$

(5) 总收益与总产量、平均收益与平均产量、边际收益与边际产量之间的关系

同样如果产品销售价格 P 不变,且所生产产品全部销售出去,则总收益与总产量、平均收益与平均产量、边际收益与边际产量之间的关系可以用公式表示为:

$$TR = P \cdot TP \quad \text{公式 4-28}$$

$$AR = P \cdot AP \quad \text{公式 4-29}$$

$$MR = P \cdot MP \quad \text{公式 4-30}$$

2. 收益曲线

前面我们知道厂商的总收益与产品的销售数量有关,那么把厂商的总收益与产品销售

数量之间的对应关系描绘成曲线就可以得到相应的收益曲线。为了分析方便，我们同样继续假设厂商所生产的产品全部销售出去。当不考虑价格因素时，总收益曲线、平均收益曲线和边际收益曲线也就与总产量曲线、平均产量曲线和边际产量曲线基本相同。当考虑价格因素时，收益的变化曲线随价格的变动而改变。

（1）价格不变时的收益曲线

当价格不变时，厂商出售最后一单位商品的价格同此前每单位商品的价格是一样的。因此，单位商品的价格既等于平均收益，又等于边际收益。在平面坐标上，边际收益曲线与平均收益曲线重叠，并与坐标的横轴平行，如图 4-21 所示。

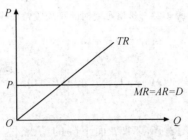

图 4-21　价格不变时的收益曲线

由图 4-21 我们可以得出如下结论：当价格不变时，边际收益曲线、平均收益曲线与厂商面临的需求曲线也是重叠的，且他们也都等于价格，而总收益曲线是一条从原点出发向右上方倾斜的直线。

（2）价格可变时的收益曲线

当价格可变时，厂商则面临的是一条向右下方倾斜的需求曲线。那么此时，厂商为了销售更多的产品需要降低产品的价格。根据公式 4-22 可以推出，此时的厂商总收益为：

$$TR = P(Q) \cdot Q \qquad \text{公式 4-31}$$

因此，当销售量为 0 时，厂商的总收益也为 0。之后，随着销售量的增加，厂商的总收益也开始增加，但当销售量增加到一定程度后，价格也逐渐下降并接近于 0，因此总收益也在逐渐下降。所以，厂商的总收益曲线是一条从原点出发先增加后递减的曲线，如图 4-22 所示。

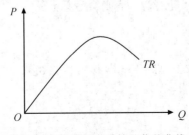

图 4-22　价格可变时的总收益曲线

此时厂商的平均收益表示为：

$$AR = TR/Q = [P(Q) \cdot Q]/Q \qquad \text{公式 4-32}$$

这说明，当价格随着销售量增加时，厂商的平均收益曲线仍然等于价格，即厂商的平均收益曲线是一条向右下方倾斜的曲线,如图 4-23 所示。

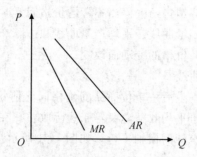

图 4-23　价格可变时的平均收益曲线

此时厂商的边际收益表示为:
$MR = \Delta TR/\Delta Q = \{\Delta[P(Q) \cdot Q]\}/\Delta Q = P(Q) + Q \cdot \{\Delta[P(Q)]\}/\Delta Q$

公式 4-33

公式 4-33 表明,在价格随着产量增加而下降的情况下,厂商每增加一单位产品的销售首先表现为按价格增加一定的销售收入,但同时由于产品的销售数量的增加而导致产品价格下降,从而使得销售收入减少。因此,厂商的边际收益曲线要比平均收益曲线(需求曲线)低。

3. 盈亏收支平衡

在现实生活中,厂商经营的最低目标是保证生产经营不亏损,即收支平衡,也就是 $TR = TC$。如果 TR 小于 TC,那么厂商就会退出生产经营。所以,在不考虑价格变动因素的情况下,确定厂商的盈亏平衡点(盈亏临界点),具有十分重要的意义。

根据 $TR = TC$ 得:
$$P \cdot Q = TFC + TVC = TFC + Q \cdot AVC$$

公式 4-34

整理公式 4-34 得:
$$Q = FTC/(P - AVC)$$

公式 4-35

此时的 Q 即为盈亏平衡点,也就是说当销售量为 Q 时,厂商既不盈利也不亏损。当销售量高于 Q 时,厂商盈利。反之,厂商则会亏损。

二、利润最大化

厂商的利润等于总收益减去总成本,即利润=总收益-总成本。用 π 表示利润,其计算公式为:
$$\pi = TR - TC$$

公式 4-36

1. 关于利润的基本概念

(1) 会计利润和经济利润

利润可以分为会计利润和经济利润。前面讲到,企业的成本有会计成本与机会成本。会计利润等于总收益减去会计成本;经济利润等于总收益减去机会成本。即:

会计利润=总收益(销售收入)-会计成本(显性成本)

$$\text{经济利润} = \text{总收益} - \text{机会成本（经济成本）}$$
$$= \text{总收益} - (\text{显性成本} + \text{隐性成本})$$
$$= \text{会计利润} - \text{隐性成本}。$$

会计利润是在会计成本的基础上计算出来的，目的在于报告企业的盈亏情况，以便作为投资者投资、政府征税的依据等，不能用于决策；经济利润的大小取决于机会成本，机会成本反映了资源配置的情况，经济利润要求人们把资源用于最有价值的地方，是决策的基础。

当经济利润大于零时，说明厂商的总收益超过其全部经济成本，厂商就获得了经济利润即超额利润，厂商也就存在盈利。当厂商的总收益等于全部的经济成本时，即经济利润为零时，并不意味着厂商不盈利，而是获得了正常利润。

【课堂互动4-11】 某人投资50万元开办一家工厂，并亲自任经理管理该工厂。该工厂年销售收益100万元，合计成本95万元（其中：原材料60万元，员工工资15万元，折旧、税收等20万元）。试分析该工厂的利润情况。该人的投资是否划算？

（2）正常利润

正常利润能指企业家如果在本厂商进行投资，必须给他的最低限度的报酬，即企业家在本厂商工作的机会成本。正常利润包括在会计利润中，但在经济学上它则属于隐性成本的一部分，从而不包含在经济利润中。所以，当厂商的经济利润为零时，它仍然可能获得正常利润。在完全竞争市场上厂商取得的一般是正常利润，由于竞争的激烈使厂商的经济利润接近于零，而此时企业家刚好获得了正常利润。因此，正常利润能吸引企业家继续参与本厂商的投资，一旦厂商连正常利润都无法获得的话，那么该厂商一定会停产或转产等。

2. 利润最大化

厂商的目标是利润最大化，那么厂商实现利润最大化的条件是什么呢？

利润最大化就是在某项条件下，总收益与总成本之间的差额最大。由于产品价格与销售量的变化影响边际收益和边际成本，从而影响总收益和总成本。由此，我们可以推断出：当边际收益等于边际成本（$MR = MC$）时，总收益与总成本之间的差额最大，也就是利润最大。这是因为以下两点原因。

（1）当 MR 大于 MC 时，表示厂商每多生产一单位的产品所增加的收益大于生产这一单位产品所增加的成本。此时，对厂商来讲，继续增加生产是有利可图的，也就是说此时还没有达到利润最大化。

（2）当 MR 小于 MC 时，表示厂商每多生产一单位的产品所增加的收益小于生产这一单位产品所增加的成本。此时，对厂商来讲，是开始处于亏损状态的，总利润也在减少。厂商所面临的选择也就只有减少产量了。

所以无论 MR 大于 MC 还是 MR 小于 MC，都没有实现利润的最大化，只有当 $MR = MC$ 时，厂商才不会调整产量，而且表明厂商已经把该赚取的利润赚取了，即实现了利润最大化。

【课堂互动4-12】 假定某企业接受的任务处于这样的状况：增加一单位产量，可增加销售收益20元，但同时增加总成本145元。问该企业应增产还是减产？

要点回放

1. 厂商是指能够单独作出经营决策的经济单位,是生产过程的主体。从长期来看,厂商以利润的最大化为目标。

2. 生产要素是指生产商品所使用的各种经济资源。按照各种要素在生产中的作用,我们可以将生产要素分为劳动、资本、资源和企业家才能。

3. 边际产量递减规律是指在一定技术水平下,当一种可变生产要素与其他不变生产要素投入到生产过程中时,随着这种可变要素投入量的不断增加,其边际产量也在不断增加;但当这种可变要素投入量增加到某个程度的时候,增加一单位的该生产要素,其所带来的总产量增加量是逐渐递减的。

4. 边际技术替代率是指在保持相同产量的前提下,增加一种生产要素的投入量时可以替代另一种生产要素的投入量,即两种生产要素投入量之间的替代关系。同时,一种生产要素的边际技术替代率随该要素的投入量的增加而递减。这是边际产量递减规律在起作用。

5. 等成本曲线是指在这条曲线上,投入两种生产要素的不同组合方式,都不能导致总成本的变化。在等成本曲线上,厂商把自己欲投资的全部货币资本都用来购买了资本和劳动。同时,若某一种或两种生产要素价格发生变化,那么等成本曲线也会相应变动。

6. 生产要素的最适组合是指厂商在既定成本的情况下,获得产量最大的生产要素组合点。等产量曲线与等成本曲线的相切点是厂商所需要考虑的最佳投资组合点,也就是最适组合。生产扩张曲线是厂商最佳投资组合点的连接线。

7. 规模收益是生产要素投入量按相同的比例变动所引起的产量的变动。一个厂商的规模既不能过小,也不能过大,也就是要实现适度规模。

8. 成本也叫生产费用,是指厂商为生产商品所购买所有生产要素的全部支出,也就是所有生产要素与其价格之乘积的总和。成本函数反映产品成本与产量之间的关系。

9. 短期总成本是一条向右上方延伸的曲线。短期成本曲线还包括平均固定成本、平均变动成本、平均成本和边际成本曲线。他们之间不是孤立存在而是相互联系的。

10. 长期成本分为长期总成本、长期平均成本和长期边际成本三种。长期总成本曲线从原点出发向右上方倾斜;长期平均成本曲线和长期边际成本曲线均呈先下降后上升的"U"形。

11. 总收益等于价格与产品销售量的乘积,即销售收入,包括平均收益和边际收益。

12. 当 $TR=TC$ 的产量,为厂商的盈亏平衡点。厂商的利润等于总收益减去总成本,它包括会计利润、经济利润和正常利润。当边际收益等于边际成本时,总收益与总成本之间的差额最大,也就是利润最大。

技能训练

一、关键词

生产　生产要素　总产量　平均产量　边际产量　边际技术替代率　规模收益　适度规模　显性成本　隐性成本　机会成本　会计成本　增量成本　沉没成本　固定成本　变动成本　短期总成本　长期总成本　边际成本　总收益　平均收益　边际收益　盈亏收支平衡利润　经济利润　会计利润　正常利润　利润最大化

二、单项选择

1. 在短期内，如果连续增加可变生产要素的投入量，在总产量达到最大值时，边际产量曲线则与（　　）相交。

   A. 平均产量曲线　　　　B. 纵轴
   C. 横轴　　　　　　　　D. 总产量曲线

2. 长期中，厂商如果增加一单位劳动投入量能减少三单位的资本投入量，而仍能保持同样的产量，则劳动对资本的边际技术替代率为（　　）。

   A. $-1/3$　　　　　　　B. -3
   C. -1　　　　　　　　D. -6

3. 等成本曲线向外平行移动，说明（　　）。

   A. 成本增加了
   B. 产量提高了
   C. 生产要素的价格按相同比例提高了
   D. 生产要素的价格按不同比例提高了

4. 等产量曲线上的各点说明（　　）。

   A. 为生产同等产量投入生产要素的各种组合比例是不能变化的
   B. 为生产同等产量投入生产要素的价格是不变的
   C. 不论投入生产要素的量是怎样的，其产量是同样的
   D. 投入生产的生产要素的各种组合所生产的产量是同样的

5. 当一种可变生产要素的边际产量为负数时，则该生产处于（　　）。

   A. 第一区间　　　　　　B. 第二区间
   C. 第三区间　　　　　　D. 以上都不是

6. 某厂商处于规模收益递增阶段，如果生产要素投入量增加10%，那么其产量应该（　　）。

   A. 增加量大于10%　　　B. 增加量小于10%
   C. 增加量也为10%　　　D. 增加量为-10%

7. 边际产量递增规律发生作用是在（　　）情况下。

   A. 长期的
   B. 至少有一种投入要素的数量是固定的

C. 技术水平可变的

D. 以上三种情况都可以

8. 在长期中,下列（　　）是不存在的。

A. 固定成本　　　　　B. 变动成本

C. 边际成本　　　　　D. 机会成本

9. 在短期中,固定成本曲线呈现为（　　）。

A. U 型曲线　　　　　B. 平行于横轴的直线

C. 向右上方倾斜　　　D. 向右下方倾斜

10. 当短期边际成本低于短期平均成本时,（　　）。

A. 短期平均成本上升

B. 平均变动成本可能上升也可能下降

C. 总成本下降

D. 平均变动成本上升

三、多项选择

1. 厂商在生产过程中投入的生产要素主要有（　　）。

A. 劳动　　　　　　　B. 资本

C. 土地　　　　　　　D. 企业家才能

E. 利润

2. 总成本分为（　　）。

A. 平均成本　　　　　B. 边际成本

C. 固定成本　　　　　D. 变动成本

E. 平均变动成本

3. 短期成本分为（　　）。

A. 短期平均成本　　　B. 短期机会成本

C. 短期总成本　　　　D. 短期边际成本

E. 短期生产成本

4. 总收益大于总成本的部分叫（　　）。

A. 经济利润　　　　　B. 贡献利润

C. 超额利润　　　　　D. 利润

E. 正常利润

5. 边际技术替代率（　　）。

A. 是在产出量保持不变的前提下,增加最后一个单位投入要素替代另一种投入要素的技术上的比率

B. 是在产出量变动的前提下,增加最后一个单位投入要素替代另一种投入要素的技术上的比率

C. 是负的,并且呈递减趋势

D. 是正的,并且呈递减趋势

E. 是负的,并且呈递增趋势

6. 在生产要素的最适组合上（　　）。
   A. $MP_1/P_1 = MP_2/P_2 = \cdots = MP_n/P_n$
   B. $MRTS_{LK} = MP_L/MP_K = P_L/P_K$
   C. 等产量曲线与等成本曲线相交
   D. 等产量曲线与等成本曲线相切
   E. 等产量曲线与等成本曲线分离

7. 规模报酬的类型有（　　）。
   A. 规模报酬递增　　　　　B. 规模报酬先上升后下降
   C. 规模报酬递减　　　　　D. 规模报酬先下降后上升
   E. 规模报酬固定

8. 厂商利润最大化是指（　　）。
   A. 成本既定下的产量最大　　B. 产量最大
   C. 成本最小　　　　　　　　D. 产量既定下的成本最小
   E. 价格最低

9. 固定成本是指厂商（　　）。
   A. 在短期内必须支付的生产要素的费用
   B. 在短期内不能调整的生产要素的支出
   C. 厂房及设备折旧等不变生产要素引起的费用
   D. 长期固定不变的成本
   E. 在短期内不随产量变动的那部分生产要素的支出

10. 长期平均成本曲线与短期平均成本曲线的关系是（　　）。
    A. 长期平均成本曲线是短期平均成本曲线的包络曲线
    B. 长期平均成本曲线是所有短期成本曲线最低点的连线
    C. 长期平均成本曲线的每一点都对应着一个短期平均成本曲线上的点
    D. 长期平均成本曲线都在各短期平均成本曲线的下方
    E. 所有的短期成本曲线都与长期平均成本曲线相切

四、判断正误(T/F)

1. 如果边际产量递减，那么平均产量也将会是递减的。（　　）
2. 生产要素的边际技术替代率递减是边际产量递减规律造成的。（　　）
3. 如果某一时期内，某厂商的等成本曲线围绕它与横轴的交点逆时针方向转动，此时产量却没有发生变化，那么意味着某一生产要素的价格下降了。（　　）
4. 如果等产量曲线与等成本曲线相交，说明要保持原有产量不变，并减少成本支出。（　　）
5. 实现生产要素最适组合是厂商实现利润最大化的必要条件。（　　）
6. 边际成本曲线总是与平均成本曲线的最低点相交。（　　）
7. 经济利润是决策的基础，会计利润是不能用于决策的。（　　）
8. 长期平均成本曲线是 U 型的，这是因为当产量较低时，投入生产要素的价格是下降的；而当产量较高时，投入生产要素的价格是上升的。（　　）

9. 长期成本曲线上的每一点都与短期成本曲线上的某一点相对应,但短期成本曲线上并非每一点都与长期成本曲线上的某一点相对应。(　　)

10. 当厂商总收益达到最大时,意味着厂商利润最大化。(　　)

五、简答

1. 简述边际产量递减规律。
2. 等产量曲线有哪些特征?
3. 简述影响规模收益递增的因素。
4. 简述边际成本与总成本的关系。
5. 为什么当产量增加时,平均成本与平均变动成本越来越接近?
6. 厂商实现利润最大化的条件是什么?为什么?

六、计算

1. 某农场主在农场内种植土豆,请根据下表中每亩土地上土豆的产量和用工人数计算各用工人数的边际收入(假设单位土豆的价格为10元);假设工人工资为每人40元,请计算最优用工数量是多少?

用工数	产量	边际收入
0	0	
1	100	
2	107	
3	112	
4	116	
5	119	
6	120	
7	110	

2. 某竞争行业所有厂商的规模都相等,都是在产量达到500单位时达到长期平均成本4元。当用最优企业规模生产600单位产量时,每一个企业的短期平均成本是4.5元,市场需求函数为$Q_D=70\,000-5\,000P$,供给函数为$Q_S=40\,000+2\,500P$。求解下列问题:

(1) 市场均衡价格是多少?该行业是处于短期均衡还是长期均衡?

(2) 处于长期均衡时,该行业有多少厂商?

(3) 如果市场需求变化为,$Q_D=100\,000-5\,000P$,求行业与厂商新的短期均衡价格与均衡产量。在新的均衡点,厂商是盈利还是亏损?

七、论述

1. 应用经济学理论论述国有企业减员增效的意义。
2. 边际产量递减规律对生产投入的警戒启示是什么?

八、案例分析

生产要素价格

在一次珠宝拍卖会上，一颗名为"月光爱人"的钻石吸引了所有人的目光。这颗钻石晶莹剔透、光彩夺目，最后以 8 000 万元的高价售出。

原来，这颗钻石是由"梦幻"珠宝公司在南非的矿山中挖出来的，该公司的老板托尼得意洋洋地说："我当初决定买这座矿山的开采权的时候，就感觉这里面肯定有宝藏，现在果真应验了。"

这时，挖掘队队长不服气了，说："为挖到这颗钻石，我与同事们付出了艰辛的劳动。我们不分昼夜地工作，差不多找遍了矿山的每一个角落，最后好不容易才发现了它。"

为"梦幻"公司提供挖掘设备的厂商也说到："我们公司的机器设备是一流的，要是没有我们提供的挖掘机，他们就不可能在 50 米深的矿井中挖到这颗钻石。"

阅读上述材料，回答下列问题：

（1）在挖掘这颗钻石的过程中，"梦幻"珠宝公司都有哪些生产要素投入到其中，他们的价格分别是什么？

（2）联系本案例谈谈你对企业家才能、正常利润的认识。

九、动手操作

试运用机会成本理论对某一投资决策进行可行性论证。

第五章　市　场

> 垄断者，通过经常保持市场存货的不足……以远远高于正常的价格出售他们的产品。从而无论在工资还是在利润方面都提高他们的报酬。
>
> ——亚当·斯密

学习目标

●知识目标

1. 熟悉四种市场结构类型及其特点；
2. 理解不同市场类型中产量和价格的确定；
3. 掌握不同市场类型中厂商的均衡条件和生产决策；
4. 初步了解博弈论的相关知识。

●能力（技能）目标

1. 能够比较和分析不同市场类型的经济效率；
2. 能够运用博弈论相关知识分析现实生活中的决策。

●情感目标

1. 培养学生对市场经济运行规律的兴趣；
2. 培养学生运用市场理论分析并解决现实问题的经济思维。

经济与生活

微波炉市场的战争

在中国提到微波炉，就不能不想到格兰仕和美的两个品牌，中国微波炉市场的走势很大程度上由这两个品牌决定。在微波炉市场上，格兰仕素有"价格杀手"、"价格屠夫"的称号。通过多次降价，格兰仕不断抢占竞争对手的市场。格兰仕的绝对低价不仅令消费者趋之若鹜，同时又对竞争对手产生强大的威慑力，最终成就了它在世界微波炉市场上的霸主地位。

互联网消费调研中心 ZDC 数据显示，作为中国微波炉行业资历最深的品牌，格兰仕微波炉"物美价廉"获得极高的口碑，2009 年获得市场关注比例高达 52.7%，其他品牌难以望其项背。格兰仕领跑微波炉市场十数年，其积累的技术优势和口碑优势，短时间内都不会被人赶超。而美的虽然进入行业相对较晚，但仍在这一集中度相当高的市场杀出一片天空。2009 年美的微波炉获得的关注比例达到 32.3%。虽然与行业龙头格兰仕有 20.4% 的距离，但是已经牢牢把持住自己的市场份额，并且使中国微波炉行业当前双寡头垄断的格局牢不可破。（资料来源：万维家电网）

商场如战场。在市场环境中，虽不见硝烟弥漫、战火连天，但其中同样充满残酷的竞争，最终的强者将会在竞争中脱颖而出，成为市场的宠儿。

第一节　市场概述

企业的目的是获取利润最大化。而企业的利润主要取决于企业的收益和成本。由生产理论和成本理论可知，企业的成本是由生产中技术方面的因素决定的，企业的收益主要取决于市场上的消费者对企业产品的需求状况。而不同的市场类型中，消费者对企业产品的需求状况是不同的，所以我们需要先来了解市场。

一、市场

市场是指从事某一种商品买卖的交易场所或接触点。市场的形成必须有三个条件：一是有市场参与者，即市场主体，他们是参与商品交换的一群买者和卖者；二是有市场介质，即市场客体，他们是市场经济中表现社会经济联系的物质因素，包括商品、货币以及在交易中产生的有关商品数量、质量和价格等各方面信息的市场信号；三是市场关系，即市场主体与市场介质结合在一起，产生商品交换关系。市场可以是有形的买卖商品的场所，如菜市场；也可以是一个利用通讯工具进行商品交易的接触点，如股票市场。任何一种商品都对应着一个市场。

与市场紧密联系的一个概念是行业。行业是指在同一个商品市场上生产和提供产品的所有厂商的总体。在经济学中，同一种商品的市场和行业是相对应的。比如，汽车市场对应着汽车行业，纺织市场对应着纺织行业。同一种商品的市场和行业的类型是一致的。例如：完全竞争的市场对应的是完全竞争的行业，完全垄断的市场对应着完全垄断的行业。

在不同的市场条件下，需求存在着差异，价格的决定方式不同，企业的生产决策也会有所不同。经济学上通常把市场竞争性的强弱作为划分市场结构的标准。那么影响市场竞争性强弱的因素有哪些呢？这些因素构成了市场类型划分的重要依据。

【课堂互动 5-1】请找出现实经济中哪些行业对应的市场属于竞争性比较强、垄断性比较弱的?哪些行业对应的市场是竞争性比较弱而垄断性比较强的?

二、划分市场类型的因素

竞争性强弱的不同形成了不同的市场结构,我们根据以下四个因素来划分市场结构。

1. 市场上厂商的数量

厂商规模越大,市场上厂商数量越少,每个厂商的市场占有份额越大,市场控制程度越高,厂商对市场价格的影响程度越大,市场的垄断程度越高;反之,厂商规模越小,市场上厂商的数量越多,每个厂商的市场份额越少,市场的控制程度越高。

2. 产品差别程度

产品之间的差别是同一种产品在质量、品牌、式样、包装等方面的差别。消费者具有不同的偏好,因此,每种有差别的产品都能够以自己的特色吸引消费者,在消费者心目中形成自己的垄断地位。从这个意义上说,产品差别性越大,垄断性越强;产品差别性越小,垄断性越弱。

3. 单个厂商对市场价格的控制程度

单个厂商对价格的控制程度越强,市场的垄断性越强;反之,单个厂商对价格的控制程度越弱,市场的竞争性越强。

4. 厂商进入行业的难易程度

一个行业的进入门槛越低,厂商越容易进入,竞争就越激烈;反之,一个行业的进入门槛越高,厂商进入越困难,垄断性就越强。

三、四种基本市场类型的划分及特征

在划分市场结构的四个因素中,第一个因素和第二个因素是最基本的决定因素,第三个因素是前两个因素的必然结果,第四个因素是第一个因素的延伸。按照市场竞争性的强弱,经济学把市场分为四类:完全竞争市场、完全垄断市场、垄断竞争市场和寡头垄断市场。关于这四种市场类型的划分及其所显示的特征,我们用下表5-1来表示。

表5-1 四种市场类型的特征

市场类型	厂商数量	产品差别程度	对价格控制的程度	进入市场的难易程度	接近的商品市场
完全竞争市场	很多	无差别	没有	很容易	农产品
垄断竞争市场	很多	有差别	较小	比较容易	轻工业 零售业
寡头垄断市场	很少	有差别或无差别	较大	比较困难	汽车制造 石油开采
完全垄断市场	一家	不可替代	很大	不可能	公用事业 如供水供电

第二节 完全竞争市场

一、完全竞争市场的含义与条件

完全竞争市场是指一种竞争不受任何阻碍和干扰的市场结构,即一种不存在垄断和不受政府干预影响的市场结构。市场实现完全竞争,必须具备以下四个条件。

1. 市场上有许多生产者和消费者

由于市场上具有大量的生产者和消费者,所以,相对于整个市场的总供给量和总需求量来说,每个生产者和消费者所占的市场份额极小,无法通过自己的行为影响市场价格和市场的供求关系,因而每个主体都是市场价格的遵循者和接受者,而不是决定者。

2. 市场上的商品都是同质的或无差别的

这里的商品同质指厂商之间提供的商品是完全无差别的,它不仅指商品的质量、规格、品牌等完全相同,还包括购物环境和售后服务等也完全相同。在这种市场中,消费者购买任何一家厂商的产品都是一样的。单个厂商不能率先提价,否则他的商品就会卖不出去;同时他也无须率先降价,因为通常他总是可以按照既定的价格售出自己那份相对来说很少的一部分商品。厂商既不会单独提价,也不会单独降价,可见,完全竞争的第二个条件,进一步强化了在完全竞争市场上每一个生产者和消费者都是被动的既定市场价格接受者的说法。

3. 资源是可以完全自由流动的

资源可以完全自由地流动,这就意味着厂商可以完全自由地进入或退出一个行业。如果某个行业有利可图,则资源就流向该行业,即新的厂商进入该行业;反之,该行业发生亏损时则厂商退出该行业。在这样的过程中,任何缺乏效率的企业将被市场淘汰,取而代之的将是有效率的企业。任何一种资源都能够及时投向能够获得最大利润的生产,因此,所有资源得到了优化配置。

4. 市场信息是完全的和对称的

市场上每一个生产者和消费者都可以获得与自己的经济决策有关的完备的市场信息,双方不存在相互的欺骗。每个生产者和消费者可以根据自己掌握的完全信息,作出自己最优的经济决策,从而获取最大的经济利益。而且正是完全信息的条件,保证了完全竞争市场上同一种产品只能按照同一个价格水平进行出售。

符合以上四个假定条件的市场被称为完全竞争市场。经济学家指出,完全竞争市场是一个非个性化的市场。每个交易者都不具有自己的个性,在市场中无足轻重,相互之间意识不到竞争。因此,我们可以说,完全竞争市场中不存在现实经济生活中的那种真正意义上的竞争。

由以上分析可见,经济学理论中假设的完全竞争市场的条件是非常苛刻的。在现实经济中,真正符合以上四个条件的市场是不存在的。通常只是将一些农产品市场,如大米市场、小麦市场等,看成是比较接近完全竞争市场的。既然在现实经济中并不存在完全竞争市场,为什么还要建立完全竞争市场模型呢?西方经济学家认为,这是因为我们可以从对完全竞争市场模型的分析中,得到关于市场进行资源配置的一些基本原理。而且,完全竞争市场模型也可以对其他类型市场的经济效率分析起到一个参照物的作用。

【课堂互动 5-2】 观察某市场上的黄瓜价格,今天是3元一公斤,可是昨天还是2元5角一公斤呢。当黄瓜质量一定的时候,当一个摊主把黄瓜的价格定得便宜一点,他的黄瓜很快就会卖完;反之,当一个摊主把黄瓜的价格定得较贵时,他的黄瓜则很少有人问津。试分析,菜市场摊主最明智的定价策略应该是什么样的?

二、完全竞争市场的需求曲线和收益曲线

1. 完全竞争市场的需求曲线

完全竞争市场上的价格不是由单个市场主体所决定的,而是由整个行业的供给和需求共同决定的。因此,我们把需求曲线分为行业需求曲线和个别厂商需求曲线。

所谓行业的需求曲线是指市场对行业内所有厂商生产的同类产品的需求曲线。完全竞争行业的需求曲线 D 是一条向右下方倾斜的曲线。它表示市场对整个行业产品的需求量与价格成反方向的变动关系。行业供给曲线 S 是一条向右上方倾斜的曲线。对于整个行业来讲,其产品的价格是由整个行业的需求和供给来决定。图5-1中(a)图所示的两条曲线分别为完全竞争行业的需求曲线和供给曲线,共同决定了市场价格水平 P_0。

而厂商的需求曲线则是指单个厂商所面临的市场对其产品的需求曲线。根据完全竞争市场的严格假定条件,完全竞争市场上的单个厂商是价格的接受者。换句话说,单个厂商无法通过调整其产量(或销售量)来控制其向市场提供的产品的价格。在既定的市场价格下,厂商可以出售他想要出售的仅占整个市场很小份额的任意数量的产品。因此,单个厂商的需求曲线 d 就是由既定市场价格水平出发的一条水平的直线。更准确地说,完全竞争市场上单个厂商的需求曲线是由市场均衡价格决定的一条水平的直线,如图5-1中(b)图所示。水平的需求曲线意味着:厂商只能被动地接受给定的市场价格,且厂商既不会也没有必要和可能去改变这一价格水平。

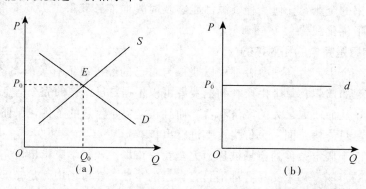

图 5-1 完全竞争市场的供求均衡和完全竞争厂商的需求曲线

【课堂互动 5-3】 在市场营销中,定价策略中有随行就市定价法,又称流行水准定价法,是以本行业的平均价格水平为标准的定价方法,是竞争导向定价方法中广为流行的一种。其原则是使本企业产品的价格与竞争产品的平均价格保持一致。试分析在完全竞争市场中,单个厂商采取这种定价策略的优势。

2. 完全竞争市场厂商的收益曲线

厂商的收益就是厂商的销售收入。厂商的收益可以分为总收益、平均收益和边际收益。

（1）总收益

总收益是指厂商按照一定的市场价格出售一定数量的产品时所获得的全部收入，即价格与销售量的乘积。总收益一般用 TR 来表示，以 P 来表示商品的市场价格，以 Q 来表示商品的销售量，则有：

$$TR = P \cdot Q \quad \text{公式 5-1}$$

由于在完全竞争市场中，厂商只能按照既定的价格销售商品，这样，随着厂商销售量的增加，总收益是不断增加的。但由于单位商品的市场价格是固定不变的，所以，总收益曲线是一条从原点出发的斜率不变的直线，如图 5-2 中（a）图所示。

（2）平均收益

平均收益是厂商平均销售一单位商品所得到的收入。由于所有的厂商都是既定市场价格的接受者，均是按照既定的市场价格来出售产品的，所以，每单位产品的售价也就是每单位产品的平均收益，并且等于价格。平均收益一般用 AR 来表示，则有：

$$AR = TR/Q = (P \cdot Q)/Q = P \quad \text{公式 5-2}$$

（3）边际收益

边际收益是指厂商每增加一单位商品销售所获得的收入增量。在完全竞争市场上，商品价格既定时，边际收益等于单位商品的价格，同时等于平均收益。边际收益一般用 MR 来表示，则有：

$$MR = \Delta TR/\Delta Q = P = AR \quad \text{公式 5-3}$$

在完全竞争市场结构中，单个厂商的需求曲线、平均收益曲线、边际收益曲线是同一条线，如 5-2 中（b）图所示，而且这条需求曲线的价格弹性是完全富有弹性的，即在市场价格既定时，对个别厂商产品的需求是无限的。

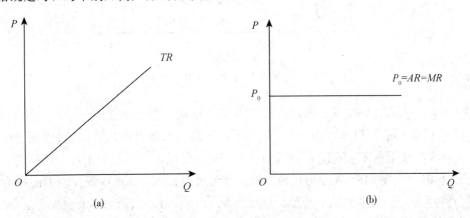

图 5-2 完全竞争厂商的收益曲线

在完全竞争市场上，任何一个厂商是无力影响市场价格的。它可以按照既定的市场价格出售其愿意销售的任何数量的产品，但厂商同时还要受到成本曲线的约束。那么，以利润最大化为目标的厂商该如何选择产量呢？

在不同的期间里，厂商的选择是不同的。经济学分长期和短期两种情况来讨论厂商的选择。在短期，企业不可能进入或退出该行业，所以市场中现行企业数目是给定的，同时，企业不能改变资本（厂房设备）的数量，即生产能力一定，所以只有通过增加劳动力、提高劳动技能和强度等手段来充分利用现有生产能力以提高产量。只有在长期，企业才有足够的时间来实施进入或退出某一个行业的决策以及增减厂房设备以变动生产能力的决策。下面，我们分别讨论短期和长期两种情况下厂商的产量选择。

三、完全竞争市场厂商的短期均衡

我们知道，在短期中，生产厂商不能调整全部生产要素，只能在既定的生产规模下通过调整可变生产要素来调整其产销量来实现利润最大化的目标。所谓厂商短期均衡，就是指厂商在短期内实现利润最大化的状态。

在短期，厂商不能调整不变要素投入（即不能调整企业规模），但可以根据市场需求通过调整可变要素的投入以调整产销量。厂商按照 $MR=MC$ 的利润最大化（亏损最小化）原则决定其产量。我们用图 5-3 来寻找厂商实现利润最大化的均衡点。图中是某完全竞争厂商的一条边际成本曲线和一条由既定价格水平 P_E 出发的需求曲线 d，这两条曲线交于 E 点，则 E 点满足 $MR=MC$，是厂商实现最大利润的生产均衡点。

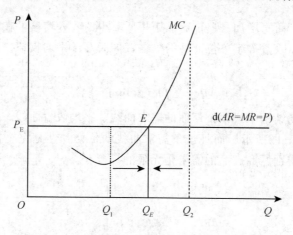

图 5-3 利润最大化

为什么在 E 点能够实现利润最大化（亏损最小化）呢？这是因为：当产量小于均衡产量 Q_E，例如产量为 Q_1 时，则有 $MR>MC$，增加投入量可增加利润，如图中指向右方的箭头所示，只要 $MR>MC$，厂商就会增加产量。相反，当产量大于均衡产量 Q_E，例如产量为 Q_2 时，则在 $MR<MC$ 时，减少投入量可增加利润，如图中指向左方的箭头所示，只要 $MR<MC$，厂商就会减少产量。只有当 $MR=MC$ 时，无论怎样调整投入量，总利润都只会减少而不会增加。因此，只有 $MR=MC$，厂商才能够实现利润最大化（亏损最小化）。这是一个普遍的规律。完全竞争市场是这样；不完全竞争市场也是这样；短期均衡是这样，长期均衡也是这样。

在完全竞争市场中，市场供给和市场需求相互作用形成的市场价格，可能高于、等于或者是低于厂商的平均成本。因此，在短期中，厂商出售商品可能处于盈利、盈亏平衡或者是亏损等不同状态。如图5-4所示，厂商的短期均衡不外乎有五种情况：厂商获得超额利润、获得正常利润、亏损但继续生产、亏损且处于生产与不生产的临界点以及亏损并停止经营。

我们自己分析可以发现，当市场价格分别为 P_1、P_2、P_3、P_4 和 P_5 时，厂商会根据 $MR=SMC$ 的原则，选择的最优产量顺次为 Q_1、Q_2、Q_3、Q_4 和 Q_5，均衡点分别 E_1、E_2、E_3、E_4 和 E_5。我们分别来看这五个均衡状态。

（1）在 E_1 点，价格大于平均总成本，企业会获得利润。

（2）在 E_2 点，价格等于平均总成本，企业的利润为零，企业既无利润又无亏损，所以该均衡点被称为企业的收支相抵点。

（3）在 E_3 点，价格小于平均总成本，企业是亏损的，但是企业的平均收益大于平均可变成本，这个时候企业仍然会选择生产。这是因为，企业的全部收益弥补全部可变成本以后还有剩余，这样，短期固定成本的一部分也可以得到补偿。不生产的话，固定成本一点都得不到补偿。所以，生产比不生产好。

（4）在 E_4 点，价格等于平均可变成本，企业可以继续生产，也可以不生产，其结果都是一样的。这是因为，如果企业生产的话，全部的可变成本可以得到弥补，固定成本得不到任何的弥补；如果企业不生产的话，企业虽然不必支付可变成本，但是全部固定成本仍然存在。所以该均衡点也被称为停止营业点。

（5）在 E_5 点，价格小于平均可变成本，企业将停止生产。因为，企业如果继续生产，则其全部收益连可变成本都无法全部弥补，更谈不上固定成本的弥补了。而企业一旦停止生产，可变成本就降为零。所以，企业会选择停止生产。

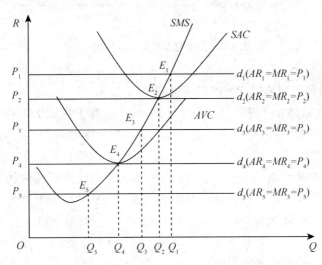

图 5-4 完全竞争厂商的短期均衡

【课堂互动5-4】米兰是某航空公司的股东，她坐自己公司的飞机时发现200个座位的机舱内也就只有40人左右。米兰浪为公司前途担忧。她的经济学家朋友查尔斯告诉米兰不用担心，她的公司仍在运营，说明票价肯定高于等于平均可变成本。尽管乘客不多,但是这些乘客带来的收益大于等于汽油及其他可变成本的支出,就可以继续运营。你能理解查尔斯的解释吗?

四、完全竞争市场厂商的长期均衡

1. 完全竞争市场厂商实现长期均衡的含义

在长期中,各厂商都可以根据市场价格和供求关系来调整其所有的生产要素,即改变生产规模,这样,厂商可以实现相对于短期均衡来说更大的利润。同时,各厂商在长期还可以自由进入或退出该行业,这会使得厂商的超额利润或者亏损状态没有办法得到维持。所谓完全竞争市场厂商的长期均衡,是指在完全竞争市场结构中,整个行业实现供求均衡,各厂商的经济利润为零的一种状态,如图5-5所示。

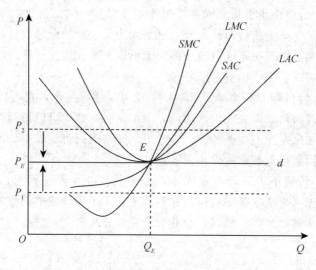

图5-5 完全竞争厂商的长期均衡

2. 完全竞争市场厂商长期均衡的形成机制

我们以小麦市场为例,最初,在小麦市场上,产量供给小于需求,小麦价格很高,各厂商根据 $MR=MC$ 利润最大化原则确定产量,将会有超额利润产生,超额利润会吸引某些厂商进入小麦行业,从事小麦的生产和销售,于是在市场上小麦的供给增加,价格逐渐下降。各厂商根据 $MR=MC$ 利润最大化原则重新确定产量,其经济利润将会不断减少,当价格下降到一定程度后,厂商将会发生经济亏损,于是又会有很多厂商退出小麦市场,从而小麦市场上的供给逐渐减少,价格将会逐渐回升,厂商的亏损又会逐渐减少。市场价格最终会停留在整个行业长期平均成本的最低点,这就是市场的长期均衡状态,在这个均衡点上,产品的价格等于长期平均成本,各厂商的经济利润为零。当行业既无超额利润,又无亏损时,厂商不会再进入或退出小麦行业,整个小麦行业的供求均衡,各个厂商的产量也不再调整,于是就实现了长期均衡。

因此,在这里,我们可以总结一下完全竞争市场长期均衡的条件为:$MR=LMC=LAC=SMC=SAC$,其中 $MR=AR=P$。

虽然就整个行业来说,无经济利润,但个别生产效率高、平均成本低的企业仍然会有经济利润。例如，小麦的市场价格是2.00元/千克，如果某一个小麦生产者的成本是2.3元/千克，那么由于成本过高，其就会发生亏损，只有退出这个行业了。如果某一个小麦生产者的成本是1.8元/千克，那么该生产者还会有0.2元/千克的经济利润。所以，单个厂商总会努力地去提高自己的生产率，把自己的成本降到行业平均成本之下，来获取经济利润。当所有的生产者都这么做的时候，整个行业的成本就会降低了，市场均衡价格也会降低，这就是完全竞争带来的好处。

【课堂互动5-5】 我国纺织服装业已类似于完全竞争行业，行业内中小公司较多，这些公司大多依赖比较成本优势，集中在产业链低端。世界金融危机使得国外需求大幅放缓，很多企业将面临倒闭的风险，而在技术、管理、品牌、营销、渠道等软实力上具有核心竞争力的企业将最终胜出。请分析我国纺织服装企业如何发展才能更加有竞争力。

第三节　完全垄断市场

一、完全垄断市场的含义及条件

1. 完全垄断市场的含义和特点

完全垄断市场，是指整个行业的市场完全处于一家厂商控制的市场结构。换句话说，在完全垄断市场上，一个企业就是一个行业，一个行业就是一个企业。例如，在某一个小镇上，只有一家加油站。那么，在这个小镇上，这个加油站就是完全垄断厂商，这个小镇上的加油站市场就是一个完全垄断市场。完全垄断市场一般具有以下特点。

(1) 在完全垄断市场上只有一家厂商，即这一个厂商控制了整个行业，是价格的制定者，完全可以按照自己的愿望进行生产经营决策。

(2) 厂商提供的产量不存在任何相近的替代品。否则，其他厂商可以生产替代品来代替垄断厂商的产品，完全垄断厂商就不可能成为市场上唯一的供给者。因此，消费者无其他选择。

(3) 其他任何厂商进入该行业都极为困难或不可能，要素资源难以流动。完全垄断市场上存在进入障碍，其他厂商难以进入市场参与竞争。

完全垄断市场和完全竞争市场一样，都只是一种理论假设。现实生活中，绝大多数产品都具有不同程度的替代性。

2. 完全垄断市场的形成

完全垄断厂商之所以能够成为某种产品的唯一供给者，是由于该厂商控制了这种产品的供给，使得其他厂商不能进入该市场并生产同种产品。导致完全垄断的原因一般有以下几个方面。

(1) 政府特许

出于社会公共福利和社会经济效率的原因，政府对邮政、供电、供水、供气、公共交通等公用事业特许一家企业进行独断经营；任何未经政府特许的其他厂商进入该市场都将受到起诉，执照特权使某行业内现有厂商免受竞争，从而具有垄断的特点。政府给予企业特许权的前提是，企业同意政府对其经营活动进行管理和控制。

例如，中国邮政服务系统就具有垄断地位。不管需要传递多少信件，一个邮局必须配备足够的邮递员每天挨家挨户收发信件。如果是两个邮局，则每个邮局都需要配备同等数量的邮递员来完成收发信件的工作。这样就增加了成本，最终抬升了邮寄信件的价格，使公众的利益受损。因此，政府就用法律的形式禁止其他公司提供普通信件的邮寄服务。

（2）控制了关键生产资源的来源

如果一家厂商控制了用于生产某种产品的全部资源或基本资源的供给，其他厂商就不能生产这种产品，这家厂商从而成为一个垄断者。经典的例子就是南非的钻石公司戴比尔斯，他控制了世界钻石生产的80%左右，虽然不是百分之百，但也大到足以掌控世界钻石的价格。当然，由于现实经济如此纷繁，资源往往由许多人所共有，像这种独自享有某种资源的企业并不很多。

（3）法律的特别限制

专利权、版权等知识产权是政府和法律允许的一种垄断形式。专利权是为促进发明创造，发展新产品和新技术，而以法律的形式赋予发明人的一种权利。专利权禁止其他厂商生产某种产品或使用某项技术，除非得到发明人的许可。一家厂商可能因为拥有专利权而成为某种商品的垄断者。不过专利权带来的垄断地位是暂时的，因为专利权有法律时效。在我国专利权的法律时效为15年，美国为17年。

（4）规模经济派生自然垄断

一个企业能以低于两个或者更多企业的成本为整个市场提供一种物品或劳务，也称自然垄断。如供水、电力、煤气、热力供应、电信、铁路、航空等。

自然垄断的一个例子是供水，为了向镇上居民供水，企业必须铺设遍及全镇的水管网，即投入很大一笔固定成本。起初是一家供水企业，那么增加一吨水的销售量，就会进一步降低供水的单位成本。如果有新进入者要争夺这个市场，就必须以比原来这个市场上的价格更低的价格来吸引消费者。原来的厂商将压低供水的价格以留住原来的客户。在这场价格战中，原来的供水企业有一个很强的优势，他的单位成本已经比新进入者的单位成本要低，因此，最后胜出的肯定是最先进入的厂商。每个新进入者都会预计到这样的结果，就会远离这个市场。这样，最先进入的供水企业就以规模经济的优势独占了整个小镇市场。

二、完全垄断市场的需求曲线和收益曲线

完全垄断厂商在市场上没有竞争者，他是某种商品的唯一提供者。那么完全垄断厂商会不会漫天要价呢？这是可以控制的，因为垄断厂商漫天要价会引起公众用货币投票，减少购买量，同时政府也会对垄断厂商的价格进行干预。

【课堂互动5-6】每年的春运高峰，由于人们对于乘坐火车回家过年的需求旺盛，"铁老大"必然会提高火车票的价格。是不是无限制地提高火车票的价格呢？比如把原价100元一张的火车票提高到200元一张，400元一张？

在垄断市场上，一家厂商就是整个行业，因此，整个行业的需求曲线也就是这一家厂商的需求曲线。市场需求一般遵循"价格低，需求量大；价格高，需求量少；价格与需求

量呈反方向变动"的需求规律。因此,垄断厂商所面对的需求曲线是一条向右下方倾斜的曲线。每一单位产品的售价就是它的平均收益,也就是它的价格,即 $AR=P$。所以,垄断厂商的需求曲线和平均收益曲线是重合的。当垄断厂商增加产量时,市场上产品的价格就会下降,边际收益减少,从而使边际收益小于平均收益,即边际收益曲线在平均收益曲线的下方,如图5-6中的(a)图所示。根据边际收益与总收益的关系,我们可以推导出总收益曲线的形状,如图5-6中的(b)图所示。

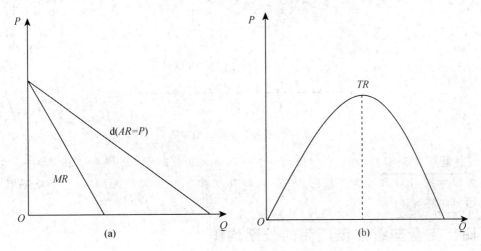

图 5-6 垄断厂商的需求曲线与收益曲线

三、完全垄断市场厂商的短期均衡

同完全竞争厂商一样,垄断厂商生产的目的也是利润最大化。在短期中,与完全竞争厂商在既定价格下实现利润最大化的产量调整(或者可变要素投入调整)不同,垄断厂商是通过对产量和价格的同时调整来实现利润最大化原则。垄断厂商虽然能够调整产量和价格以实现利润最大化。但短期中,厂商同样只能在既定的规模下生产。

为了实现利润最大化,首先垄断厂商应该根据 $MR=SMC$ 时的产出水平来进行生产,其次根据这个产出水平对照需求曲线找出垄断厂商的最高价格,最后以此价格向所有的消费者出售该商品。如图5-7所示,垄断厂商所面临的是一条向右下方倾斜的需求曲线 d,我们可以得到相应的边际收益曲线 MR 和平均收益曲线 AR。平均收益曲线就是厂商所面临的需求曲线,边际收益曲线低于平均收益曲线。垄断厂商按照 $MR=SMC$ 的利润最大化原则确定产量 OE,然后按照既定产量 OE 在需求曲线上对应的最高价格 P_E 向消费者收取。

在短期中,垄断厂商难以根据市场需求的变化来进行生产规模的调整,只能在既定的生产规模下通过对产量和价格的调整来实现利润最大化。因此,垄断厂商并不总是能够获得利润,也可能是亏损的,亏损最小。与完全竞争厂商一样,在亏损的情况下,只要市场价格高于短期平均可变成本,垄断厂商就会继续生产。因此,完全垄断厂商短期均衡的获利情况大体上有三种:存在超额利润、获取正常利润和亏损最小。图5-7正是垄断厂商获取利润的情形,利润大小为图中阴影面积。

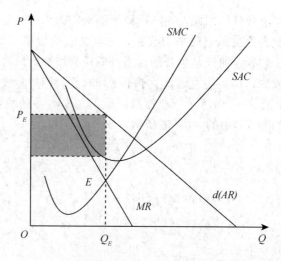

图 5-7 垄断厂商的短期均衡

【课堂互动 5-7】 在东北财经大学有一副对联很有意思,上联是"没有竞争,不知成本为何物",下联是"有了竞争,不知成本有何用",横批是"无为有为"。这副对联充满谜团,你能解释吗?

四、完全垄断市场厂商的长期均衡

在长期中,由于在垄断市场上只有一家厂商,没有竞争对手,垄断厂商有能力、也有条件通过对生产规模的调整把价格和产量调整到最有利于自己的位置上,从而实现利润最大化。垄断行业的长期均衡并不以利润消失为标志。如果完全垄断厂商短期中获得超额利润,长期中只要需求状况不发生变化,厂商可以获取更多的利润。

完全垄断厂商短期有三种状态,因此,在长期厂商的调整过程分别从这三种状态开始。短期中盈利的厂商通过规模调整,在长期中获得更多超额利润;短期中亏损的厂商通过规模调整,在长期中扭转亏损,甚至获得利润;短期中亏损的厂商通过规模调整,仍不能扭转亏损局面,则厂商会退出生产。本书以第一种情况为例,分析完全垄断厂商的长期均衡。

图 5-8 即为完全垄断厂商的长期均衡图。假定完全垄断厂商最初的生产规模为 SAC_1 所代表的生产规模,短期均衡时的产量所获取的利润为 Q_1,利润如图中较小的阴影部分所示。在长期,由于完全垄断厂商可以实现生产规模的调整,根据长期均衡的条件 $MR=LMC$,厂商把产量确定在 Q_2,厂商由 SAC_1 所代表的生产规模调整到由 SAC_2 所代表的生产规模。厂商实现的利润如图中较大的阴影部分所示。可见,在长期,厂商可以获取比短期均衡更大的利润。在这里,我们可以总结一下完全垄断厂商的长期均衡条件:$MR=LMC=SMC$。

五、垄断厂商的歧视定价与垄断利润

在完全垄断市场上,垄断厂商实现利润最大化的关键是确定一个合理的价格。垄断企业主要是通过调整产量来决定价格,其既可以通过减少产量抬高价格,也可以通过增加产量压低价格。这种在市场上采取统一价格的做法又称单一定价。在完全垄断市场上,垄断厂商还可以通过实行歧视定价来获取垄断利润。

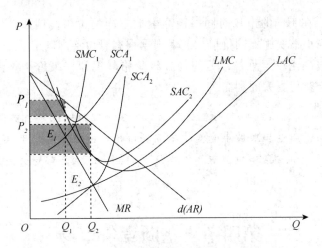

图 5-8　完全垄断市场厂商的长期均衡

所谓歧视定价，是指在同一时间对同一种产品向不同的购买者索取不同的价格。例如电力部门的垄断厂商向所有用户收取相同的价格就是单一定价。如果电力部门向工业用户收取高价，向居民用户收取低价，同样的一度电就有两种不同的价格。这就是歧视定价。那么，垄断厂商实行价格歧视的条件主要有以下几种。

第一，各个市场对同种产品的需求弹性是不同的。这时，垄断厂商就可以针对需求弹性不同的市场实行不同的价格，对需求富有弹性的消费者收取低价，而对需求缺乏弹性的消费者收取高价。需求富有弹性的消费者在低价时会增加需求量，总收益增加；需求缺乏弹性的消费者在高价时不会减少需求量，总收益也增加。这样总利润就增加了。

第二，市场存在着不完善。所谓市场不完善，主要表现为市场存在垄断，不存在竞争，市场信息不畅通，或由于其他原因使市场分割，这样垄断者就可以实行价格歧视。

第三，能够有效地把不同市场或市场的各个部分分开。如果垄断厂商不能有效分开其商品市场，消费者就会到价格低的市场去购买商品，歧视定价无法实行。同时也排除了中间商在低价处买进，转手又在高价处卖出而从中获利的情况。

歧视定价可以帮助垄断厂商实现更大的利润。其基本原则是对需求富有弹性的消费者收取低价，而对需求缺乏弹性的消费者收取高价。一般来说，价格歧视主要有以下三种类型。

1．一级价格歧视

又称完全价格歧视，就是垄断厂商了解每一位消费者购买每一单位商品愿意付出的最高价格，并据此确定每单位商品的价格。在这种情况下，每一单位商品都有不同的价格。典型事例就是发达国家的自由职业者，如律师、医生等，一般根据当事人的经济状况收取不同的服务费。

2．二级价格歧视

就是垄断厂商把商品购买量分成不同的等级，对不同等级的购买者索取不同的价格。这种价格差别多发生在供电、煤气等公共事业部门。例如居民月用电量在200度以内时实行一种价格，月用电量超过200度的，超出部分实行每度优惠0.1元。

3．三级价格歧视

就是垄断厂商对不同市场的不同消费者实行不同的价格。假定某垄断厂商将商品分成

A 和 B 两个市场，在不同的市场对同一商品索取不同的价格。例如，公交公司针对乘客年龄不同对老人、小孩实施不同价格，或者根据乘客身份不同制定学生票和普通票。在现实中，一级价格歧视比较罕见，常见的是二级价格歧视和三级价格歧视。与单一定价相比，歧视定价将会获得更大的利润。

【课堂互动5-8】 请判断下列差别定价属于歧视定价中的哪种类型？

电力公司对工业用电和居民用电实施不同的价格；通信公司对于话费量大小不同的客户实行差别收费；出口商品和内销商品价格是不同的；航空公司对公差乘客和私人乘客收取不同票价。

第四节 垄断竞争市场

完全竞争市场和完全垄断市场是市场结构的两个极端，在现实生活中，大多数的商品市场属于垄断竞争市场和寡头垄断市场，这两类市场处于两种极端市场之间，厂商的数目大于一个，但是达不到完全竞争市场的厂商数目。本节将重点分析垄断竞争市场。

一、垄断竞争市场的含义与特征

所谓垄断竞争市场，是既存在竞争又存在垄断的市场结构。在该市场上，有许多厂商生产和销售有差别的同种产品，它是现实经济生活中最普遍的市场组织之一。垄断竞争市场的主要特征如下。

1. 市场上有众多的消费者和厂商

每个厂商所占的市场份额较小，彼此之间存在着较为激烈的竞争。由于每个厂商都认为自己的产量在整个市场中只占有一个很小的比例，因而厂商会认为自己改变产量和价格，不会招致其竞争对手们相应的行动报复。

2. 产品之间有差别和较高的替代性

厂商生产的产品之间存在着差别，同时也有很大的替代性。而这种差别的存在是垄断竞争形成的基本条件。产品的差别包括产品本身的差别，比如说同一产品在价格、外观、性能、质量、颜色等方面的差别，还包括产品销售服务条件等方面的差别，以及以消费者想象为基础的任何虚构的差别。正是由于这些差别的存在，使得企业对自己产品的垄断成为可能，产品差别越大，厂商的垄断程度也就越高，但产品替代性又促使市场上同类产品之间激烈竞争。

3. 厂商进入或退出市场比较容易

厂商进入或退出一个行业是自由的，资源流动性较强。在垄断竞争市场中，由于厂商的生产规模相对于垄断和寡头厂商的生产规模要小得多，厂商进入或退出该产品市场比较容易。从长期来看，垄断竞争市场的超额利润将不复存在。

在现实生活中，垄断竞争市场比较常见。如洗发水、服装、布料等日用品市场，餐馆、旅馆、商店等服务业市场，牛奶、饮料、火腿、方便面等食品类市场等大都属于此类。

【课堂互动5-9】 当问及百事可乐的成功秘诀,记者得到的回答是:"我们找到了一个优秀对手,那就是可口可乐!"以可口可乐为镜,百事可乐成长迅速,他们的策略是:"永远比可口可乐在容量上多一点,永远陈列在可口可乐的旁边并努力比它多一些陈列空间,永远比可口可乐低5分钱……"请分析可乐市场中百事的竞争策略。

二、垄断竞争厂商面临的市场需求曲线和收益曲线

由于垄断竞争厂商之间存在产品的差异性,所以厂商对产品价格具有一定的影响力。垄断竞争厂商提高产品价格,自然会减少一些顾客,但不会失去全部顾客。也就是说,垄断竞争市场的需求价格弹性小于完全竞争市场的需求价格弹性。因此,它的需求曲线不会像完全竞争市场那样是一条水平线,而是一条向右下方倾斜的需求曲线。

由于存在产品替代性,垄断竞争厂商对产品价格的影响力比垄断企业要小得多,垄断竞争厂商降低产品价格,会增加一些顾客,但不至于把其他厂商的顾客全部吸引过来。这就是说,垄断竞争厂商的需求价格弹性比完全垄断市场的需求价格弹性大。因此,垄断竞争厂商的需求曲线比完全垄断厂商的需求曲线平缓。

事实上,垄断性质决定了垄断竞争厂商的需求曲线向右下方倾斜,而竞争性质决定了垄断竞争厂商的需求曲线的相对平坦。需求曲线也表明了厂商在每一销售量上的平均收益,因此平均收益曲线与需求曲线是重合的。同时,需求曲线也相应地决定了其边际收益曲线和总收益曲线。它们均与垄断厂商的收益曲线具有类似特征。

【课堂互动5-10】 有些教科书在分析垄断竞争厂商的需求曲线性时,还区分了厂商的主观需求曲线和实际需求曲线,即 d 需求曲线和 D 需求曲线。由于分析相对复杂,并且分析二者对于我们理解垄断竞争市场的特征意义不大,因此本文从略,有兴趣的读者可参阅相关书籍。

三、垄断竞争厂商的短期均衡

在短期,垄断竞争的企业对生产要素的调整只能限于可变投入,因而厂商面对的成本是短期成本。从整个行业来看,没有企业进入和退出,行业内企业数目既定。在短期,该厂商可以通过不断降低价格,增加销售量,以获取更多的利润。

与其他厂商一样,垄断竞争厂商会按照 $MR=SMC$ 的利润最大化原则确定产量。垄断竞争厂商的短期均衡如图5-9所示,垄断竞争企业所面临的是一条向右下方倾斜的需求曲线,我们可以得到相应的边际收益曲线和平均收益曲线。平均收益曲线就是厂商所面临的需求曲线,边际收益曲线低于平均收益曲线。垄断竞争厂商按照 $MR=SMC$ 的利润最大化原则确定产量 O_E 和价格 P_E。此时,厂商便实现了短期均衡,并获取了利润,其利润量相当于图中的阴影面积。

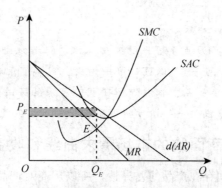

图 5-9 垄断竞争厂商的短期均衡

对于短期均衡，依据均衡时平均成本和价格之间的关系，垄断竞争市场如同完全垄断市场一样，也会出现有超额利润、收支相抵、最小亏损三种情况。图 5-9 正是垄断竞争厂商获取超额利润的情形。

四、垄断竞争厂商的长期均衡

在长期，垄断竞争厂商不仅可以调整生产规模，而且可以进入或退出行业。这就意味着，生产有差别产品的厂商在长期并不能维护自己的垄断地位。因为当某种产品有经济利润的时候，其他厂商就会进入这个行业，或者模仿其特色，或者创造出自己的特色，从而形成激烈的竞争。竞争的结果会使得价格逐渐降低，最终等于平均成本，行业内所有厂商的经济利润为零。

垄断竞争市场的长期均衡实现，如同完全竞争市场一样，也是通过个别厂商生产规模的不断调整以及厂商加入或退出某一行业，最终实现长期均衡。其长期均衡条件是：$MR = LMC = SMC$，$AR = LAC = SAC$。垄断竞争厂商的长期均衡点肯定是厂商需求曲线与 LAC 曲线的切点。如图 5-9 中的 E 点即为长期均衡点。当垄断竞争市场实现了长期均衡时，各个厂商就能获得正常利润，即超额利润等于零。

【课堂互动 5-11】某生产蜂蜜的厂商生产了一种有特色的蜂蜜，由于该种蜂蜜由天山黑蜂所采集，拥有纯天然的味道，具有排毒养颜、清理肠胃等功效，吸引了大量爱好喝蜂蜜的顾客。该厂商因此可以收取高价格，获取经济利润。请分析，在长期中该厂商是否能够永久地保持其竞争优势？

综上所述，在垄断竞争市场条件下，短期中厂商可以获得正的或者是负的经济利润。但是在长期中，和完全竞争市场一样，自由进入和退出会使得每个厂商的经济利润为零。也可以这么说，在短期中，厂商可以运用价格手段实现利润最大化，但是在长期中，厂商主要依靠非价格手段，实现利润最大化。

第五节 寡头垄断市场

在以完全竞争为特征的行业中,有足够多的厂商,以至于每家厂商都假定其行为对竞争对手没有影响。但是在许多被称为寡头垄断的行业中,厂商的数目如此之少,每家厂商都关注着竞争对手的任何行为,并随时作出反应。一方面希望战胜对手,一方面又知道,如果与其他寡头垄断厂商为减少产量而进行合作,他就可以从较高的行业利润中分得一份,所以他总是左右为难。

一、寡头垄断市场的含义与特点

1. 寡头垄断市场的含义

寡头垄断市场,是指少数几个大型厂商控制某种产品供给的绝大部分乃至整个市场的一种市场结构。例如,中国移动公司、中国联通公司和中国电信公司控制着中国的电信市场,这样中国的电信市场就是一个典型的寡头垄断市场。

寡头垄断市场可以按照不同的标准进行分类。比如,按照产品是否存在差别,可以分为纯粹寡头和差别寡头。纯粹寡头是指厂商所生产的产品是无差别的,或者说产品完全一样。钢铁、石油、水泥等行业,都容易产生纯粹寡头。例如,美国20世纪70年代的钢铁产业中的产量是由美国钢铁公司、国民钢铁公司、伯利恒钢铁公司、共和钢铁公司这四大公司所控制。差别寡头是指厂商生产的是有差别的同类产品。汽车、冰箱、造船等行业,都容易产生差别寡头。例如,美国的通用汽车公司、福特汽车公司、克莱斯勒汽车公司这三家公司就是美国轿车产业的三大差别寡头厂商。再如,按厂商之间是否存在勾结,寡头垄断厂商还可以分为有勾结行为的寡头(也称为合作的寡头)和独立行为的寡头(也称为不合作的寡头)。

2. 寡头垄断市场的特点

寡头垄断市场在当代经济生活中占有十分重要的地位,它是一种普遍存在的市场结构。一般来说,寡头垄断市场有以下特点。

(1) 在寡头市场上,一个行业由少数几家大型厂商所控制。这些厂商在一定程度上控制着产品价格和绝大部分的市场份额。

(2) 寡头厂商之间的决策相互依存。由于一个行业中能处于寡头垄断地位的厂商为数很少,以致一家厂商的价格和产量变动都会明显地影响到本行业其他竞争厂商的销售量。因此,每一个厂商必须根据同行业中其他厂商的决策来制定自己的决策。同时,也必须考虑自己的决策对竞争对手可能产生的影响。

【课堂互动5-12】 美国轿车市场60%的市场份额都是由三大汽车生产商通用汽车公司、福特汽车公司、克莱斯勒汽车公司来提供的。如果通用公司想通过降价来增加产量,请分析福特和克莱斯勒两家公司的反应。

(3) 产量、价格决定的不确定性。由于寡头垄断厂商的行为相互影响、相互依存,任何一家厂商在制定自己的价格和产量决策时,都极少能够确定其他竞争者会做出怎样的反应。因此,处于寡头垄断地位的厂的产量、价格决定的后果,具有很大的不确定性。

(4)厂商进出行业比较困难。一种可能性是由于这些寡头垄断行业存在规模经济,使得大规模生产占有强大的成本优势和产量优势,其他厂商进入需要比较大的规模、雄厚的技术和资金能力。这是一般中小规模的厂商难以具备的,因此,中小厂商在这个行业一般难以生存,最终会形成几个厂商竞争的局面。另外一种可能性则直接是由于政府的产业政策所致,厂商数目比较固定。

二、寡头垄断厂商的均衡

由于寡头垄断市场中寡头厂商之间相互影响、相互依存的关系,寡头厂商的均衡价格和均衡产量的决定具有以下特点。

第一,我们很难对产量与价格决定作出像前三种市场那样确切而肯定的答案。这是因为,各个厂商在作出价格与产量决策时,都要考虑到竞争对手的反应,而竞争对手的反应可能是多种多样的,很难准确预测到。

第二,价格和产量一旦确定以后就有其相对稳定性。这就是说,由于难以摸清竞争对手的行为,一般厂商不会轻易变动已经存在的价格和产量均衡。

第三,寡头厂商之间的相互依存性使得他们之间更容易形成某种形式的勾结。当然这种勾结并不会取代竞争,而只是种暂时的勾结。

在寡头垄断市场上,寡头厂商在对待其他厂商时,一般有两种选择,即串谋和竞争。串谋就是指寡头厂商由于相互依赖性有可能相互勾结、相互协商,形成一个类似垄断厂商那样的整体。当寡头垄断市场中各厂商通过明确正式的协议来协调其各自的产量和产品的价格时,就形成了卡特尔。如果一个卡特尔能够根据利润最大化的原则确定整个市场的产量和价格时,这个卡特尔就类似于完全垄断市场的垄断者。在现实的经济生活中,卡特尔能够根据利润最大化的原则确定整个市场的产量和价格。卡特尔由于内部难以协调等因素的影响往往是不稳定的。另外,一些寡头厂商可能不像卡特尔那样正式和公开,甚至也没有私下的协议,而仅仅是一种默契或是一些共同遵守的游戏规则,这是隐蔽的串谋。此外,垄断寡头又同其他同行相互竞争。因此,寡头垄断市场有两种类型,即串谋的寡头垄断市场和竞争的寡头垄断市场。我们分别就这两种市场来分析一下均衡产量的决定。

1. 串谋寡头市场均衡产量的决定

在各寡头垄断厂商串谋时,产量由各寡头厂商之间协商确定。而协商确定的结果对谁有利,则取决于各个寡头实力的大小。这种勾结可能是对产量的限制,也可能是对销售市场的瓜分。但是这往往是暂时的,当各寡头实力发生变化后,就会重新要求确定产量和市场,从而引起激烈的竞争。

2. 竞争寡头市场均衡产量的决定

在寡头垄断厂商竞争过程中,各寡头垄断根据其他寡头的产量决策来调整自己的产量,以达到利润最大化的目的。由于这种产量决定取决于其他寡头的决策情况,因而存在很大的不确定性,很难从理论上作出一个确切地说明。为了确定寡头垄断市场的均衡产量和均衡价格,经济学家们曾经提出了各种解释寡头垄断市场上均衡价格和均衡产量决定的模型或理论。寡头模型有两种,一种是传统模型,另一种是博弈论模型。传统模型主要有：古诺模型、斯威齐模型等。

总的来说，传统理论难以帮助我们对寡头市场上的均衡价格与均衡产量的决定进行有效地分析，而且有些假设条件不现实，与现实相差太远。传统理论的缺陷的存在，便以博弈论为基础的现代寡头理论得以发展形成。"博弈论"原本是数学的一个分支，但由于它较好地解决了寡头竞争问题，已经成为经济学中一个崭新的研究领域。下面我们简单介绍一下博弈论。

三、博弈论

我们已经知道，在寡头垄断市场上，寡头厂商们之间的行为是相互影响的。每一个厂商在决定采取某一策略之前必须对其他厂商可能的反应作出自己的估计，然后在考虑到其他厂商反应方式的前提下，再采取最有利于自己的行动。每一个厂商都是这样思考和行动的，他们之间的关系就如同博弈（下棋）一样。

博弈论，亦称对策论，是描述和研究行为者之间策略相互依存和相互作用的一种决策理论。博弈论充分体现了纳什的均衡思想，是一门研究参与者在相互作用的游戏中如何选择自己最优的策略来实现自己最大利益的科学。博弈被应用于政治、外交、军事、经济等研究领域。自20世纪80年代以来，博弈论在经济学中得到了更广泛的运用，对寡头理论、信息经济学等方面的发展做出了重要的贡献。

1. 博弈的基本要素

任何一个博弈都有三个基本要素：参与者、策略和支付。在每一个博弈中，都至少要有两个参与者，每一个参与者都有一组可选择的策略。博弈的结局是每个参与者都得到各自的报酬，即各自得到一笔支付，其支付可以为正也可以为负。每一个参与者所得到的支付都是所有参与者各自所选择的策略的共同作用的结果。

2. 博弈均衡的概念

为了研究博弈的最终结局，或者说，为了分析博弈最后达到的均衡状态，西方经济学家提出了博弈均衡的概念，其中两个最主要的博弈均衡概念是占优均衡和纳什均衡。

（1）占优策略均衡

我们用报酬矩阵来描述博弈的3个基本要素，并运用它来分析一个博弈。

在图5-10中，有两个参与者甲和乙，每一个参与者都有两种选择：合作和不合作。在图中，甲的两种策略写在左边，乙的策略写在上边。图中的每一个表格表示对应于甲、乙的一个策略组合的一个支付组合，每格中的第一个数字表示甲的报酬，第二个表示乙的报酬。甲和乙都采取合作策略时，报酬都为10；双方都采取不合作策略时，双方都只能得到报酬8；如果甲选择合作，乙选择不合作时，甲报酬为6，乙报酬为12；而当甲选择不合作，乙选择合作时，甲报酬为12，乙报酬为6。

	乙 合作	乙 不合作
甲 合作	10　10	6　12
甲 不合作	12　6	8　8

图5-10　占优策略均衡

在这场博弈中，不管乙采取合作策略还是不合作策略，甲都不会选择合作策略。于是我们说不合作策略就是甲的占优策略。同理，不管甲选择合作策略还是不合作策略，乙肯定会选择不合作策略，所以不合作策略也是乙的占优策略。这样就可以得到占优策略的定义：无论其他参与者采取什么策略，某参与者的唯一的最优策略就是他的占优策略。也就是说，如果某一个参与者具有占优策略，那么无论其他参与者选择什么策略，该参与者确信自己所选择的唯一策略都是最优的。

博弈均衡是指博弈中的参与者都不想改变自己的策略的一种相对静止的状态。我们发现，（不合作，不合作）这一对策略组合就代表着一种博弈均衡状态。此时，任何一方都不想偏离各自的不合作策略。由于在均衡时甲乙双方选择的都是自己的占优策略，所以该博弈均衡又被称为占优策略均衡。一般地说，由博弈中的所有参与者的占优策略组合所构成的均衡就是占优策略均衡。

回过头来再看图5-11的占优策略均衡。我们发现，在这场博弈中，甲乙两个厂商都是理性的，都在追求自身的利益最大化，但是从集体角度来看，双方的选择并不是最优的。这就说明，个人的理性行为并不会带来集体理性。要想得到集体理性的结果，需要双方基于对彼此的信任来制定某种协议。

【课堂互动5-13】 在上面的占优策略均衡中，甲乙双方是寡头垄断市场上两大厂商，如果双方以合约的方式把彼此合作的意向约定下来，经济学中称之为"共谋"，又称"串谋"。共谋的结果是使得集体利益最大化。请问，这种共谋稳定吗？

（2）纳什均衡

在一个博弈中，只要每个参与者都具有占优策略，那么，该博弈就一定存在占优策略均衡。但是需要指出的是，在有的博弈中，并不存在占优均衡，仍可以达到博弈均衡。

如图5-11所示，图中的支付矩阵表示甲有两个策略U和D，乙有两个策略L和R。对于甲的策略选择而言，当乙选择L时，甲会选择U（因为7＞6）；当乙选择R时，甲会选择D（因为8＞3）。显然，甲没有占优策略，甲的最优策略随乙的策略的变化而变化。同理，对于乙的策略选择而言，当甲选择U时，乙会选择L（因为10＞5）；当甲选择D时，乙会选择R（因为9＞8）。同样，乙也没有占优策略，乙的最优策略也随甲的策略的变化而变化。尽管如此，在以上博弈过程中，对于（U，L）策略组合而言，只要甲选择了U，乙就不会改变对L的选择；同样，只要乙选择了L，甲也不会改变对U的选择。从这个意义上讲，策略组合（U，L）也达到了一种均衡状况。这种均衡被称为纳什均衡。纳什均衡是由美国普林斯顿大学数学家纳什提出的均衡思想，它是指这样一种均衡状态：在这一均衡中，每个博弈参与人都确信，在给定其他参与人战略的情况下，他选择了最优战略以回应对手的战略。

	乙			
	L		R	
甲 U	7	10	3	5
甲 D	6	8	8	9

图5-11 纳什均衡

根据纳什均衡的定义,图 5-12 博弈中的 (U, L)(D, R) 这两对策略组合都是纳什均衡。而另外两对策略组合 (D, L) 和 (U, R) 都不是纳什均衡。因为以 (D, L) 的策略组合而言,当甲选择 D 时,乙就会改变策略,选择 R 而不是 L。所以 (D, L) 策略组合不是均衡的。

其实,我们可以通过在支付矩阵中用划横线的方法来寻找纳什均衡。具体做法如下:先看甲的策略选择。当乙采取 L 策略时,甲会选择 U,得到报酬 7,在报酬 7 下面划一条横线。当乙采取 R 策略时,甲会选择 D,得到报酬 8,在报酬 8 下面划一条横线。类似的,我们再看乙的策略选择。当甲选择 U 时,乙会选择 L,得到报酬 10,在报酬 10 下面划一条横线。当甲选择 D 时,乙会选择 R,得到报酬 9,在报酬 9 下面划一条横线。最后,矩阵图中全部被划上横线的组合 (U, L)(D, R) 都是纳什均衡。

【课堂互动 5-14】 博弈论中有一个非常经典的博弈"囚徒困境",如图 5-12 所示。两个小偷甲和乙联手作案,私入民宅被警察逮住但未获证据。警察将二人分别置于两间房间分开审讯,政策是若一人招供但另一人未招供,则坦白者从宽处理,招供者立即被释放,未招供者判入狱 10 年;若二人都招供则两人各判刑 8 年;若两人都不招供,则警方由于证据不足,只能按私入民宅各拘留 1 年。甲乙将如何抉择呢?支付矩阵,报酬均为负数,以表示判刑的年数。请用划横线法找出纳什均衡。

		乙 招供		乙 不招供	
甲	招供	−8	−8	0	−10
	不招供	−10	0	−1	−1

图 5-12 囚徒困境

3. 寡头厂商的共谋及特征

在寡头垄断市场,厂商之间通常进行合作组成卡特尔使利润最大化,但这种合作关系往往很脆弱,每个厂商都有可能背弃协议追求自己的利润最大化。为什么合作的协议经常会被破坏?这种合作的不稳定性是否可以避免?下面我们来分析一下。

如图 5-13 所示,甲乙两个厂商组成一个卡特尔。每个厂商都可以选择不欺骗策略(遵守合约)和欺骗策略(不遵守合约),各种选择组合构成报酬矩阵。如果甲和乙都遵守产量协定,可实现卡特尔组织整体利润最大化,每个厂商可获 50 的利润;如果其中一方不遵守协议,偷偷扩大产量,使总产量增加,价格下降,不遵守协议的厂商获得利润 60,而遵守协议的厂商由于价格降低只能获得 20 的利润;如果双方都偷偷增加产量,价格下降,使甲和乙都只获得 30 的利润。我们通过分析发现(欺骗,欺骗)是占优策略均衡,而双方通过协定形成的(不欺骗,不欺骗)策略组合虽然要优于(欺骗,欺骗)这一策略

		乙 欺骗		乙 不欺骗	
甲	欺骗	50	50	60	20
	不欺骗	20	60	30	30

图 5-13 卡特尔的困境

组合,但并不是该博弈的均衡状态,因而是不稳定的。每个厂商从个人理性出发,都倾向于背叛合约,得到的往往是最差的结局。可见,垄断厂商面临的"卡特尔困境"与"囚徒困境"是类似的,个人理性的结果却是集体不理性。

如果博弈是重复多次的游戏(即重复博弈),那么采取欺骗策略的参与者在下一次博弈中会受到惩罚,而永久失去与别人合作的机会。所以,如果博弈不断重复下去,参与者为长远利益着想会选择不欺骗的策略,即选择合作。

【课堂互动5-15】在车站和旅游点,我们不难发现这样一种现象:在旅游中很多人往往有买些东西带回去留个纪念的想法,但这些地方的商品和服务大多价格贵,质量很差,假货横行。还有,在公共汽车上,我们经常会发现两个陌生人为一个座位而大肆争吵,互不相让。请思考这是什么原因。

第六节 不同市场类型经济效益的比较

所谓经济效益是指利用经济资源的有效性。高的经济效益表示对资源的充分利用或能以最有效的生产方式进行生产,低的经济效益表示对资源的利用不充分或没有以最有效的方式进行生产。不同的市场类型的经济效益是不同的。西方经济学家通过对不同市场类型的长期均衡进行研究得出结论:完全竞争市场的经济效益最高,垄断竞争市场的经济效益较高,寡头垄断市场的经济效益较高,完全垄断市场的经济效益最低。可见,竞争程度越强的市场经济效益越高,垄断性越强的市场经济效益越低。

一、完全竞争市场的经济效益

在完全竞争市场上,价格可以充分发挥其"看不见的手"的作用,从而自发调节着整个经济的运行。通过这种调节,最终会实现长期均衡,实现资源优化配置。完全竞争市场的经济效率主要体现在以下几个方面。

第一,实现长期均衡时,完全竞争市场各种商品的市场价格正好等于最低的长期平均成本,单个厂商和整个行业的均衡产量最大。这说明,在完全竞争市场下的生产规模是适度的生产规模,它能够使得长期生产成本实现最小化,因而社会资源能够得到最佳配置和充分利用。

第二,由于产品的标准化,可以节省广告竞争所发生的费用,有效降低了生产成本。

第三,由于完全竞争的作用,商品的均衡价格降到最低点,消费者从而可以从中获得最大的消费者剩余。

在完全竞争市场下,市场机制充分发挥了其配置资源的能力,这时的经济效率是最高的。因此,完全竞争市场通常被经济学家们认为是最理想的市场结构,并把它作为评价其他市场结构经济效益的参照。但是,完全竞争市场结构并不是完美的,也存在一定程度的缺陷,主要表现在以下几点:一是由于各个企业的规模很小,小企业通常没有能力进行技术创新,从而不利于技术进步和发展;二是由于产品无差别,不能很好满足消费者多样化的需求；三是由于信息是完全和对称的，所以不存在对技术创新的保护，厂商会失去技术创新的动力。

二、完全垄断市场的经济效益

完全垄断市场通常被认为是经济效益最低的一种市场结构，生产缺乏效率，资源浪费，主要表现在以下几个方面。

第一，在完全垄断市场上，垄断厂商通过控制产量和价格实现利润最大化，垄断市场的长期均衡不是在长期平均成本曲线最低点实现的，因此，均衡产量低，均衡价格高，资源不能得到有效配置和充分利用。消费者必须用高价格购买商品，消费者剩余受到剥削。

第二，由于垄断厂商实行价格歧视，不仅使消费者支付高价，导致消费者剩余减少；而且还会导致社会纯福利损失。如果垄断厂商增加生产，扩大产量，社会由此获得的福利大于生产成本，社会福利可以得到进一步增加。

第三，由于垄断市场上市场价格高于厂商最低的平均成本，意味着厂商利用垄断地位就可以获得高额利润，厂商不愿意进行技术改进和创新，阻碍技术进步。高额利润的存在也进一步加剧了社会收入分配的不平等。

第四，由于垄断可以使厂商获得更多的利润，因而为了保持这种超额利润，垄断厂商往往会采取各种形式的维持垄断的措施。其中包括游说政府制订更有利于自身的政策。这种为了寻求额外的利润而进行的活动在理论界通常被称为"寻租行为"，这种寻租不仅要花费成本，而且还会滋生官僚主义和腐败现象。这种因为寻租而导致的实际垄断利润的减少，被称为"租金耗散"。

通过上面的分析，我们发现，完全垄断市场结构配置资源的效率并不高，由于完全垄断市场限制市场机制配置资源这种作用的发生，其通常被认为是经济效益最低的市场结构。

任何事物都具有两面性，我们同时也应该看到垄断市场有利的一面。首先，有一些行业在垄断存在的情况下可以实现规模经济。例如，供电、供水、供暖行业，只有一家企业存在时才能够实现平均成本最低，这种情况属于规模经济引起的自然垄断。其次，垄断企业拥有雄厚的资金能力和技术水平以及人才优势，使得垄断企业比较容易在技术上实现创新和突破，有利于技术进步。最后，尽管垄断厂商在一国的国内垄断会造成效率损失，但在国际商会拥有很强的竞争力，有利于一个国家国际竞争力的提高。例如，美国的波音和麦道合并后，在美国商用大型客机市场上是垄断者，但是这种合并有利于增强美国客机对于欧洲客机的竞争优势。

三、垄断竞争市场的经济效益

垄断竞争市场的经济效益介于完全竞争市场和完全垄断市场之间，在垄断竞争厂商处于长期均衡时，市场价格高于厂商的边际成本，市场价格等于厂商的平均成本但高于平均成本最低点。这就决定了垄断竞争市场的经济效益低于完全竞争市场。垄断竞争市场的均衡产量高于完全垄断市场的均衡产量，均衡价格低于完全垄断市场的均衡价格，因此从某种程度上来看，垄断竞争市场又比垄断市场有效率。垄断竞争市场对消费者和厂商来说，利弊同时并存。其有利的方面有以下几点。

第一，垄断竞争市场的产品有差别。因而可以满足多样化的市场需求，充分体现消费者的消费个性。

第二，由于产品的差别是包含了销售条件如品牌、售后服务等，所以企业会不断地提高某品牌的质量，改善售后服务，从而有利于消费者。

第三，垄断竞争市场被认为是最有利于技术进步的市场结构。在完全竞争市场上，由于缺乏对技术创新的保护，因而不存在企业技术创新的动力。在完全垄断的市场结构中，由于没有竞争，所以缺乏技术创新的压力。在垄断竞争的市场结构中，既存在对技术创新的保护，如专利等，又存在着同类产品的竞争，具有较大的外在压力。

同时，我们认为垄断竞争市场对于消费者和厂商来说，也有不利的一面，主要表现在以下两点。

第一，垄断竞争市场的长期均衡价格高于长期边际成本，与完全竞争相比，消费者被迫支付较高的价格。

第二，由于在长期中厂商不可能在平均成本的最低点实现最大利润，同时又存在广告等非价格竞争，因而其对经济资源的利用效率比完全竞争市场要低，存在着一定的资源浪费。但与寡头垄断市场和完全垄断市场比较起来，均衡产量要高，均衡价格要低，因此经济效率要高于寡头垄断市场和完全垄断市场。

总体上来看，垄断竞争市场利大于弊，是一种在现实生活中普遍存在的市场结构。

四、寡头市场的经济效益

一般而言，在寡头垄断市场上，长期均衡的市场价格高于长期边际成本，同时均衡价格又高于最低长期平均成本。此外，商品存在差别，用于广告竞争的费用的增加也会造成资源浪费。因此，寡头垄断企业在生产量和技术使用方面应该是缺乏效率的，但从程度上来看，由于寡头市场存在竞争，有时竞争还比较激烈，因而其效率比垄断市场要高。

但从另一方面看，寡头市场上往往存在着产品差异从而能够满足消费者的不同偏好，此外，由于寡头企业规模较大，便于大量使用先进的生产技术，而激烈的竞争又使厂商加速产品和技术革新。因此，寡头垄断厂商又有其效率较高的一面。

【课堂互动5-16】 垄断者之间的合作是好事吗？

要点回放

1. 微观经济学以市场竞争性的强弱作为标准把市场划分为四种类型：完全竞争市场、完全垄断市场、垄断竞争市场和寡头垄断市场。

2. 完全竞争市场，是指一种竞争不受任何阻碍和干扰的市场结构。在完全竞争市场上，一种商品的市场价格是由整个行业的需求与供给决定的。个别厂商的市场需求曲线是一条由既定市场价格出发的水平线。

3. 在短期内，完全竞争厂商实现均衡的条件是边际收益等于边际成本，即 $MR=$

SMC，在公式中，$MR=AR=P$。在短期均衡时，厂商可以获得最大利润，可以利润为零，也可以遭受最小亏损。在长期，完全竞争厂商实现均衡的条件是边际收益等于长期边际成本，并等于长期平均成本，即 $MR=LMC=LAC$。

4. 完全垄断市场又称垄断市场，是指整个行业的市场完全被一家厂商所控制的市场结构。在完全垄断市场上，垄断厂商是市场上唯一的卖者，它可以通过调整向市场供给的数量来改变市场的价格，因此，垄断厂商的需求曲线也是整个行业的需求曲线，是一条向右下方倾斜的曲线。

5. 垄断厂商的短期均衡条件是 $MR=SMC$。垄断厂商在短期均衡点上可以获得最大利润，可以是利润为零，也可以遭受最小亏损。垄断厂商的长期均衡条件是边际收益等于长期边际成本，即 $MR=LMC$。在长期，垄断厂商通过对生产要素的调整，可能比短期获取更大的利润，可能扭亏为盈，也可能无法获取利润而最终退出该行业。

6. 垄断竞争市场是指一种既有垄断又有竞争的市场结构。在垄断竞争条件下，厂商的需求及收益与完全垄断市场基本相同，垄断竞争厂商的需求曲线是一条向右下方倾斜的曲线。

7. 垄断竞争厂商实现短期均衡的条件是 $MR=SMC$。垄断竞争市场实现短期均衡时，厂商可能有超额利润，利润为零或最小亏损。垄断竞争厂商实现长期均衡的条件是边际收益等于长期边际成本，平均收益等于长期平均成本，即 $MR=LMC$，$AR=LAC$。

8. 寡头垄断市场是指少数几家厂商控制绝大部分某种产品的产量和销售量，瓜分了某种产品市场的全部或绝大部分份额的市场机构。在寡头垄断条件下，市场价格往往不是市场供求关系决定的，只要是由少数寡头垄断者通过协议或默契来制定的，价格决定方法有价格领先制、成本加成法和寡头串谋得克特尔价格联盟。

9. 博弈论是分析寡头市场的重要理论和方法。博弈论的基本均衡概念是占优策略均衡和纳什均衡。在寡头市场上，寡头出于自身利益的考虑，会形成共谋即采取合作的策略，但是这种合作往往是不稳定的，类似"囚徒困境"。但是，在重复博弈中，寡头厂商可以走出"囚徒困境"。

10. 不同市场类型的经济效率是不一样的。完全竞争市场的经济效率最高，垄断竞争市场的经济效率较高，寡头垄断市场的经济效率较低，完全垄断市场的经济效率最低。市场竞争程度越高，则经济效率越低；市场垄断程度越高，则经济效率越低。

技能训练

一、关键词
完全竞争市场　完全垄断市场　垄断竞争市场　寡头垄断市场　短期均衡　长期均衡　价格歧视　博弈论　占优策略均衡　纳什均衡

二、单项选择
1. 市场结构是指（　　）。
A. 一个行业中各企业的定价策略是如何决定的

B. 一个行业中企业相互合作的频繁程度

C. 在不同时期进入一个行业的难易程度

D. 一个市场上的行业是如何组织起来的

2. 根据完全竞争市场的条件，下列（　　）行业最接近完全竞争行业。

　A. 自行车　　　　　　　　B. 服装

　C. 玉米　　　　　　　　　D. 烟草

3. 在短期内，（　　）是完全竞争厂商的停止营业点。

　A. SAC 曲线与 SMC 曲线的交点

　B. MR 曲线与 SMC 曲线的交点

　C. AVC 曲线与 SMC 曲线的交点

4. 关于完全竞争与不完全竞争的区别，下面哪一种叙述是正确的？（　　）

　A. 如果在某一行业中存在许多厂商，则这一市场是完全竞争的

　B. 如果厂商所面临的需求曲线是向下倾斜的，则这一市场是不完全竞争的

　C. 如果行业中所有厂商生产相同的产品，且厂商数目大于1，则这个市场是不完全竞争的

　D. 如果某一行业中有不止一家厂商，并且它们都生产相同的产品，都有相同的价格，则这个市场是完全竞争的

5. 已知某企业生产的商品价格为10元，平均成本为11元，平均可变成本为8元。则该企业在短期内（　　）。

　A. 停止生产且亏损　　　　　B. 继续生产且存在利润

　C. 继续生产但亏损　　　　　D. 停止生产且不亏损

6. 在西方经济学中，（　　）市场模型通常被用来作为判断其他类型市场的经济效率高低的标准。

　A. 完全竞争　　　　　　　　B. 垄断竞争

　C. 垄断　　　　　　　　　　D. 寡头

7. 如果一个垄断厂商面对的需求弹性很小，它将（　　）。

　A. 降低价格，提高收益　　　B. 提高价格，增加收益

　C. 降低价格，降低成本　　　D. 提高产量，降低价格

8. 无论它是一个什么样市场结构的厂商，当其利润最大化时，总能满足的条件是（　　）。

　A. 价格等于长期平均成本的最低点

　B. 价格等于边际成本

　C. 边际收益等于边际成本

　D. 价格等于平均成本

9. 寡头垄断厂商的产品是（　　）。

　A. 同质的

　B. 有差异的

　C. 可以是同质的，也可以是有差异的

　D. 以上都对

10. 当发生下列（　　）情况时，厂商将倾向于进入一个行业？
A. 该行业存在超额利润
B. 规模经济不构成一个主要的进入壁垒
C. 该行业的主要资源不被现存的厂商所控制
D. 以上全对

三、多项选择题

1. 在厂商的停止营业点上，应该有（　　）。
A. 利润为零　　　　　　　　B. $P=AVC$
C. $AR=AVC$　　　　　　　D. 总亏损$=TFC$

2. 当一个完全竞争行业实现长期均衡时，每个企业（　　）。
A. 都实现了正常利润　　　　B. 利润都为零
C. 行业中没有任何企业进入　D. 行业中没有任何企业退出

3. 市场结构的基本类型有（　　）。
A. 完全垄断市场　　　　　　B. 寡头垄断市场
C. 生产要素市场　　　　　　D. 垄断竞争市场

4. 具有以下（　　）特点的市场是完全竞争市场。
A. 大量的卖者　　　　　　　B. 同质的产品
C. 资源自由流动　　　　　　D. 完全信息

5. 厂商获取最大利润的条件是（　　）。
A. 边际收益大于边际成本的差额为最大
B. 边际收益等于边际成本
C. 价格高于平均成本的差额为最大
D. 收益大于成本的差额为最大

四、判断正误(T/F)

1. 如果企业没有经济利润，就不应当生产。（　　）
2. 完全竞争厂商所面临的需求曲线是一条水平线，它表示，完全竞争厂商可以通过改变销售量来影响商品价格。（　　）
3. 完全竞争厂商在任何商品销售量水平上都有：$AR=MR=P$。（　　）
4. 在西方经济学中，除完全竞争市场以外的带有一定垄断因素的市场都被称为不完全竞争市场。（　　）
5. 垄断厂商可以控制和操纵市场价格。（　　）

五、简答

1. 简述完全竞争市场的条件。
2. 用图说明为什么只有当$MR=MC$时，厂商才能实现最大利润。
3. 用图说明完全竞争厂商的短期均衡的形成及条件。
4. 用图说明完全垄断厂商的短期均衡的形成及条件。

5. 简述什么是价格歧视？并举例说明。

六、计算

1. 已知完全竞争厂商的长期成本函数为 $LTC=Q^3-12Q^2+40Q$，请计算：

（1）当市场价格 $P=100$ 时，厂商实现最大利润的产量、利润为多少？平均成本是多少？

（2）长期均衡时的市场价格和单个厂商的产量是多少？

2. 某完全竞争行业中单个厂商的短期成本函数为 $STC=0.1Q^3-2Q^2+15Q+10$，请计算：

（1）当市场价格 $P=55$ 时，厂商短期均衡的产量和利润是多少？

（2）市场价格降为多少时，厂商必须停产？

七、论述

1. 成为完全垄断者的厂商可以任意定价，这种说法对吗？请说出你的理由。

2. "虽然很高的固定成本会是厂商亏损的原因，但永远不会是厂商关门的原因"。你同意这一说法吗？请说出你的理由。

八、案例分析

大型养鸡场为什么赔钱？

为了实现"市长保证菜篮子"的诺言，许多大城市都由政府投资修建了大型养鸡场，结果这些大型养鸡场反而竞争不过农民养鸡专业户或老太太，往往赔钱者多。为什么大反而不如小呢？

从经济学的角度看，这首先在于鸡蛋市场的市场结构。鸡蛋市场有四个显著的特点。第一，市场上买者和卖者都很多。没有一个买者和卖者可以影响市场价格。即使是一个大型养鸡场，在市场上占的份额也微不足道，难以通过产量来控制市场价格。用经济学术语说，每家企业都是价格接受者，只能接受整个市场供求决定的价格。第二，鸡蛋是无差别产品，企业不能以产品差别形成垄断力量。大型养鸡场的蛋与老太太的鸡蛋没有什么不同，消费者也不会为大型养鸡场的蛋多付钱。第三，自由进入与退出，任何一个农民都可以自由养鸡或不养鸡。第四，买者与卖者都了解相关信息。这些特点决定了鸡蛋市场是一个完全竞争市场，即没有任何垄断因素的市场。

在鸡蛋这样的完全竞争市场上，短期中如果供大于求，整个市场价格低，养鸡可能亏本。如果供小于求，整个市场价格高，养鸡可以赚钱。

但在长期中，养鸡企业（包括农民和大型养鸡场）则要对供求作出反应：决定产量多少和进入还是退出。假设由于人们受胆固醇不利于健康这种宣传的影响而减少鸡蛋的消费，价格下降，这时养鸡企业就要作出减少产量或退出养鸡业的决策。假设由于发生鸡瘟，供给减少，价格上升，原有养鸡企业就会扩大规模，其他人也会进入该行业。在长期中通过供求的这种调节，鸡蛋市场实现了均衡，市场需求得到满足，生产者也感到满意。这时，各养鸡企业实现成本（包括机会成本在内的经济成本）与收益相等，没有经济利润。

在完全竞争市场上,企业完全受市场支配。由于竞争激烈,成本被压得相当低。生产者要对市场供求变动作出及时的反应。换言之,在企业一点也无法控制的市场上,成本压不下来或调节能力弱,企业都难以生存下去。大型养鸡场的不利正在于压低成本和适应市场的调节能力远远不如农民养鸡者。在北京鸡蛋市场上,大型养鸡场就斗不过北京郊区和河北的农民。

大型养鸡场的成本要高于农民。在短期中,养鸡的成本包括固定成本(鸡舍、蛋鸡、管理人员等)和可变成本(鸡饲料、劳动等)以及大型养鸡场的固定成本(现代化养鸡设备和从场长、党委书记到职员的众多管理人员)远远高于农民(农民养鸡的固定成本除蛋鸡外其他很少)。甚至农民的可变成本也低(用剩饭菜等代替部分外购饲料,自己的劳动也可忽略不计)。这样,当价格低时,大型养鸡场难以维持或要靠政府财政补贴,而农民养鸡户却可以顽强地生存下来。长期中,大型养鸡场每个蛋的平均成本也高于农民,因为现代化大量养鸡带来的好处并不足以弥补巨额投资和庞大管理队伍的支出。农民则以低成本和低价格占领了鸡蛋市场。

大型养鸡场的市场适应能力也不如农民。当供大于求价格低时,农民可以迅速退出市场,不会有多大损失,大型养鸡场停产则很困难。现代化养鸡设备闲置下来比不用鸡窝的损失大得多。解雇管理人员比老太太不养鸡难多少?在供小于求价格高时,大型养鸡场的产量要受设备能力的限制,但有什么能限制农民多养鸡呢?

在鸡蛋市场上需要的是"造小船成本低"和"船小好掉头"。庞然大物的大型养鸡场反而失去了规模经济的好处。而且,即使就是将来农民养鸡也现代化了,也仍然是农民养鸡业的进步,难以有大型企业的地位。这是行业生产技术特点决定的。你听说过美国500强企业中有养鸡公司吗?或者说,你听到过什么有名的养鸡场吗?这类企业本来就应该是"小的是美好的"。

阅读上述材料,回答下列问题:
(1) 同样是养鸡,大型养鸡场为什么养不过老太太?
(2) 大型养鸡场应走什么样的发展之路?

九、动手操作

考察周围城镇农贸市场,判断其是否符合完全竞争的市场条件。

第六章 收入分配

> 自由不仅作为一种目的本身而极为重要,而且自由还是为人们提供各方面帮助的手段,正是自由赋予了人类文明一种创造力,而这种创造力才是人类社会进步的真正动力。因为只有当个人有自由运用他们所拥有的知识去实现他们自己的目的的时候,社会进步才会发生。
>
> ——弗里德里克·哈耶克

学习目标

● 知识目标

1. 了解生产要素价格的确定;
2. 掌握工资、利息、地租、利润理论,理解工资、地租决定以及变动情况;
3. 掌握衡量收入分配平等程度的方法以及收入调节的政策;
4. 掌握洛伦兹曲线与基尼系数。

● 能力(技能)目标

1. 能区别产品市场与要素市场;
2. 能在实际经济问题中灵活运用洛伦兹曲线和基尼系数。

● 情感目标

1. 能够正确理解并接受社会贫富悬殊、收入分配不公平的社会问题或现象;
2. 在现实生活中,能针对自己或家庭的收入做出理性消费。

经济与生活

收入分配改革难离社会公平

事实上,中国的改革本身,从来都离不开体制的支持、离不开体制的推动,从"过河"的那天开始,它就带有强烈的意识形态色彩。

第六章 收入分配

在标准的西方经济学中,"第一章"就是区分私有物品和公共物品,并从中引出"交易"的概念。简单地讲,市场化改革要涉及两项重要的商品原则:其一,商品的排他性原则;其二,商品的收益竞争性原则。当一种物品具有排他性原则并不具有收益竞争性原则时,这种物品才是私有物品。否则,必须澄清其中的权利。只有在这种情况下,市场化才是有效的配置资源的手段,在此之外的任何情况下,市场都会失灵。

也正是因为如此,大家必须懂得,所有市场化改革,都将以"私有化"或"澄清权利"为必然结果。这两者之间的区别在于,私人财产分配,你可以"排斥"第三方的意见,但是公共资源的收入分配,不能"排斥"全国公众的知情权。

事实上,在没有明确公私界线的情况下,市场什么都不是;"化公为私"或者"化私为公",都无法释放出新的生产力。

市场经济本身,决非"天然神圣"。市场背后的那些内容,那些阴暗的东西,其复杂的程度,远远超出任何人的想象与描述。比如本轮以"收入分配公平化"为目的口号的经济普查,结果很不乐观。

根据社科院的调查数据,当前全社会总收入差距一直在扩大,基尼系数目前在 0.5 左右,这意味着中国社会分配不均已经越过警戒状态,直逼危险状态。社科院提示认为:在最近 5 年来,收入的分化,已经成为分配问题不公平的一个焦点。

社会收入水平的剧烈分化,是一个社会发生断裂的关键性前兆。如果任其发展下去,首先是社会共识的崩溃,其次就是凝聚力的断裂。一般而言,对于收入分配的公平问题,是改革的题中应有之义。市场失灵,最经常的表现是收入分配与权利分配的不合理,譬如交易市场,以及当前国际上所公认的公共领域,包括环境、医疗、教育、高科、高研等等。

有关市场失灵,在西方已有超过 60 年的研究史,论文、资料、文献汗牛充栋,足可以装满一个大英图书馆。对此,我们是否有所了解呢?

目前,很多人或许认为,涉及利益,理性已无能为力。其实不然。正是由于理性的缺失,关于利益分配的讨论至今不能形成社会共识,也无法对公共政策的制定发挥应有的作用,甚至在大多数场合,我们连公平的严格定义都感欠奉。

十一届三中全会以来,有谁承认过改革必须建立在社会共识上吗?恐怕不能这样武断。事实上,真正有讨论意义的,应当是不争论后面的理性假设,在这里,是所谓选择性的缺失,而非理性的缺失,面临广大社会公众的不谅解。而所谓收入分配的不公平,只是"第一问"。对此,理论界也从来没有形成过任何共识,比如秩序经济学就完全否定收入分配必须公平的假设。

众所周知,人类的理性,是一条"通向奴役之路"。但是人类的非理性选择,反而是由人的生物性所决定的,是弱者必备的本能。但凡只有理性、缺乏报复意志的弱势群体,人类早被淘汰了。比如,如果你妻子被抢走,你的房子被人拆除,你还能理性吗?就算你理性了,你的这种基因,也无法通过正常的遗传路径而延续下去。

读过《水浒》的朋友都知道,张都监与武松之间,只有相对公平,没有绝对公平,公平本来是双方的义务与制约,不管是"飞云浦",还是"鸳鸯楼"。所以,不公平现象,存在一个根源。而保持社会公平是政府的重要职能。贫富悬殊的确是目前我们社会中违反社会公平原则的严重倾向。共识已经形成,下一步是先弄清楚不公平的根源来自哪里才能解决"真问题"。

关于社会的价值判断问题（或"公平"问题），我们无法背离国情。否则，就无需讨论公平与否。但是如果联系国情，问题就来了。我们现在是穷人不公平还是富人不公平？是结果不公平还是过程不公平？是大卫·休谟不公平还是卡尔·马克思不公平？如果只谈结果，不谈过程，那么，不公平，就必有其根源？请问，现在谁敢对这个根源负责？

公平问题，本来就是道德哲学的问题，是社会伦理的问题，我们不能再糊涂下去了。对于收入分配改革，不同的人有不同的评价。但是，以权利分配的现状而论，的确存在诸多问题。其中最为严重的挑战，是我们今后，是否还需要以权力手段来推进收入分配的改革。

在前面几章中，我们考察了产品市场，研究了在完全竞争和垄断等不同条件下，市场如何决定生产什么的问题。我们也很关心人们来自其劳动和其他途径的收入是为谁生产的问题。我们将结合收入分配理论——用它来检验在一个社会中收入是如何决定的——转向研究要素市场的运作。在生产要素市场上，要素的供给和需求的相互作用决定的要素均衡价格决定了收入在要素所有者之间的分配，所以，生产要素价格理论又被称为要素收入理论或收入分配理论。

第一节 生产要素的概述

一、生产要素的需求与派生需求

1. 生产要素的需求

要进行生产活动，就要投入各种经济资源。为进行生产和服务活动而投入的各种经济资源叫做生产要素。我们通常将生产要素分为劳动、资本、土地和企业家才能四种。其中土地和劳动又称为原始的或第一级的生产要素。

（1）劳动。劳动是人类在生产活动中所付出的体力或智力的活动，是所有生产要素中最能动的因素。劳动者是劳动这一生产要素的基本所有者。

（2）资本。资本是人类生产出来又用于生产中的经济货物，包括机器、厂房、工具等生产资料。从企业的角度看，既包括有形资产，也包括无形资产，如商标、信誉和专利权等。通常货币资本并不计入到生产要素中去。

（3）土地。土地包括土地、河流、森林、矿藏、野生生物等一切自然资源，它们来自于大自然的恩赐，是最稀缺的经济资源。

（4）企业家才能。企业家才能是综合运用其他生产要素进行生产、革新，从事企业组织和经营管理的能力以及创新和冒险精神。

2. 派生需求

派生需求是指由于消费者对产品的需求所导致的厂商对生产要素的需求，也可称为"引致需求"。例如，食品公司对面粉的需求是由于消费者对面包的需求而派生的，那么，食品公司对面粉的需求就是派生需求；同样的，食品公司投入面包生产的其他生产要素——包括劳动、机器、厂房、土地等——也都是由于消费者对面包的需求而带来的派生需求。

二、要素市场与产品市场的区别与联系

1. 要素市场与产品市场的联系

产品市场是指可供人们消费的最终产品和服务的交换场所及其交换关系的总和。产品市场和要素市场合称商品市场。二者相互依赖，密不可分。产品市场的供求取决于要素价格，而要素市场的供求又取决于产品价格。

2. 要素市场与产品市场的区别

需求者与供给者：在产品市场上，需求者是家庭，供给者是企业；在要素市场上，需求者是企业，供给者是企业。

直接需求与派生需求：产品市场的需求是家庭对各种消费品的直接需求，目的是通过消费达到效用最大化；而要素市场上的需求，则是企业由追求利润最大化的目的而派生出来的对劳动、资源、资金、技术等的需求。

所有价格与使用价格：产品市场的产品价格都是所有价格，所有者拥有全部产权；而要素市场的要素价格，既有所有价格也有使用价格。

三、生产要素价格的确定

西方经济学的分配理论即生产要素价格的确定理论有两种。一种是以边际生产力理论为基础的分配理论；另一种是以均衡价格理论为基础的分配理论。

1. 边际生产力决定论

（1）边际生产力

根据克拉克的解释，在其他条件不变的情况下，最后追加的一单位某种生产要素所增加的产量就是该要素的边际生产力（或边际生产率）。假定生产中所使用的要素只有劳动与资本。当资本量不变而劳动量连续增加时，最后增加的一单位劳动所增加的产量就是劳动的边际生产力；当劳动量不变而资本量连续增加时，最后增加的一单位资本所增加的产量就是资本的边际生产力。

边际收益产量是指在其他生产要素投入不变的条件下，追加某一单位生产要素增加的产量所带来的收益，是用货币单位表示的边际生产实物量。边际生产实物量是以实物来表示的某要素的边际生产力。若以 MRP 表示边际收益产量，以 MPP 表示要素所带来的边际生产量，以 MR 表示边际收益，则：

$$MRP = MPP \cdot MR \qquad \text{公式 6-1}$$

根据边际收益递减规律，当其他要素不变时，一种要素连续追加所增加的收益是递减的，因此，各种要素的边际生产力是递减的。即如果两种生产要素组合生产出一定的产品，那么当一种生产要素的数量不变，而连续追加另一种生产要素，每一追加的生产要素单位的生产率将会递减，这就是边际生产力递减规律。

（2）边际生产力决定工资与利息

克拉克把经济分为静态经济与动态经济。静态经济是指一切因素（如人口、技术、资源、社会制度等）都不发生变动的经济，它是静态经济学要研究的；动态经济指一切因素

都发生变动的经济，它是动态经济学要研究的。克拉克认为，分配理论属于静态经济学，而利润是属于动态经济学，因此他的分配理论中不包括利润理论。他还认为地租只是利息的特殊形态，也无须研究。所以，克拉克的以边际生产力理论为基础的分配理论就是要说明工资与利息的决定。

根据边际生产力理论，工资与利息取决于劳动和资本各自对生产的实际贡献，即按各自的"边际生产力"来决定其收入。当资本量不变而劳动量增加时，厂商雇用的最后那个工人所增加的产量就是劳动的边际生产力，它决定了工资水平的高低。如果工资高于劳动的边际生产力，厂商就会减少工人；如果工资低于劳动的边际生产力，厂商就会增加工人；只有工资等于劳动的边际生产力，厂商才会维持现有工人人数。同样地，当劳动量不变而资本量增加时，厂商所使用的最后那个单位资本所增加的产量就是资本的边际生产力，它决定了利息率的高低。如果利息率高于这一水平，厂商会减少使用资本；如果利息率低于这一水平，厂商会增加使用资本；只有利息率等于这一水平，厂商才会维持现有资本使用量。

2. 均衡价格决定论

马歇尔认为，以边际生产力论为基础的分配理论，实际上只静态地说明了对生产要素的需求，而没有说明生产要素的供给。因此，马歇尔以他的均衡价格理论为基础，从需求与供给两方面来说明分配的决定，对分配理论又作了新的补充。

(1) 生产要素需求的特点

从生产要素的需求来看，它和产品市场的需求具有以下几个不同的特点。

第一，生产要素的需求是引致需求或派生需求。这种需求来自厂商，厂商购买生产要素不是为了满足自己的需要，而是为了生产物品以满足消费者的需要。也就是说是消费者对产品的直接需求，引致或派生了厂商对生产要素的需求。而产品市场的需求是直接需求，这种需求来自消费者，消费者购买产品是为了直接满足自己的需要。如消费者需要衣服，这种直接需求引致服装厂商购买生产要素去生产衣服。

第二，生产要素的需求以边际生产力为基础。在微观经济学中，产品市场的需求函数是从效用函数导出的，在货币边际效用不变的前提下，某一商品对消费者的边际效用曲线决定消费者对这一商品的需求曲线。与此不同，生产要素市场的需求函数是从生产函数导出的，厂商对生产要素的使用量取决于生产要素的边际收益产量。所以，生产要素的需求是建立在生产要素的边际生产力上的。

第三，对生产要素的需求是一种联合的或相互依赖的需求。任何生产行为只有多种生产要素相互结合起来才能达到目的，而且，在一定的范围内，各种生产要素也可以互相替代。因此，严格说来，生产要素理论应当是关于多种生产要素共同使用的理论，但同时处理多种要素将使分析过于复杂，所以，一般教材往往集中分析一种生产要素的情况。

第四，生产要素的需求来自厂商，供给来自公众，公众是生产要素的所有者，厂商是生产要素的使用者。而产品市场的需求来自公众，供给来自厂商。

生产要素的需求会受生产要素及产品的价格、生产的技术状况、市场对产品的需求等的影响。生产要素的需求特点决定它在分析时要注意以下问题：第一，产品市场结构的类型是完全竞争还是不完全竞争；第二，一家厂商对生产要素的需求与整个行业对生产要素的需求的联系与区别；第三，一种生产要素变动与多种生产要素变动的情况；第四，生产要素本身的市场结构是完全竞争还是不完全竞争。

在以后的分析中，除特殊说明外，都是指生产要素市场为完全竞争时一家厂商对一种生产要素的需求。

(2) 生产要素价格的决定

马歇尔认为，各个生产要素在国民收入中所占份额的大小，取决于它们各自的均衡价格。根据均衡价格论的解释，厂商购买生产要素进行生产是为了获得最大限度的利润，即要使得购买要素所花费的边际成本与该要素所能带来的边际收益相等。要素所能带来的边际收益取决于该要素的边际生产力，所以对生产要素的需求取决于该要素的边际生产力。生产要素的边际生产力是递减的，因此，各种生产要素的需求曲线是一条由左上方向右下方倾斜的曲线。

生产要素可以分为自由物品与经济物品，自由物品如空气、水等，一般来说其供给是无限的，而经济物品的供给则取决于生产它所需要的成本，其供给也和其他商品的供给一样，随价格增加，供给增加；随价格下降，其供给减少。所以生产要素的供给曲线一般是一条由左下方向右上方倾斜的曲线。

生产要素需求曲线与供给曲线的交点就是生产要素的均衡价格。生产要素均衡价格的含义在于从需求方面看，某生产要素的需求者愿意按该种价格来购买该生产要素；从供给方面看，某生产要素的供给者愿意按该种价格来出卖该生产要素。

由于各种生产要素的特点以及各种生产要素的需求和供给的情况不同，所以以上所涉及的只是生产要素需求和供给的一般原理。关于各种生产要素需求和供给的具体情况，将在之后各节作详细介绍。很显然，以马歇尔均衡价格论为基础的分配理论并没有脱离边际生产力论，他是以边际生产力论为基础，又加进了供给方面的因素。

第二节　要素市场的分析

一、劳动和工资

西方经济学的工资理论中，有以克拉克为代表的以边际生产力论为基础的工资理论和以马歇尔为代表的以均衡价格论为基础的工资理论。

1. 以边际生产力论为基础的工资理论

边际生产力论认为，工资是由投入的最后一个劳动单位所产生的边际收益产量决定的，即工资取决于劳动的边际生产力。也就是说，厂商雇用的最后那个工人所增加的收益产量等于付给该工人的工资。如果工人所增加的收益产量小于付给他的工资，厂商就不会雇用他；如果工人所增加的收益产量大于付给他的工资，厂商就会增加工人；只有在工人所增加的收益产量等于付给他的工资时，厂商才既不增加也不减少工人。

在考察劳动的边际生产力时，假定其他生产要素的投入不变，则当劳动的投入增加时，其所增加的产量开始以递增的速度增加，增到一定数量后，由于每一单位劳动所分摊的机器设备逐渐减少，因此，如果劳动的投入继续增加，那么每增加一个单位的劳动所生产出来的产品必然少于前一单位劳动所生产的产品，从而劳动的边际生产力曲线先上升而后逐渐下降,如图 6-1 所示。

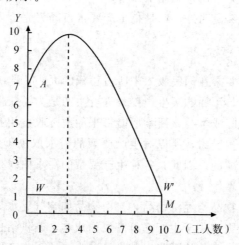

图 6-1 劳动的边际生产力曲线

假定图 6-1 为某皮鞋厂的情况,AW' 为皮鞋工人的边际生产力曲线。当厂商雇用 3 个工人时边际产量最大,等于 10 双皮鞋;工人超过 3 人时,边际产量递减;当雇用第 10 个工人时其产量最小为 1 双皮鞋。假定社会上工人的工资水平为一天一双鞋的价格 1 元钱。在日工资为 1 元和每双鞋价格为 1 元的条件下,厂商就雇用 10 个工人,这时,第 10 个工人所增加的产量等于厂商付给他的工资,厂商不再增加工人,也不会解雇工人,所有的工人都按 1 元钱付工资。如果日工资为 2 元,第 9 个工人日产 2 双鞋,厂商就雇用 9 个工人。因此,工人的工资恰好与厂商雇用的最后一个工人所增加的产量相等,即工资由劳动的边际生产力决定。

图 6-1 中 AW' 曲线便是劳动的边际生产力曲线,$OAW'M$ 表示雇用 10 个工人所生产的全部产量,其中 $OWW'M$ 为 10 个工人的工资总量,WAW' 为其他生产要素的报酬。这样,工人就以工资的形式获得了他们劳动的全部报酬。

2. 以均衡价格论为基础的工资理论

以马歇尔的均衡价格论为基础的工资理论,从劳动的需求和供给方面来说明工资水平的决定,认为工资是由劳动的均衡价格决定。

(1) 劳动的需求

从劳动的需求方面看,他们认为工资取决于劳动的边际生产力或劳动的边际收益产量。由于劳动的边际生产力递减,所以劳动的需求曲线由左上方向右下方倾斜,如图 6-2 所示。其中横轴表示工人数量,纵轴表示产量和工资水平,D 曲线表示劳动的边际生产力曲线,也就是劳动的需求曲线。线上任何一点都表明,厂商在雇用该点所代表的工人数量时愿意支付的工资水平。

(2) 劳动的供给

从劳动的供给方面看,工资取决于两个因素:第一,劳动力的生产成本,即工人养活自己和家庭的费用,以及工人培养、教育、训练费用等,它是所花费的实际成本;第二,心理成本,劳动是以牺牲自己的闲暇时间为代价的,劳动会给劳动者心理上带来负效用,补偿劳动者这种心理上负效用的费用就是劳动的心理成本。

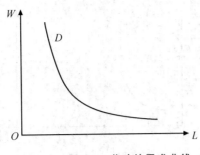

图 6-2 劳动的需求曲线

劳动供给主要取决于劳动的成本，它不仅是工资率的函数，而且是闲暇愿望的函数。因此，工资率的提高对劳动供给有两种效应即替代效应和收入效应，两种效应共同作用的结果使劳动的供给有自己的特殊变化规律。

劳动要素所有者在不同的工资率下愿意供给的劳动数量取决于他对工资和闲暇的评价。工资收入给劳动者带来效用，闲暇也给他带来效用；而劳动即闲暇的反面会给他带来负效用。收入和闲暇之间存在着替换关系。

替代效应指的是，工资越高，对牺牲闲暇的补偿越大，劳动要素所有者就越愿意增加劳动供给以替代闲暇。收入效应指的是，当工资收入增加到一定程度后，货币给劳动者所带来的边际效用递减，不足以抵消劳动的负效用时，劳动就会减少。这两种效应都是工资提高的效应，当替代效应大于收入效应时，劳动供给曲线为正斜率，向右上方倾斜，表示劳动供给量随工资的提高而上升；当替代效应小于收入效应时，劳动供给曲线为负斜率，向左上方弯曲，表示劳动供给量随劳动价格的提高而下降。

劳动供给量随供给价格的提高，会有三种情况。

第一种情况：在一般情况下，当劳动供给价格提高时，劳动的供给量会逐渐增加。因为当工资升高时，许多原来嫌工资太低而不愿就业的人愿意参加工作，而且工资提高时，工人的生活和教育水平提高，也会造成更多的劳动者就业，所以劳动的供给曲线向右上方延伸。如图 6-3 (a) 所示。

第二种情况：当劳动的供给价格逐渐上升的初期，供给量会逐渐增加。但当劳动的供给价格高到一定程度后，尽管价格还继续提高，劳动的供给量却不再增加，此时工人对货币工资的需求程度下降。如图 6-3 (b) 所示。

第三种情况：当劳动供给价格上升到一定高度时，劳动的供给数量不仅不会增加，反而会逐渐减少。这时因为货币收入增多后，货币的边际效用递减，而由于闲暇时间的减少，使闲暇的边际效用增加。于是，工人的劳动供给在工资水平达到一定高度后，反而会减少。这时工人宁愿少劳动少拿工资而利用这些时间从事各种娱乐、消遣活动。如图 6-3 (c) 所示。

(3) 工资的决定

当需求曲线与第一种供给曲线相交时，如图 6-4 (a) 所示，E 点是均衡点，决定工资水平为 OP，劳动的均衡量为 OQ。表示厂商愿以 OP 的价格支付工资，劳动者也愿以 OP 的价格提供 OQ 数量的劳动，劳动供求处于均衡状态。

当需求曲线与第二种供给曲线相交时，如图 6-4 (b) 所示。E_1 为 S 与 D_1 的交点，

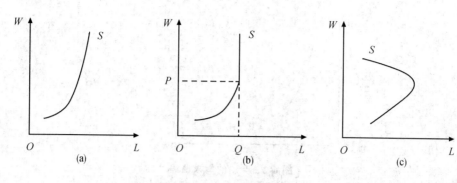

图 6-3 劳动的供给曲线

此时工资水平为 DP_1，劳动量为 OQ。若厂商对劳动的需求价格水平提高，使需求曲线由 D_1 移到 D_2，则 E_2 为新的均衡点，这时尽管工资水平由 OP_1 提高到 OP_2，但劳动的供给量仍然为 OQ，劳动的供需仍在原来的 OQ 数量水平上达到均衡。

当需求曲线与第三种供给曲线相交时，出现两个均衡点 E_1 和 E_2，如图 6-4（c）所示。当 D 和 S 相交于 E_1 点时，均衡劳动量为 OQ_1，工资水平为 OP_1；当 D 与 S 相交于 E_2 点时，均衡劳动量为 OQ_2，工资水平为 OP_2。而 $OP_2 > OP_1$，但 $OQ_2 < OQ_1$，这说明，当工资水平大大提高后，劳动的供给量不仅没有增加，反而减少了。

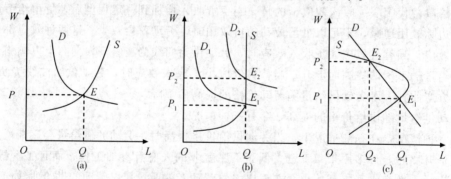

图 6-4 工资的决定

以上所说的工资决定的三种情况，其中第一种情况是普遍的、具有代表性的、一般的情况，第二种、第三种情况只有在工人已充分就业、工人生活十分富裕的情况下才可能出现，或者在特定时期才会存在。

（4）工会存在对工资决定的影响

西方经济学认为，工会作为劳动供给的垄断者，控制了劳动的供给。这样，劳动市场就是一种不完全竞争的市场，工会可以用种种方法来影响工资的决定。

第一，工会通过限制非会员受雇，迫使政府通过强制退休、禁止使用童工、限制移民、减少工作时间的法律等方法来减少劳动的供给，以提高工资。

如图 6-5（a）所示，劳动的供给曲线原来为 S_0，S_0 与劳动的需求曲线 D 相交于 E_0，决定了工资水平为 W_0，就业水平为 L_0。劳动的供给减少后，劳动的供给曲线由 S_0 移动到 S_1，这时 S_1 与 D 相交于 E_1，决定了工资水平为 W_1，就业水平为 L_1，$W_1 > W_0$，说明工资上升了；$L_1 < L_0$，说明就业水平下降了。

第二，工会通过议会或其他活动来增加出口、限制进口、实行保护贸易政策等办法来扩大对产品的需求，从而提高对劳动的需求，也可以提高工资。

如图 6-5（b）所示，劳动的需求曲线原来为 D_0，D_0 与 S 相交于 E_0，决定了工资水平为 W_0，就业水平为 L_0。劳动的需求增加后，劳动的需求曲线由 D_0 移动到 D_1，这时 D_1 与 S 相交于 E_1，决定了工资水平为 W_1，就业水平为 L_1。$W_1 > W_0$，说明工资上升了；$L_1 > L_0$，说明就业水平提高了。

第三，工会迫使政府通过立法规定最低工资，这样也可以使工资维持在较高的水平上。

如图 6-5（c）所示，劳动的需求曲线 D 与供给曲线 S 相交于 E_0，决定了工资水平为 W_0，就业水平为 L_0。若通过最低工资立法使工资维持在 W_1 上，$W_1 > W_0$，但在这种工资水平上，劳动的需求量为 L_1，劳动的供给量为 L_2，有可能出现失业。

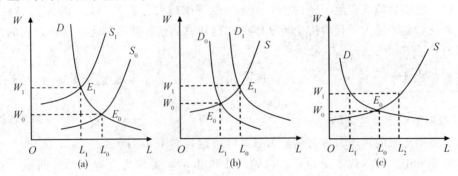

图 6-5　工会对工资决定的影响

工会对工资的影响也是有限度的。一般地，它取决于工会本身力量的大小、工会与厂商双方力量的对比、整个社会的经济状况及政府的干预程度等。但从长期来看，劳动的供求仍然是决定工资的关键因素。

二、地租的决定

土地可以泛指生产中使用的自然资源，地租是土地这种生产要素的价格，是在一定时期内利用土地的生产力的代价，是使用土地的报酬。地租是由土地的需求与供给决定的。

1. 土地的需求

土地的需求取决于土地的边际生产力，而在其他要素不变的条件下，土地的边际生产力是递减的。所以，土地的需求曲线是一条向右下方倾斜的曲线。见图 6-6 中的 D 曲线。

2. 土地的供给

地租的产生首先在于土地本身具有生产力，也就是说地租是利用"土壤原始的、不可摧毁的力量"的报酬。其次，土地作为一种自然资源具有数量有限、位置不变及不能再生的特点，这些特点与资本和劳动不同，从而，地租的决定就有自己的特点。

从土地的供给方面看，一般说来，由于土地这一生产要素的稀少性、不能移动、不能再生的特点，就一个国家的全部土地而言，供给量是固定的，只有在特殊情况下它才会增加或减少。例如，围海造田可以增加土地供给量，而耕地沙漠化可以减少土地供给量。微观经济学认为，土地数量固定不变是土地供给的特点，土地的供给曲线是一条垂直线，它表明土地供给量是一个常数，不随地租的变动而变动，见图 6-6 中的 S 曲线。

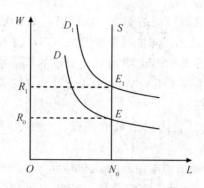

图 6-6 地租的决定

上述土地供给曲线仅就一国的一切用途的全部土地而言。关于某一特定用途的土地，由于必须花费越来越大的代价把土地从别的用途转移到这种特殊用途，所以，它的供给曲线一般向右上方倾斜。

【课堂互动6-1】中国房地产出现泡沫经济，政府出台政策效果不佳，请说明其问题？

3. 地租的决定及变动趋势

地租是由土地的需求力量与供给力量共同决定，如图6-7所示。

在图6-6中，横轴代表土地量，纵轴代表地租，垂线 S 为土地的供给曲线，表示土地的供给量固定为 N_0，D 为土地的需求曲线，D 与 S 相交于 E，决定了地租为 R_0。

随着经济的发展，对土地的需求不断增加，而土地的供给不变，这样，地租就有不断上升的趋势。在图6-6中，土地的需求曲线若由 D 移动到 D_1，就表明土地的需求增加了，但土地的供给仍为 S，S 与 D_1 相交于 E_1，决定了地租为 R_1。$R_1 > R_0$，说明由于土地的需求增加，地租上升了，这是由土地的边际生产力或需求曲线决定的，而与供给无关。

以上关于地租决定的讨论实际上是假定所有的土地都是同质的，但实际上，土地在肥沃程度、地理位置等方面的差别是相当大的，而且这种差别对地租的形成也有相当重要的影响。由于土地在肥沃程度和地理位置等方面的差别而引起的地租被称为级差地租。土地的条件不同，决定了级差地租的有无与大小；随着经济的发展，对农产品需求的增加，级差地租也在增加。

三、租金、准租金和经济租金

根据地租的概念，西方经济学在其他几个方面对它进行了扩展。

1. 租金

从地租的定义看，地租是当土地供给固定时的土地服务价格，因而地租只与固定不变的土地有关。但在很多情况下，不仅土地可以看成是固定不变的，而且有许多其他资源在某些情况下，也可以看成是固定不变的。例如有的人具有某种特殊的天赋才能，像土地一样，其供给是自然固定的。这些固定不变的资源也有相应的服务价格，显然它与土地的地租很类似。

为了与土地的地租相区别，可以把这种供给同样固定不变的一般资源的服务价格叫

"租金"。也就是说，地租是资源为土地时的租金，而租金则是一般化的地租。租金有时被用来泛指一般资源的服务价格，而不管该资源的供给如何。

2. 准租金

准租金又称准地租，是英国经济学家马歇尔提出的一个概念。

准租金指固定资产在短期内所得到的收入。在短期内，工厂、机器及其他持久性设备固定性很强，不易从这个产业转往其他产业，与土地的供给相类似。不论这种固定资产是否取得收入，都不影响它的供给。只要产品的销售价格能够补偿其平均可变成本（AVC），就可以利用这些固定资产进行生产。在这种情况下，产品价格超过其平均可变成本（AVC）的余额，代表固定资产的收入。这种收入是由于需求大，产品价格超过弥补平均可变成本而有盈余产生的，其性质类似于租金，因此称为准租金，如图6-7所示的 GP_0CB 部分。

准租金仅在短期内存在，在长期内由于固定资产不是不变的，就不存在准租金了。

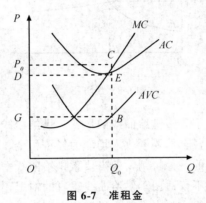

图 6-7 准租金

在图6-7中，MC、AC、AVC分别表示厂商的边际成本、平均成本和平均可变成本曲线。假定产品价格为 P_0，则产量为 Q_0。这时可变总成本为面积 $OGBQ_0$，它代表厂商为生产 Q_0 产品所必须支付的可变生产要素量。固定要素得到的则是剩余部分 GP_0CB，这就是准租金。

如果从准租金 GP_0CB 中减去固定总成本 $GDEB$，则得到经济利润 DP_0CE。所以，准租金为固定总成本与经济利润之和。当经济利润为0时，准租金便等于固定总成本；当厂商有经济亏损时，准租金有可能小于固定总成本。

3. 经济租金

前面所讲的准租金，是边际生产力较高、素质较好的生产要素在短期内由需求方面的因素所引起的一种超额收入。而经济租金是指素质较差的生产要素在长期内由需求增加而获得的一种超额收入。他们都是由需求决定，而与供给无关。准租金仅在短期内存在，而经济租金在长期中也存在。

具体来讲，如果生产要素的所有者所得到的实际收入高于他们所希望得到的收入，则超过的这部分收入就称为经济租金。它与消费者剩余相类似，所以又被称为生产者剩余。例如，劳动市场上有A、B两类工人各100人，A类工人素质高，所要求的工资为200元；B类工人素质低，所要求的工资为150元。如果某类工作A、B两类工人都可担任，那么，厂商在雇用工人时，当然先雇用B类工人，但在B类工人不够时，就要雇用A类工人。假定某厂商需要工人200人，他就必须雇用A、B两类工人，而厂商必须按A类工人的要求支付200元的工资。这样，B类工人的收入就超过了他们的要求，高于150元的50元收入就是经济租金，如图6-8所示。其他要素所有者也可以得到这种经济租金。

图6-8中，要素供给曲线S以上及要素价格P_0以下的区域AP_0E为经济租金或生产者剩余，要素的全部收入为OP_0EQ_0。但按S曲线，要素所有者为提供Q_0量要素所愿意接受的最低收入却是$OAEQ_0$。区域部分AP_0E是要素的"超额"收益，即使去掉，也不会影响要素的供给量。P_0BE为消费者剩余。

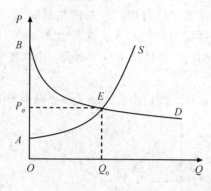

图6-8 经济租金

显然，租金的多少取决于要素供给曲线的形状。供给曲线越陡峭，经济租金部分就越多。尤其当供给曲线垂直时，全部要素收入均变为经济租金，它恰好等于租金或地租。所以，租金实际上是经济租金的一种特例，即当要素供给曲线垂直时的经济租金，而经济租金则是更为一般的概念，它不仅适用于供给曲线垂直的情况，也适用于不垂直的情况。在另一个极端上，如果供给曲线成为水平状，经济租金则完全消失。

四、资本与利息率

所谓资本，主要是指用作生产工具的资本品，如厂房、机器、设备以及原料等，它属于中间生产要素。资本包括货币，但货币不一定是资本。从微观角度分析，有了货币就可能买到资本品，货币即资本。但从宏观角度分析，一国所拥有的货币数量，并不代表同量的资本品。微观经济分析中的利息理论，主要探讨货币资本。

利息是以货币表示的使用货币资本的报酬，是资本这种生产要素的价格。资本所有者提供了资本，得到了利息。利息的计算，不是用货币的绝对量来表示，而是用利息率来表示。利息率是利息在每一单位时间内（通常为一年）在货币资本中所占的比率。例如，货币资本为10 000元，利息为一年1 000元，则利息率为10%，这10%就是货币资本在一年内提供生产性服务的报酬，即这一定量货币资本的价格。我们主要了解的是纯粹利率的决定，而市场利率往往要受贷款的风险程度、贷款的期限长短、贷款的数量多少及竞争程度等的影响。

1. 以边际生产力论为基础的利息理论

与劳动的边际生产力决定工资相类似，资本的边际生产力决定利息。

假定在其他条件不变的前提下，随着资本量的增加，产量开始递增，但产量增加到一定阶段后随资本量投入的增加又逐渐下降，这就是资本边际生产力递减规律。正是资本的边际生产力，即最后追加的一单位资本（K）的产量决定利息率（i）的多少。西方经济学认为资本生产要素和劳动生产要素一样，是创造价值的源泉，随着资本增加而新增加的产量，就是资本所创造的，应归资本家所有，这便是属于资本家所有的利息，如图6-9所示。

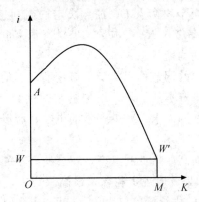

图6-9 资本的边际生产力曲线

图6-9与劳动边际生产力曲线图相似。其中，横轴表示资本投入量，纵轴代表利息率，AW'曲线是资本的边际生产力曲线，最后增加的一单位资本所创造的生产率MW'，全部产量为$OWW'M$，其中，利息总额为$OWW'M$，WAW'则属于其他生产要素的报酬。

2. 以均衡价格论为基础的利息理论

利息是由资本这个生产要素的均衡价格决定的，即利息是由资本的需求和供给的均衡状态决定。

（1）资本的需求

从资本的需求方面看，利息取决于资本的边际生产力。也就是说，资本的需求之所以需要借入资本，是因为借入资本能给它带来效益。由于资本的边际生产力递减，所以资本的需求曲线是一条由左上方向右下方倾斜的曲线，如图6-10的D线所示，横轴代表资本量，纵轴代表利息率。

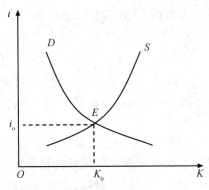

图6-10 利息率的决定

（2）资本的供给

从资本的供给方面看，利息取决于借贷资本的供给成本，借贷资本的供给成本是借贷资本家对现期消费的牺牲或等待，利息就是等待的报酬。资本家的收入既可以用作现期消费，又可以用作未来消费。在未来消费与现期消费中，人们具有一种时间偏好，即偏好现期消费。由于未来难以预期,现在多增加一单位消费所带来的边际效用大于将来多增加这一单位消费所带来的边际效用。

在图 6-10 中,横轴代表资本量,纵轴代表利息率,D 为资本的需求曲线,S 为资本的供给曲线,这两条曲线相交于均衡点 E,E 点决定均衡利息率 i_0,均衡资本量 K_0。这说明,厂商愿意以 i_0 的利息率借入 K_0 资本量,借贷资本家也愿以 i_0 的利息率贷出 K_0 的资本量,资本的供求恰好达到均衡状态。

在市场经济中,通过利率的调节作用,资本市场实现了均衡。当资本的需求大于供给时,利息率会上升,从而减少资本的需求,增加资本的供给。当资本的需求小于供给时,利息率会下降,从而增加资本的需求,减少资本的供给。所以,利息率的调节会使资本市场处于均衡状态。

如果政府干预,人为地提高或降低利息率,就会使资本的供求失去平衡。

如图 6-11 (a) 所示,如果政府规定利息率最高限为 i_1,低于均衡利率 i_0,对资本的需求量就是 K_2,而此时资本的供给量仅仅为 K_1,就会出现资本需求大于供给的现象,有 K_1K_2 的资本缺口,这样就会阻碍厂商对资本的投资,从而影响生产的发展。

如图 6-11 (b),如果政府规定利息率不能低于 i_1 水平,i_1 高于均衡利率 i_0,这时资本的需求量为 K_1,供给量为 K_2,出现 $K_2 > K_1$,供给大于需求的现象,结果使多余的资本 K_1K_2 闲置起来,不能发挥应有的作用,同样会影响生产的发展。

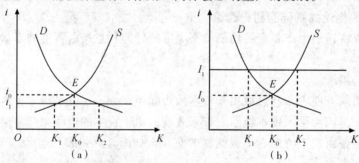

图 6-11 政府对利率的干预

五、利润理论

英国济学家马歇尔是第一个认为企业家才能是一种生产要素从而得到利润的经济学家,西方学者往往把利润分为正常利润与超额利润两种。

1. 正常利润

企业家是指那种有眼光、有胆识、有组织才能和创新精神的人才。正常利润包括在成本之中,它被认为是"企业家才能"这种生产要素的报酬。正常利润是指在发挥企家才能,在正常情况下都能获得的报酬。在任何经营单位发挥企业家才能时,都可以得到正常利润,这种利润一般大于零,不可能为负值。

在西方经济学中,正常利润指厂商对自己所提供的企业家才能的报酬及支付,正常利润是隐性成本的一部分。从机会成本的角度说,它是厂商生产成本的一部分,以隐性成本计入成本。假定所有的企业家才能都是一样的,要他们留在一个行业中,就必须都能赚到正常利润。因此正常利润就成为该行业中的企业家必须得到的最起码的转移收益,否则,他就会转移到其他行业中去了。如果一个行业出现超过正常利润的利润，必然吸引新厂商进入，直到超额利润消失为止；如果一个行业存在亏损，会使原有厂商部分退出该行业，行业的供给减少，价格上涨，直到厂商获得正常利润、达到均衡为止。在这样的利润水平时，新厂商无意进入该行业，原厂商也无意退出该行业，因此正常利润成为成本的一部分。

正常利润与工资相类似，也是由企业家才能的需求与供给决定的。

企业家才能无所谓"边际"，因此对它的需求无法像其他要素价格那样由边际生产力决定，但市场对企业家才能的需求是很大的，因为企业家才能是生产经营好坏的关键，是劳动、资本、土地等生产要素达到最优配置的决定性因素。企业家才能与其他三个要素不能相互替代，而是相互补充的关系，没有企业家才能的发挥，劳动、资本、土地就不能实现最佳组合。而企业家才能的供给又受到一定的限制，并不是每个人都具有企业家的天赋。只有那些有胆识、有能力、又受过良好教育的人才具有企业家才能，所以，培养企业家才能耗费的成本也比较高。

企业家才能的需求与供给的特点决定了企业家才能的报酬即正常利润必然很高。也可以说，正常利润是一种特殊的工资，其特殊性就在于其数额远远高于一般劳动所得到的工资。

2. 超额利润

超额利润是指利润中超过正常利润的部分。西方经济学中多次出现利润一词，实际上指的就是超额利润，又叫经济利润或纯粹利润，它不同于正常利润，它是总收入减去显性成本和隐性成本的剩余。利润的决定不同于工资、地租和利息，其他生产要素的价格都是按照双方事前达成的协议支付的，而利润是一个可以变动的余额，它可以为正值、零或负值，利润为负值意味着亏损。

超额利润有不同的来源，从而就有不同的性质，西方经济学家有以下解释。风险是从事某项事业时失败的可能性。由于自然的、人为的和经济的不确定性，投资者对未来难以预料，因而要冒风险。对于自然的和人为的风险可以通过保险来规避，而经济的风险，像供求关系的变动等则需要由投资者自己来承担。这样，投资者就面临着赢利或亏损的可能性，利润是和这种风险分不开的，是投资者承担经济的不确定性和风险的报酬。同时，许多具有风险的生产或事业也是社会所需要的，风险需要有人承担，因此由承担风险而产生的超额利润也是合理的。

3. 创新的超额利润

创新这个概念是美国经济学家熊彼特在《经济发展理论》一书中所提出来的。创新是指企业家对生产要素进行新的组合，它包括五种情况：第一，引入一种新产品；第二，采用一种新的生产方法；第三，开辟一个新市场；第四，获得一种原料的新来源；第五，采用一种新的企业组织形式。

这五种形式的创新都可以产生超额利润。引进一种新产品可以使这种产品的价格高于其成本，从而产生超额利润。采用一种新的方法和新的企业组织形式，都可以提高生产效率降低成本，获得一种原料的新来源也可以降低成本。这样，产品在按市场价格出售时，由于成本低于同类产品的成本，就获得了超额利润。开辟一个新市场同样也可以通过提高价格而获得超额利润。

创新并不简单地等于发明，它是经济学的概念，而不是技术概念。创新是企业家的任务，企业家把新的发明引入经济领域，就是创新。

【课堂互动6-2】 发明家发明出计算机属于创新，那么企业家将计算机引入经济领域，属于创新吗？

创新带来超额利润，当大多数人都模仿后，超额利润就不存在了。但创新会不断出现，新的创新又会带来新的超额利润。总之，创新是社会进步的动力，由创新所获得的超额利润是合理的。

4. 垄断的超额利润

由垄断而产生的超额利润，又称为垄断利润，可来源于两种形式：卖方垄断与买方垄断。

卖方垄断又称专卖，是指对某种产品出售权的垄断，垄断者可以通过抬高销售价格来获得超额利润。在厂商理论中分析的垄断竞争的短期均衡、完全垄断的短期与长期均衡及寡头垄断下的超额利润，就是这种情况。买方垄断又称专买，是对某种产品或生产要素购买权的垄断。垄断者通过压低收购价格，以损害生产者或要素供给者的利益而获得超额利润。

由垄断所引起的超额利润是垄断者对消费者、生产者或生产要素供给者的剥削，是不合理的，也是市场竞争不完全的结果。

总之，利润不仅是厂商从事生产经营活动的动机，也是评价其生产经营好坏的标准，它既影响着整个社会资源的充分利用，也影响到整个社会的收入分配。正是利润的刺激与吸引，才使企业家创新、冒险，进行资源的重新配置。从行业的角度看，利润的出现是一种信号，表示社会要扩充这个产业；亏损也是一种信号，表示社会需收缩这个产业。企业家总是追求利润，避免亏损。

【课堂互动6-3】 在现实生活中，居民或家庭的收入可能有哪些来源？

第三节 分配中的平等与效率

以上分析了微观经济学收入分配的各个范畴，各生产要素所有者按各自的贡献获得了各自的报酬，但整个社会收入分配的结果是过于平均还是不平均，采取什么样的收入分配政策进行调节，正是我们下面要分析的内容。

一、衡量收入分配平均程度的标准

1. 洛伦兹曲线

洛伦兹曲线是用来衡量社会收入分配平均程度的曲线，是美国统计学家洛伦兹提出的。洛伦兹把社会各个居民依其收入的多少分成5个等级，各占人口的20%，再分别在横坐标和纵坐标上标明每个等级的人口占总人口的百分比和每个等级的人口的收入占社会总收入的百分比，连接各等级的这两个百分比率的坐标点所形成的一条曲线，就是洛伦兹曲线，如图6-12所示。

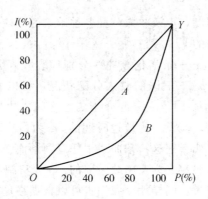

图 6-12 洛伦兹曲线

在图 6-12 中，以横轴代表人口百分比，纵轴代表收入百分比。其中 45°线 OY 为绝对平均线。在这条线上，各级人口得到的收入完全相等，即线上的任何一点都表示各级人口占总人口的百分比与各级人口的收入占总收入的百分比都相等，每 20％的人口都得到 20％的收入。OPY 线是绝对不平均线，这条线表示全社会成员中，除了最后一人占有全部收入外，其余人的收入都为零。

如图 6-12 所示，反映实际收入分配状况的洛伦兹曲线介于绝对平均与绝对不平均曲线之间。在这条线上，除了起点（O）与终点（Y）以外，线上的任何一点到两轴的距离都是不相等的。实际收入分配曲线与绝对平均线越接近，表明社会收入分配越接近平等；反之，则表明社会收入分配越不平等。如果把收入改为财产，洛伦兹曲线反映的就是财产分配的平均程度。

2. 基尼系数

20 世纪初意大利经济学家基尼（C. Cini），根据洛伦兹曲线找出了判断收入分配平等程度的指标，即在图 6-12 中，设实际收入分配曲线与收入分配绝对平均线之间的面积为 A，实际收入分配曲线与收入分配绝对不平均曲线之间的面积为 B，则：

$$基尼系数 = A/A + B \qquad 公式 6-2$$

当 $A=0$ 时，基尼系数$=0$，表明社会收入分配绝对平等；当 $B=0$ 时，基尼系数$=1$，表明社会收入分配绝对不平等；而实际上，基尼系数越小，收入分配越趋向平等，洛伦兹曲线的弧度越小；基尼系数越大，收入分配越趋向不平等，洛伦兹曲线的弧度越大。

按国际上通用的标准，基尼系数小于 0.2，表示收入分配绝对平均，0.2—0.3 表示比较平均，0.3—0.4 表示基本合理，0.4—0.5 表示差距较大，0.5 以上表示收入差距悬殊。

【课堂互动 6-4】中国各省区贫富差距指数：广东为 0.65、北京为 0.61、上海为 0.57、浙江为 0.54、福建为 0.53、湖南为 0.52、海南为 0.49、广西为 0.49、新疆为 0.49、江西为 0.47、山西为 0.47、辽宁为 0.46、重庆为 0.46、四川为 0.45、湖北为 0.45、内蒙古为 0.44、河南为 0.44、云南为 0.44、江苏为 0.43、黑龙江为 0.41、安徽为 0.4、河北为 0.38、天津为 0.36、山东为 0.35、吉林为 0.35、贵州为 0.34、陕西为 0.34、甘肃为 0.33、宁夏为 0.33、青海为 0.3、西藏为 0.28。如何用以上所学知识衡量我国各省区的贫富差距？

3. 洛伦兹曲线与基尼系数的运用

通常可以用洛伦兹曲线与基尼系数来分析比较各个国家之间、或一个国家各个时期之间的社会收入分配的平等程度,以及收入分配各种政策的效应。作为一种分析工具,洛伦兹曲线与基尼系数是很有用的。

如图6-13所示,a、b、c三条洛伦兹曲线分别代表收入分配的不平等程度。如果这三条曲线分别表示的是a、b、c三国的收入分配状况,可以看出,a国的收入分配最平等,c国收入分配最不平等,b国收入分配介于二者之间。如果这三条曲线分别表示一国在不同时期的收入分配状况,假设a为最近时期的,c为最早时期的,则该国收入分配呈现出越来越均等化的趋势。如果把这三条曲线中任意两条曲线看作表示一国实施某项经济政策前后的收入分配状况,假定a为实施政策前的,b为实施政策后的,则说明该项经济政策的收入效应差距有所扩大。同样地,我们也可以根据洛伦兹曲线计算的基尼系数来进行比较。

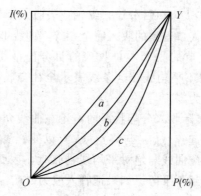

图 6-13 洛伦兹曲线与基尼系数的运用

平等与效率是西方经济学尤其福利经济学中的一个重要的问题,也是一国政府致力实现的微观经济政策目标。

【课堂互动6-5】劳动和社会保障部劳动工资研究所的专家苏海南、涂振斌通过对20世纪90年代,尤其是"九五"期间我国城镇居民收入分配基本状况的分析,得出这样的基本评价:20世纪90年代,我国城镇居民收入分配总体上适应了市场经济发展的需要,不同收入群体的分布呈现出"中、底部大,上头小"形状,基本反映出市场机制发挥基础性调节的作用;计划经济高度集中统一的分配体制被打破,根据统计数据计算得出的描述城镇居民收入和消费差距的基尼系数比较适中。你对我国不同收入群体的分布呈现出"中、底部大,上头小"形状这一描述是否认可?如果不,据你的观察,我国的不同群体收入是呈什么样的状态?你的家庭是处在哪一种收入水平上?

二、平等与效率的替代关系

平等是指社会成员收入的均等化;效率是指资源的有效配置。

西方经济学认为,平等与效率之间存在着此消彼长的关系。这一矛盾主要表现在:从政治和社会制度上看,社会要求实现所有公民都享有"平等权利";但从经济制度上看,市场是根据经济效率向生产要素供给者提供报酬,这些报酬构成人们的收入。

但市场经济的优胜劣汰竞争原则,必然使收入上有差别。这种收入分配上的不平等,实质上是市场经济下人们通过竞争追求效率的结果。这样,平等与效率之间就存在着替代关系：要实现收入分配均等化，就不能使社会保持高效率，就难以实现资源的最优配置；反之，要使社会保持高效率，实现资源最优配置，就难以实现收入分配均等化。

三、平等与效率的先后次序

平等与效率的先后次序是西方经济学中更深刻的一个问题。新福利经济学提出要实现"最大的选择自由"、"最高的经济效率"、"最公平的收入分配"三大社会目标，而阿罗不可能定理却证明这只是一种空想，经济效率与收入公平是对立的、不可调和的。从而产生了关于平等与效率的先后次序的三种观点。

以米尔顿·弗里德曼（Milton Friedman）为首的学者主张把效率目标置于绝对优先的地位。他在与夫人罗斯·弗里德曼（Rose Friedman）合著的《自由选择——个人声明》一书中认为，效率是同市场竞争联系在一起的，而市场竞争又必须以自由为前提，没有自由就没有市场竞争和效率，把效率放在优先，就是把自由放在优先地位。在收入分配方面实行效率第一的原则才是公平的，而政府强制实施的收入公平政策是不公平的。即使讲平等，也只能讲人身平等和机会均等，而不能讲收入平等。他们认为，最好的制度就是完全竞争的市场机制，政府不能干预，只能采取自由放任的经济政策。

以约翰·罗尔斯（John Rawls）为首的学者主张把公平目标置于绝对优先的地位。他在《论公平》和《对极大极小标准的某些思考》中认为，平等是一种"天赋特权"，竞争所引起的收入差别是对这种"天赋特权"的侵犯；效率本身不仅不意味着公平，而且它来自不公平。由于一方面在市场上每个人拥有的生产工具和资源的差异，导致每个人在效率上的差异；另一方面，每个人生活不一样，效率不一定是勤奋的结果。此外，市场本身并不是公平的，由于经济因素和非经济因素的影响，市场并不完全按个人的勤奋与懒惰给予报酬。

以奥肯为代表的学者提出公平和效率交替的调和观点，他在《公平和效率——大交替》中认为，既不能把平等放在绝对优先的地位，搞绝对平均主义，也不能把效率放在绝对优先的地位，在公平和效率发生冲突时应该坚持调和。有时为效率要牺牲一些公平，有时为公平要牺牲一些效率，即公平和效率的交替，但是，任何牺牲都会是增进另一方的手段。

四、平等与效率协调的政策

西方经济学认为，收入分配有三种标准：第一，贡献标准。即按社会成员的贡献分配国民收入，也就是我们前面所介绍的按生产要素的价格进行分配。这种标准能保证经济效率，但会引起收入差距。第二，需要标准。即按社会成员对生活必需品的需要分配国民收入。第三，平等标准。即按平等的准则来分配国民收入。后两个标准有利于实现收入分配的平等化，但不利于经济效率的提高。平等与效率协调的目标就是既要有利于经济效率，又要有利于平等。为此，西方经济学家提出了一系列的理论和政策。

1. 增加教育费用支出

增加教育费用支出，一方面可以使低收入者获得赚取较高收入的能力，有助于缩小社会的收入差距，有利于平等的实现；另一方面也可以提高整个社会的劳动生产率，有利于效率的增加。但教育只能在一定限度内促进收入均等化，超过了一定限度，由于人们受教育水平的不同，反而会增大收入差距。所以，这种办法有一定的局限性。

2. 修订福利措施

对于各种福利，政府不应按固定数额给予补助，应根据每个人工作多少，按比例给予补助；根据差别大小给予低收入者补助；允许雇主根据具体情况付给雇员工资，然后政府按生活标准给予补贴。

3. 修订税收规则

降低实行过高的累进税率、个人财产税、遗产税，以免造成资本闲置。增加财产和人才外某些既可以促进效率，又不会妨碍平等的税收。扩大资本、劳动力等的社会流动性，社会流动性包括各部门间的水平流动及在社会各等级间的垂直流动。生产流动能使劳动者和投资者拥有均等机会。这样，均等的机会，既能鼓励人们奋发向上，又能提高效率采取混合经济制度。

美国经济学家阿瑟·奥肯认为，效率的关系，采取混合经济制度比较适宜。提高市场经济效率，增加收入，但在某些情况下需要加以限制，需要干预，政府调节可以防止收入相差悬殊，有利于实现平等，但是干预不能过度，以免侵犯个人自由，产生官僚主义。

【课堂互动 6-6】 平等和效率的冲突是最需要加以慎重权衡的社会经济问题，它在很多的社会政策领域一直困扰着我们。我们无法按市场效率生产出馅饼之后又完全平等地进行分享。应如何理解这段话的含义？

要点回放

1. 厂商对劳动、资本、土地和企业家才能四种要素加以组合，并生产销售产品所取得的收入，按照参加生产的各个要素所发挥的功能分配给要素所有者，就形成个人收入。因此，要素价格决定了收入在要素所有者之间的分配，解决分配问题就是解决要素价格问题。

2. 工资是由劳动这个生产要素的需求曲线和供给曲线的交点决定。利息是由资本的需求和供给的均衡状态决定，在市场经济中，利率对资本市场具有调节作用。地租是由土地的需求和供给的均衡状态决定，因土地的供给一般是固定不变的，随着经济的发展，对土地需求的增加，地租有不断上升的趋势。

3. 西方经济学把利润分为正常利润与超额利润，正常利润包括在成本之中，真正意义上的利润是指超额利润，它来自于承担风险、创新或垄断。

4. 基尼系数越小，收入分配越趋向平等，洛伦兹曲线的弧度越小；基尼系数越大，收入分配越趋向不平等，洛伦兹曲线的弧度越大。

技能训练

一、关键词

生产要素　派生需求　工资　要素的边际生产力　地租　准租金　经济租金　利息

利润　基尼系数　均衡价格论

二、单项选择

1. 消费者的劳动供给曲线的形状是（　　）。
   A. 水平的　　　　　　　　　　B. 垂直的
   C. 向后弯曲的　　　　　　　　D. 向前弯曲的

2. 由于替代效应，闲暇商品的需求量与闲暇价格（　　）。
   A. 反方向变化　　　　　　　　B. 同方向变化
   C. 二者没有关系　　　　　　　D. 二者关系不确定

3. 由于收入效应，闲暇商品的需求量与闲暇价格（　　）。
   A. 反方向变化　　　　　　　　B. 同方向变化
   C. 二者没有关系　　　　　　　D. 二者关系不确定

4. （　　）只有生产服务的价格，而没有生产源泉的价格。
   A. 劳动　　　　　　　　　　　B. 资本
   C. 土地　　　　　　　　　　　D. 自然资源

5. 工资率的上升所导致的替代效应指（　　）。
   A. 工作同样长的时间可以得到更多的收入
   B. 工作较短的时间也可以得到同样的收入
   C. 工人宁愿工作更长的时间，用收入带来的享受替代闲暇带来的享受
   D. 以上都对

6. 有工人在工资率为每小时 2 美元的时候每周挣 80 美元，每小时 3 美元的时候每周挣 105 美元，由此可以断定（　　）。
   A. 替代效应起着主要作用
   B. 收入效应起着主要作用
   C. 收入效应和替代效应都没有发生作用
   D. 无法确定

7. 准租金与厂商的总利润相比（　　）。
   A. 前者大　　　　　　　　　　B. 后者大
   C. 相等　　　　　　　　　　　D. 均有可能

8. （　　），收入分配越不平等，反之，收入分配越平等。
   A. 基尼系数越大，洛伦兹曲线的弯曲程度越小
   B. 基尼系数越小，洛伦兹曲线的弯曲程度越大
   C. 基尼系数越小，洛伦兹曲线的弯曲程度越小
   D. 基尼系数越大，洛伦兹曲线的弯曲程度越大

9. 洛伦兹曲线表示的是（　　）。
   A. 收入水平　　　　　　　　　B. 人口数量
   C. 收入分配　　　　　　　　　D. 收入分配的公平程度

10. 生产要素的需求曲线向右下方倾斜，是因为（　　）。
    A. 要素的边际产值递减

B. 要素生产的产品的边际效用递减

C. 要素生产的规模报酬递减

D. 要素生产的边际成本递减

三、多项选择

1. 劳动、土地、资本和企业家才能等生产要素的价格分别是（　　）。
   A. 工资　　　　　　　　　　B. 利润
   C. 利息　　　　　　　　　　D. 税率
   E. 地租

2. 利息是（　　）。
   A. 资本的报酬　　　　　　　B. 资本这一生产要素的价格
   C. 由资本市场的供求双方决定的　　D. 工人的工资

3. 洛伦兹曲线与基尼系数的关系是（　　）。
   A. 洛伦兹曲线的弯度越大，基尼系数越大
   B. 洛伦兹曲线的弯度越大，基尼系数越小
   C. 洛伦兹曲线的弯度越小，基尼系数越小
   D. 洛伦兹曲线的弯度越小，基尼系数越大

4. 影响劳动供给的因素有（　　）。
   A. 工资率　　　　　　　　　B. 闲暇
   C. 劳动者拥有的财富状况　　D. 社会习俗
   E. 人口总量及其构成

5. 资本和企业家才能等生产要素的价格分别是（　　）。
   A. 工资　　　　　　　　　　B. 利润
   C. 利息　　　　　　　　　　D. 地租

6. 生产要素的需求是一种（　　）。
   A. 派生需求　　　　　　　　B. 引致需求
   C. 价格的需求　　　　　　　D. 边际效用的需求

四、判断正误(T/F)

1. 生产要素的供给者只是消费者。（　　）
2. 不完全竞争市场要素供给的边际效用等于收入的边际效用与要素价格的乘积。（　　）
3. 要素供给曲线反映的是要素的保留自用量与要素价格之间的关系。（　　）
4. 要素供给曲线的形状是唯一的。（　　）
5. 闲暇商品价格变化的收入效应大于替代效应，因此决定劳动供给曲线在较高的工资水平上开始向后弯曲。（　　）
6. 对任何一种资源来说，如果假定它只有一种用途而没有其他用途的话，则其供给曲线就是垂直的。（　　）

五、简答

1. 为什么说生产要素价格理论就是分配理论？
2. 生产要素市场和商品市场有何不同？有何联系？
3. 劳动这种生产要素的供给有什么特点？为什么？
4. 地租是如何决定的？它有什么样的变动趋势？
5. 什么叫准租金和经济租金？

六、计算题

1. 假定对劳动的市场需求曲线为 $DL=-10W+150$，劳动的供给曲线为 $SL=20W$，请计算：

（1）在这一市场中，劳动和工资的均衡水平为多少？

（2）若政府宣布法定最低工资为 6 元/日，则在这个工资水平下将需求多少劳动？失业人数是多少？

2. 一厂商生产某产品，其单价为 10 元，月产量为 100 单位，每单位产品的平均可变成本为 5 元，平均不变成本为 4 元。试求其准租金和经济利润。

七、论述

1. 房地产被认为是一种最有利的投资，你如何解释这种现象？
2. 改革开放以来，我国基尼系数变大，这种情况说明什么？其原因何在？如何对待这个问题？

八、案例分析

漂亮的收益

美国经济学家丹尼尔·哈莫米斯与杰文·比德尔在 1994 年第 4 期《美国经济评论》上发表了一份调查报告。根据这份调查报告，漂亮的人的收入比长相一般的人高 5% 左右，长相一般的人又比丑陋一点的人收入高 5%～10% 左右。为什么漂亮的人收入高？经济学家认为，人的收入差别取决于人的个体差异，即能力、勤奋程度和机遇的不同。漂亮程度正是这种差别的表现。个人能力包括先天的禀赋和后天培养的能力，长相与人在体育、文艺、科学方面的天才一样是一种先天的禀赋。漂亮属于天生能力的一个方面，它可以使漂亮的人从事其他人难以从事的职业（如当演员或模特）。漂亮的人少，供给有限，自然市场价格高，收入高。漂亮不仅仅是脸蛋和身材，还包括一个人的气质。在调查中，漂亮由调查者打分，实际是包括外形与内在气质的一种综合。这种气质是人内在修养与文化的表现。因此，在漂亮程度上得分高的人实际往往是文化高、受教育高的人。两个长相接近的人，也会由于受教育不同表现出来的漂亮程度不同。所以，漂亮是反映人受教育水平的标志之一，而受教育是个人能力的来源，受教育多，文化高，收入水平高就是正常的。漂亮也可以反映人的勤奋和努力程度。一个工作勤奋、勇于上进的人，自然会打扮得体，举止文雅，有一种朝气。这些都会提高一个人的漂亮得分。漂亮在某种程度上反映了人的勤奋，与收入相关也就不奇怪了。最后，漂亮的人机遇更多。有些工作，只有漂亮的人才能从事，漂亮往往是许多高收入工作的条件之一。就算在所有的人都能从事的工作中，漂亮的人也更有利。漂亮的人从事推销更易于被客户接受，当老师会更受到学生热爱，当医生会使病人觉得可亲，所以，在劳动市场上，漂亮的人机遇更多，雇主总爱优先雇用漂亮的人。有些人把漂亮的人机遇更多、更易于受雇称为一种歧视，这也不无道理。但有哪一条法律能禁止这种歧视？这是一种无法克服的社会习俗。漂亮的人的收入高于一般人。两个各方面条件大致相同的人，由于漂亮程度不同而得到的收入不同。这种由漂亮引起的收入差别，即漂亮的人比长相一般的人多得到的收入称为"漂亮贴水"。收入分配不平等是合理的，但有一定限度，如果收入分配差距过大，甚至出现贫富两极分化，既有损于社会公正，又会成为社会动乱的隐患。因此，各国政府都在一定程度上采用收入再分配政策以纠正收入分配中较为严重的不平等问题。

阅读上述材料，请结合案例说明影响市场经济条件下个人收入的因素？

九、动手操作

观察你所在学校所处的地区，你认为影响某块土地价值的因素有哪些？

第七章　市场失灵与政府干预

> 政府的当务之急，不是要去做那些人们已经在做的事，无论结果是好一点还是坏一点；而是要去做那些迄今为止还根本不曾为人们付诸行动的事情。
>
> ——约翰·梅纳德·凯恩斯

学习目标

● 知识目标

1. 理解市场失灵的含义、原因及其表现；
2. 理解公共物品与准公共物品的区别；理解如何保护公共资源；
3. 理解外部性的含义和负外部性对市场效率的影响；
4. 了解科斯定理的含义及其应用；
5. 了解发达国家管制和反垄断法的实施。

● 能力（技能）目标

1. 能运用"科斯定理"解决环境污染问题；
2. 能针对市场失灵的一些经济事例提出政府干预的对策。

● 情感目标

1. 通过微观经济政策在我国现实经济中的运用，全面认识市场经济中社会资源如何有效配置的问题；
2. 能结合现实经济分析当前公共资源的悲剧，并做出理性选择。

经济与生活

公地的悲剧

在中世纪有一个小镇，该镇最重要的经济活动是养羊。许多家庭都有自己的羊群，并靠出卖羊毛来养家糊口。由于镇里的所有草地为全镇居民公共所有，因此，每一个家庭的羊都可以自由地在共有的草地上吃草。开始时，居民在草地上免费放羊没有引起什么问题。但随着时光流逝，追求利益的动机使得每个家庭的羊群数量不断增加。由于羊的数量日益增加而土地的面积固定不变，草地逐渐失去自我养护的能力，最终变得寸草不生。一旦公有地上没有了草，就养不成羊了，羊毛没有了，该镇繁荣的羊毛业也消失了，许多家庭也因此失去了生活的来源。

是什么原因引起了公地的悲剧？为什么牧羊人让羊繁殖得如此之多，以至于毁坏了该镇的公共草地呢？实际上，公地悲剧的产生原因在于外部性。当每一个家庭增加一头羊到草地上吃草时，就会对草地产生损失，这就是养这头羊的成本。但是由于草地是共有的，养这头羊的这种损失（成本）由全镇所有养羊户共同承担，这头羊的所有者只是分担了其中的一小部分成本。这就是说，在共有草地上养羊产生了负外部性。某个家庭增加一只羊给其他家庭带来的损失就是这只羊的外部成本。由于每一个家庭在决定自己养多少羊时并不考虑其外部成本，而只考虑自己分担的那部分成本，因此养羊家庭的私人成本低于社会成本，这导致羊的数量过多。全镇所有养羊家庭都这样做，羊群数量不断增加，甚至超过了草地的承受能力。

公地的悲剧说明，当一个人使用公共资源时，就减少了其他人对这种资源的享用。由于这种负外部性，公共资源往往被过度使用。解决这个问题的最简单方法是将公共资源的产权进行重新构造，使之明确界定，即使公共资源变为私人物品。在上例中，该镇可以把土地分给各个家庭，每个家庭都可以把自己的一块草地用栅栏圈起来。这样，每个家庭就承担了羊吃草的全部成本，从而可以避免过度放牧。如果公共资源无法界定产权，则必须通过政府干预来解决。如政府管制、征收资源使用费等办法来减少公共资源的使用。

前面六章在一系列理想化假定的条件下，证明市场机制在资源配置中可以实现帕累托最优状态。但现实与理想化假定存在差别，即现实的资本主义市场机制在很多场合下不能导致资源的有效配置，称市场失灵。现实中，有许多公共资源，如清洁的空气和水、石油矿藏、大海中的鱼类、许多动植物等都面临与公地悲剧一样的问题。在市场经济条件下，尽管市场在社会资源的配置中起基础作用，但政府对经济的干预仍然是不可缺少的。

第一节　市场失灵

一、市场失灵的内涵

市场失灵这个概念是从西方引进的，市场失灵是由英文 Market Failure 翻译而来的，不过也有其他多种译法，比较常见的有市场失效、市场无效、市场失败等，现在多用"市场失灵"，它有狭义和广义两层含义。狭义的市场失灵主要是指外部负效应效果，垄断生产和经营、公共物品的生产、不对称信息情况下的商品交易以及社会收入分配不公等问题的调节上运作不灵。而广义的市场失灵除了包括外部负效应效果，在垄断生产和经营、公共物品的生产、不对称信息情况下的商品交易以及社会收入分配不公等问题的调节上运作不灵之外，还包括由宏观经济总量失衡导致的经济波动。

西方经济学中"市场失灵"主要是指狭义的"市场失灵"。我们可以把市场失灵概括为：由于内在功能性缺陷和外部条件缺陷引起的，市场机制在资源配置的某些领域运作不灵，即只靠自由市场机制达不到资源的最优配置。市场失灵的克服需要执行微观经济政策，对这些缺陷加以矫正。

二、市场失灵的原因

市场不是万能的，所以市场会出现失灵的状况。造成市场失灵的原因有很多，西方经济学认为导致资源配置低效率的原因主要是垄断、公共物品、外部性和非对称信息。

1. 公共物品

经济社会生产的产品大致可以分为两类：一类是私人物品，一类是公共物品。简单地讲，私人物品是只能供个人享用的物品，例如食品、住宅、服装等。而公共物品是可供社会成员共同享用的物品，具有非竞争性和非排他性。非竞争性是指一个人对公共物品的享用并不影响另一个人的享用，非排他性是指对公共物品的享用无需付费。例如国防就是公共物品。它带给人民安全，公民甲享用国家安全时一点都不会影响公民乙对国家安全的享用，并且人们也无需花钱就能享用这种安全。

2. 垄断

对市场某种程度的（如寡头）和完全的垄断可能使得资源的配置缺乏效率。对这种情况的纠正需要依靠政府的力量。政府主要通过对市场结构和企业组织结构的干预来提高企业的经济效率。这方面的干预属于政府的产业结构政策。

3. 外部性

市场经济活动是以互惠的交易为基础，因此，市场中人们的利益关系实质上是同金钱有联系的利益关系。例如，甲为乙提供了物品或服务，甲就有权向乙索取补偿。当人们从事这种需要支付或获取金钱的经济活动时，还可能对其他人产生一些其他的影响，这些影响对于他人可以是有益的，也可以是有害的。然而，无论有益还是有害，都不属于交易关系。这些处于交易关系之外的对他人的影响称为外部影响，也被称为经济活动的外部性。例如，建在河边的工厂排出的废水污染了河流对他人造成损害。工厂排废水是为了生产产品赚钱，工厂同购买它的产品的顾客之间的关系是金钱交换关系，但工厂由此造成的对他人的损害却可能无需向他人支付任何赔偿费。这种影响就是工厂生产的外部影响。当这种影响对他人有害时，就称之为外部不经济。当这种影响对他人有益时就称之为外部经济。

4. 非对称信息

由于经济活动的参与人具有的信息是不同的，一些人可以利用信息优势进行欺诈，这会损害正当的交易。当人们对欺诈的担心严重影响交易活动时，市场的正常作用就会丧失，市场配置资源的功能也就失灵了。此时市场一般不能完全自行解决问题，为了保证市场的正常运转，政府需要制定一些法规来约束和制止欺诈行为。

【课堂互动7-1】为什么我们不用向为我们提供服务的警察付费呢？

三、市场失灵的表现

由于市场机制达到最优状态的前提条件在现实的经济活动中难以满足，市场在许多领域都会失灵,与市场失灵的原因相关,市场失灵主要表现在以下几个方面。

1. 收入与财富分配不公

这是因为市场机制遵循的是资本与效率的原则。资本与效率的原则又存在着"马太效应"。从市场机制自身作用看,这是属于正常的经济现象。资本拥有越多在竞争中越有利,效率提高的可能性也越大,收入与财富也越向资本与效率集中;另一方面,资本家对其雇员的剥夺,使一些人更趋于贫困,造成了收入与财富分配的进一步拉大。这种拉大又会由于影响到消费水平而使市场相对缩小,进而影响到生产,制约社会经济资源的充分利用,使社会经济资源不能实现最大效用。

2. 外部负效应问题

外部负效应是指某一主体在生产和消费活动的过程中,对其他主体造成的损害。外部负效应实际上是生产和消费过程中的成本外部化,但生产或消费单位为追求更多利润或利差,会放任外部负效应的产生与蔓延。如化工厂,它的内在动因是赚钱,为了赚钱对企业来讲最好是让工厂排出的废水不加处理而进入下水道、河流、江湖等,这样就可减少治污成本,增加企业利润。但对环境保护、其他企业的生产和居民的生活带来危害,社会若要治理,就会增加负担。

3. 竞争失败和市场垄断的形成

竞争是市场经济中的动力机制。竞争是有条件的,一般来说竞争是在同一市场中的同类产品或可替代产品之间展开的。但一方面,由于分工的发展使产品之间的差异不断拉大,加之资本规模扩大和交易成本增加,阻碍了资本的自由转移和自由竞争。另一方面,由于市场垄断的出现,减弱了竞争的程度,使竞争的作用下降。造成市场垄断的主要因素有:技术进步、市场扩大和企业为获得规模效应而进行的兼并。一些企业获利依赖于垄断地位,竞争与技术进步就会受到抑制。

4. 失业问题

失业是市场机制作用的主要后果。从微观看,当资本为追求规模经营提高生产效率时,劳动力被机器排斥;从宏观看,市场经济运行的周期变化,对劳动力需求的不稳定性,也需要有产业后备军的存在,以满足生产高涨时对新增劳动力的需要。劳动者的失业从宏观与微观两个方面满足了市场机制运行的需要,但失业的存在不仅对社会与经济的稳定不利,而且也不符合资本追求日益扩张的市场与消费的需要。

5. 区域经济不协调问题

市场机制的作用只会扩大地区之间的不平衡现象。它对经济条件优越、发展起点较高的地区的发展更有利,随着这些地区经济的发展,劳动力素质、管理水平等也会相对提高,可以支付给被利用的资源要素的价格也提高,也就越能吸引各种优质资源,以发展当地经济。

那些落后地区也会因经济发展所必需的优质要素资源的流失而越发落后,区域经济差距会拉大。因为不同地区有不同的利益,在不同地区使用自然资源的过程中也会相互损害,这可以称之为区域经济发展中的负外部效应,例如,江河上游地区林木的过量开采,可能影响的是下游地区居民的安全和经济的发展。这种现象造成了区域间经济发展的不协调与危害。

6. 公共产品供给不足

公共产品是指消费过程中具有非排他性和非竞争性的产品。因为这种排他，一方面在技术上做不到，另一方面即使技术上能做到，但排他成本高于排他收益。所谓非竞争性是因为对生产者来说，多一个消费者，少一个消费者，不会影响生产成本，即边际消费成本为零。而对正在消费的消费者来说，只要不产生拥挤也就不会影响自己的消费水平。这类产品如国防、公安、航标灯、路灯、电视信号接收器等。所以这类产品又叫非盈利产品。从本质上讲，生产公共产品与市场机制的作用是矛盾的，生产者是不会主动生产公共产品的。而公共产品是全社会成员所必须消费的产品，它的满足状况也反映了一个国家的福利水平。这样一来公共产品生产的滞后与社会成员与经济发展需要之间的矛盾就十分尖锐。

7. 公共资源的过度使用

有些生产主要依赖于公共资源，如渔民捕鱼、牧民放牧。他们是以江湖河流这些公共资源为主要对象，这类资源既在技术上难以划分归属，又在使用中不宜明晰归属。正因为这样，由于生产者受市场机制追求最大化利润的驱使，往往会对这些公共资源出现掠夺式使用，而不能给资源以休养生息。有时尽管使用者明白保障长远利益需要公共资源的合理使用，但因市场机制自身不能提供制度规范，又担心其他使用者的过度使用，出现使用上的盲目竞争。

第二节　政府对垄断的公共政策

一、垄断的危害

在完全竞争的情况下，社会资源可以得到最充分的利用，消费者也可以从中获益。可是在完全垄断的市场里，垄断厂商为追求自身的最大利润，并不考虑社会效果。垄断厂商的供给量长期小于社会需求量，通过控制产量和提高价格的办法获得高额利润，使社会资源的配置和收入分配不合理，损害了消费者的利益，破坏了完全竞争的理想状态，对整个社会造成损失。

垄断对社会所造成的损失，如图 7-1 所示，纵轴代表价格 P，横轴表示产量 Q。

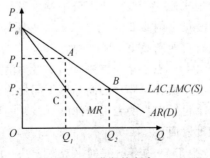

图 7-1　垄断的危害

假定某产业的长期平均成本 LAC 和长期边际成本 LMC 不变，则该产业的长期供给曲线为一水平线，并与 LAC、LMC 重合。如果该产业的需求曲线为 D，则在完全竞争的市场结构下，均衡产量和均衡价格由 B 点来决定，分别为 OP_2 和 OQ_2。而在完全垄断的市场结构下，为了实现利润最大，必须遵循 $MC=MR$ 最大利润原则，这时均衡产量和均衡价格将由 A 点来决定，分别为 OP_1 和 OQ_1。由此可见：

（1）完全垄断情况下的产量 OQ_1 少于完全竞争条件下的产量 OQ_2，而价格 OP_1 反而高于完全竞争条件下的价格 OP_2。这意味着从社会角度看，使用比较多的投入生产了比较少的产品，因而存在社会资源浪费。

（2）完全垄断情况下由于产量减少，价格提高，存在垄断利润，因而消费者剩余减少。在完全竞争条件下，消费者剩余为价格 OP_2 以上部分的大三角形 P_0P_2B。现在由于产生了垄断，产量减少，因而消费者剩余只剩下价格 OP_1 以上的小三角形 P_0P_1A。消费者剩余减少了 P_1P_2BA，其中 P_1P_2CA 的部分垄断厂商作为超额利润占为己有，另外的三角形 ABC 部分则是社会福利损失。它是社会为垄断所支付的一种代价。

二、政府针对垄断的公共政策

由于垄断会带来一系列的社会危害，政府为了避免或最大限度地减少这种危害，就需要对其加以管理，这就是有关垄断的微观政策。政府针对垄断的公共政策主要分为立法和政府管制两种。

1. 反垄断法

（1）法律框架

西方政府反垄断政策主要是制定一系列反垄断法，其中最为突出的是美国。19 世纪以来，美国制定的反垄断法主要有《谢尔曼法》、《克莱顿法》、《联邦贸易委员会法》、《罗宾逊—帕特曼法》和《塞勒—凯弗维尔法》等。这些法案相互补充，从不同侧面对垄断加以限制，形成了一个完整的反垄断的法律体系。

《谢尔曼法》是美国国会 1890 年通过的第一部反垄断法规。其中心思想是"大企业是坏事"，这几乎是当时立法者的普遍信念。今天，人们理解为是为了保护竞争，防止和反对形成过大的垄断企业。该法比较含糊不清，全靠法院来解释。

《克莱顿法》是美国 1914 年制定的反垄断法案，是对《谢尔曼法》的修正和加强。该法禁止不公平竞争。法案宣布，凡导致削弱竞争后造成垄断的不正当做法均为非法。

《联邦贸易委员会法》也是美国 1914 年制定的一项反垄断法规。其主要内容是建立联邦贸易委员会作为独立的管理机构，授权防止不公平竞争以及商业欺骗行为，包括禁止虚假广告和商标等。联邦贸易委员会的主要职责是执行《克莱顿法》，但近些年来，其权力范围有所扩大，成为美国执行反垄断政策的主要机构。

《罗宾逊—帕特曼法》产生于 1936 年，该法宣布卖者为消除竞争而实行的各种形式的不公平的价格歧视为非法，禁止卖者对同样的商品以不同的价格卖给不同的买者；禁止卖者对不同的买者按不同的比率付给广告费和推销津贴。该法的目的是消除不公平的价格竞争，以保护独立的零售商和批发商。

《塞勒—凯弗维尔法》产生于 1950 年，是对《克莱顿法》的修正和补充。《克莱顿法》限制大公司购买竞争者股票，但大公司却可以通过购买竞争者的资产而达到同一目的。《塞勒—凯弗维尔法》就是为了填补这个漏洞而制定的。法令规定，不管什么情况，都不允许在大的企业之间进行合并，也不准大公司与同行业中的小公司合并，还不准小企业与中等规模企业合并（如果这种合并会使它的市场份额超过 30%）。该法还对《克莱顿法》做了一个修正，即规定联邦贸易委员会和司法部对企业之间的合并有管制权。企业在合并之前，必须先把合并计划提交给这两个机构，由这两个机构对合并计划进行审核批准。如果企业未经批准擅自合并，司法部就可以对它提起诉讼。

反垄断法均由国会制定，其执行机构是联邦贸易委员会和司法部反托拉斯局。前者主要负责反不正当的贸易行为，后者主要负责反垄断活动。对犯法者可以由法院提出警告、罚款、赔偿等。

（2）反托拉斯法和效率

近 20 年来，对管制和反托拉斯的经济和法律的观点经历了巨大的变化。在这一时期，产业管制在放松，反托拉斯法在很大程度上废除了自己的信条："制止资本的大量集聚，因为在资本大量集聚面前，人们是无能为力的"。久而久之，所有的手段都指向了提高经济效率这一目标。如果大的是有效率的，那么大就会取得优势。是什么引起了这种对反托拉斯政策态度的变化呢？

首先，它是从经济研究的技术性发展中产生的。经济学家发现，经济的绩效并不总是与结构密切相关。某些大企业（如英特尔公司、微软公司及波音公司）以及某些高度集中的市场（如微处理器、电信和飞机制造）表明，在创新和生产率增长方面，它们这些产业有最佳业绩。尽管经济学理论认为垄断会维持高价格，但历史经验表明，高度集中的产业经常比集中程度低的产业价格下降得更快。与此同时，也有一些非集中的产业，如农业，同样创造了突出的业绩。不存在将结构和绩效挂在一起的铁律。

怎样解开这个谜呢？某些经济学家首先求助于熊彼待假设。集中化产业中的企业确实得到了垄断利润，但市场规模也意味着大企业能够将大量的利润用于研究与开发的投资上。这可以解释高集中产业中的高额的研究与开发开支和迅速的技术变革现象。如果正像熊彼特所说的那样，技术变革真的源于大企业，那么，杀掉这种下金蛋的鸡就是愚蠢的。

其次，对新的反托拉斯政策的第二个支持来自于对竞争性质的观点进行了重新修正。考虑到实验证据和观察两方面的材料，许多经济学家开始相信，只要能严格禁止勾结，即使在高度集中的行业，也会存在激烈的竞争。按照这种观点，反托拉斯法唯一合理的目的，应该是对不合理的、限制竞争的协议（明显的或隐蔽的）加以禁止来代替现行的法规。

最后，外国竞争的激化。随着更多的外国企业跨入中国经济的门槛，它们倾向于为市场份额展开强有力的竞争，打乱已有的销售格局和定价方式。由于欧、美、日等国的汽车加入竞争，国内一、二汽的安逸局面被破坏了。许多经济学家认为，外国竞争的威胁是比反托拉斯法有力得多的加强市场秩序的工具。

2. 公共管制

对垄断的管制主要是指政府对垄断行业价格和产量的管制。这种管制可分为两类：一类是对自然垄断行业的管制，如对电力、自来水、城市公共交通、天然气等公用事业行业的管制；另一类是对非自然垄断行业的管制，如对航空、铁路、通信等行业的管制。

自然垄断行业中电话电报、电力、煤气、自来水等企业的规模大，单位成本低，利润高。公用事业管理部门会对这些企业进行管制，规定最高价格。

政府对铁路、公路、航空等运输行业的管制被认为是从自然垄断行业扩大到非自然垄断行业。微观经济学认为，对这些行业实行公共管制的结果使成本和价格提高，保护了现有厂商反对新的竞争者。因此,应该取消对这些行业的公共管制。事实上,美国现在已经取消了对空中运输、公路运输等的管制。

【课堂互动7-2】 我国邮电部门在20世纪90年代前向消费者收取了高额的电话初装费,但服务质量却没有与昂贵的初装费成正比。安装一部电话的时间可能长达数月甚至半年之久。为什么会出现这种情况?

第三节 公共物品

经济学把经济分为私人部门和公共部门。私人部门提供的产品叫做私人物品,公共部门提供的产品叫做公共物品。以上分析的是私人部门的经济问题。由于公共物品不同于私人物品,私人部门的市场定价、资源配置和选择原则等论述,不适用于公共物品。

一、公共物品的含义和特征

1. 公共物品的含义

公共物品(Public Goods)是现代经济学中广泛使用的一个概念,它是政府向社会和私人提供的各种服务的总称。具体说,公共物品是指私人不愿意生产或无法生产而由政府提供的产品和劳务,包括国防、警察、消防、司法、公共卫生、教育空间研究、气象预报等。政府被定义为公共物品的生产者,公共物品被认为是政府所生产的产品,具有极端正外部特性,也称公用物品或共用物品。当公共物品生产出来之后,正的外部性非常大,人们只享受外部性带来的效用就足够了,以至于没有人愿意为消费它而付费。由于生产者难以收费或收费成本太高,使得生产成本无法收回,造成市场供应不足。

2. 公共物品的特征

经济学认为,公共物品具有不同于私人物品的两个显著特征。

(1) 非排他性特征

公共物品的非排他性是指,不论一个人是否支付这种产品的价格,他都可以使用这种产品。也就是说,这种产品提供给全社会所有的人,任何人都可以从中得益。公共物品一旦被生产出来,可以允许公众共同消费,而且要采取收费的方式限制任何一个消费者对公共物品的消费,都是非常困难甚至是不可能的,因此任何一个消费者都可以免费消费公共物品。最典型的例子是国防和环境。一国的国防一经设立,就不能排斥该国的任何一位公民从国防安全中受益;不管人们是否对环保工程作出贡献,每个人都得益于清洁的空气。灯塔也是非排他性的典型例子,人们很难排斥路过船只不付费而享受灯塔的利益。

(2) 非竞争性特征

公共物品的非竞争性是指,对于任一给定的公共物品的产出水平,增加额外一个人的消费,不会引起生产成本的任何增加,即消费者人数的增加所引起的边际成本趋于零。例如,一个刚刚诞生的新生婴儿,显然不会对作为公共物品的国防产生预算压力;对于航行必须的灯塔来说,多增加一艘过往的船只一般不会增加成本;在不拥挤的条件下,多一个人或少一个人过一座桥,也并不会带来社会边际成本的增加或减少。公共物品的消费者之间,不存在竞争关系。

公共物品的上述特征来源于公共物品的不可分割性。国防、司法、消防、公共卫生、道路、桥梁等,不能再分割成细小部分,只能作为一个整体被人们享用。对于公共物品,市场机制作用不大或难以发挥作用。因为,公共物品的特征决定了在公共物品的消费上,必然存在"免费乘车者"。即使某些公共物品具有排他性,情况也是如此。

二、公共物品的分类

某些公共物品具有完全的非竞争性和非排他性,但这只是比较极端的情况,实际上不同公共物品的非竞争性与非排他性是不同的。根据非竞争性与非排他性的程度,公共物品又被进一步划分为纯公共物品、准公共物品和公共资源。图7-2是公共物品识别方法的示意图。

1. **纯公共物品**

纯公共物品是同时具有非排他性和非竞争性,或由于技术原因排他成本很高,因而事实上无法排他的物品。例如国防、法制、外交、灾情、交通安全和基础科学研究等等。纯公共物品必须以"不拥挤"为前提,一旦拥挤,增加一个消费者就会影响其他人的消费,便会影响"公共物品"性质。同时纯公共物品还具有不可逃避性,也就是说,即使这种公共物品对于某个社会成员来说是不必要的,但他也别无选择,只能消费这类物品。

2. **准公共物品**

准公共物品是具有非竞争性但不具有非排他性的物品。例如观众未坐满的电影院和球场看台、不拥挤的火车、有线电视等等。它也常常被称为"俱乐部物品"。

3. **公共资源**

公共资源是具有竞争性但无排他性的物品。例如,清洁的空气和水、矿藏资源、鱼类以及野生动物等等。公共资源常常会出现过度使用的问题,被称为"公地的悲剧"。

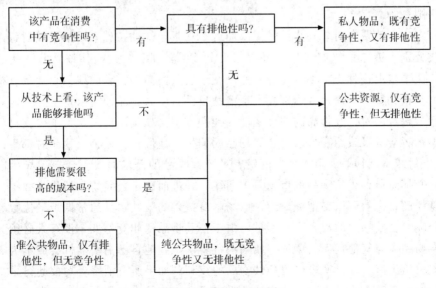

图 7-2 公共物品识别

【课堂互动7-3】对下列物品进行分类并把这些物品归入相应的空白处：私人物品（   ），自然垄断物品（   ），公共资源（   ），公共物品（   ）。

食品及日用品；环境和洁净的空气；拥挤的不收费道路；汽车；消防；春节燃放的焰火；有线电视；国防；拥挤的收费道路；海洋的鱼；不拥挤的收费道路；政府提供的邮政服务和养老金；公共图书馆的座位和图书；基础研究；天然林木；未受保护的野生动物；公共牧场；矿藏资源。

三、公共物品和市场失灵

微观经济学告诉我们，有效的生产水平必须满足边际成本等于边际收益这一条件。公共物品的非竞争性意味着边际成本几乎等于 0，那么边际收益也应为 0，可是边际收益为 0 则意味着产品应该免费提供，显然这在私人物品市场上是不可能发生的。公共物品的非排他性，决定公共物品不适宜由私人生产，因为不能排他，使收费变得十分困难，"免费搭车"在所难免，生产者的收益难以保证。因此，公共物品的特性，使其较难通过市场由私人提供。

我们可以通过图 7-3 来了解私人物品与公共物品的需求曲线。假定某社会只有 A、B 两个消费者，DA 和 DB 分别是这两个消费者对某种产品的需求曲线。图 7-3（a）表示如果这种产品是私人物品，将消费者 A 和 B 的需求曲线在水平方向上相加，就可以得到市场需求曲线 D。假定市场的供给曲线相当于 P_e 的水平线 S，那么需求曲线 D 与供给曲线 S 交点所决定的均衡数量就是 Q_e。

图 7-3（b）表示，如果该种产品是公共物品，则需要把消费者 A 和 B 的需求曲线在垂直的方向上相加，才能形成市场的需求曲线 D。之所以要在垂直的方向上把个人的需求曲线相加，是因为公共物品具有非排他性和非竞争性，消费者使用的都是同样数量的同种物品。不同消费者对各种公共物品愿意支付的价格之和，构成公共物品的价格。在公共物品的供给量为 Q_e 的情况下，消费者 A 和 B 愿意支付的价格分别是 P_A 和 P_B，而愿意支付的总价格则是 P_e。

在假定每个消费者对公共物品的需求曲线存在且已知的条件下，如果能对每个消费者单独征收分别为 P_A 和 P_B 的税费，并用于公共物品的供给，理应使该公共物品的供求实现均衡。但事实上这种愿望很难实现，原因在于公共物品的需求曲线只是抽象分析，难以具体绘出。首先，单个消费者通常并不很清楚自己对公共物品的需求价格。其次，即使单个消费者了解自己对公共物品的偏好程度，他们也不会如实说出来，为了少支付或不支付价格，消费者会低报或隐瞒自己对公共物品的偏好。他们在享用公共物品时都想"免费搭车"，不支付成本就得益。由于单个消费者对公共物品的需求曲线不会自动显示出来，故无法将它们加总得到公共物品的市场需求曲线，并进而确定公共物品的最优数量。

尽管如此，仍然可以有把握地说，市场本身提供的公共物品通常低于最优数量，即市场机制分配给公共物品的资源常常不足。由于公共物品的非竞争性，没有人必须为他所消费的公共物品去与其他任何人竞争。如果消费者认识到他自己消费的机会成本为零，就会尽量少支付给生产者，以换取消费公共物品的权利。如果所有消费者均按此行事，则消费者们支付的数量就不足以弥补公共物品的生产成本，其结果便是低数量的产出，甚至是零产出。

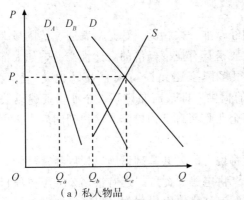 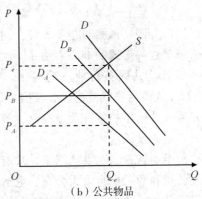

图 7-3 公共物品与私人物品的供求

显然，公共物品的存在是市场失灵的又一个重要原因，很多靠市场无法生产的公共物品，只能由政府通过税收提供给社会的所有成员。

四、政府对公共物品的对策

既然公共物品造成市场机制失灵，政府介入就成为一种必然。如果说一般企业是生产私人物品的组织，那么政府则应该是提供公共物品的机构。政府的主要职责就是提供社会所需要的公共物品，创造社会经济正常而又有效运行的基本条件，而不是去经营一般企业能够生产的私人物品。

但是，政府提供公共物品绝不等于政府生产全部公共物品，更不等于完全取代公共物品、特别是准公共物品的"市场"。单纯由政府生产和经营公共物品，由于以下原因往往缺乏效率：一是政府在生产和经营公共物品时，没有私人部门与之竞争，处于垄断地位，容易造成效率低下；二是从政府部门生产和经营公共物品的非营利性来看，缺乏利润动机的刺激，因而不可能实现高效率；三是政府部门生产和经营公共物品的支出来自预算，不同的部门为了各自的利益，往往强调本部门公共物品的重要性，尽可能扩大预算比例，结果势必造成某些部门的过度供给，损害效率。

因此，要区别"政府提供"和"政府生产"这两个概念：后者是政府对公共物品进行直接生产，而前者是通过某种适当方式，也许是自己直接生产某些公共物品，也许是将某些公共物品委托给其他组织包括私人企业进行间接生产。政府的职能应该是"提供"，而不是自己"生产"全部的公共物品。

我们在前面曾经把公共物品划分为纯公共物品、准公共物品和公共资源。下面我们分别说明政府对不同的公共物品所采取的不同措施。

1. 纯公共物品

纯公共物品虽然根本无法定价和收费，但纯公共物品的生产和供给也是需要花费成本的，这部分成本也是需要补偿的。因此，政府只能通过税收的形式获得所需要的经费来提供这类公共服务。比如国防、环保、天气预报等等。

2. 准公共物品

准公共物品由于具有排他性，因而是可以制定价格和收费的。对于大部分准公共物品,政府常常通过预算或政策安排给企业甚至私人企业进行生产,大体上有以下五种方式。

(1) 签订合同。国家与企业签订合同经营准公共物品,这是最普通、范围最大的一种形式。适用于这一形式的准公共物品,主要是具有规模经济的自然性产品,如大部分基础设施,一部分公共服务行业。近些年,很多国家还允许私人企业以建设—经营—转让(BOT)的方式参与公共基础设施及服务的提供,即政府允许私人企业投资建设公共基础设施,并通过若干年的特许独家经营,等企业收回自己的投资并获得利润后,再由政府接受该项公共基础设施。

(2) 授予经营权。在发达国家,政府将现有的公共基础设施以授以经营权的方式,委托给私人公司经营,如自来水公司、电话、供电等。此外,还有很多公共服务项目也是由这种方式经营的,如电视台、广播电台、航海灯塔、电影制作、报纸、杂志等。

(3) 经济资助。政府对民营公共物品进行资助的方式非常多。主要的形式有补助津贴、优惠贷款、无偿赠款、减免税收、直接投资等等。财政补贴的主要公共领域是科学技术、住宅、教育、卫生、保健、复员军人安置、图书馆、博物馆等。

(4) 政府参股。政府参股的方式主要有四种:收益风险债券、收购股权、国有企业经营权转让、公共参与基金。政府参股方法主要应用于桥梁、水坝、发电站、高速公路、铁路、电信系统、港口等。比较引人注目且效果较好的参股领域之一,是高科技开发研究。

(5) 社会自愿服务。西方国家在许多公共领域从来就允许各种社会团体和个人自愿提供服务,只要遵守宪法和有关专门法律,不管是个人、团体、宗教、慈善事业、股份公司、企业家、基金会还是境外人士,均可参与服务。

3. 公共资源

(1) 过度捕捞的治理

对许多产权比较模糊的公共资源来说,外部性往往带来不恰当的、过度的使用。在现实生活中,我们常常可以看到公海里的鱼类被过度捕捞,森林被过度砍伐,野生动物被毁灭性地猎杀,矿产资源被掠夺性地开发……这些都是公共资源的悲剧。

假设有一个适合捕鱼的公共湖泊,附近渔民都可以进入该湖捕鱼,于是每个渔民都会捕到他的边际收入与边际成本相等时才停止。但捕鱼是有外部影响的,因为过多的捕捞会减少整个湖中鱼的存量,其他人可以捕到的数量就会减少。然而,由于湖泊是公共资源,大家都不考虑自己捕鱼对其他人的影响,随着捕鱼人数越来越多,就会导致湖中鱼类的过量捕捞。图7-4可以说明这一点。假定鱼的市场是充分竞争的,即需求为既定价格的水平线,则每个月鱼的有效供给水平 Q^* 应该由捕鱼的边际收益与边际社会成本相等的那一点决定。图中的边际社会成本,不仅包括私人成本,而且包括鱼的存量一旦耗竭所引起的机会成本。但由于每个渔民都不考虑外部成本,因此只按照自己的边际成本一直捕到利润最大为止,结果捕鱼量是过度捕捞的点 Q_c。产生这一结果的原因是产权不明晰的公共资源。

对这一问题,有一个相对简单的解决办法,就是让这些资源有一个明确的所有者。所有者为了避免资源的过早耗竭,就会限定使用资源的数量或确定应该征收的资源使用费。在上例中,资源使用费应大体等于鱼的存量耗竭所引起的机会成本。当渔民需要支付这一费用时,他们就会发现捕捞超过 Q^* 数量的鱼将不再是有利可图的了,于是资源被过度使用的危险就可能减少。然而,公共资源的规模过于庞大,个体所有权显然不可行,因此在公共资源领域仍然需要保留政府所有和政府的硬性管制,并用有效的法律支持必要规则的实施。我们可以找到很多政府采取措施规定休渔、禁猎、封山,规定自然保护区或限制开采矿藏的成功例子。

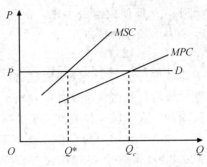

图7-4 公共资源的过度使用

(2) 环境污染的治理

对于环境污染,除了已经谈到的处理外部性的各种方法外,政府还可以采取下列措施。

① 制定排放标准和征收排放费

排放标准是对企业可以排放多少污染物的法定限制,若超过限制,就会面临经济惩罚甚至刑事惩罚。征收排放费是对企业排放每单位污染物的收费。

一般来说,对超过排放标准规定的处罚和对污染的收费是相似的,他们都增加了污染者的排污成本,因而有助于抑制污染。两者的区别在于:处罚倾向于"非黑即白"的管制方式;而收费对其间的灰色区域处理得更好些。处罚对超过某个特定水平的污染所实施的惩罚非常高,但是对于维持在污染线以下的行为却没有任何奖励;收费制度则为企业提供减少污染的边际激励,导致那些治理污染成本低的企业会比治理污染成本高的企业更努力地去治理污染。我们以图7-5加以说明。图中横轴表示废气的排放水平,纵轴表示单位成本和收费水平,MSC 是边际社会成本曲线,MCA 是厂商减少污染的边际成本曲线。图中点 E 为有效排放水平,它是通过制订排放标准确定的,凡是排污超过 E 水平的企业都属违法,要按规定加以惩处。

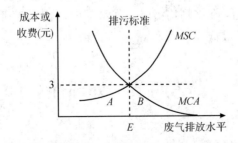

图7-5 规定污染排放标准和收取排放费的比较

然而,通过对每单位污染排放征收3元的方法,也可以使企业减少排放直至排放量限制在 E 的水平。从企业减少污染的边际成本曲线看,在一定范围内(从完全不控制到只排放数量 E 的)控制排放并不十分困难,而要做到比 E 更少排放污染的代价就会越来大。因此对企业来说，所有高于 E 的排放水平，减污的边际成本都低于排放费，值得自行治理来减少排放；而当排放要低于 E 时，减污的边际成本大于排放费，企业就将选择支付排放费而不愿进一步减少排放。所以每单位污染 3 元的排放费将产生有效率的行为，企业会自动把废气量降至 E 水平，从而使成本最小化，企业支付长方形 A 所表示的排放费和 MCA 曲线以下的三角形 B 表示的排污成本。

②可转让的排放许可证

政府还可以利用可转让的排放许可证来实现减少废气这个目标。在这一制度下，每家企业都必须有许可证才能排放污染物，每张许可证都明确规定了企业可以排放的污染物名称和数量，而许可证是可以买卖的。在可转让排放许可证的制度下，购买许可证的往往是那些没有能力减少排放的企业。图 7-6 表示，两个企业具有不同的排污边际成本，MCA_1 > MCA_2。假设两家企业分别最多从政府机构得到排放 7 单位的许可证，企业 1 由于面临较高的减污边际成本，会愿意为每 1 单位排放的许可证出 3.75 元，而该许可证的价格对于企业 2 来说只值 2.50 元。因此企业 2 就会以 2.50～3.75 元之间的一个价格向企业 1 出售许可证。

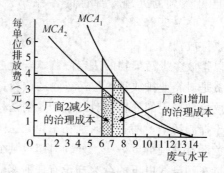

图 7-6　废气排放收费分析图

可转让的排放许可制度，把制定排放标准制度下的某些优点和收费制度下的某些优点结合起来，而政府机构决定总的许可证数目，从而决定了总的排放量。如果条件允许，一个竞争性的许可证市场，就会使得污染减少以最低成本的方式实现。那些减污边际成本相对较低的企业，会尽量地减少排放；而那些减污边际成本相对较高的企业，会购买较多的许可证，并相对减少排放。在市场均衡时，许可证的价格等于所有企业减污的边际成本，政府选择的排放水平会以最低成本实现。

第四节　外部性

一、外部性及其分类

1. 外部性的含义

外部性（Externalities）是指生产或消费行为给他人带来非自愿的成本或收益，却不用支付由此带来的成本或不能从这些收益中得到补偿。也就是说，一个经济主体的行为对另一经济主体所产生的影响，而这种影响并没有从货币关系上或市场交易中反映出来。

对于上述定义需要说明的有以下几点。

(1) 外部性的这种影响是直接发生的，不能通过市场价格机制来解决

比如，工厂排放有毒化学品，飞机带来噪声、被动吸烟等等，人类社会难以对这类行为对他人造成的损害进行准确度量，也难以通过市场交易的方式来反映。因此，虽然外部性是市场交易机制以外的人与人之间的相互关系，但这种关系仍是经济关系。

(2) 外部性是一种人为的活动

非人为事件造成的影响不能被认为是外部性，如各种自然灾害等。

(3) 外部性是在以某种行为为主要目的外派生出来的影响

比如，工厂排放有毒化学物质的主要目的是为了实现更多的利润，而不是为了污染，但却派生出污染这种影响；长途汽车上用手机听歌的人，他的主要目的在于欣赏音乐，却对车上的其他群体造成了不良的影响。

2. 外部性的分类

(1) 按照外部性的性质可将其分为有益的外部性（即正外部性）和有害的外部性（负外部性）

当一个经济主体的行为给另一经济主体带来的是收益时称为正外部性。例如，当一个养蜂人饲养的蜜蜂使附近果园的苹果产量增加时，果园主人并没有给养蜂人付什么报酬，这时养蜂人所带来的社会收益大于养蜂人的私人收益，这就是正的外部性。相反，当一个经济主体的行为给另一经济主体带来的是成本时称为负外部性。例如，一家造纸厂由于排放废水污染周围环境却并不承担责任，这时造纸生产所带来的社会成本大于其私人成本，这是负的外部性。

(2) 按照外部性产生的领域可将其分为消费的外部性和生产的外部性

生产的正外部性是指生产者的经济行为产生了有利于他人的良好影响，而却不能从中取得报酬。如蜜蜂的生产者，传播了花粉；上游居民种树，保护水土，下游居民的用水得到保障。生产的负外部性是指生产者的行为给他人造成了损害，但没有给他人予以补偿。如造纸厂的三废；木工装修房子所产生的噪音；上游伐木造成洪水泛滥和水土流失，对下游的种植、灌溉、运输和工业产生不利影响。

消费的正外部性是指消费者采取的行动对于他人产生的有利影响。如养花而供人观赏的人，给养蜂人和邻居带来了好处。消费的负外部性是指消费者的行为给他人造成了损害，但没有给予补偿。如吸烟；某人在三更半夜时大声唱卡拉 OK。

(3) 外部性可以分为空间上的外部性和时间上的外部性

空间上的外部性是指某项经济活动在一定空间上对其周围的经济主体所造成的额外收益或损失，一般是对经济活动的现实影响。如农药厂排放的毒气。

时间上的外部性是指目前的某项经济活动对未来时期可能造成的额外收益或损失。一般是对经济活动的将来影响，即一代人的经济活动对子孙后代的影响。"前人栽树后人乘凉"，说的是为后代造福，当然是指时间上正的外部性；而生态环境的破坏和对不可再生资源的浪费，显然对人类今后生存与发展造成不利的影响，当然是时间上负的外部性。

二、外部性和市场失灵

各种形式的外部影响的存在造成了一个严重的后果,那就是:完全竞争条件下,由于存在着外部性,整个经济的资源配置也不可能达到有效率的最优状态。"看不见的手"在外部影响面前失去了作用。为什么外部影响会导致资源配置不当呢?

原因非常简单,由于存在外部经济,故私人的利益就小于社会的利益。在这种情况下,如果一个人采取某项行动的私人成本大于私人利益而小于社会利益,则这个人显然不会采取这项行动,尽管从社会的角度来看,采取该项行动是有利的。一般而言,在存在外部经济的情况下,私人活动的水平常常要低于社会所要求的最优水平。

由于存在着外部不经济,故私人的成本就小于社会成本。在这种情况下,如果一个人采取某项行动的私人利益大于其私人成本而小于社会成本,则这个人显然就会采取这项行动,尽管从社会的角度来看,采取这项行动是不利的。一般而言,在存在外部不经济的情况下,私人活动的水平常常要高于社会所要求的最优水平。

三、政府解决外部性的政策

针对外部性,采取的一般办法是使造成外部性的经济主体具有矫正外部性的动力。具体有以下方法。

1. 政府直接控制

直接控制是政府对几乎所有污染健康和安全方面产生负外部性的行为的一种管理办法。该办法规定所有生产者必须减少外部影响。例如,在美国,依照1970年的净化空气法案,汽车被要求在一定时期内将其三种主要污染物的排放减少90%;1977年,发电厂被命令将其硫化物排放减少90%;在1984年,要求石棉生产者净化空气,以至于每平方厘米空气中所能发现的石棉纤维不超过两根。这些都是政府采取直接对外部影响进行控制的典型例证。

2. 使用税收和补贴

对造成外部不经济的企业,国家可以征税,其税收的数量应该等于该企业给社会其他成员造成的损失,从而使该企业的私人成本恰好等于社会成本。例如,在生产污染的情况下,政府对污染者征税,税额等于治理污染所需要的费用。这样,企业就会在进行生产决策时把治理污染的成本也考虑进来。反之,对造成外部经济的企业,国家则可以采取补贴的办法,使企业的私人利益与社会利益相等。无论是何种情况,只要政府采取措施使得私人成本和私人利益与相应的社会成本和社会利益相等,则资源的配置便可以达到最优。

3. 诉讼法律

诉讼法律是使用法律而不是政府干预的办法来解决负的外部性。这样负的外部性的生产者将对由此造成的对其他人的任何损害负有法律上的责任。假定一个炼钢企业给其他生产者或消费者带来了污染,污染侵害者就会向法律部门提起诉讼,要求其损害赔偿。实际上,这种办法是导致外部影响内部化的一种制度,因为这时造成污染的炼钢厂为了避免承担诉讼费用,会自行地把产量推进到 $MR_P = MC_S$ 那一点,从而使经济社会处于有效率的状态,即帕累托最优状态。

4. 提倡循环经济

循环经济是减少外部性的一个较新也较有效的办法。循环经济一词首先是由美国经济学家 K. 波尔丁提出，主要是指在人、自然资源和科学技术这个大系统内，在资源投入、企业生产、产品消费及其废弃的全过程中，把传统的依赖资源消耗的线性增长经济转变为依靠生态型资源循环来发展的经济。波尔丁的"宇宙飞船理论"可以作为循环经济的早期代表。该理论大致内容是，地球就像在太空中飞行的宇宙飞船，要靠不断消耗自身有限的资源来生存，如果不合理开发资源、破坏环境，就会像宇宙飞船那样走向毁灭。循环经济既是一种新的经济增长方式，也是一种新的污染治理模式，同时又是经济发展、资源节约与环境保护的一体化战略。

5. 通过企业合并

例如，一个企业的生产影响到另外一个企业。如果这种影响是正的（外部经济），则第一个企业的生产就会低于社会最优水平；反之，如果这种影响是负的（外部不经济），则第一个企业的生产就会超过社会最优水平。但是，如果把这两个企业合并为一个企业，则此时的外部影响就"消失"了，即被"内部化"了。合并后的单个企业为了自己的利益将使自己的生产确定在其边际成本等于边际收益的水平上。由于此时不存在外部影响，故合并的企业成本和收益就等于社会的成本和收益，于是资源配置就达到了最优。

6. 科斯定理

所谓科斯定理，是指只要财产权是明确的，并且交易成本为零或者很小，则无论暂时将财产权赋予谁，市场均衡的最终结果都是有效率的。上述明确财产权的政策，可以看做是更加一般化的所谓科斯定理的特例，甚至税收和补贴都可以看成是科斯定理的一个具体运用。

科斯定理的含义是，只要将产权明晰化，无论初始产权如何界定，只要交易成本为零，并听任有关各方在市场上自由地交易或协商，则市场机制便能导出最有效率的结果，使资源达到合理配置。所以，当外部性导致市场失灵时，也不一定非要政府干预。而传统的利用税收和津贴的办法，由于不能保证取得最有效率的结果，因而应当使用让位于在产权明晰化条件下的市场机制自发调节的办法。

例如，某条河流的上游污染者使下游用水者受到了损害。如果给予下游用水者以使用一定质量水源的财产权，则上游的污染者将因把下游水质降到特定质量之下而受罚。在这种情况下，上游污染者就会与下游用水者协商，将这种权利从他们那里买过来，然后再让河流受到一定程度的污染。同时，遭到损害的下游用水者也会使用他出售财产权而得到的收入来治理河水。总之，由于污染者为其不好的外部影响支付了代价，故其私人成本与社会成本之间不存在差别。

7. 利用道德规范和社会约束

例如：为什么大多数人不随地吐痰？只是因为这样做是错误的，我们的父母从小就这样告诫我们。正如古语所言："己所不欲勿施于人。"它告诉我们，要考虑到我们的行为如何影响其他人。

8. 通过慈善行为

解决外部性可以通过慈善行为来解决。许多慈善行为的产生就是为了解外部性问题。例如，对希望工程捐款就是因为教育会对社会产生正的外部性。

【课堂互动7-4】当我们乘坐长途汽车休息时，经常会遇到有人把手机调到很高的音量听歌。听歌人在享受音乐的时候，会对他人产生两种影响：一是制造了噪音，影响了他人休息；二是手机长时间使用，散发出来的辐射影响了他人的身体健康。而他本人对自己的行为还无须承担任何责任。我们该如何解释这种行为呢？

第五节 不对称信息

我们对市场行为的分析，绝大多数场合都是假定市场参与者对产品和资源拥有充分信息。对消费者来说，充分信息涉及产品价格、质量和数量方面的知识；对企业来说，充分信息包括各种资源的边际生产力、将资源组合起来的适当技术、对企业产品的需求等方面的知识。实际上，对消费者和生产者来说，获取可靠信息都需要付出代价。实际生活中是难以做到的。

一、逆向选择与"次品"问题

旧车市场上，有关汽车质量的信息是不对称的。卖家知道所售汽车的真实质量；但一般情况下，买家要想确切地辨认汽车质量的好坏是困难的，他最多只能通过外观、介绍及简单的现场试验等来获取有关汽车质量的信息，而从这些信息中很难准确判断出车的质量，因为车的真实质量只有通过长时间的使用才能看出，但这在旧车市场上又是不可能的。所以我们说，旧车市场上的买家在购买汽车之前，并不知道哪辆汽车是高质量的，哪辆汽车是低质量的，他只知道旧车市场上汽车的平均质量。在这种情况下，典型的买家只愿意根据平均质量支付价格。但这样一来，质量高于平均水平的卖家就会将他们的汽车撤出旧车市场，市场上只留下质量低的卖家。结果是旧车市场上汽车的平均质量降低，买家愿意支付的价格进一步下降，更多的较高质量的汽车退出市场……在均衡的情况下，只有低质量的汽车成交，极端情况下甚至没有交易。

在旧车市场上，高质量汽车被低质量汽车排挤到市场之外，市场上留下的只有低质量汽车。也就是说，高质量的汽车在竞争中失败，市场选择了低质量的汽车。这违背了市场竞争中优胜劣汰的选择法则。平常人们说的选择，都是选择好的，而这里选择的却是差的，我们把这种现象叫做逆向选择。

当市场上信息充分的一方以损害信息不充分一方的方法作出对自己有利的选择时，所产生的问题就是逆向选择问题。在我们的例子中，汽车的卖者，即信息充分的一方，以增加待售的质量差的汽车数量的方法作出对自己有利的选择，即决定出售他们的汽车。由于这种逆向选择，汽车的买者，即市场上信息不充分的一方，会终止原来与质量差的汽车车主（确切地说，那些买者不愿意与之交易的卖者）进行的交易。

二、委托代理问题

所谓委托代理问题是指由于委托人不能确切了解代理人的行为，代理人可能追求他们自己的目标，而以牺牲委托人的利益为代价。

代理人是行为人，而委托人是受行为影响的一方。比如企业内部就存在委托代理问题，企业所有者是委托人，企业雇员，包括经理和工人都是代理人。委托人利润最大化的目标并非就是代理人的目标，代理人都有自己的目标。比如经理可能追求企业规模的扩大和自身收入的提高；工人有可能追求工资收入的最大化，或者在收入水平一定的情况下，追求闲暇最大化。如果经理和工人的努力程度是可以观察和监督的，那么企业所有者可以采取一些措施制裁工人或经理的不努力行为，但是实际上不管是工人还是经理，其努力程度都是难以观察的，而且如果想要加以监督，其成本很大，企业所有者不可能时时刻刻监督经理或工人的行为，也不可能知道他们是否百分之百地努力工作，只有经理和工人他们自己知道工作的努力程度，这也就是说企业所有者与经理、工人所拥有的信息是不对称的，就会产生委托代理问题。在完全自由竞争市场条件下，企业生产是以获取最大利润为目标的。根据上述分析，我们知道企业中存在委托人和代理人，他们的目标不同，必然使企业生产偏离这一目标，其后果是社会资源达不到有效配置，从而出现市场失灵。

市场上只要有就业存在，并且一个人的利益取决于另一个人的行为，就必然有委托代理关系存在。由于委托人和代理人的目标不同，所掌握的信息又不对称，其结果必然是社会资源配置效率受损。可见委托代理问题引起的市场失灵广泛存在于社会经济生活中。

三、道德风险问题

道德风险是指交易双方在交易协议签订后，其中一方利用多于另一方的信息，有目的地损害另一方的利益而增加自己利益的行为。

不对称信息也会给保险市场带来一些问题。例如，在保险公司看来，理想的健康保险投保人是那些将会过长久健康生活，最后在睡梦中悄然去世的人。但是，许多人对健康保险公司来说风险很高，因为存在隐藏特征（不健康的基因）或隐藏行动（过度吸烟、酗酒，除了走到冰箱前取吃的从不锻炼身体，天天想着牛肉干和啤酒）。在保险市场上，是买方而不是卖方更了解他们未来是否可能需要保险的特征和行动方面的信息。

如果保险公司无法将投保人一一区别开来，那么它就应该对健康风险高的人与健康风险低的人收取同样的保费。这一费率对健康风险高的人是有吸引力的，但对健康风险低的人则显得太高，从而这些人中的一些人将选择自保。随着自保的健康人数的增加，参加保险的人们平均健康状况下降，因而保费必须提高，这会使得保险对健康人的吸引力进一步减弱。投保人的健康状况会由于逆向选择而低于整个人口的健康状况。逆向选择一直被作为实施全民健康保险计划的一个理由。

一旦人们买了保险，其行为就可能发生变化，使索赔概率增大，这种情况会使保险问题更加复杂。例如，人们购买了防盗保险之后，就可能不怎么用心保管他们的贵重物品，这称为道德风险。当一个人的行为发生变化，使得令人不愉快的结果出现的可能性增大时，就会发生道德风险。

因为道德风险是在交易一方因另一方无法观察他们的行动而有足够动机推卸责任时发生的，所以它是一个委托代理问题。责任可能是修理汽车，也可能是保管贵重物品。在修理汽车的例子中，修理工是代理人；在保险的例子中，投保人是委托人。修理工和投保人都可能欺骗不知情的当事人。因此，道德风险发生在能够从事隐藏行动的一方。这一方，可能是代理人，也可能是委托人，视情况而定。

四、信号传递与甄别问题

市场中有隐藏特征和隐藏行动的一方有动力发布对他有利的信息。例如，一位求职者可能会说："聘用我吧，我工作勤奋、可靠、非常积极，是一个无所不能的好雇员。"或者，一位生产者可能会说："在某某公司，质量第一。"但是，对质量的这种直接声称似乎只是出于对自身利益的考虑，未必可信。所以，市场双方都在积极研究传递可靠信息的令人信赖的方法。

因此，逆向选择可能导致信号传递，即市场上拥有信息的一方传递另一方可能觉得重要的信息。让我们分析一下劳动市场上的信号传递。因为许多工作真正要求的品质是在一份简历或一次面试中看不出来的，所以求职者会用一些替代测量，如学历、大学成绩和推荐信，来证明这些看不出的特征。一种替代测量称为一种信号，它是某种隐藏特征的一种看得见的信号。一种信号由市场上拥有信息的一方发给不拥有信息的一方，并且，只要不太合格的求职者更难于传递这种信号，这种信号将用作筛选求职者的一种有用的方法。

为了选出最好的雇员，雇主们尽力对求职者进行甄别。甄别是指市场上不拥有信息的一方使拥有信息一方的一些相关但隐藏的特征暴露出来的努力。最初的甄别可能是检查每份简历的拼写和打印错误。这些错误尽管本身并不重要，但它们可以表明应聘者不细心，而细心在工作中可能是重要的。不拥有信息的一方必须找到生产力不高的人难以发出的信号。如果与生产力较低的工人相比，生产力较高的雇员发现自己更容易在大学里取得成功，那么一份好的大学档案就是值得用来甄别雇员的一种测量。在这种情况下，学历之所以可能是重要的，不完全是因为它对一个雇员的生产力的影响，而且还因为它能使雇主将各种工人区别开来。总之，一个雇主往往不能直接测量求职者的潜在生产力，所以，该雇主必须依靠某种替代测量来甄别求职者。最重要的一个替代测量，是能够最准确地反映未来生产力的测量。

五、不对称信息问题的解决

减弱不对称信息影响的方法很多。可以通过建立激励结构或信息披露制度来减少与信息的不对称利用有关的问题。例如，通过法律保证对事后有毛病的新车或旧车的买主给予赔偿。旧车经销商通常也提供担保，以降低买者买到有毛病的汽车的风险。某些汽车修理厂在进行一项修理之前提交一些书面估价，并将损坏的部件还给顾客，以证明修理是必要的，并且已做了修理。消费者常常对大的开支做出了多种估计；如果涉及的是医疗程序，他们可能会寻找第二种或第三种意见。

健康保险公司采用多种方法解决逆向选择和道德风险问题。大多数公司要求申请人进行身体检查并回答他们病史方面的一些问题。一张保险单往往涵盖一个群体中所有的人，如全体公司雇员，而不只是那些原本会自主选择的人们。这类团体保险单可以避免逆向选择问题。保险公司通过让保单持有人承担比如索赔额的前 2 000 元作为"免赔额"，或者要求投保人承担索赔额的一定比例，来降低道德风险。另外，一些汽车险或盗窃险保单的保险费上升，而且，当索赔要求增多时，保险合同也可能被终止。

要点回放

1. 市场失灵是指由于内在功能性的缺陷和外部条件的缺陷引起的,市场机制在资源配置的某些领域运作不灵,即只靠自由市场机制达不到资源的最优配置。

2. 市场失灵的原因主要是由垄断、公共物品、外部性和非对称信息造成的。为了弥补这些缺陷,就需要政府的干预。

3. 垄断与完全竞争相比,其弊端主要是会导致产品价格的抬高和产量的不足,而这又会导致社会总效益的减少,这部分减少,经济学称之为无谓的损失。为了克服这种弊端,政府通常采取两类措施:一是制定和执行反垄断法;二是对自然垄断企业进行管制。

4. 公共物品的特征是消费上的非竞争性和非排他性。前者是指这种产品增加一个消费者并不会影响其他消费者对这种产品的消费。后者是指即使消费者没有付费,供应者也不能把他排除在消费者之外。公共物品的非排他性决定了它的供应者不可能(向消费者)收费。公共物品的非竞争性则决定了这种收费也是不需要的。因此,私人企业不愿也不宜生产这种物品,它只能由政府来供应。

5. 市场主体的经济行为有的会产生外部性问题。外部性分为外部收益和外部成本。不管是生产行为还是消费行为都存在外部性。外部性的存在会影响资源的配置效率。生产或消费的外部不经济使市场产量大于社会最优量,生产或消费的外部经济使市场产量小于社会最适量。外部问题可以通过税收、补贴、企业合并、产权界定和市场协商以及政府管制等方式使其在一定程度上予以克服。

6. 信息的不完全性也会导致市场的低效率。在传统的供求分析中,交易发生在非个人的市场上,买者并不特别关心谁是卖方。但是,在信息不对称的情况下,市场上另一方的构成和特征变得重要起来。当逆向选择问题相当严重时,一些市场可能停止运行。市场参与者试图通过信号传递和甄别,并尽力使交易条件明确和透明,为了克服这一缺陷,也需要政府的介入。

技能训练

一、关键词

帕累托有效　科斯定理　市场失灵　垄断　公共物品　非排他性　非竞争性　私人物品　公共选择　外部性　正外部性　负外部性　非对称信息　逆向选择　委托代理　道德风险　信号传递　甄别

二、单项选择

1. 按照微观经济学的分析,只有在(　　)上,企业的生产成本从长期来看才是最低的,市场机制才能实现资源的有效配置。

　　A. 完全垄断市场　　　　　　B. 完全竞争市场

C. 垄断竞争市场　　　　　　　　D. 不完全竞争市场

2. 某造纸厂在其生产过程中，向附近的河流排放了大量的污水，并因此导致了附近某粮食产量大幅度下降，但该厂却又不对附近种粮农民进行相应的赔偿。这种现象通常被称为（　　）。

　　A. 生产的外部经济　　　　　　　B. 生产的外部不经济
　　C. 消费的外部经济　　　　　　　D. 消费的外部不经济

3. 从经济学理论上说，生产的外部不经济会造成（　　）。

　　A. 资源均衡配置　　　　　　　　B. 资源有效配置
　　C. 产品供给过少　　　　　　　　D. 产品供给过多

4. 市场失灵是指（　　）。

　　A. 在私人部门和公共部门之间资源配置不均
　　B. 不能产生任何有用成果的市场过程
　　C. 以市场为基础的对资源的低效率配置
　　D. 收入分配不平等

5. 养蜂者的工作会对果园生产产生（　　）。

　　A. 生产的外部经济　　　　　　　B. 消费的外部经济
　　C. 生产的外部不经济　　　　　　D. 消费的外部不经济

6. 如果某一经济活动存在外部经济，则该活动的（　　）。

　　A. 私人成本小于社会成本　　　　B. 私人利益大于社会利益
　　C. 私人利益小于社会利益　　　　D. 私人成本大于社会成本

7. 卖主比买主知道更多关于商品的信息，买主无法区别商品质量的高低，这种情况被称为（　　）。

　　A. 道德风险　　　　　　　　　　B. 排他经营
　　C. 信息不对称　　　　　　　　　D. 搭售

8. 科斯定理强调市场化解决外部问题的有效条件是（　　）。

　　A. 产权界定清晰且交易费用较高
　　B. 不需界定产且交易费用为零
　　C. 产权界定清晰且交易费用为零
　　D. 以上均不是

9. 政府提供的物品（　　）公共物品。

　　A. 一定是　　　　　　　　　　　B. 不都是
　　C. 大部分是　　　　　　　　　　D. 少部分是

10. 当人们无偿地享有了额外的收益时，称作（　　）。

　　A. 公共产品　　　　　　　　　　B. 外部不经济
　　C. 交易成本　　　　　　　　　　D. 外部经济

三、多项选择

1. 导致市场失灵的原因主要有（　　）。

　　A. 垄断　　　　　　　　　　　　B. 外部性

C. 公共物品 D. 信息不对称
E. 价格波动

2. 在不完全竞争市场上,将会出现( )。
   A. 生产者只能接受价格 B. 资源不能在部门间自由流动
   C. 生产者的产量不是最大产量 D. 市场价格达到最低
   E. 市场机制不能充分有效的发挥作用

3. 下列选项中,正确的是( )。
   A. 正的外部性的存在,通常会使市场主体的活动水平低于社会所需要的水平
   B. 正的外部性的存在,通常会使市场主体的活动水平高于社会所需要的水平
   C. 存在外部不经济时,会造成产品供给过多
   D. 外部经济和外部不经济的存在,都意味着资源配置未能达到最优
   E. 外部性的存在,在很大程度上是由产权不清晰引起的

4. 公共物品的特点包括( )。
   A. 竞争性 B. 排他性
   C. 非竞争性 D. 非排他性
   E. 效用的可分割性

5. 下列关于私人物品的表述中,正确的有( )。
   A. 增加一个人对该物品的消费必然减少另一个人对该物品的消费
   B. 增加一个人对该物品的消费并不影响其他人对该物品的消费
   C. 该物品在财产所有权上具有独占性
   D. 一个人不进行购买就不能消费该物品
   E. 一个人不进行购买也可以消费该物品

6. 下列公共物品中属于准公共物品的是( )。
   A. 国防 B. 治安
   C. 医疗卫生 D. 教育
   E. 收费公路

7. 在下列经济活动中,( )具有正外部经济效应,( )具有负外部经济效应。
   A. 培训工人和干部 B. 抽烟
   C. 在高速公路上超速行驶 D. 在路边打扫门前积雪

四、判断正误(T/F)

1. 养蜂者的活动对果园生产者的利益存在生产的外部影响。( )。
2. 市场机制总是可以使资源得到最有效的配置。( )。
3. 在存在外部经济的时候,市场调节能够实现资源的有效配置。( )。
4. 外部不经济的经济活动其私人成本大于社会成本。( )。
5. 如果存在外部不经济,则私人成本小于社会成本。( )。
6. 在消费上或使用上具有竞争性和排他性特点的商品叫公共物品。( )。
7. 存在消费的外部经济时,他人或社会会从中收益。( )。
8. 公共物品必须同时具有非竞争性和非排他性。( )。

9. 政府对市场进行干预的目的主要是控制市场价格。（　　）。
10. 为了消除外部性对市场的影响，政府可以采取的措施有规定限价。（　　）。

五、简答
1. 如何纠正外部影响造成的资源配置不当？
2. 外部影响是如何干扰市场资源优化配置的？
3. 公共物品为什么不能靠市场来提供？
4. 什么是外部性？举例说明正外部性和负外部性。
5. 为什么正外部性的商品会供应不足，而负外部性的商品却供应过多？

六、计算
1. 作图并分析垄断是如何导致市场失灵的。
2. 作图并分析负的外部性是如何造成市场失灵的。

七、论述
1. 试述市场失灵的原因及其矫正。
2. 外部影响是如何导致市场失灵的？你对运用"科斯定理"解决环境污染问题有何看法？

八、案例分析
距离产生美

举世皆知，蒙娜丽莎的清丽无人能及，世界各地专程前来巴黎瞻仰她容貌的人们甚至踏坏罗浮宫的门槛。但是，蒙娜丽莎的美，只能在距离油画两三米外才能显现，如果贴近来看，唯余一堆皱巴巴、杂乱不堪的油彩。雄居五岳之首的泰山，那磅礴的气势也要从山外来看，真进了山中，那石，那树，和别的山川没什么根本的不同。埃菲尔铁塔，从远处看蔚为壮观、气势磅礴，可走近了看，不过是一堆锈迹斑斑的钢条加铆钉。为什么？距离产生美。

政府与市场，同样需要距离。如麦迪逊所言："如果人都是天使，就不需要任何政府了。如果是天使统治人，就不需要对政府有任何外来的或内在的控制了。"完成治理的基本功，做到对市场的不妨害，是一个政府在经济事务管理的最低纲领（对一些政府来说，或许是最高目标）；这也是市场对政府的核心的、正当的、理性的要求。尤其在权力自上授予、对上负责的情况下，过于热心的参与往往是执政目标的暧昧所致。当地方政府在新的政治格局中获得了更大的权力时，这种区域竞赛似有进一步蔓延升温的迹象。当市场上的竞赛主体只是一些集合的、模糊的身影时，竞赛的魅力就已经失去了。

当前土地市场秩序混乱，在某种程度上是因为政府离市场太近。本轮圈地运动，一些地方政府部门具有不可推卸的责任。一位参加五部委土地联合督察组的官员说，这次检查发现经营性土地"招拍挂"出让还没有做到全覆盖，某省份至今仍有一半的市、县未建立"招拍挂"制度；违法审批、越权审批土地行为仍未得到根本遏制，如个别地方基层政府违反规划，随意将大量农用地转为建设用地，违规扩大土地作为基础设施投资综合补偿范围,违规低价出让土地,擅自批准减免地价和土地有偿使用费;一些市县在招商引资中竞相压低地价,恶性竞争吸引投资者;个别地区经营性用地招标、拍卖、挂牌不甚规范,仍以协议方式出让土地。市场经济客观要求政府必须将职能定位于制定土地市场规则、维护市场秩序、营造市场环境上,通过法律手段和经济手段等调控市场,减少对市场的直接干预,以保护土地市场稳定、公平、安全运行。要解决这些问题,首先就是要从现在开始逐步规范政府行为,而不是反过来在现在的机制下再去强化政府各部门对市场经济活动的干预。

当然,距离不能变成遥远,否则,美丽也就不存在了。政府与市场保持适当的距离的时候,经济、社会的效率是最高的。政府与市场的距离渐行渐远,弊端开始显露。始于20世纪80年代末至90年代初的那一轮圈地运动,在某种程度上是因为政策法规不够完善、政府宏观调控不够所致。1989年3月人大修改了宪法,补充了"土地使用权可以依法转让"一句,但是没有出台配套措施,没有对土地市场交易出台规范措施,也没有建立宏观调控机制。游戏规则存在漏洞,缺乏宏观调控,使一些炒家看到了发财的良机,只要通过关系获得土地,一转手就可以获取数倍乃至数十倍的暴利,于是,寻租现象蜂拥,"圈地运动"轰轰烈烈地开展起来了。在那一轮"圈地运动"中,在一些地区,权钱交易几乎是公开的。手握实权的人和房地产商串通一气,以极低廉的象征性的价格大批圈占土地,然后转手获取暴利。有门路的国内外商人常越过基层办事单位,直接找省、市、县领导批地,发财后一走了之。在游戏规则日趋完善的今天,上个世纪的那种疯狂圈地行为将一去不复返,但是,其带来的教训值得我们铭记。

不过,即使我们的政府部门已经懂得了尊重市场,但如果不知道政府的边界在何处,仍有破坏市场规则的危险。这需要我们破除那些似是而非的论点,并将政府的边界写入约束政府的法律。今天,在我国许多美似花园的城市中,人们已经养成了不践踏绿地的习惯;我们的行政部门能否在市场的边界上驻足止步呢?

阅读上述材料,回答下列问题:
(1) 政府应如何与市场保持"距离美"?
(2) 政府干预市场的微观经济政策有哪些?

九、动手操作

你与吸烟者住同一寝室,但你不吸烟。根据科斯定理,什么因素决定你的室友是否在寝室吸烟?你通过什么方法与他达成不吸烟协议?

第八章　国民收入核算体系

> 经济学家和政治哲学家们的思想，不论它们在对的时候还是在错的时候，都比一般所设想的要更有力量。的确，世界就是由他们统治着。讲求实际的人自认为他们不受任何学理的影响，可是他们经常是某个已故经济学家的俘虏。
>
> ——约翰·梅纳德·凯恩斯

学习目标

- ● 知识目标
1. 了解国内生产总值及相关宏观总量的概念；
2. 熟悉国民收入的三种核算方法；
3. 理解总产出与总收入、总支出之间的恒等关系；
4. 理解国民经济收入流量循环模型并掌握储蓄—投资恒等关系。

- ● 能力（技能）目标
1. 初步建立起学生分析经济问题的宏观思维；
2. 培养学生通过假设简化经济问题的分析技巧。

- ● 情感目标
1. 初步培养起学生对宏观经济学的学习兴趣；
2. 鼓励学生关注热点经济现象并加以分析。

经济与生活

经济大萧条

1929年10月24日，美国金融界崩溃了，股票一夜之间从顶巅跌入深渊，价格下跌之快连股票行情自动显示器都跟不上。1929年10月29日这天是星期二，而且这天的纽约股市暴跌达到极点，因此也有人用"黑色星期二"来指这次事件。美国股票市场崩溃为这场经济危机拉开了序幕。当时纽约流行一首儿歌："梅隆拉响汽笛，胡佛敲起钟。华尔街发出信号，美国往地狱里冲！"随着股票市场的崩溃，美国经济随即全面陷入毁灭性的灾难之中，可怕的连锁反应很快发生：疯狂挤兑、银行倒闭、工厂关门、工人失业、贫困来临、有组织的抵抗、内战边缘。农业资本家和大农场主大量销毁"过剩"的产品，用小麦和玉米代替煤炭做燃料，把牛奶倒进密西西比河，使这条河变成"银河"。城市中的无家可归者用木板、旧铁皮、油布甚至牛皮纸搭起了简陋的栖身之所，这些小屋聚集的村落被称为"胡佛村"。流浪汉的要饭袋被叫做"胡佛袋"，由于无力购买燃油而改由畜力拉动的汽车叫做"胡佛车"，甚至露宿街头长椅上的流浪汉上盖着的报纸也被叫做"胡佛毯"。而街头上的苹果小贩则成了大萧条时期最为人熟知的象征之一。在那些被迫以经营流动水果摊讨生活的人中，有许多从前是成功的商人和银行家。

1929年10月之前，美国连续10年经济繁荣。但是繁荣的背后却隐藏着危机。这次世界大萧条尽管经济最终得以复苏，但是其间经历了非常漫长的过程。到1939年，在西方政府经过整整十年试图扭转颓势的政策努力之后，失业率仍为17%，实际GDP直至1937年才恢复到1929年的水平，失业率一直到1941年才下降到一位数。直至第二次世界大战爆发，经济才开始复苏。（资料来源：百度百科）

这次大萧条之前，人们始终相信自由市场能够实现资源配置的最优化和社会福利的最大化，但是这次危机彻底击碎了人们的这一梦想，同时也催生了以凯恩斯为代表的现代宏观经济学的诞生。

第一节　国内生产总值与国民收入

宏观经济学又称为总量经济学，是以一个国家（或一个社会）的总体经济行为为研究对象的。因此，宏观经济学所研究的变量都是经济总量，如国内生产总值、国民收入、就业总量、价格水平、总消费、总储蓄、总投资、总需求、总供给等。宏观经济学通过对上述总量变量的考察来解释整体经济的运行情况，并说明改善整体经济运行的方法和途径。

一、国内生产总值（GDP）

1. 国内生产总值的概念

在日常生活中，我们经常听到关于某国某某年度国内生产总值达到多少亿元，按照可比价格增长了多少的报道。比如我国在2009年实现国内生产总值335 353亿元，比上年增长8.7%。当我们判断一个国家的经济运行状况时，我们需要观察这个国家在一段时间内所创造的产品的市场价值，这就涉及了国内生产总值的概念。国内生产总值能够从总量角度反映一个国家经济运行状况。为了弄清GDP的概念，我们举个例子。

假定一件衣服从生产者到消费者最终要经过五个阶段：种棉、纺纱、织布、制衣和销售。假定棉花的价值是15美元，并假定这是当年新生产的价值，这里面扣除了为生产棉花所费的肥料、种子等的价值。再假定棉花纺成纱售价 20 美元,于是纺纱厂生产的价值是 5 美元,即增值 5 美元。20 美元棉纱织成布售价 30 美元,于是织布厂生产的价值是 10 美元。30 美元布制成成衣卖给售衣商为 45 美元,于是制衣商生产的价值是 15 美元,即增值 15 美元,售衣商卖给消费者 50 美元,于是售衣商在售卖中增值 5 美元。可见这件衣服在上述五个阶段中的价值创造是:15+5+10+15+5=50 美元,正好等于这件衣服的最后售价。现在这件衣服不再出售,由其最后使用者即顾客消费了。像这样一种在一定时期内生产的并由最后使用者购买的产品和劳务就称为最终产品,而棉花、纱等则称为中间产品,中间产品是用于出售而供生产别种产品使用的产品。

上述衣服的例子说明,一件最终产品在整个生产过程中的价值增值,就等于该最终产品的价值。一个国家在一定时期内生产千千万万种最终产品,这些最终产品的价值总和是该国各行各业新创造出来的价值总和,被认为是该国在该时期内真正生产出来的价值,即所谓的国内生产总值。国内生产总值(GDP)是指经济社会(即一个国家或一个地区)在一定时期内运用生产要素所生产的全部最终产品(物品和劳务)的市场价值。理解国内生产总值的概念需要注意以下几点。

(1) GDP 是一个市场价值的概念,各种最终产品的价值都是用货币这把尺度加以衡量的。产品市场价值就是用这些最终产品的单位价格乘以产量获得的。

(2) GDP 测度的是最终产品的价值,中间产品不计入 GDP,否则会造成重复计算。例如在上述例子中棉花、纱、棉布都是中间产品,我们仅仅把衣服的价值计入 GDP。

(3) GDP 是一定时期内(往往为一年)所生产的而不是所售卖掉的最终产品价值。强调本期产出,表明已有的商品的交易不计入本期 GDP 中,如古代名家字画拍卖、现有住房的二手买卖交易等,因为古代名家字画作品和现有住房都是已经存在的商品,应当计入其生产那年的 GDP。新建的房屋建筑应该计入本期 GDP,不管其当年有没有销售出去,因为它们是本期的产品。同理买卖股票、债券的收益不应该计入本期 GDP,它们代表的是对未来收益的要求权,当有当期的产品与之对应。

(4) GDP 是计算期内(通常为一年,如 2000 年)生产的最终产品价值,因而是流量而不是存量。流量是某一段期间发生的变量,如月收入和年储蓄增加额。存量是某一时点发生的变量,如某人目前的财产总额和储蓄总额。GDP 计算一段时期内最终产品的市场价值之和,这个时期通常是一年,因而 GDP 是流量而不是存量。

(5) GDP 一般仅指市场活动导致的价值。家务劳动、自给自足生产等非市场活动不计入 GDP 中。另外,大量的地下经济活动在 GDP 中也没有得到反映。

(6) GDP 是一国范围内生产的最终产品的市场价值,从而是一个地域概念,与此相联系的国民生产总值(GNP)则是一个国民概念,乃指某国国民所拥有的全部生产要素在一定时期内所生产的最终产品市场价值。因此,一个在日本工作的美国公民的收入要计入美国的 GNP 中,但不计入美国的 GDP 中,而计入日本的 GDP。反之,一个在美国制造业中开设公司的日本老板取得的利润是日本 GNP 的一部分,不是美国 GNP 的一部分,但它是美国 GDP 的一部分。在经济封闭的国家或地区,国民生产总值等于国内生产总值;在经济开放的国家和地区,国民生产总值等于国内生产总值加上国外净要素收入。具体来说,国民生产总值与国内生产总值的关系可以用下面的公式表示:

GNP=GDP+国内居民在国外投资所得收入和劳务收入-国外居民在本国投资所得

收入和劳务收入

GDP＝GNP＋国外居民在本国投资所得收入和劳务收入－国内居民在国外投资所得收入和劳务收入

【课堂互动 8-1】 鲁滨逊在岛上独立生活了 28 年。他在孤岛上劳作生息，开拓荒地，圈养牲畜，生产水稻和小麦，年复一年与孤独为伴，克服了种种常人难以克服的困难，用勤劳的双手，为自己创造了一个生存的家园。请思考鲁滨逊创造的价值能否计入 GDP？

2. 名义 GDP 与实际 GDP

GDP 是一个国家或一个地区在一定时期内所生产的全部最终产品（物品和劳务）的市场价值，而这些最终产品的市场价值是用货币来计算的，因此，一个国家 GDP 的变动是由两个因素造成的：所生产的最终产品数量的变化和价格的变动。当然，两者也常常会同时发生变动。为了弄清楚 GDP 的变动究竟是由产量变动还是价格变动引起，就需要区分名义 GDP 和实际 GDP。

名义 GDP 是指按当年价格计算的最终产品的市场价值。由于相同产品的价格在不同的年份会有所不同，因此，如果用名义 GDP 就无法对 GDP 进行历史的比较。为了使一个国家或地区不同年份的 GDP 具有可比性，就需要以某一年的价格水平为基准，各年的 GDP 都按照这一价格水平来计算。这个特定的年份就是基年，基年的价格水平就是所谓的不变价格，按基年的不变价格计算出来的各年最终产品的价值就是实际 GDP。

假设某地区只生产三种产品 ABC，这三种产品在 1978 年（基期）和 2008 年（现期）的价格和产量分别见表 8-1 和表 8-2。

表 8-1　1978 年某地区名义 GDP 计算表

产品名称	产量（万吨）	价格（元/吨）	名义 GDP（万元）
产品 A	300	160	48 000
产品 B	120	360	43 200
产品 C	160	280	44 800
合计	—	—	136 000

表 8-2　2008 年某地区名义 GDP 和实际 GDP 计算表

产品名称	产量（万吨）	价格（元/吨）	名义 GDP（万元）	实际 GDP（万元）
产品 A	500	900	450 000	80 000
产品 B	300	1 800	540 000	108 000
产品 C	400	1 200	480 000	112 000
合计	—	—	1 470 000	300 000

从表 8-1 和表 8-2 中，我们可以看出 1978 年该地区的名义 GDP 是 136 000 万元，2008 年该地区的名义 GDP 是 1 470 000 万元，GDP 从 136 000 万元变动到 1 470 000 万元，有价格变动的因素，也有产量变动因素。如果以 1978 年作为基期，可以得到 2008 年的实际 GDP 是 300 000 万元，可见实际 GDP 剔除了价格变动因素对 GDP 的影响。同时，

2008 年实际 GDP 与 2008 年名义 GDP 之间的区别，可以反映出这一时期和基期相比价格变动的程度。在上例中，1 470 000÷300 000＝490%，说明从 1978 年到 2008 年该地区价格水平上升了 390%。这里，我们把 490% 称为 GDP 平减指数。可见，GDP 平减指数是名义 GDP 与实际 GDP 的比率。GDP 平减指数是重要的物价指数之一，能反映通货膨胀的程度。

如果知道了 GDP 平减指数，就可以将名义 GDP 折算为实际 GDP，其公式为：

实际 GDP＝名义 GDP÷GDP 平减指数　　　　　公式 8-1

由于价格变动，名义 GDP 并不反映实际 GDP 的变动。因此，如果不作特殊说明，以后各章中所讲的产出，总是指实际 GDP。

【课堂互动 8-2】 2010 年，买东西越来越贵、日常开支越来越高，我们每个人都清楚地感受到通货膨胀来临，"豆你玩"、"蒜你狠"、"姜你军"、"辣翻天"，一个个充满民间智慧的词语更折射出了我们国家异常严峻的通胀形势。请思考为什么会出现通货膨胀？通货膨胀对老百姓的生活会造成什么样的影响？

二、与国内生产总值相关的几个概念

按照我国现行的国内生产总值核算体系，国内生产总值指标除了包括国内生产总值之外，还包括国内生产净值、国民收入、个人收入和个人可支配收入。

1. 国内生产净值（NDP）与国民生产净值（NNP）

如果要反映一个国家境内一定时期新生产的产品的价值，则应该采用国内生产净值（NDP）这一指标。在产品生产过程中，资本设备会发生消耗或贬值。最终产品价值并没有把消耗的资本设备价值扣除，因此 GDP 还不是净增价值。如果从 GDP 中把消耗的资本设备价值即资本折旧扣除后，就得到了净增加值，即国内生产净值（NDP）。同理，如果从 GNP 中把资本折旧扣除后，就得到了国民生产净值（NNP）。计算公式如下：

NDP＝GDP－资本折旧　　　　　公式 8-2

NNP＝GNP－资本折旧　　　　　公式 8-3

2. 国民收入（NI）

国民收入有广义狭义之分。广义的国民收入泛指国民收入四个总量，即国民收入可以是指国内生产总值、国内生产净值，也可以是指个人收入和个人可支配收入等。本章此处要定义的是狭义上的国民收入。在本书国民收入决定理论中所讲的国民收入就是指广义的国民收入。

狭义的国民收入（NI）是指在社会产品的生产过程中生产要素所有者应得的生产要素报酬总和，即工资、利息、租金、利润的总和。是从 GDP 中减去资本折旧和间接税、企业转移支付加政府对企业的补贴而得到的。其计算公式如下：

NI＝GDP－资本折旧－企业间接税－企业转移支付＋政府对企业的补贴

　＝工资＋租金＋利息＋业主收入＋企业利润　　　　　公式 8-4

3. 个人收入（PI）

个人收入（PI）是指一个国家一年内个人所得到的全部收入。生产要素报酬意义上的国民收入并不会全部成为个人收入。因为，一方面利润收入中要给政府缴纳公司所得税，公司还要留下一部利润用作积累，只有一部分利润会以红利和股息形式分给个人，并且职工收入中也有一部分要以社会保险费的形式上缴有关部门。另一方面，人们也会以失业救济金、职工养老金、职工困难补助、退伍军人津贴等形式从政府那里得到转移支付。因此，从国民收入中减去公司所得税、公司未分配利润、社会保险税（费），加上政府给个人的转移支付，即为个人收入。其计算公式如下：

PI＝NI－公司所得税－公司未分配利润－社会保险税（费）＋政府对居民的转移支付

公式 8-5

4. 个人可支配收入（DPI）

个人可支配收入（DPI）是指一个国家一年内个人可以支配的全部收入即人们可以用来消费或储蓄的收入。因为要缴纳个人所得税，所以，缴纳个人所得税以后的个人收入才是个人可支配收入，即个人可用来消费与储蓄的收入。

DPI＝PI－个人所得税＝消费＋投资

公式 8-6

三、国民经济中的总产出、总收入与总支出

从 GDP 的定义中我们可以看出，GDP 是一个经济体系在一定时期内新创造的价值，衡量的是一个经济体系的总产出的大小。而 GDP 同时也衡量一个经济体系中所有人的总收入和经济中用于购买物品与劳务的总支出。下面我们用一个经济体系的循环流向图来进一步说明总产出与总收入、总支出是相等的。

图 8-1 中，我们可以看到一个经过简化的经济体系，在这个经济体系中，只有家庭和企业这两类市场主体，存在产品市场和要素市场这两类市场，实线箭头代表物品和劳务流转方向，而虚线箭头则代表货币流转方向。

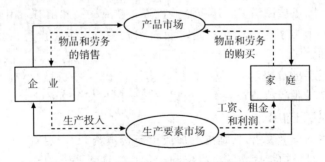

图 8-1　经济中物品、劳务和货币循环流向图

为什么说总产出等于总收入呢？企业生产出产品需要从生产要素市场购买生产要素，企业雇用劳动力要付工资，使用资本要付利息，使用土地要付租金，这些要素报酬被认为是这些要素在生产中所作出的贡献，因而企业的新增价值都要转化为生产要素的报酬，即转化为要素提供者（家庭）和企业经营者的收入。因此，对于一个企业来说，其产出总是等于收入的，对于一个经济体系来说，总产出也必然等于总收入。

为什么说总产出等于总支出呢？在每一笔交易中，企业最终产品的销售收入，就是最终产品购买者的支出。同时，企业把库存的变化看做是自己购买自己产品的投资支出。库

存增加,则投资支出为正,反之,投资支出为负。因此,对于一个企业来说,其产出总是等于支出的,对于一个经济体系来说,总产出也必然等于总支出。

这里特别需要强调的是,国内生产总值既等于总收入,又等于总支出,这一重要原理为我们计算国民收入提供了方法论指导,同时,它也是理解本章第三节国民收入恒等式的基础。

【课堂互动8-3】2009年,由于受到美国次贷危机的影响,我国对外出口受阻,大量的外贸企业库存积压,这部分积压的库存计入总支出的哪一部分?

第二节 国民收入核算的基本方法

在现行的国民经济核算体系中,有不同的计算国民收入的方法,这些方法主要有支出法、收入法和生产法。常用的是支出法和收入法两种。本节标题中的国民收入采用的是广义的概念。

一、支出法

用支出法核算 GDP,就是通过核算在一定时期内整个社会购买最终产品的总支出即最终产品的总卖价来计量 GDP。这种方法又称为最终产品法、产品流动法。如果用 Q_1、Q_2、…、Q_n 代表各种最终产品的产量,P_1、P_2、…、P_n 代表各种最终产品的价格,则使用支出法核算 GDP 的公式是:

$$Q_1P_1+Q_2P_2+\cdots+Q_nP_n=\text{GDP} \quad \text{公式 8-7}$$

谁是最终产品的购买者呢,只要看谁是最终产品的最后使用者。在现实生活中,最终产品的最后使用,除了居民消费,还有企业投资、政府购买和出口。因此,用支出法核算 GDP,就是核算一个国家或地区在一定时期内居民消费、企业投资、政府购买和出口这几方面支出的总和。

居民消费(用字母 C 表示),包括购买冰箱、彩电、洗衣机、小汽车等耐用消费品的支出、服装、食品等非耐用消费品的支出以及用于医疗保健、旅游、理发等劳务的支出。建造住宅的支出不属于消费。

企业投资(用字母 I 表示),是指增加或更新资本资产(包括厂房、机器设备、住宅及存货)的支出。投资包括固定资产投资和存货投资两大类。固定资产投资指新造厂房、购买新设备、建筑新住宅的投资。为什么住宅建筑属于投资而不属于消费呢?因为住宅像别的固定资产一样是长期使用、慢慢地被消耗的。存货投资是企业掌握的存货价值的增加(或减少)。如果年初全国企业存货为 2 000 亿美元而年末为 2 200 亿美元,则存货投资为 200 亿美元。存货投资可能是正值,也可能是负值,因为年末存货价值可能大于也可能小于年初存货。

计入 GDP 中的企业投资是指总投资,包括重置投资与净投资之和。假定某国某年的投资是 900 亿美元,由于机器厂房等会不断磨损,假定每年要消耗即折旧 400 亿美元,则上述 900 亿美元中就有 400 美元是用来补偿旧资本的消耗,净增加的投资即净投资为 500

亿美元，这 400 亿美元被称为重置投资。可见，重置投资即为资本折旧。

政府购买（用字母 G 来表示），是指各级政府购买物品和劳务的支出，它包括政府购买军火、军队和警察的服务、政府机关办公用品与办公设施、修筑道路、开办学校等方面的支出。政府支付给政府雇员的工资也属于政府购买。政府购买只是政府支出的一部分，政府支出的另一部分如政府转移支付、公债利息等都不计入 GDP。政府转移支付是政府不以本年生产出来的商品与劳务作为报酬的支出，包括政府在社会福利、社会保险、失业救济、贫困补助、老年保障、卫生保健、对农业的补贴等方面的支出。政府转移支付是政府通过其职能将收入在不同的社会成员间进行转移和重新分配，将一部分人的收入转移到另一部分人手中，其实质是一种财富的再分配。有政府转移支付发生时，政府并不相应得到什么商品与劳务，政府转移支付是一种货币性支出，整个社会的总收入并没有发生改变。因此，政府转移支付不计入国民收入中。

净出口（用字母 $X-M$ 表示，X 表示出口，M 表示进口）是指进出口的差额。进口应从本国总购买中减去，因为它表示收入流到国外，同时，也不是用于购买本国产品的支出；出口则应加进本国总购买量之中，因为出口表示收入从外国流入，是用于购买本国产品的支出，因此，只有净出口才应计入总支出。净出口可能是正值，也可能是负值。把上述四个项目加起来，就是用支出法计算 GDP 的公式：

$$GDP = C + I + G + (X - M)$$ 公式 8-8

我国每年公布的 GDP 数据中就有使用支出法计算的结果，表 8-3 中的数据是我国 2004－2008 年按照当年价格采用支出法计算的 GDP。仔细观察我们可以发现表中 GDP 总额只有三项：最终消费支出、资本形成总额和货物服务净出口，缺了政府购买这一项。这是因为我国在统计时将政府支出加总在最终消费支出这一项中了。

表 8-3　我国 2004－2008 年按照当年价格采用支出法计算的 GDP

年份	支出法 GDP（亿元）	最终消费支出	资本形成总额	货物与服务净出口
2004	160 280.4	87 032.9	69 168.4	4 079.1
2005	188 692.1	97 822.7	80 646.3	10 223.1
2006	221 651.3	110 595.3	94 402.0	16 654.0
2007	263 093.8	128 793.8	110 919.4	23 380.6
2008	306 859.8	149 112.6	133 612.3	24 134.9

（数据来源：《中国统计年鉴》2009 年）

【课堂互动 8-4】当宏观经济学家使用投资这个词时，投资是创造新资本。假设我们观察到这两个事件：斯密为自己购买了一所有 100 年历史的维多利亚式房子。琼斯为自己建造了一所全新的现代房子。这里总投资是多少？是两所房子，一所房子，还是没有？

二、收入法

用收入法核算 GDP，就是从收入的角度，把生产要素在生产中所得到的各种收入相加来计算的 GDP，这种方法又叫要素支付法、要素成本法。严格说来，最终产品市场价值除了生产要素收入构成的成本，还有间接税、折旧、公司未分配利润等内容，因此，用收入法核算的国内生产总值应该包括以下项目。

1. 工资、利息和租金等生产要素的报酬

工资包括所有对劳动者从事工作所支付的酬金、补助和福利费，其中包括工资收入者必须缴纳的所得税及社会保险税。利息在这里指人们给企业所提供的货币资金在本期所获得的利息收入，如银行利息、企业债券利息等，但政府公债利息及消费信贷的利息不计入国民生产总值，而只被当作转移支付。租金包括出租人所得各种租金，主要有房地产租金和土地租金，以及享有专利权、版权和自然资源所有权等具有租金性质的收入。

2. 非公司企业主收入

非公司企业主收入，如医生、律师和小店主的收入。他们被自己雇用，使用自有资金，因此他们的工资、利息、利润和租金及其他收入项目是混在一起作为个人收入的。因为他们的工资收入是作为隐含成本存在的，所以在计算时可以参照社会上同类从业人员的平均工资水平折算他们的劳务报酬。

3. 公司税前利润

公司税前利润包括公司所得税、社会保险税、股东红利及公司未分配利润等。

4. 企业转移支付及企业间接税

企业转移支付和企业间接税，前者指公司对非营利组织的社会慈善捐款和消费者呆账。后者指企业缴纳的货物税或销售税、周转税。这些税收虽然不是生产要素创造的收入，但要通过产品加价转嫁给购买者，所以也应看作是企业的产出总值的构成部分。这和直接税不同，因为直接税（公司所得税、个人所得税等）都已包括在工资、利润及利息中，所以不能再计算到 GDP 之中。

5. 资本折旧

资本折旧虽然不是要素收入，但包括在总投资中，也应该记入 GDP 中。这不是资本的耗费，也不是生产要素的收入，但由于包括在支出法中的总投资中，所以在这里也应计入 GDP 中。这样，按照收入法计算的公式就是：

$$GDP＝工资＋利息＋利润＋租金＋间接税和企业转移支付＋折旧 \quad \text{公式 8-9}$$

从理论上讲，用收入法计算出的 GDP 与用支出法计算出的 GDP 在量上是相等的。但在实际核算中常有误差，因而还要加上一个误差统计。

三、生产法

用生产法核算 GDP，是指按照各个生产阶段创造的价值进行加总来核算国内生产总值的方法。这种核算国内生产总值的方法一般是按照部门来核算一个时期每个部门的增加值，因此，生产法又叫部门法或增值法。

运用这种方法进行计算时，各生产部门要把使用的中间产品的产值扣除，只计算所增加的价值。商业和服务等部门也按增值法计算。卫生、教育、行政、家庭服务等部门无法计算其增值，就按工资收入来计算其服务的价值。假定从棉花到衣服需要经过四个阶段：棉花、棉纱、棉布和服装，见表 8-4。这四个阶段涉及四个部门，每个部门生产的产品价值扣除中间产品的价值即中间产品成本，能够得到增值。生产法就是把中间产品的价值累加：10＋5＋13＋22＝50（百万元）。

表 8-4 产品增值额计算表（单位：百万元）

生产阶段	产品价值	中间产品成本	增值
棉花	10	—	10
棉纱	15	10	5
棉布	28	15	13
服装	50	28	22
合计	103	53	50

按照国家新的国民经济行业分类，考虑到我国宏观经济管理、社会公众和对外交流工作的需要和统计基础，我国目前的产业部门分为三大产业：第一产业，主要包括农林牧渔业；第二产业，主要包括工业和建筑业；除了第一第二产业之外的所有行业都被归入第三产业，如商业、金融、服务等行业。国家统计部门根据这三大产业分别计算其增值，并加以汇总。

从理论上说，这三种方法核算的结果应该是完全一致的。但在实践中，由于具体条件的限制，难于取得完备的统计资料，这三种方法所得出的结果往往并不一致。在国民收入核算体系中，以支出法为基本方法，如果按收入法与增值法计算出的结果与此不一致，就要通过误差调整项目来进行调整，使之达到一致。

【课堂互动 8-5】2010 年 8 月 16 日，日本内阁府公布的数据显示，日本第二季度国内生产总值（GDP）为 1.288 万亿美元，同期中国 GDP 总值为 1.337 万亿美元，中国 GDP 总量是否能超越日本成为世界第二大经济体再度成为议论焦点。在很多西方媒体看来，中国 GDP "世界第二"，是全球经济权力转移的象征符号之一。你如何看待西方媒体对中国 "GDP 老二" 的定位？

第三节　国民收入核算中的恒等关系

从支出法、收入法与生产法所得出的国内生产总值的一致性，可以说明国民经济中有一个基本的恒等关系。这些关系式是宏观经济分析的基石，在以后各章会反复出现。总支出代表了社会对最终产品的总需求，而总收入和总产量代表了社会对最终产品的总供给。因此，从国内生产总值的核算方法中可以得出这样一个恒等关系，即总需求＝总供给。这种恒等关系在宏观经济学中是十分重要的。我们可以从国民经济的运行，即国民经济的收入流量循环模型，来分析这个恒等关系。理论研究是从简单到复杂、从抽象到具体的，所以，我们从两部门经济入手研究国民经济的运行及国民经济中的恒等关系，进而研究三部门经济与四部门经济。

一、两部门经济中的收入流量循环模型与储蓄－投资恒等关系

这里所说的两部门经济是指一个假设的经济社会，是由厂商和居民户这两种经济单位所组成的经济社会，这是一种最简单的经济。在两部门经济中，没有政府和进出口贸易，

当然不会有税收和政府支出。两部门经济的运行情况可由图 8-2 中所示的两部门经济收入流量循环模型表示。

如图 8-2 所示，在两部门经济中，居民户向厂商提供各种生产要素、得到相应的要素收入，并用这些收入购买与消费各种物品与劳务；剩余的收入则存入金融机构获取利息收入；厂商可以直接购买居民户提供的各种生产要素进行生产，或间接地通过金融机构融资后扩大再生产，并向居民户提供各种物品与劳务。

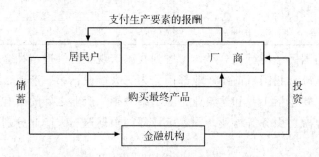

图 8-2 两部门经济收入流量循环模型

从总支出的角度看，厂商所生产的产品一部分由居民户购买，构成居民户的消费支出，另外一部分产品则由厂商购买，用来追加固定资产投资。同时，由于我们把厂商库存变动看成存货投资，这些投资通通构成厂商的投资支出。总支出代表了整个社会的总需求，所以，在两部门经济中，从总需求的角度看，总需求分为居民户的消费需求与厂商的投资需求。消费需求与投资需求可以分别用消费支出与投资支出来代表。如果以 AD 代表总需求，以 C 代表消费，以 I 代表投资，就有：

$$AD=C+I \qquad \text{公式 8-10}$$

从总收入的角度看，总收入是各种生产要素报酬的总和，可以用工资、利息、地租和利润的总和来表示。居民户将这些收入一部分用于消费，余下部分则转为储蓄。总收入代表了整个社会的总供给，因此，从总供给的角度看，总供给是由消费和储蓄两部分构成的。如果以 AS 代表总供给，以 C 代表消费，以 S 代表储蓄，则有：

$$AS=C+S \qquad \text{公式 8-11}$$

在两部门经济中，总需求与总供给存在恒等关系：即 $AD=AS$，则有 $C+I=C+S$，如果两边同时消去 C，则可以写为：

$$I=S \qquad \text{公式 8-12}$$

$I=S$ 就是"储蓄－投资"恒等式。"储蓄－投资"恒等式就是基于国民收入会计角度反映经济活动时候的储蓄与投资恒等关系。这种恒等关系不是针对某一个人、厂商或是部门而言的，而是指整个两部门经济中存在这种恒等关系。

【课堂互动 8-6】有这样一个寓言：从前有一群蜜蜂，他们在一个蜂王的领导下，都过着挥霍、奢侈的生活，整个蜂群兴旺发达，百业昌盛。后来，他们的老蜂王去世了，换了一个新蜂王，他们改变了原有的生活习惯，开始崇尚节俭朴素，结果社会涣散，经济衰落，终于被敌手打败而逃散。请谈谈消费在国民经济运行中的重要性。

二、三部门经济中的收入流量循环模型与储蓄－投资恒等关系

三部门经济是在两部门经济的基础上引进政府部门后构成的封闭经济系统。在三部门经济中，政府的经济职能是通过税收与政府购买支出来实现的。一方面政府通过向居民户和厂商征税形成政府收入 T，另一方面政府采取购买商品和劳务，以及对居民和企业的转移支付等方式构成政府购买支出 G，加入政府后的三部门经济的运行情况可由如图 8-3 中所示的三部门经济收入流量循环模型表示。

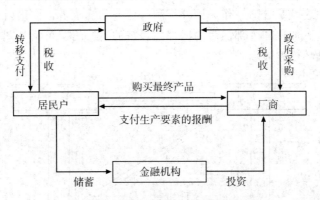

图 8-3　三部门经济收入流量循环模型

从总支出的角度看，总支出由消费支出、投资支出和政府购买支出三部分构成。在三部门经济中，从总需求的角度看，总需求分为消费需求、投资需求和政府需求三个部分。消费需求、投资需求和政府需求可以分别用消费支出、投资支出和政府购买支出来代表。如果以 AD 代表总需求，以 C 代表消费，以 I 代表投资，以 G 代表政府购买需求，就有：

$$AD=C+I+G \qquad \text{公式 8-13}$$

从总收入的角度看，居民户的收入先纳税，税后收入用于消费，剩余部分转为储蓄。相对于政府而言，居民户纳税交出了一部分收入；同时政府的转移支付又使得居民得到了一部分收入。税金扣除转移支付形成政府的净税收 T。如果用 T_0 代表全部税收，Tr 代表政府的转移支付，则政府的纯收入 $T=T_0-Tr$。因此，从总供给的角度看，总供给是由消费、储蓄和净税收三部分构成的。则有：

$$AS=C+S+T \qquad \text{公式 8-14}$$

在三部门经济中，总需求＝总供给，即 $C+I+G=C+S+T$。等式两边消去 C，则有：

$$I+G=S+T，\text{或}\ I=S+(T-G) \qquad \text{公式 8-15}$$

这里 $T-G$ 代表了政府的储蓄。政府的储蓄既可以为正，也可以为负，于是等式 $I=S+(T-G)$ 体现了三部门经济中储蓄（私人储蓄与政府储蓄的总和）与投资之间的恒等关系。

【课堂互动 8-7】 美国经济学家阿瑟·拉弗提出：一般情况下，税率越高，政府的税收就越多；但税率的提高超过一定的限度时，反而导致政府的税收减少。里根很认同拉弗的观点，在 1980 年当选总统后实行了减税政策。里根在谈到税率与税收的关系时说：

"第二次世界大战期间我拍过电影赚过大钱。在那时,战时的附加所得税高达90%。你只要拍四部电影就达到最高税率那一档了。因此,我们拍完四部电影就停止工作,并到乡下度假。"你能理解拉弗的税收观点吗?

三、四部门经济中的收入流量循环模型与储蓄－投资恒等关系

四部门经济是在三部门经济的基础上,加入国外部门后构成的开放经济系统。在四部门经济中,国外部门的作用是:作为国外生产要素的供给者,向国内各部门提供物品与劳务,对国内来说,这就是进口;作为国外产品与劳务的需求者,向国内进行购买,对国内来说,这就是出口。加入国外部门后的四部门经济的运行情况可由如图8-4中所示的四部门经济收入流量循环模型表示。

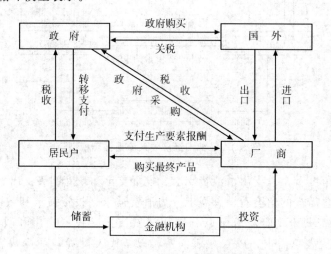

图 8-4 四部门经济收入流量循环模型

在四部门经济中,总需求不仅包括居民户的消费需求、厂商的投资需求与政府的需求,而且还包括国外的需求。国外的需求对国内来说就是出口,所以可以用出口来代表国外的需求。这样:总需求＝消费＋投资＋政府支出＋出口,如果以 X 代表出口,则可以把上式写为:

$$AD=C+I+G+X \quad \text{公式 8-16}$$

在四部门经济的总供给中,除了居民户供给的各种生产要素和政府的供给外,还有国外的供给。国外的供给对国内来说就是进口,所以可以用进口来代表国外的供给。这样:总供给＝消费＋储蓄＋政府税收＋进口,如果以 M 代表进口,则可以把上式写为:

$$AS=C+S+T+M \quad \text{公式 8-17}$$

在四部门经济中,总需求等于总供给。即 $C+I+G+X=C+S+T+M$,公式两边消去 C,则有:

$$I+G+X=S+T+M \text{ 或者 } I=S+(T-G)+(M-X) \quad \text{公式 8-18}$$

如同 $(T-G)$ 可以理解为政府储蓄一样,上式中的 $(M-X)$ 一项可以理解为国外对本国的储蓄。M 代表其他国家出口商品从我们国家获得的收入,X 代表其他国家进口商品需要的支出。若 X 小于 M,即进口小于出口,则为贸易逆差,外国对本国的收入大

于支出，于是有了储蓄。反之则有了负储蓄。这样 $I=S+（T-G）+（M-X）$ 的公式就代表了四部门经济中总储蓄（私人、政府和国外）和投资的恒等关系。

【课堂互动8-8】 我国出口近年来一直以较高的速度增长，客观上存在着较高的贸易顺差，积累了大量的外汇储备。请分析国外对本国的储蓄是正储蓄还是负储蓄？

在国民收入核算中，这种恒等式是一种事后的恒等关系，即在一年的生产与消费之后，从国民收入核算表中所反映出来的恒等关系。这种恒等关系，也是国民收入决定理论的出发点。但是，在一年的生产活动过程中，总需求与总供给并不总是相等的。有时总需求大于总供给，也有时总供给大于总需求。

要点回放

1. 宏观经济学研究社会总体的经济行为及后果，因此，其研究对象和方法都和微观经济学不完全相同。

2. 核算国民经济活动的核心指标是国内生产总值GDP，它是经济社会（即一个国家或一个地区）在一定时期内运用生产要素所生产的全部最终产品（物品和劳务）的市场价值。

3. 国内生产总值有名义GDP和实际GDP之分。某一时期名义GDP和实际GDP之间的差别，可反映这一时期和基期相比价格变动的程度。

4. 核算国民收入可用生产法、支出法和收入法，最常用的是后两种方法。其中用支出法计算的国内生产总值 $GDP=C+I+G+（X-M）$；用收入法计算的国内生产总值 $GDP=$工资＋利息＋利润＋租金＋间接税和企业转移支付＋折旧。

5. 西方经济学中所讲的国民收入乃是衡量社会经济活动成就的一个广泛概念，实际上包括国内生产总值、国内生产净值、国民生产总值、国民生产净值、国民收入、个人收入和个人可支配收入，这些概念通过一定的关系相互关联着。

6. 国民收入核算体系中存在着储蓄和投资的恒等式。在两部门、三部门以及四部门经济中，这一恒等式分别是：$I=S$、$I=S+（T-G）$ 和 $I=S+（T-G）+（M-X）$。

技能训练

一、关键词

国内生产总值　国民生产总值　GDP平减指数　实际国内生产总值　名义国内生产总值　国内生产净值　国民生产净值　国民收入　个人收入　个人可支配收入　收入法　支出法　生产法

二、单项选择

1. 国内生产总值是下面哪一项的市场价值？（　　）

A. 一年内一个经济中生产的所有最终商品和劳务

B. 一年内一个经济中交换的所有商品和劳务

C. 一年内一个经济中交换的所有最终商品和劳务

D. 一年内一个经济中的所有交易

2. GDP 账户不反映以下哪一项交易?（   ）

 A. 卖掉以前拥有的住房时，付给房地产经纪商 6% 的佣金

 B. 在游戏中赢得的 100 美元

 C. 新建但未销售的住房

 D. 向管道工维修管道支付的工资

3. 当实际 GDP 为 175 亿美元，GDP 价格平减指数为 160 时，名义 GDP 为（   ）。

 A. 110 亿美元   B. 157 亿美元

 C. 280 亿美元   D. 175 亿美元

4. 一国的国民生产总值小于国内生产总值，说明该国公民从外国取得的收入（   ）外国公民从该国取得的收入。

 A. 大于   B. 小于

 C. 等于   D. 可能大于也可能小于

5. 在一个四部门经济中，GDP 是（   ）。

 A. 消费、总投资、政府购买和净出口   B. 消费、净投资、政府购买和净出口

 C. 消费、总投资、政府购买和总出口   D. 工资、地租、利息、利润和折旧

6. 在两部门经济模型中，若现期 GDP 水平为 4 000 亿元，消费者希望从中支出 2 900 亿元消费，计划投资为 1 300 亿元，则可预计（   ）。

 A. GDP 处于不均衡状态，将下降   B. GDP 处于不均衡状态，将上升

 C. GDP 处于均衡水平   D. 以上说法都有可能

7. 如果投资支出突然下降，则根据凯恩斯宏观经济模型（   ）。

 A. GDP 将迅速下降，其量小于投资的下降，下降的趋势将很快减缓

 B. GDP 将迅速下降，其量大于投资的下降

 C. GDP 将持续下降，但最终下降将小于投资的下降

 D. GDP 将开始持续下降，但最终下降量大大超过投资的下降量

三、多项选择

1. 用支出法核算 GDP 时，应包括的项目有（   ）。

 A. 居民消费支出   B. 政府转移支付

 C. 政府购买   D. 居民对债券的支出

2. 以下不能计入国民收入（NI）的有（   ）。

 A. 政府转移支付   B. 工资

 C. 资本折旧   D. 间接税

3. 国民收入核算体系中包括如下哪些总量（   ）。

 A. GNP   B. NNP

 C. NI   D. PI

4. 用收入法核算的 GDP 应包括（   ）。

A. 工资、利息、租金和非企业主收入　B. 公司税前利润
C. 企业转移支付及企业间接税　　　　D. 资本折旧

5. 以下可以计入 GDP 的有（　　）。

A. 购买一辆用过的卡车　　　　B. 居民购买粮食
C. 政府转移支付　　　　　　　D. 政府购买办公用品

四、判断正误(T/F)

1. 一个国家的总产值和总收入是相等的。（　　）
2. GNP 中扣除资本折旧，就可以得到 NNP。（　　）
3. 国民生产总值等于各种最终产品和中间产品的价值总和。（　　）
4. 个人收入即为个人可支配收入，是人们可随意用来消费或储蓄的收入。（　　）
5. 三部门经济的投资储蓄恒等式为 $I=S+(T-G)$。（　　）
6. 个人收入等于消费与储蓄之和。（　　）
7. 居民挣得的收入不是他们都能拿到的。（　　）
8. 居民拿到的收入不一定都是他们挣得的。（　　）
9. 一个在日本工作的美国公民的收入是美国 GDP 的一部分，也是日本 GNP 的一部分。（　　）
10. 在国民生产总值的计算中，所谓商品只包括有形的物质产品。（　　）

五、简答

1. 什么是国内生产总值？理解时应注意哪几个方面？
2. 简述区别名义 GDP 和实际 GDP 的方法？
3. 为什么从公司债券得到的利息应计入 GDP，而人们从政府得到的公债利息不计入 GDP？
4. 写出五个基本的国民收入总量，并说明它们之间的关系？
5. 储蓄—投资恒等式为什么不意味着计划储蓄等于计划投资？

六、计算

1. 某国某年有下列经济统计数据：

表 8-5　某国某年经济统计数据（单位：亿元）

家庭消费支出	2 060	公司所得税	220
私人部门总投资	590	间接税	250
社会保险费	80	政府购买	590
公债利息	30	个人所得税	290
政府转移支付	200	资本折旧	210
公司未分配利润	130	净出口	40

请计算：(1) GDP；(2) NDP；(3) NI；(4) PI；(5) DI

2. 假设一经济社会生产三种产品，它们在 2000 年和 2005 年的产量和价格分别如表 8-6

所示。

表 8-6　某一经济社会生产三种产品在 2000 年和 2005 年的产量和价格

产品	2000 年产量（t）	2000 年价格（万元/t）	2005 年产量（t）	2005 年价格（万元/t）
A	25	1.5	30	1.6
B	50	7.5	60	8.0
C	40	6.0	50	7.0

请计算：

(1) 2000 年和 2005 年的名义国内生产总值；

(2) 如果以 2000 年作为基年，则 2005 年的实际国内生产总值为多少？

(3) 计算 2000—2005 年的国内生产总值平减指数，2005 年价格比 2000 年价格上升了多少？

七、论述

1. 请说明为什么在国民经济中总产出与总收入和总支出是相等的。
2. 请说明两部门、三部门和四部门国民经济收入流量循环模型及储蓄－投资恒等式。

八、案例分析

我国经济的快速增长

新中国成立 60 年以来，国内生产总值以年均 8.1% 的速度增长，经济总量增加 77 倍，位次跃升世界第 3 位。1952 年，我国国内生产总值只有 679 亿元，到 1978 年增加到 3 645 亿元。在改革开放的历史新时期，经济总量迅猛扩张，2008 年超过了 30 万亿元，达到了 30 0670 亿元，年平均增长 8.1%，而 1961—2008 年世界年平均增长速度只有 3.6%。其中，1979—2008 年年均增长 9.8%，快于同期世界经济增速 6.8 个百分点。2008 年的经济总量比 1952 年增加了 77 倍，2008 年一天创造的财富量就超过了 1952 年一年的总量。1952 年，我国经济总量占世界的比重很小，1978 年才达到 1.8%。改革开放以来，我国经济总量占世界的比重不断提高，2008 年为 6.4%，位居美国和日本之后，居世界第 3 位。根据世界银行资料，折合成美元，我国 2008 年国内生产总值为 38 600 亿美元，相当于美国的 27.2%，日本的 78.6%。（资料来源：中国统计局网站）

阅读上述材料，回答下列问题：

(1) 核算国内生产总值的方法有哪些？

(2) 为什么近年来我国国内生产总值保持了快速增长？

九、动手操作

考察本地区历年来以不同方法核算的地区 GDP 的构成和数值上的差异。

第九章 国民收入决定

> 如果政府把货币埋藏在废弃的矿井中,让人们投资把这些货币挖出来也可以刺激经济。
>
> ——约翰·梅纳德·凯恩斯

●知识目标

1. 掌握Y=45°线简单国民收入决定模型;
2. 熟悉总需求—总供给模型及国民收入影响因素;
3. 理解在国民收入循环模型中,循环是如何进行的。

●能力(技能)目标

1. 模拟演示两部门、三部门、四部门国民经济循环模型;
2. 用Y=45°线简单分析国民收入的决定;
3. 能用总需求—总供给模型确定均衡国民收入和价格水平。

●情感目标

1. 培养学生运用宏观经济理论分析社会经济生活的兴趣,树立理论联系实际的思想;
2. 帮助学生培养实事求是、严谨科学、一丝不苟的工作作风。

经济与生活

美国人如何存钱

一个人挣的钱或者存起来,或者花掉。因此不论在某一年中,或者在某人的一生中,挣的钱应该等于储蓄的钱加上花掉的钱。也有个别的人花的钱比挣的钱还多,他的储蓄是负的,或者说,临死还欠了一屁股债。从宏观来看,一个国家一年内创造出的财富总值(即国民生产总值),或全国每个人一年中挣的钱的总和等于全体百姓的花销加储蓄。

从国际比较来看,美国人的储蓄率很低,是世界各大国中最低的。人们之所以从事储蓄,其动机有二。一是为了防老、防意外,在美国还要防失业;二是为了赢利。为了储蓄养老的需要,美国政府规定,职工每月要缴本人工资的5%,在某些情况下资方(或雇方)也要缴同样数目,作为养老储蓄金(其实是资方将职工应得的工资直接扣缴了)。这笔养老金职工退休以前不能动用,而且养老金由政府代管,职工调动工作也不受影响。

大多数美国人从结婚组建家庭开始就存钱买房子。具体的办法是向银行或专门的机构抵押购房银行贷款,贷款期一般都是30年。美国政治安定,财产所有权有严格的保障,所以贷款期可以长达30年。根据美国的统计,64%的家庭拥有自己的住房,36%的家庭租房子住。买房子作为储蓄的一种方式有其独特的优点,既存了钱又有了住处,一举两得。而且房子是实实在在的资产,不像钞票、股票等有价证券只是一张纸,所以购置房地产比较安全。

买黄金也是一种储蓄手段。在美国黄金是自由买卖的,非商业性的进出海关也没有限制,这种流通的自由使得黄金成为一种灵活、方便、可靠的储蓄手段。但是用黄金作储蓄有两个主要问题,一是金价的波动很大,从历史上看,黄金的最高价和最低价可以相差1.5倍以上。二是黄金虽然不怕火烧,但有被盗或失窃的可能,如果将它存入银行出租的保险柜,则将来黄金的所有权取决于谁能控制保险柜的开启,这又增加了某种程度的风险。所以黄金并不是美国人的主要储蓄手段。

比银行存款生利更大的便是买股票。所谓买股票就是向某一企业投资。投资不同于贷款。投资是没有归还期的,除非企业宣布结业,此时每份股票所能分得的钱,等于企业清算时的资产除以股数。但股东每年可以分得企业的红利,股东也可以将自己持有的股票出让。投资一家经营情况好的企业,不但年末可以分红,股票本身还可能升值,所以获利相当丰厚。但如果企业亏损,损失就会很大。获利高的,风险也大,这是经济活动的一般规律。据统计,有19%的美国家庭拥有股票。

获利更大,风险也更大的,是金融投机活动。由于风险大,很少人会靠存钱于金融投机事业来防老,因此它主要的目的是生利。金融投机包括买卖黄金、外汇、股票、政府债券(相当于我国的国库券)。人们买进的目的是为了卖出,换言之,人们自己并不需用黄金、外汇等,只是为了赚取买卖的差价。经济学的理论可以证明,只要金融投机商能赚得利润,这种活动就有利于社会。或者说,金融投机买卖与其他各种买卖并无本质上的不同。只要交易是在平等自愿基础上达成的,它就为参与交易的双方带来利益。

国民收入决定理论是宏观经济学的核心,它为分析各种宏观经济问题提供了一种重要工具。以后各章对失业、通货膨胀、经济周期、经济增长等问题的分析,正是国民收入决定理论的运用,宏观经济政策是根据这些理论所提出的解决问题的方法。正因为这样,我们对宏观经济学的介绍是从国民收入决定理论开始的。

第一节 国民收入的循环模型

从前面可知,国民生产总值是一个流量概念,而不是"存量"的概念。流量和存量在西方经济学中是两个不同的概念。流量是指在一定时期内(在国民收入的统计中一般为一年)某种经济变量变动的数值;而存量则是在某一时点上某种经济变量的数值。要弄清如何核算国民收入,还应当分析国民收入流量循环过程,这种循环流转,可抽象概括为不同的模型。

一、两部门的国民经济循环模型

两部门国民经济循环模型是一个假设一国经济是封闭型的模型,没有对外贸易或对外贸易额忽略不计,政府在整个经济活动中的作用很小。这样整个国民经济就可以看作由厂商(企业)和居民户(家庭)这两个经济部门组成的经济,也是一种最简单的经济结构形式。在这种经济中,居民户向厂商提供各种生产要素(劳动、资本、土地、企业家才能),得到相应的收入(工资、利息、租金、利润),并用这些收入购买各种产品与劳务;厂商购买居民户提供的各种生产要素进行生产,并向居民户提供各种产品与劳务。生产要素报酬完全转化为消费支出,消费支出再完全转化为生产要素报酬。相应的国民收入循环模型如图9-1所示,箭头表示货币的流向。

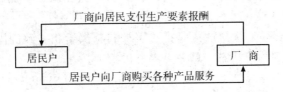

图9-1 简单两部门国民收入循环模型

但是在经济实际运行中,国民收入的流量不可能保持恒定不变的循环,其间会产生国民经济的"漏出量",同时也有国民经济的"注入量"。所谓"漏出量"是指在国民经济循环过程中,从两个部门之间产生的"流失量",也就是没有从一个部门直接流入另一个部门的流量。而"注入量"则是指在国民收入的循环过程中,发生于两个部门之间的"流入量",也就是来自两个部门之外的流量。"漏出量"使国民收入减少,而"注入量"则使国民收入增加。

通常居民在取得收入后,并不是把所有收入都用于消费。如果居民户把一部分收入用来购买厂商生产的各种产品与劳务,把另一部分收入储蓄起来,用于储蓄的这部分收入就从该模型的循环过程中"漏出",因此居民的储蓄就是该过程的"漏出量"。而厂商由于各种原因会追加各种投资,这些新的投资使厂商在居民户的消费之外又获得了其他来源的投资,"投资"被"注入"到该模型的循环流程中,投资就属于"注入量"。

假设居民把储蓄存入银行或其他金融机构,再由银行或其他金融机构把这些资金贷给厂商,厂商则利用这些贷款进行投资。于是,"漏出"的储蓄通过金融机构的作用又回到国民经济循环中来。假设"漏出量"全部转化为"注入量",那么两部门的国民收入循环模型可用图9-2加以表示。图9-2表明,居民把储蓄存入金融机构,而厂商则从金融机构获得投资。如果通过金融机构把居民户储蓄全部转化为厂商的投资,即储蓄等于投资,这个经济仍然可以运行下去。

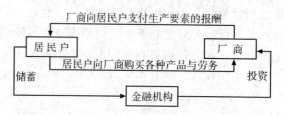

图 9-2 加入金融机构的两部门国民收入循环模型

从总支出的角度分析,总需求分为居民户的消费需求（C）与厂商的投资需求（I）两部分。即:总需求＝消费需求＋投资需求,记作:

$$AD=C+I \quad \text{公式 9-1}$$

从总收入或总产量的角度分析,总供给是全部产品与劳务供给的总和。产品与劳务是由各种生产要素生产出来的,所以总供给是各种生产要素供给的总和,即劳动、资本、土地和企业家才能供给的总和。生产要素的供给可以用各种生产要素相应得到的收入总和来表示,即用工资、利息、租金和利润的总和来表示。工资、利息、租金和利润是居民户所得到的收入,这些收入一部分用于消费（C）,另一部分就是储蓄（S）了。所以,总供给＝消费＋储蓄,即 $AS=C+S$。

由于均衡的国民经济和国民收入是指总需求和总供给相一致的国民经济和国民收入,因此,当国民经济达到均衡状态,总需求＝总供给。

$$C+I=C+S \quad \text{公式 9-2}$$

两边同时消去等量的 C,则可得:

$$I=S \quad \text{公式 9-3}$$

两部门经济中的国民收入恒等关系是投资等于储蓄,而投资是国民经济的注入量,储蓄是国民经济的漏出量,因此我们也可以说两部门的国民经济实现均衡的条件是注入量＝漏出量。

其实现实生活中,居民户并非把储蓄全部存入金融机构,金融机构也不一定把所有的储蓄全部贷给厂商,因此储蓄并不一定能全部转化为投资。因此必须来自其他方面的注入量才能使国民经济正常、稳定地循环下去。

二、三部门的国民经济循环模型

三部门国民经济循环模型是指在两部门国民经济模型的基础上由厂商、居民户与政府这三种经济单位组成的经济模型。在这种经济结构中,政府的经济职能是通过税收与政府支出来实现的。

政府的经济活动主要表现在两个方面,即政府通过税收（T）与政府购买（G）和居民户及厂商发生经济联系。政府通过税收（T）来取得收入。税收包括直接税和间接税,直接税包括所得税、财产税；间接税包括商品税、营业税等。通过向居民户和厂商征税，相应扣减了居民户和厂商的收入，使得社会居民消费和企业投资减少，因此税收（T）在国民经济循环中属于漏出量。同时，作为最大消费者的政府具有极强的购买力，通过政府的大量购买使得整个社会的消费增加，从而刺激经济增长，国民收入增加。因此说政府购买（G）在国民经济循环中属于注入量。从上面的分析可以看出，政府可以运用税收（T）和政府购买（G）这两种方式来影响国民经济循环流程。

三部门国民经济循环模型即居民户、厂商与政府之间的经济关系可通过图 9-3 表示。

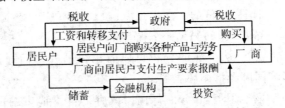

图 9-3　三部门国民收入循环模型

从总支出的角度分析，在三部门经济中，总需求分为居民户的消费需求（C）与厂商的投资需求（I）和政府的购买需求（G）三部分，即总需求＝消费需求＋投资需求＋政府购买需求，可以写作：

$$AD=C+I+G \quad \text{公式 9-4}$$

从总收入或总产量的角度分析，三部门经济的总供给中，除了居民户供给的各种生产要素外，还有政府的供给。政府的供给是指政府为整个社会生产提供国防、立法、基础设施等"公共物品"，政府由于提供了这些"公共物品"而得到相应的收入——税收（T）。所以可以用政府税收来代表政府的供给。这样总供给＝消费＋储蓄＋税收，即

$$AS=C+S+T \quad \text{公式 9-5}$$

由于均衡的国民经济和国民收入是指总需求和总供给相一致的国民经济和国民收入，因此，在三部门的国民经济达到均衡状态，总需求＝总供给，即

$$AD=AS \text{ 或 } C+I+G=C+S+T \quad \text{公式 9-6}$$

两边同时消去等量的 C，则可得：

$$I+G=S+T \quad \text{公式 9-7}$$

从此恒等式我们可以看出，投资（I）和政府购买（G）都是国民经济的注入量，而储蓄（S）和税收（T）则都是国民经济的漏出量，因此，三部门国民经济循环中实现均衡的条件也是注入量＝漏出量。

把 $I+G=S+T$ 中的 G 移项，变形为

$$I=S+(T-G) \quad \text{公式 9-8}$$

其中（T−G）可以看作是政府的储蓄。因此三部门国民经济循环流程的顺利完成与否则取决于居民储蓄和政府储蓄能否全部转化为厂商的投资。

三、四部门的国民经济循环模型

四部门国民经济循环模型是指在三部门国民经济模型的基础上由厂商、居民户、政

府、国外部门这四种经济单位组成的经济模型。在这种经济结构中,国外部门作为国外生产要素的供给者,向国内各部门提供产品与劳务,对国内来说,这就是进口(M);同时,国外部门作为国内产品与劳务的需求者,向国内进行购买,对国内来说,这就是出口(X)。可以说,四部门国民经济循环模型是较为完善和符合当代经济形式的,而两部门和三部门经济都是封闭型的经济形式。

现在我们来分析一下在四部门的经济模型中的注入量和漏出量。出口是来自国外的购买,通过出口,国内厂商获得来自国外的货款收入,对本国的国民经济循环来说是一种"注入",因此出口是本国国民经济的"注入量"。进口则不然,是本国向国外的购买,相应的货款则流向国外,这对本国的国民经济循环来说无疑是一种"漏出",因此进口属于本国国民经济的"漏出量"。从上面的分析可以看出,国外部门通过进口(M)和出口(X)这两种方式来影响国民经济循环流程。

四部门国民经济循环模型即居民户、厂商、政府、国外部门之间的经济关系可通过图9-4加以表示。

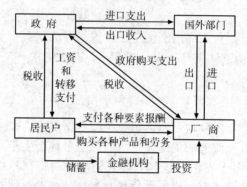

图 9-4 四部门国民收入循环模型

从总支出的角度分析,在四部门经济中,总需求分为居民户的消费需求(C)、厂商的投资需求(I)、政府的购买需求(G)和国外部门对国内产品和劳务的需求四部分。即:总需求=消费需求+投资需求+政府购买需求+国外部门的需求,而国外需求就是本国产品和劳务和出口,因此可以用 X 代表国外部门的需求。

$$AD=C+I+G+X \quad \text{公式 9-9}$$

从总收入或总产量的角度分析,四部门经济的总供给中,除了居民户供给的各种生产要素和政府的供给(T)外,还有国外的供给。国外的供给对国内来说就是进口,所以可以用进口(M)来代表国外的供给。即总供给=消费+储蓄+政府税收+进口。

$$AS=C+S+T+M \quad \text{公式 9-10}$$

由于均衡的国民经济和国民收入是指总需求和总供给相一致的国民经济和国民收入,因此,在四部门的国民经济达到均衡状态,总需求=总供给,即

$$AD=AS \text{ 或 } C+I+G+X=C+S+T+M \quad \text{公式 9-11}$$

两边同时消去等量的 C,则可得:

$$I+G+X=S+T+M \quad \text{公式 9-12}$$

从此恒等式我们可以看出，投资（I）和政府购买（G）以及出口（X）都是国民经济的注入量，而储蓄（S）和税收（T）以及进口（M）则都是国民经济的漏出量。因此，四部门国民经济循环中实现均衡的条件也是注入量=漏出量。如果上式得到实现，意味着经济达到均衡状态，经济资源得到充分利用，社会实现充分就业，无经济危机或通货膨胀。

把 $I+G+X=S+T+M$ 中的 G、X 移项，变形为

$$I=S+(T-G)+(M-X)$$ 公式9-13

其中 $(M-X)$ 可以看作是外国对本国的储蓄。因此，四部门国民经济循环流程的顺利完成与否则取决于居民储蓄、政府储蓄以及外国对本国的储蓄能否全部转化为厂商的投资。

第二节 简单的国民收入决定模型

一、45°线模型

简单的国民收入决定模型也就是45°线模型。这是高度简化的凯恩斯宏观经济模型，以最简单的方式说明宏观经济总量的决定。简单国民收入决定理论的基本假设包括以下四个方面。

一是两部门经济。所谓两部门经济，是假设经济中不存在政府和对外贸易，只有居民户和企业。消费行为和储蓄行为发生在居民户，生产和投资行为发生在企业。

二是没有供给限制，即存在资源闲置，物价不变，这是凯恩斯主义的基本出发点。

三是折旧和公司未分配利润为零。

四是投资为一常数：$I=I_0$，即企业自主决定投资，不受利率和产量变动的影响。

简单国民收入决定理论要说明的是在这种简单国民经济关系中，如何实现均衡的国民收入，即总供给和总需求达到均衡状态的国民收入。这种简单的国民收入决定理论是我们进一步分析国民收入水平的变化以及就业和物价水平等社会经济问题的理论基础。

"总供给"与"总需求"是理论概念，有必要把它们转换为统计概念，在总供给、总需求这两个理论概念与总产出、总支出这两个宏观经济统计指标之间建立起联系。

总产出或总收入从产出和收入角度反应了特定时期经济系统所生产（供给）的总量，表示了经济的供给方面。可以把总产出定义为：

$$Y=Yd$$ 公式9-14

其中：Y 为总产出；Yd 为收入（实际上是可支配收入，在两部门经济中，由于没有税收，要素收入就是可支配收入）。收入要么消费要么储蓄，则 $Yd=C+S$，所以 Y（总产出）$=AD$（总供给）$=Yd=C+S$。

总支出是经济中用于新生产商品和劳务的支出总量，表示经济的需求方面，是总需求统计指标。简单模型中不考虑政府和对外部门，总支出（AE）为家庭消费（C）和厂商投资（I），即

$$AE=C+I \quad \text{公式 9-15}$$

总产出与总支出不一致导致总量失衡问题。如果总产出方面因为外生供给冲击 (shock) 下降（如地震、罢工），原先支出和消费水平无法维持。但我们这里假定没有供给限制，所以供给方面不存在问题（注意供给没有限制的假设）。

如果消费或投资下降，即支出环节发生"漏泻"（Leakage），有效需求不足，同样导致经济运行困难。

在供给没有限制的条件下，支出决定产出。这样，总供给等于总需求宏观经济均衡条件，归结为总产出等于总支出条件：

$$Y=AE=C+S=C+I \quad \text{公式 9-16}$$

如果等式两边消去同类项，等式可简写为：

$$I=S \quad \text{公式 9-17}$$

可见，一国一定时期储蓄与投资的平衡是均衡国民收入的最基本的要素条件。

图 9-5 中纵轴表示支出 AE，横轴表示产出 Y。45°线上任何一点总产出等于总支出。E 点是均衡点，此处 $I=S$；而 E 点左侧 $I>S$，投资大于储蓄将使国民收入增长；E 点右侧 $I<S$，投资小于储蓄将使国民收入下降，最终导致趋向于均衡点 E。

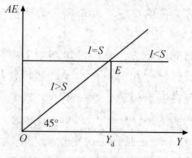

图 9-5　45°线模型

注意：这里的储蓄和投资是意愿储蓄和意愿投资。只有意愿储蓄和意愿投资相等，宏观经济才达到均衡。

二、消费、储蓄与投资

1. 消费

（1）影响消费的因素

消费是构成国民收入的首要因素之一，指居民户（家庭）用于各种商品和劳务上的开支。影响消费的主要因素有以下几个。

①收入。在影响消费的诸因素中，收入通常是最主要的。一般来说，消费与收入是同方向变动的（一定水平的收入对应着一定水平的消费）。在一定的幅度范围内，随着收入的增加，消费也会相应地增加，但是当收入增加到一定程度后，消费的增加速度却可能大大低于收入的增加速度。

②物价水平。根据需求规律的解释，当收入及其他因素既定时，除了个别商品外，物价的显著变动会导致需求量的反向变动。当然，家境不同的消费者对物价变动的反应程度不同，从而物价水平对消费的影响也出现不同。

③利率。利率通过直接影响消费者的储蓄水平从而间接影响到消费者的支出水平。一般来说，利率与储蓄同向变动，与消费支出反向变动。因此，政府可以通过调整利率来影响消费需求情况，从而调控宏观经济的变化。

④消费者的预期。主要包括对未来价格水平和收入水平的预期。如果消费者预期未来的价格水平将大幅度上升，则当前消费会上升；同样，如果消费者预期自己未来收入将上升，则对于当前物品的消费将上升。反之亦然。

⑤心理动机。消费者不同的心理动机如贪婪、谨慎、预防、效仿等也会影响消费支出情况。

⑥其他。除了上述因素外，消费者的偏好、年龄构成、性别构成、受教育程度等也会影响社会的消费支出情况。

(2) 消费函数

消费函数指影响消费支出的各因素与消费支出之间的对应关系。假定一国经济制度、环境等因素不变，那么，就单个家庭而言，消费者的可支配收入、商品的价格、预期收入、偏好、利率水平、消费习惯等一系列因素，都制约着消费者的消费数量，从而决定着消费者的消费支出水平。进一步假定整个经济中的价格总水平和利率水平保持不变，那么，家庭的消费支出主要由经济中的总收入即国民收入决定，即消费是收入的函数。

用 Y 表示国民收入，用 C 表示国民消费支出，则消费函数可以表示为

$$C = f(Y) \quad \text{公式 9-18}$$

在其他条件不变的情况下，消费支出随收入的变化而变化，即收入增加，消费支出增加；反之，则支出减少。在人们的消费中，一部分属于必需消费，与收入没有关系，被称为自发消费；另一部分的消费随着收入的增加而增加，被称为引致消费。

例如，当一个家庭的收入为 0 元时，家庭所需的基本开支 800 元，就要从储蓄中拿出 800 元或借贷维持其基本消费水平，800 元就是自发消费，这时家庭的储蓄减少了 800 元或有了 800 元的债务。当收入增加到 1 200 元时，这个家庭的消费水平是 1 200 元，收入与消费支出持平，相比较于没有收入时的消费，增加了 400 元的消费，这 400 元消费就是引致消费。如果这个家庭的收入增加到 2 000 元时，而该家庭的消费水平上升到 1 500 元，这时，这个家庭可以增加储蓄 500 元。显然，这个家庭消费随收入的增加而增加，且消费变动的比例小于收入增加的比例。

(3) 消费倾向

消费倾向是指消费在收入中所占的比例。消费倾向又分为平均消费倾向（Average Propensity to Consume，APC）和边际消费倾向（Marginal Propensity to Consume，MPC）。平均消费倾向是指消费占收入的比例或平均每单位收入的消费量，用公式表示为：

$$APC = C/Y \quad \text{公式 9-19}$$

平均消费倾向说明了家庭收入在消费和储蓄之间量的分配状况。如在上例中，这个家

庭的收入增加到 2 000 元时，该家庭的消费水平上升到 1 500 元，平均消费倾向是 0.75。由于消费水平总大于零，因而平均消费倾向为正数。通常我们认为，平均消费倾向是大于 0 小于 1 的，并且平均消费倾向随着收入的增加而递减。

边际消费倾向（MPC）表示增加单位收入用于增加的消费部分所占的比例。用公式表示为：

$$MPC = \Delta C / \Delta Y$$　　公式 9-20

其中，ΔY 为家庭收入的增加量；ΔC 为增加的收入中用于增加的消费量。

边际消费倾向说明了家庭收入的变动量在消费变动和储蓄变动之间量的分配状况。例如，当家庭的收入从 1 200 元增加到 2 000 元，增加了 800 元，消费支出则从 1 200 元增加到 1 500 元，增加了 300 元，这时家庭的边际消费倾向是 37.5%。一般来说，边际消费倾向总是大于 0 小于 1 的，即 $0 < MPC < 1$。这是因为，随着收入的增加，消费必然会增加，因而边际消费倾向大于零。同时，人们在通常情况下不会把增加的收入全部用于消费，因此边际消费倾向会小于 1。另外，随着人们收入水平的增加和生活水平的提高，边际消费倾向存在随着收入的增加而递减的现象，被称为边际消费倾向递减规律。

（4）消费曲线

我们把消费与收入之间的关系描述在直角坐标系中就是消费曲线。如果消费与收入之间存在线性关系，而边际消费倾向为一常数，则消费函数可表示为：

$$C = C_0 + bY$$　　公式 9-21

其中 C_0 为自发消费，b 为边际消费倾向。以横轴代表收入 Y，纵轴代表消费 C，家庭消费曲线如图 9-6 所示。

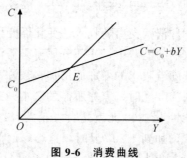

图 9-6　消费曲线

2. 储蓄

（1）储蓄函数

在经济学上，储蓄被定义为居民收入中未被用于消费的部分。储蓄函数是表示储蓄与影响储蓄大小的各种因素之间的对应关系。通常情况下，如果其他条件不变，储蓄随收入的增加而增加，随收入的减少而减少。以 S 表示储蓄，Y 表示收入，则储蓄函数可表示为：

$$S = f(Y)$$　　公式 9-22

（2）储蓄倾向

储蓄倾向分为平均储蓄倾向（APS）和边际储蓄倾向（MPS）。平均储蓄倾向表示收入中储蓄所占比例或每单位收入中的储蓄量，用公式表示为：

$$APS=S/Y \quad \text{公式9-23}$$

边际储蓄倾向（MPS）表示增加单位收入所增加的储蓄部分所占的比例，公式表示为

$$MPS=\Delta S/\Delta Y \quad \text{公式9-24}$$

储蓄与收入也是同方向变动的，一定水平的收入对应着一定水平的储蓄。随着收入的增加，储蓄也相应增加，但通常情况下，收入增加到一定程度后，储蓄的增加速度将快于收入的增加速度。因此，根据储蓄、消费与收入之间的关系可知，平均储蓄倾向和边际储蓄倾向随着收入的增加而递增，且 $0<APS<1$，$0<MPS<1$。

(3) 消费函数与储蓄函数的关系

按照 $Y=C+S$ 的假设，可知消费函数和储蓄函数之间存在如下关系：一是消费函数与储蓄函数是互补的，两者之和等于收入，即 $C(Y)+S(Y)=Y$；二是由消费和储蓄的关系可得到：

$$APS=S/Y=(Y-C)/Y=1-APC \quad \text{公式9-25}$$

$$MPS=\Delta S/\Delta Y=(\Delta Y-\Delta C)/\Delta Y=1-MPC \quad \text{公式9-26}$$

平均消费倾向和平均储蓄倾向之和恒等于1，边际消费倾向和边际储蓄倾向之和恒等于1，即 $APC+APS=1$，$MPC+MPS=1$。

(4) 储蓄曲线

我们把储蓄与收入之间的关系描述在直角坐标系中就是储蓄曲线。如果储蓄与收入之间存在线性关系，而边际储蓄倾向为一常数，则储蓄函数可表示为：

$$S=-C_0+(1-b)Y \quad \text{公式9-27}$$

其中 $-C_0$ 为负储蓄，对应没有收入的自发消费，是独立于收入之外的；$1-b$ 是边际储蓄倾向（因为 b 是边际消费倾向）。以横轴代表收入 Y，纵轴代表储蓄 S，储蓄曲线如图9-7所示。图中 E 点为收支相抵点，此时储蓄为0，E 的左边为负储蓄，右边为正储蓄。

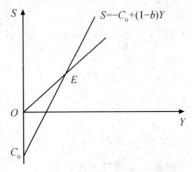

图9-7 储蓄曲线

【课堂互动9-1】晓红在每一个收入水平上都消费掉其全部收入。她的 APC、MPC、APS、MPS 分别是多少？你能否画出她的消费曲线和储蓄曲线？

3. 投资

经济学中的投资是指资本的形成，即社会实际资本的增加，包括厂房、设备和存货等的增加。但是在简单国民收入决定模型中，我们假定投资是内生的，$I=I_0$。在现实生活

中,影响投资量的因素主要有资本边际效率(一种贴现率,该种贴现率使得一项资本在使用年限内各年的预期收益现值正好等于该项资本品的供给价格或重置成本)和利率,投资基本上由此两者的对比关系左右。如果利率大于资本边际效率,对于投资者来说,因为利润小于利息,结果会得不偿失,自然投资者不会投资;如果资本边际效率等于利率,投资者的收支相抵,企业只有重置投资;如果资本边际效率大于利率时,投资则会获利,企业会选择投资。

三、简单的国民收入决定模型

根据45°线模型,宏观经济均衡条件为总产出等于总支出,即 $I=S$,这时的产出为均衡产出。

1. 消费函数决定收入

我们假设简单国民经济模型是两部门的模型,投资是一个既定的量,只要把收入恒等式 $Y=C+I$ 和消费函数 $C=C_0+bY$ 结合起来就可以求得均衡收入:

$$Y = (C_0+I)/(1-b) \quad \text{公式 9-28}$$

假定消费函数为 $C=1\,500+0.8Y$,投资为500亿美元,则均衡收入为:

$$Y = (1\,500+500)/(1-0.8) = 10\,000 \text{(美元)}$$

如图9-8所示,横轴表示收入,纵轴表示消费加投资,在消费曲线 C 上加投资曲线得到消费投资曲线 $C+I$,这条曲线为总支出曲线。因为假定投资为常数500亿美元,投资曲线为水平直线,总支出曲线平行于消费曲线,两者的垂直距离为500亿美元。总支出曲线和45度线相交于 E,E 就是均衡收入10 000亿美元。这时,家庭的消费支出与企业的投资支出的总和等于收入。如果收入为6 000亿美元时,消费 $C=6\,300$ 亿美元,这意味着企业销售出去的产量远远大于他们生产出来的产量,这时扩大生产是有利可图的。于是,企业会增加产量,使收入向均衡收入靠拢。相反,如果收入为12 000亿美元,消费 $C=11\,100$ 亿美元,这说明企业生产出来的产品大于销售量,于是,企业会减少生产,使收入仍然向均衡收入靠拢。

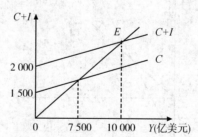

图 9-8 消费函数决定均衡收入

2. 储蓄函数决定收入

上面已经推导出均衡收入的条件 $I=S$,又因为 $I=Y-C$,而储蓄函数为 $S=-C_0+(1-b)Y$,将两式联立,得到:

$$Y = (C_0+I)/(1-b) \quad \text{公式 9-29}$$

上例中,消费函数为 $C=1\,500+0.8Y$,储蓄函数 $S=-1\,500+0.2Y$,投资为500亿

美元，令 $I=S$，则均衡收入为：$500=-1\,500+0.2Y$，得 $Y=10\,000$ 亿美元。

如图 9-9 所示，横轴表示收入，纵轴表示储蓄和投资，S 表示储蓄函数，I 表示投资函数。因为假定投资为常数 500 亿美元，因此投资函数曲线为一条水平直线，投资曲线与储蓄曲线相交于 E 点，E 就是均衡收入 10 000 亿美元。如果实际产量小于均衡收入水平，表明投资大于储蓄，社会生产供不应求，这时扩大生产是有利可图的。于是，企业会增加产量，使收入向均衡收入靠拢。相反，如果实际产量大于均衡收入水平，表明投资小于储蓄，社会生产供过于求，企业会减少生产，使收入仍然向均衡收入靠拢。只有在均衡收入水平上，企业生产才会稳定下来。

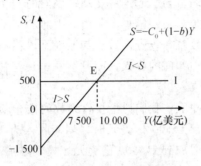

图 9-9　储蓄函数决定均衡收入

3. 节俭悖论

储蓄是对消费节俭的结果，这种节俭对个人来说是美德，但对整个社会来说又是怎么样呢？一般情况下我们是把储蓄或节俭当成一种美德来提倡的。但是我们必须认识到，有时对微观经济学是正确的东西，对宏观经济学未必是正确的。

凯恩斯的理论对储蓄和节俭提出了不同的观点。1936 年凯恩斯在《就业、利息和货币通论》中提出了著名的节俭悖论（Paradox of Thrift），他引用了一则古老的寓言：有一窝蜜蜂原本十分繁荣兴隆，每只蜜蜂都整天大吃大喝。后来一个哲人教导它们说，不能如此挥霍浪费，应该厉行节约。蜜蜂们听了哲人的话，觉得很有道理，于是迅速贯彻落实，个个争当节约模范。但结果出乎预料，整个蜂群从此迅速衰败下去，一蹶不振了。

他认为，节俭对个人来说可能是一种美德，但对整个社会来说可能就不是美德而是罪恶了。根据凯恩斯主义的国民收入决定理论，消费的变动会引起国民收入同方向变动，储蓄的变动会引起国民收入反方向变动。因为如果大家都节俭，整个社会的储蓄增加，如果这种储蓄不能及时转化为投资形成新的消费力量，整个社会的消费需求就会降低，对国民经济活动造成一种紧缩的压力，导致经济萧条，国民收入下降，就业减少。尤其是在经济萧条时期，这种节俭更会加剧萧条，形成恶性循环。所以凯恩斯主张减少储蓄，增加消费。这就是著名的"节俭悖论"。

"节俭悖论"是凯恩斯最早提出的一种理论，也称为"节约悖论""节约反论""节约的矛盾"。它在资源没有得到充分利用的情况下是存在的，是短期的。长期中或当资源得到充分利用时，节约的悖论是不存在的。

经济大萧条时期的景象就是节约悖论的一个生动而可叹的例子。由于人们对未来预期不抱任何希望，所以大家都尽量多储蓄。但是，他们不愿意消费的心理和行为又导致其收入继续下降。

不过值得注意的是，通常情况下，经济繁荣时期，储蓄的增加能有助于减轻社会通货膨胀压力，是有利的；而在经济萧条时期，根据乘数理论，消费的减少会使国民收入成倍减少，从而使经济进一步恶化！所以在经济萧条时期，政府总会增加财政支出，鼓励消费，来挽救经济颓势。

【课堂互动9-2】 分析政府调整存款利率对整个国民经济的影响。储蓄越多越好这句话对吗？

4. 乘数理论

乘数是指国民收入的变动量与引起这些变动的因素的变动量的比率，如果引起国民收入变动的是投资，增加（或减少）一笔投资，由此引起的国民收入增加量（或减少量）是这笔投资的若干倍，这个倍数就是投资乘数。其原因是，各经济部门是相互关联的，某一部门的一笔投资不仅会增加本部门的收入，而且会在国民经济其他部门中引起连锁反应，从而增加这些部门的投资与收入。

在两部门经济运行的条件下，我们讨论投资系数的推导以说明乘数原理及其作用。

在上面的例子里，投资量为500亿美元时，均衡收入为10 000亿美元。若投资增加到600亿美元时，均衡收入增加到10 500亿美元。投资增加100亿美元，均衡收入增加500亿美元，增加的收入是增加的投资的5倍。可见当总投资增加时，收入的增量将是投资增量的数倍，这里的收入增量与投资增量的比"5"就是投资乘数。为什么投资增加100亿美元，收入就会增加5倍呢？因为增加100亿美元的投资用来购买投资品时，实际上是用来购买制造投资品所需要的生产要素。这100亿美元经工资、利息、租金、利润的形式流入生产要素所有者手中，即居民手中，从而使居民收入增加了100亿美元，这是投资对于国民收入的第一轮增加。假定该社会的边际消费倾向为0.8，则居民增加的100亿美元的收入就会有80亿美元去购买消费品。于是80亿美元又以工资、利息、租金和利润的形式流入生产消费品的生产要素所有者手中，使社会居民收入又增加了80亿美元，这是国民收入的第二轮增加。这个过程不断继续下去，最后是国民收入增加500亿美元。

下面我们通过两种方法来推导投资乘数的计算公式。

第一种方法：

用 K_I 来表示投资乘数，ΔY 代表国民收入的增加量，ΔI 表示投资的增加量，则 $\Delta Y = K_I \Delta I$。

因此，投资乘数 $K_I = \Delta Y / \Delta I = \Delta Y / (\Delta Y - \Delta C)$

分子分母都除以 ΔY，得：

$K_I = 1/(1-\Delta C/\Delta Y) = 1/(1-MPC)$

由于 $MPS = 1 - MPC$，则

$$K_I = 1/MPS \qquad \text{公式9-30}$$

第二种方法：

$Y = C + I = C_0 + bY + I$

$Y = (C_0 + I)/(1-b)$

如果投资增加 ΔI，带来 ΔY 的收入增加，则 $\Delta Y + Y = (C_0 + I + \Delta I)/(1-b)$

$\Delta Y = \Delta I/(1-b)$，则 $K_I = 1/(1-b)$。

如果用 b 表示边际消费倾向 MPC，$1-b$ 表示边际储蓄倾向 MPS，得到：
投资乘数＝1/（1－边际消费倾向）或 $K_I=1/(1-MPC)=1/(1-b)=1/MPS$

投资乘数的大小与居民边际消费倾向有关，居民边际消费倾向越高，投资乘数越大；居民边际储蓄倾向越高，投资乘数越小。

【课堂互动9-3】当 MPC 分别等于 0.8、0.6、0.5 时，或 MPS 分别等于 0.2、0.4、0.5 时算出投资乘数的数值。

第三节 总需求—总供给模型

一、IS-LM 模型

1. 投资函数

在简单的经济体中，投资作为一个既定的外生变量参与总需求的决定。但在扩展的国民收入模型中，投资是一个需要分析的内生变量。西方经济学中的投资指的是资本的形成，即社会实际资本的增加，包括厂房、设备和库存的增加。决定投资的因素有很多，主要的因素有实际利率水平、预期收益率和投资风险等。

在投资的预期利润既定时，企业是否投资取决于实际利率的高低。因为利率是投资的成本，当利率升高时，投资就会减少，相反，当利率下降时，投资增加。投资与利率的这种反比例关系称为投资函数。投资函数可以用公式表示为：

$$I=i(r)=e-dr \qquad \text{公式 9-31}$$

其中，e 表示自主投资，即利率为 0 时也有的投资量。$-dr$ 是投资与利率相关的部分。假设投资函数 $I=1\,000-250r$（亿美元），当 $r=0$ 时，自主投资为 1 000 亿美元。当 $r=4$ 时，投资量为 0。用图 9-10 来表示投资函数。

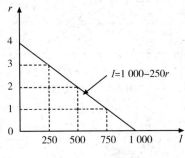

图 9-10 投资函数

2. 资本的边际效率

资本边际效率是一种贴现率，这种贴现率正好使一项资本物品的使用期内各预期收益的现值之和等于该项资本品的供给价格或重置成本。下面举例来说明。

设 R_1、R_2、R_3、$\cdots R_n$ 为年预期净投资收益流量，R_0 为本年资本资产的购买价格（资本品的重置成本），i 为将来收益流量折成现值的贴现率。则：

$$R_0 = R_1/(1+i) + R_2/(1+i)^2 + R_3/(1+i)^3 + \cdots + R_n/(1+i)^n \quad \text{公式 9-32}$$

假定某企业投资 30 000 美元购买一台机器，这台机器的使用期限为 3 年，3 年后全部耗损，在假定把人工、原材料及其他成本扣除后各年的预期收益为 11 000 美元，12 100 美元、13 310 美元，3 年合计为 36 410 美元，如果贴现率为 10%，那么 3 年全部预期收益 36 410 的现值正好是 30 000 美元，即

$$R_0 = 11\,000/(1+10\%) + 12\,100/(1+10\%)^2 + 13\,310/(1+10\%)^3$$
$$= 10\,000 + 10\,000 + 10\,000 = 30\,000 \text{（美元）}$$

10% 的贴现率使得 3 年的全部预期收益（36 410 美元）的现值之和（30 000 美元）正好等于该资本品的供给价格（30 000 美元），这个贴现率就叫作资本边际效率。

3. IS 曲线

(1) IS 曲线的推导

两部门均衡收入的得到是基于我们对于投资量既定的假设，现在把投资函数 $I = e - dr$ 代入均衡收入的公式 $Y = (C_0 + I)/(1-b)$，得到：

$$Y = (C_0 + e - dr)/(1-b) \quad \text{公式 9-33}$$

从上式中可看出，要使商品市场保持均衡，即储蓄等于投资，则均衡的国民收入与利率之间存在着反方向变化的关系。

假设投资函数 $I = 1\,000 - 250r$，消费函数 $C = 500 + 0.5Y$，则均衡国民收入时，$Y = 3\,000 - 500r$。图 9-11 表示 IS 曲线，它是一条反应利率与收入间相互关系的曲线。这条曲线上任何一点都表示一定利率和收入的组合，在这样的组合下，投资和储蓄都是相等的，即产品市场是均衡的。

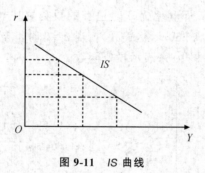

图 9-11 IS 曲线

上式可以变形为 $r = (C_0 + e)/d - [(1-b)/d]Y$，该式就是 IS 曲线的代数表达式，$(1-b)/d$ 是 IS 曲线的斜率的绝对值，斜率的大小取决于 d 和 b。d 是投资需求对于利率的反应程度，d 的值较大，说明投资对于利率变化较敏感，IS 曲线的斜率的绝对值就会比较小，即 IS 曲线比较平缓。b 是边际消费倾向，b 的值较大，IS 曲线的斜率的绝对值也较小，IS 曲线比较平缓。

(2) IS 曲线的移动

如果投资函数或储蓄函数变动，IS 曲线就会变动。

①投资函数变动。如果由于种种原因（例如，出现了技术革新，或企业家对经济前景

预期乐观等),在同样利率水平上投资需求增加了,即投资需求曲线向右上方移动,于是 IS 曲线就会向右上方移动。反之,若投资需求下降,则 IS 曲线向左移动。

②储蓄函数变动。假定人们的储蓄意愿增加了,即人们更节俭了,这样,储蓄曲线就要向左移动。如果投资需求不变,则同样的投资水平现在要求的均衡收入水平就要下降,因为同样的储蓄,现在只要在较低的收入下就可以提供出来了,因此 IS 曲线就会向左移动。

4. LM 曲线

(1) LM 曲线的推导

在货币供给量一定的前提下,货币市场的均衡只能通过调节对货币的需求来实现。货币的需求动机主要有三种:第一,交易动机,指个人和企业为了维持正常的交易活动需要货币。交易动机的货币需求主要决定于收入,收入越高,交易数量越大,维持正常交易活动的货币需求量就越大。第二,预防性动机,指为了预防意外支出而持有一部分货币。这一货币需求大体上也和收入成正比。第三,投机动机,指人们为了抓住有利的购买有价证券的时机而持有一部分货币。该动机的货币需求量取决于利率。

假定 m 代表一定的货币供给量,L 表示货币的总需求量,$L_1(y)=kY$ 表示交易动机和预防性动机所产生的货币需求,$L_2(r)=-hr$ 表示货币的投机需求所产生的货币需求量,其中 h 表示货币需求对于利率的敏感程度,则货币市场的均衡就是 $m=L=L_1(Y)+L_2(r)=kY-hr$。即

$$r=(kY/h)-(m/h) \quad \text{公式 9-34}$$

从上式可以看出,货币市场均衡时,利率与收入呈同方向变动趋势。假定货币的需求函数为 $L_1(y)+L_2(r)=0.5Y+1\,000-250r$,货币的供给量为 $m=1\,250$,则货币市场均衡时,$Y=500+500r$。由此可得到一条向右上方倾斜的曲线,如图 9-12 所示,在此线上,任何一点都代表了利率和收入的组合,在这些组合下,货币的需求和供给都是相等的,即货币市场是均衡的。

k/h 是 LM 曲线的斜率,当 k 一定时,h 越大,即货币需求对于利率的敏感程度越高,斜率就越小,LM 曲线就越平缓。相反,当 h 一定时,k 越大,即货币需求对于收入的敏感程度越高,斜率就越大,LM 曲线就越陡峭。

(2) LM 曲线的移动

货币投机需求、交易需求和货币供给量的变化,都会使 LM 曲线发生相应的变动,如图 9-12 所示。

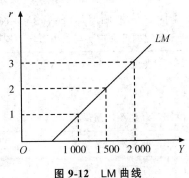

图 9-12 LM 曲线

①货币供给量变动。货币供给量变动将使 LM 曲线发生反方向变动,即货币供给增加,LM 曲线右移,原因在货币需求不变时(包括投机需求和交易需求),货币供给增加必使利率下降,利率下降又刺激投资和消费,从而使国民收入增加。

②价格水平变动。当名义货币供量不变时,价格水平 P 如果下降,意味着实际货币供给增加,这会使 LM 曲线向右移动。相反,如果价格水平 P 上升,LM 曲线向左移动。

5. IS－LM 分析

从上面的分析得到,IS 曲线上的利率与收入的组合实现了商品市场的均衡,LM 曲线上的利率与收入的组合实现了货币市场的均衡,而商品市场和货币市场同时均衡的利率与收入组合只有一个,即在 IS 曲线与 LM 曲线的交点上。即同时满足以下两个公式:

$$I(r) = S(Y)$$ 公式 9-35

$$m = L(Y) + L(r)$$ 公式 9-36

假设 $I = 1\,000 - 250r$,$S = -500 + 0.5Y$,$I = S$ 时,可以得到 IS 曲线 $Y = 3\,000 - 500r$。假设 $m = 1\,250$,$L = 0.5Y + 1\,000 - 250r$,$m = L$ 时,可以得到 LM 曲线 $Y = 500 + 500r$,将 IS 曲线与 LM 曲线联立,得到 $r = 3.5$,$Y = 2\,250$,此时商品市场和货币市场均衡。产品市场与货币市场的均衡可用图 9-13 表示。

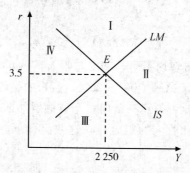

图 9-13 产品市场和货币市场均衡

图中的坐标平面分成四个区域:Ⅰ、Ⅱ、Ⅲ、Ⅳ,在这四个区域都存在着产品市场与货币市场不均衡的状态。它们的非均衡关系可用表 9-1 表示。各个区域的非均衡状态会得到调整,IS 不均衡会导致收入变动:投资大于储蓄会导致收入上升,投资小于储蓄会导致收入下降。LM 不均衡会导致利率变动:货币需求大于货币供给会导致利率上升,货币需求小于货币供给会导致利率下降。这种调整最终会趋向均衡利率和均衡收入。

表 9-1 四个区域的产品市场与货币市场不均衡的状态

区域	产品市场	货币市场
Ⅰ	$I<S$,有超额产品供给	$L<M$,有超额货币供给
Ⅱ	$I<S$,有超额产品供给	$L>M$,有超额货币需求
Ⅲ	$I>S$,有超额产品需求	$L>M$,有超额货币需求
Ⅳ	$I>S$,有超额产品需求	$L<M$,有超额货币供给

当 LM 曲线不变,IS 曲线向右上方变动时,收入提高,利率上升。这是因为,IS 曲

线右移是由于总支出增加,总支出增加会使生产和收入增加。收入增加了,对货币的交易需求增加。由于货币供给不变(LM 曲线不变),人们只能通过出售有价证券来获取从事交易所增加货币,这就会使证券价格下降,即利率上升。同样可以说明,LM 曲线不变,IS 曲线向左下方变动时,收入和利率都会下降。

当 IS 曲线不变,LM 曲线向右下方变动时,收入提高,利率下降。这是因为,LM 曲线右移,或者是由于货币供给不变而货币需求下降,或者是由于货币需求不变而货币供给增加。在产品供求情况没有变化的情况下(IS 曲线不变),LM 曲线右移是因为货币供给大于需求,这必然导致利率下降。利率下降刺激消费和投资,从而使国民收入增加。同样可以说明,当 IS 曲线不变,LM 曲线向左上方变动时,利率上升,收入下降。

当 IS 曲线和 LM 曲线同时变动时,收入和利率的变动情况则由两者如何同时移动而定。

二、总需求与总供给曲线

总需求—总供给模型是要将总需求与总供给结合在一起来说明国民收入与价格水平的同时决定。它是研究产量波动以及决定价格水平与通货膨胀率的基本工具。

1. 总需求曲线

总需求(Aggregate Demand Curve)是社会对产品和劳务的需求总量,它通常以产出水平来表示。在现实的经济即四部门经济中,总需求包括消费(C)、投资(I)、政府支出(G)和出口(X)四个部分,即 $Y=C+I+G+X$。总需求函数是指产出与价格水平之间的关系,它表示在某一特定价格水平下,社会对产出的需求。总需求曲线则表示产品市场与货币市场同时达到均衡时的价格水平与产出水平的组合,如图 9-14 所示。

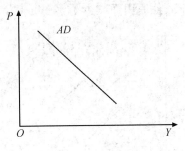

图 9-14　总需求曲线

图中,横轴 OY 代表国民收入,纵轴 OP 代表价格水平,总需求曲线 AD 是一条向右下方倾斜的曲线。这说明了总需求与价格水平成反方向变动,即价格水平上升,总需求减少;价格水平下降,总需求增加。

关于总需求曲线向右下方倾斜的原因主要有三种解释。

①庇古的财富效应。经济学家阿瑟·庇古从货币实际购买力的角度解释了总需求曲线向右下方倾斜的原因。他认为随着物价水平的变化,我们所持有的货币的实际购买力会发生相应的变化。当物价水平下降时,会使消费者感到自己更富裕,这些货币的实际购买力增强,也就是说同等数量的货币相比于以前将购买到更多的物品和劳务,因此消费者将更多地支出,即物价水平的下降刺激了消费品的需求。物价水平的上升带来的效应则正好相反,消费者将会觉得自己变得更贫穷,消费者将减少相应的物品和劳务支出。这种效应被

称为庇古的财富效应。

②凯恩斯的利率效应。凯恩斯则从利率的角度分析总需求曲线向右下方倾斜的原因。物价水平下降时，家庭为了购买他们想要的物品与劳务所需要持有的货币将减少。这时，家庭可以通过把一些钱转移出去而努力减少所持有的货币量。他们会将这些钱储蓄起来，或者用它来购买有价证券或债券。在这种情况下，由于家庭努力把自己的一些货币换为有利息的资产，将会使得利率水平下降，利率下降又会使得厂商增大投资，从而刺激了投资品的需求。相反，物价水平的上升则导致利率上升，进而减少厂商投资，降低投资品的需求。凯恩斯强调了这种利率效应，因此这种效应被称为凯恩斯效应。

③蒙代尔－弗莱明的汇率。通过上面的分析，我们知道，物价水平越低，利率就越低；物价水平越高，利率则越高。因此一些投资者为了寻找更高的利益，会通过向国外投资的渠道来扩大赢利，这使得本国货币在外汇市场上的供给相应增加。这种增加无疑会导致本币相对于其他货币贬值，即本币在国际市场上的购买能力降低了。本币的贬值将使外国物品相对于本国物品变得更昂贵，从而扩大本国物品和劳务在国外市场上的竞争能力，扩大其出口，并减少外国物品和劳务的进口，净出口增加了。因此，当物价水平下降引起利率下降时，实际汇率贬值，从而刺激净出口，增加外国对本国物品和劳务的需求量。物价上升的情况则正好相反，使得本币升值，降低国外对本国物品和劳务的需求。

综上所述，总需求曲线呈向右下方倾斜的趋势。总需求的变动会引起总需求曲线移动，当自发总需求增加时，总需求曲线向右上方移动，表明在价格水平既定时，自发总需求由于其他原因而增加了。当自发总需求减少时，总需求曲线向左下方移动，表明在价格水平既定时，自发总需求由于其他原因而减少了，图9-15表明了总需求曲线移动的情况。

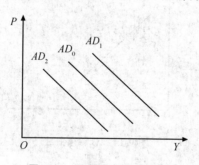

图9-15 总需求曲线的移动

在图9-15中，自发总需求增加使总需求曲线由AD_0移动到了AD_1，而自发总需求减少使总需求曲线由AD_0移动到了AD_2。

【课堂互动9-4】"总需求曲线向右下方倾斜是因为它是个别物品需求曲线的水平相加"，你认为这句话对吗？请分析原因。

2. 总供给与总供给曲线

总供给是在每种物价水平时，经济中物品与劳务的总供给量。总供给受许多因素的影响。总供给曲线是表明物品市场与货币市场同时达到均衡时，总供给与价格水平之间关系的曲线。它反映了在每一既定的价格水平时，所有厂商愿意提供的产品与劳务的总和。总供给取决于资源利用的情况。在不同的资源利用情况下，总供给曲线，即总供给与价格水平之间的关系是不同的，如图9-16所示。

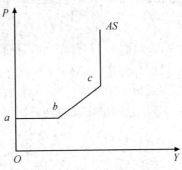

图 9-16　总供给曲线

第一种情况：$a-b$。这时总供给曲线是一条与横轴平行的线，这表明在价格水平不变的情况下，总供给可以增加。这是因为资源还没有得到充分利用，所以，可以在不提高价格的情况下增加总供给。这种情况是由凯恩斯提出来的，所以这种水平的总供给曲线称为"凯恩斯主义总供给曲线"。

第二种情况：$b-c$。这时总供给曲线是一条向右上方倾斜的线，这表明总供给与价格水平同方向变动。这是因为在资源接近充分利用的情况下，产量增加会使生产要素的价格上升，从而使成本增加，价格水平上升。这种情况是短期中存在的情况，所以这种向右上方倾斜的总供给曲线称为"短期总供给曲线"。

第三种情况：c以上。这时总供给曲线是一条垂线，这表明无论价格水平如何上升，总供给也不会增加。这是因为资源已经得到了充分的利用，即经济中实现了充分就业，总供给已无法增加。在长期中总是会实现充分就业的，因此，这种垂直的总供给曲线称为"长期总供给曲线"。

在资源条件既定，即潜在的国民收入水平既定的条件下，凯恩斯主义总供给曲线和长期总供给曲线是不变的。但短期总供给曲线是可以变动的。可用图9-17来说明短期总供给曲线变动的情况。

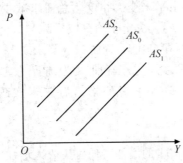

图 9-17　短期总供给曲线变动

图中，总供给曲线向右下方移动，即从 AS_0 移动到 AS_1，表示在价格不变的情况下，由于其他原因（例如技术进步）而引起了总供给增加。总供给曲线向左上方移动，即从 AS_0 移动到 AS_2，表示在价格不变的情况下，由于其他原因（例如资源的减少）而引起了总供给减少。

【课堂互动9-5】 如果潜在国民收入增加，总供给会发生什么变动？

3. 总需求－总供给模型

总需求—总供给模型是把总需求曲线与总供给曲线结合在一起来说明国民收入与价格水平的决定。可以用图 9-18 来说明总需求—总供给模型。在图中，总需求曲线 AD 与总供给曲线 AS 相交于 E，这时就决定了均衡的国民收入水平为 Y_0，均衡的价格水平为 P_0。

在总需求—总供给模型中，分析总需求变动对均衡国民收入的决定时，必须考虑到总供给曲线的不同情况。

①凯恩斯主义总供给曲线

在凯恩斯主义总供给曲线时，总需求的增加会使国民收入增加，而价格水平不变；总需求的减少会使国民收入减少，而价格水平也不变，即总需求的变动不会引起价格水平的变动，只会引起国民收入的同方向变动，如图 9-19 所示。

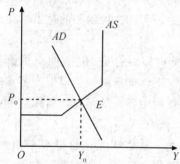

图 9-18 总需求—总供给模型

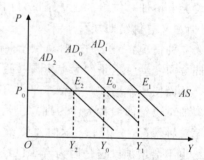

图 9-19 凯恩斯主义总供给曲线

在图 9-19 中，AS 为凯恩斯主义总供给曲线。AS 与 AD_0 相交于 E_0，决定了国民收入为 Y_0，价格水平为 P_0。当总需求增加，总需求曲线由 AD_0 移动到 AD_1，这时 AD_1 与 AS 相交于 E_1，决定了国民收入为 Y_1，价格水平仍为 P_0，这就表明了总需求增加使国民收入由 Y_0 增加到 Y_1，而价格水平未变。相反，总需求减少，总需求曲线由 AD_0 移动到 AD_2，这时 AS 与 AD_2 相交于 E_2，决定了国民收入为 Y_2，价格水平仍为 P_0，这就表明了总需求减少使国民收入由 Y_0 减少到 Y_2，而价格水平未变。

总需求分析就是以凯恩斯主义总供给曲线为前提的。所以，这里的分析实际仍然是总需求分析，所不同的只是考虑到价格，而在未实现充分就业之前，价格并不变动。

②短期总供给曲线

在短期总供给曲线时，总需求的增加会使国民收入增加，价格水平也上升；总需求的减少会使国民收入减少，价格水平也会下降，即总需求的变动引起国民收入与价格水平的同方向变动，如图 9-20 所示。

图 9-20 中，AS 为短期总供给曲线，AS 与 AD_0 相交于 E_0，决定了国民收入为 Y_0，价格水平为 P_0。总需求增加，总需求曲线由 AD_0 移动到 AD_1，这时 AD_1 与 AS 相交于 E_1，决定了国民收入为 Y_1，价格水平仍为 P_1，这就表明，总需求增加使国民收入由 Y_0

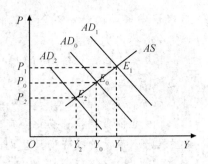

图 9-20　短期总供给曲线

增加到 Y_1，使价格水平由 P_0 上升为 P_1。总需求减少，总需求曲线由 AD_0 移动到 AD_2，这时 AD_2 与 AS 相交于 E_2，决定了国民收入为 Y_2，价格水平为 P_2，这就表明，总需求减少使国民收入由 Y_0 减少到 Y_2，使价格水平由 P_0 下降为 P_2。

③长期总供给曲线

在长期总供给曲线时，由于资源已得到了充分的利用，所以总需求的增加只会使价格水平上升，而国民收入不会变动；同样，总需求的减少也只会使价格水平下降，而国民收入不会变动，即总需求的变动会引起价格水平的同方向变动，而不会引起国民收入的变动，如图 9-21 所示。

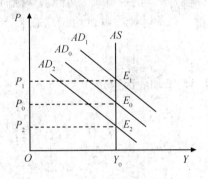

图 9-21　长期总供给曲线

图 9-21 中，AS 为长期总供给曲线，AS 与 AD_0 相交于 E_0，决定了充分就业的国民收入水平 Y_0，价格水平为 P_0。总需求增加，总需求曲线由 AD_0 移动到 AD_1，这时 AD_1 与 AS 相交于 E_1，决定了国民收入仍为 Y_0，价格水平为 P_1，这就表明，总需求增加使国民收入仍为 Y_0，价格水平由 P_0 上升为 P_1。总需求减少，总需求曲线由 AD_0 移动到 AD_2，这时 AD_2 与 AS 相交于 E_2，决定了国民收入为 Y_0，价格水平为 P_2，这就表明，总需求减少使国民收入不变，使价格水平由 P_0 下降为 P_2。

要点回放

1. 国民收入循环模型就是把宏观经济看成由许多流量构成的系统，并以此大致描述宏观经济运行。正是在对国民收入模型分析的基础上，形成了国民收入的决定理论。

2. 在宏观经济学中，大多数经济学家承认资源不会自发地得到充分利用，他们把国民收入的决定作为宏观经济的研究中心。研究的基本方法是把外生变量和内生变量对国民收入的决定作为一个整体来考虑，用总需求与总供给的均衡来分析国民收入的决定以及其他宏观经济问题。

3. 经济学中的投资是指资本的形成，即社会实际资本的增加，包括厂房、设备和存货等的增加。现实生活中投资是一个变化的量，投资变化会带来国民收入的变化，投资乘数就是国民收入的变动量与导致国民收入变动的投资变动量之比率。

4. 总需求—总供给模型是用总需求与总供给的相互作用来说明国民收入与价格水平的决定。它是通过不同情况下总需求和总供给的特点、决定总需求和总供给的各种因素及两者的变动和相互作用来回答国民收入和价格水平如何决定和变动的。在总需求—总供给理论的基础上，分析了影响国民收入决定的种种因素如消费、储蓄、投资等。

技能训练

一、关键词

漏出量　注入量　消费函数　平均消费倾向　边际消费倾向　储蓄函数　平均储蓄倾向　边际储蓄倾向　投资乘数　节俭悖论　总供给　总需求　总供给曲线　总需求曲线

二、单项选择

1. 根据消费函数，引起消费增加的因素是（　　）。
   A. 价格水平下降　　　　　　　　B. 收入增加
   C. 储蓄增加　　　　　　　　　　D. 利率增加
2. 根据储蓄函数，引起储蓄增加的因素是（　　）。
   A. 收入增加　　　　　　　　　　B. 利息率提高
   C. 人们预期未来的价格水平要上升　D. 政府支出增加
3. 根据简单的国民收入决定模型，引起国民收入减少的原因是（　　）。
   A. 消费减少　　　　　　　　　　B. 储蓄减少
   C. 消费增加　　　　　　　　　　D. 政府支出减少
4. 在以下三种情况中，乘数最大的是（　　）。
   A. 边际消费倾向为 0.60　　　　　B. 边际消费倾向为 0.40
   C. 边际消费倾向为 0.75　　　　　D. 边际消费倾向为 0.20
5. 自发总需求增加 100 万元，使国民收入增加了 1000 万元，那么此时的边际消费倾向为（　　）。
   A. 100%　　　　　　　　　　　　B. 10%
   C. 90%　　　　　　　　　　　　 D. 50%

三、多项选择

1. 在讨论国民收入决定，进行总需求分析中，有几点重要的假设，它们是（　　）。

A. 充分就业的国民收入水平是不变的
B. 利息率是不变的
C. 投资是不变的
D. 各种资源没有得到充分利用
E. 价格水平是既定的

2. 在四部门经济中，总需求包括（   ）。
A. 消费
B. 投资
C. 政府支出
D. 储蓄
E. 出口（净出口）

3. 消费倾向与储蓄倾向的关系是（   ）。
A. $APC+APS=1$
B. $APC+APS=2$
C. $MPC=1-MPS$
D. $MPC+MPS=2$
E. $MPC=MPS$

4. 乘数的公式表明（   ）。
A. 边际消费倾向越高，乘数就越小
B. 边际消费倾向越低，乘数就越小
C. 边际储蓄倾向越低，乘数就越大
D. 边际储蓄倾向越低，乘数就越小
E. 乘数一定是大于1的

5. 根据总需求与国民收入变动的关系（   ）。
A. 总需求增加，均衡的国民收入增加
B. 总需求减少，均衡的国民收入增加
C. 储蓄增加，均衡的国民收入减少
D. 储蓄增加，均衡的国民收入增加
E. 储蓄减少，均衡的国民收入增加

四、判断正误(T/F)

1. 均衡的国民收入一定等于充分就业的国民收入。（   ）
2. 消费和储蓄都与收入成同方向变动，所以，收入增加，消费和储蓄都可以增加。（   ）
3. 自发消费随收入的变动而变动，它取决于收入和边际消费倾向。（   ）
4. 在资源没有得到充分利用时，增加储蓄会使国民收入减少，减少储蓄会使国民收入增加。（   ）

五、简答

1. 描述四部门国民经济循环过程。
2. 解释储蓄函数与消费函数的关系并分析增加消费对均衡收入会有什么影响。
3. 总供给曲线与总需求曲线描述的是什么？
4. 用45°线模型说明总需求的变动对国民收入水平的影响。

六、计算

1. 社会原收入水平为1 000亿元，消费为800亿元，当收入增加至1 200亿元时，消费增加至900亿元时，请计算：

(1) 平均消费倾向；
(2) 平均储蓄倾向；
(3) 边际消费倾向；
(4) 边际储蓄倾向。

2. 根据上题所计算出的边际消费倾向计算，当自发总需求增加 50 亿元时，国民收入会增加多少？如果自发总需求减少 40 亿元时，国民收入会减少多少？

3. 社会收入为 1 500 亿元，储蓄为 500 亿元，收入增加为 2 000 亿元，储蓄为 800 亿元，计算边际消费倾向、边际储蓄倾向和乘数。

七、案例分析

"破窗理论"的解释

19 世纪 50 年代，法国人巴斯夏在讲授灾难经济理论时，举了这样一个例子：如果房屋上的一块玻璃被打破了，这固然会造成经济损失。但是，为了修复窗户，人们必须去安装新的玻璃，导致对玻璃的需求增加，并且拉动与此相关的其他产业，从而最终创造出了新的 GDP。这就是人们经常议论的"谬论"、著名的"破窗理论"。

阅读上述材料，回答下列问题：
(1) 对于"破窗理论"，你是怎么认识的？
(2) 对于我们当前的经济发展有什么样的指导意义？

八、动手操作

设计一次模拟演示，要求通过演示，能形象生动地解释四部门的国民经济循环模型。

第十章 失业与通货膨胀

> 我们赖以生存的经济社会的突出问题,是不能提供充分就业和武断而又不公平地分配财富和收入。
>
> ——约翰·梅纳德·凯恩斯

学习目标

● 知识目标
1. 掌握失业的含义、类型、原因及其衡量,学会分析失业对经济的影响;
2. 掌握充分就业的含义,了解自然失业率和失业的影响;
3. 掌握通货膨胀的含义、原因及其衡量标准,了解通货膨胀对经济的影响;
4. 理解失业和通货膨胀的关系以及菲利普斯曲线的含义。

● 能力(技能)目标
1. 能够针对实际经济生活中的一些经济现象给出对策;
2. 能利用菲利普斯曲线分析失业与通货膨胀的关系

● 情感目标
1. 针对当前大学毕业生就业难现象而提出的"毕业等于失业"这样的说法,能给出理性的解释;
2. 学会分析通货膨胀对实际经济生活产生的影响。

经济与生活

我国城镇失业人口的统计分析

我国城镇失业率在世界上一直处于较低水平,如1978年为5.3%,1985年降为1.8%,2003年升为4.3%。这种失业率显著低于大多数发展中国家和经济转型国家,大体上满足经济学的充分就业率要求。

我国的乡村吸收了大部分就业。如 2003 年，我国就业为 74 432 万人，其中城镇就业为 25 639 万人，占 34%；乡村就业为 48 793 万人，占 66%。值得注意的是，在乡村就业中，乡镇企业就业从 1978 年的 2 827 万人上升到 2003 年的 13 573 万人，有上亿农村居民在改革开放进程中离开农业进入乡镇企业，这是一个了不起的成就。但是，仍有约 3.5 亿农村居民从事农业生产，约占就业总数的 47%，说明我国农村存在隐蔽性失业。韩国农业就业人口约为 10%，日本约为 5%，美国约为 2.5%。像墨西哥这样的发展中国家，农业就业也只占 17%。在今后一段时间，能否以较快速度实现农村剩余劳动力向非农产业转移，将是决定我国经济能否减轻两极分化程度，实现经济持续增长的关键因素。

失业与通货膨胀是当代经济中存在的主要问题。70 年代初，欧美国家出现了高失业率与高通货膨胀率并存的"滞胀"局面，失业率与通货膨胀率都达到 10% 以上。进入 80 年代以后，通货膨胀率与失业率都有所下降，但并没有得到根本的解决。其他国家，无论是发达国家，还是发展中国家，都不同程度地存在失业与通货膨胀问题。因此，失业与通货膨胀就成为宏观经济学研究的主要问题。

第一节 失 业

无论是发达国家还是发展中国家，失业几乎是一切社会的经济现象，即使是高度集权制的计划经济国家，也存在所谓的隐性失业——人浮于事式的失业。

一、失业的内涵

1. 失业的概念

失业（Unemployment）是指有劳动能力、愿意接受现行工资水平但仍然找不到工作的现象。而根据国际劳工组织的定义，失业是指某个年龄以上，在考察期内没有工作，但有工作能力，并且正在寻找工作的人。从整个经济来看，通常把一定年龄阶段的人口称作劳动年龄人口，其中一部分处于工作状态的，称为就业者，一部分处于寻找工作而尚未找到的称为失业者。还有一部分不愿工作或不寻找工作的，称为不在劳动人口。

2. 失业的衡量

失业率是指失业者在劳动力中所占的百分比。衡量失业一般用百分率指标，因为不同国家或同一国家在不同的时期具有劳动能力的人口数不同，只考虑失业绝对人数有很大局限性。

如果用 U 表示失业率，用 UN 表示失业人数，用 L 表示劳动力数量，那么：

$$U = (UN/L) \times 100\%$$

公式 10-1

宏观经济学有四大目标，即充分就业、经济增长、物价稳定和国际收支平衡。劳动就业是每个人的权利，也是绝大多数人获得收入、维持生存的主要手段，但是在现实生活中，总是有一部分人无法就业。目前世界上所有的国家，无论是发达国家，还是发展中国家,都不同程度上存在着失业问题。

许多经济学家都把克服失业率作为政府首要的宏观经济目标。因为:第一,失业造成了社会资源的浪费。劳动力是一种重要的社会资源,并且是一种寿命不能因为闲置而延长的社会资源。机器的闲置并不会显著影响其在今后的使用,而劳动的闲置意味着这部分社会资源的永久性丧失。在这种意义上,失业是对社会资源的最大浪费。第二,失业会造成贫困和痛苦。即使在发达国家,如果失业者在失业救济期满后(约半年左右)仍然未找到工作,也会丧失领取失业救济金的资格。在社会保障体系不够完善的国家,失业者只能依靠积蓄来维持生存。一般来说,失业者承受了非常大的心理压力,领取失业救济金也不能使他们摆脱这种痛苦。第三,失业还会造成劳动力质量上的损失。失业中断了劳动力边干边学的进程。特别是在技术进步较快的领域,失业者很容易成为技术上的落伍者。

美国经济学家奥肯(A. Okun)曾经研究了就业和产量的关系,他的研究成果表明:当经济摆脱一次衰退时,产量增加的比例高于就业增加的比例;当经济进入一次衰退时,产量减少的比例高于就业减少的比例。具体地说,就业每增加1%,产量增加3%。这项成果被称为奥肯定律(Okun's Law)。使用这种方法,我们可以算出一个国家的失业率给该国的国民生产总值造成多大的损失,或者使人均收入降低了多少。

【课堂互动10-1】2004年我国城镇登记失业率为4.2%,城镇登记失业人口达到827万,如果不能在短时间内找到合适的工作,那么这部分人口的生活就会陷入困境。失业现象仅存在于我国吗?是一国经济特有的现象吗?

二、失业的类型

1. 自愿失业与非自愿失业

失业有很多种类,根据主观愿意就业与否,可分为自愿失业与非自愿失业。

自愿失业是指在不愿接受现行工资而放弃工作机会情况下发生的失业。由于这种失业是由于劳动人口主观不愿意就业而造成的,所以被称为自愿失业,无法通过经济手段和政策来消除,因此,不是经济学所研究的范围。

非自愿失业是指劳动者愿意接受现行工资仍然找不到工作而出现的失业。这种失业是由于客观原因所造成的,因而可以通过经济手段和政策来消除。宏观经济学以非自愿失业为研究对象。

2. 非自愿失业的类型

依据引起失业的具体原因,非自愿失业包括以下类型。

(1) 摩擦性失业

摩擦性失业是指生产过程中难以避免的、由于转换职业等原因而造成的短期、局部失业。通常指劳动者正常流动过程中出现的暂时性失业。在市场经济中,人们经常希望找到更高收入、更能发挥自己才能或更为轻松的工作。在找到新工作机会之前,他们需要一定的搜寻信息、自我充实的时间。劳动市场信息渠道不畅通或组织不完善可能加剧摩擦性失业。

当代西方经济学家认为,摩擦性失业是不可避免的。在美国大约占劳动力的4%—5%。在只存在摩擦性失业的条件下,也就是在竞争的劳动力市场上所形成的均衡失业率称为自然失业率。

【课堂互动 10-2】 人保部就业促进司司长于法鸣表示：高校毕业生在求职过程中更多表现出来的是摩擦性失业，原因在于学校里学的专业有些是和市场不接轨的。摩擦性失业在市场经济国家是非常正常的。大学生应怎样去面对摩擦性失业？

（2）结构性失业

结构性失业是指经济结构变动所引起的失业，它通常表现为空位与失业并存。一方面，有许多劳动机会等待劳动者来应聘；另一方面，有许多人因为各种条件的限制不能抓住这些就业机会。例如，在电子计算机等技术发展迅速的行业存在许多就业就会，但是，那些对电子计算机知识了解较少的人不能适应这种工作岗位对劳动力的需要。

结构性失业在性质上是长期的，而且通常起源于劳动力的需求方。结构性失业是由经济变化导致的，这些经济变化引起特定市场和区域中的特定类型劳动力的需求相对低于其供给。

造成特定市场中劳动力的需求相对低可能由以下原因导致：第一是技术变化。原有劳动者不能适应新技术的要求，或者是技术进步使得劳动力需求下降；第二是消费者偏好的变化。消费者对产品和劳务的偏好的改变，使得某些行业扩大而另一些行业缩小，处于规模缩小行业的劳动力因此而失去工作岗位；第三是劳动力的不流动性。流动成本的存在制约着失业者从一个地方或一个行业流动到另一个地方或另一个行业，从而使得结构性失业长期存在。

（3）需求不足性失业

需求不足性失业是指由于总需求水平太低所引起的失业。由于总需求会影响国民收入，从而也会影响企业对劳动的需求。如果总需求不足，国民经济需要的劳动力数量少于愿意供给劳动的人数，就会产生需求不足性失业。

需求不足性失业可能是周期性的。在经济的萧条或停滞阶段，总需求水平较低，导致失业率较高。在经济的繁荣或高涨阶段，总需求水平较高，需求不足性失业可能消失。

需求不足性失业也可能表现为增长缺口性失业，即总需求和国民经济的增长落后于劳动力的增长而产生的失业。

（4）隐蔽性失业

隐藏性失业是指表面上有工作，但实际上对产出并没有作出贡献的人，即有"职"无"工"的人，也就是说，这些工作人员的边际生产力为零。当经济中减少就业人员而产出水平没有下降时，即存在着隐蔽性失业。美国著名经济学家阿瑟·刘易斯曾指出，发展中国家的农业部门存在着严重的隐蔽性失业。

（5）季节性失业

季节性失业是指季节性因素引起的失业，主要表现在劳动供给季节性扩大（如暑假期间大量大学生寻找工作）或劳动需求季节性缩小（如农忙结束）时期。季节性失业在不同部门表现程度不同，如在农业部门表现得比较明显，冬季会使季节性失业达到高点，秋季会使季节性失业达到低点。农产品加工业的发展可能缓解这种季节性失业，如农民收割完甘蔗后可到榨糖厂做工。

三、失业的原因

1. 有效需求不足失业论

凯恩斯认为,失业是由于有效需求不足导致。有效需求是指总供给价格和总需求价格均衡时的社会总需求。当总需求价格小于总供给价格时,资本家不仅不能按照预期的最低利润出售商品,而且还会有大量商品积压,在这种情况下,资本家就会减少雇佣工人,缩减产量,从而出现非自愿失业。

根据凯恩斯的分析,就业水平取决于国民收入水平,而国民收入又取决于总需求。周期性失业就是由于总需求不足而引起的短期失业,它一般出现在经济周期的萧条阶段。可以用紧缩性缺口来说明这种失业产生的原因。紧缩性缺口是指在实际总需求小于充分就业时的总需求时,实际总需求与充分就业总需求之间的差额。

凯恩斯分析的非自愿失业正是这种周期性失业。在两部门经济中,总需求分为消费需求与投资需求。凯恩斯认为:决定消费需求的因素是国民收入水平与MPC,决定投资需求的是预期的利润率与利息率水平。在国民收入既定的情况下,消费需求取决于MPC。

凯恩斯以MPC递减规律说明了消费需求不足的原因。当收入增加时,消费也在增加,但消费增加总是低于收入增加,因此就造成了消费不足。投资是为了获得最大纯利润,而这一利润取决于投资预期的利润率(即资本边际效率)和为了投资而贷款时所支付的利息率。如果预期的利润率大于利息率,则纯利润越大,投资越多;反之,如果预期的利润率小于利息率,则纯利润越小,投资越少。

凯恩斯用资本边际效率递减规律说明了预期的利润率是下降的,又说明了由于货币需求(即心理上的流动偏好)的存在,利息率的下降有一定的限度,这样预期利润率与利息率越来越接近,投资需求也会不足。

消费需求的不足与投资需求的不足造成了总需求的不足,从而引起了非自愿失业,即周期性失业的存在。

2. 实际工资刚性

失业产生的另一个原因来自于实际工资刚性。实际工资刚性是指实际工资无法充分调整到使劳动力供需平衡的水平。现实经济中,劳动力的工资并非完全可以自由变动,很多时候实际工资会高于市场出清的水平。

在图 10-1 中是 N_d 为劳动需求曲线,随着劳动力工资的上升,企业对劳动力的需求下降;假设劳动力供给曲线 N_s 是一条垂直的曲线,表示社会的劳动力总供给量不变。当劳动力的实际工资等于 $(W/P)_0$ 时,劳动力市场的供给恰好等于需求,劳动力市场能实现充分就业,均衡点为 E,就业量为劳动力的社会拥有量 N_2。当实际工资出现刚性时就会在高于均衡工资 $(W/P)_0$ 的某一个工资水平保持不变,图中表示为 $(W/P)_1$。可以看出,较高的工资吸引了更多的劳动力,但同时由于作为企业生产成本工资的提高,企业对劳动力的需求减少,供求缺口 N_1 就是失业人口。

在实际工资刚性条件下,失业产生的原因是劳动供给大于劳动需求,这时劳动力市场的自动调节机制必定发生了某种障碍,否则,当工资水平高于均衡工资,供给大于劳动需求时,企业应该降低工资。产生这种实际工资刚性的原因之一就是最低工资法。

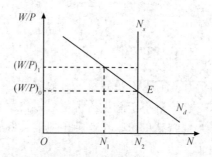

图 10-1 实际工资刚性和失业

3. 最低工资法

为了保障劳动者的基本生活需要，各个国家都规定了最低工资水平。在某些情况下，这会导致工资无法下降到均衡水平。对大多数劳动者而言，最低工资法对他们不起任何作用，因为他们的工资水平远远高于这一水平，但是对一些非技能型劳动者而言，最低工资水平提高了他们的实际工资水平，从而使企业对他们的需求量下降。

经济学家一般认为工资对青年人的失业影响最大。青年人的均衡工资水平比较低，一方面是由于青年人一般是劳动人口中技能和经验都比较低的群体，因此，他们劳动的边际生产力也比较低，同时企业对青年在职培训方面的投资是对其较低工资的一种补偿。因此，最低工资法往往会对青年人的工资水平产生直接影响。国外的实证研究表明，最低工资水平提高10%，青年人就业数就降低1%到3%。

对于最低工资法的制定存在经济学家有很大的争议。一方面最低工资的确定使得劳动者之间的收入差距不会太大，尽管它所能提供的生活水平是很低的，但另一方面这一制度会影响到劳动者的就业成本，进而提高失业率，又可能加剧社会的不平等。特别是其增加了青年人的失业率，减少了他们获得职业培训和工作经验的机会。因此，很多经济学家主张实行对贫困者减免收入税的政策来取代最低工资。对于一些低收入家庭来说，减免的收入税收额甚至高于需支付的税收额，即政府给家庭支付补贴。与最低工资相比，这一政策不会提高劳动力成本，从而不会降低企业对劳动力的需求，但是它会减少政府的收入。

4. 技术性失业

由于技术进步所引起的失业。在经济增长过程中，技术进步的必然趋势是生产中愈来愈广泛地采用了资本密集性技术，越来越先进的设备代替了工人的劳动。这样对劳动力需求的相对缩小就会使失业增加。此外，在经济增长过程中，资本品相对价格的下降和劳动力相对价格的上升加剧了机器取代工人的趋势，从而也就加重了这种失业。

四、失业的影响

失业会产生诸多影响，一般可以将其分成两种：社会影响和经济影响。

1. 失业的社会影响

失业的社会影响虽然难以估计和衡量，但它最易为人们所感受到。失业威胁着作为社会单位和经济单位的家庭的稳定。没有收入或收入遭受损失，户主就不能起到应有的作用。家庭的要求和需要得不到满足，家庭关系将因此而受到损害。西方有关的心理学研究表明，解雇造成的创伤不亚于亲友的去世或学业上的失败。此外，家庭之外的人际关系也受到失业的严重影响。一个失业者在就业的人员当中失去了自尊和影响力，面临着被同事拒绝的可能性，并且可能要失去自尊和自信。最终，失业者在情感上受到严重打击。

2. 失业的经济影响

失业的经济影响可以用机会成本的概念来理解。当失业率上升时，经济中本可由失业工人生产出来的产品和劳务就损失了。衰退期间的损失，就好像是将众多的汽车、房屋、衣物和其他物品都销毁掉了。从产出核算的角度看，失业者的收入总损失等于生产的损失，因此，丧失的产量是计量周期性失业损失的主要尺度，因为它表明经济处于非充分就业状态。

20世纪60年代，美国经济学家阿瑟·奥肯根据美国的数据，提出了经济周期中失业变动与产出变动的经验关系，被称为奥肯定理。奥肯定理的内容是：失业率每高于自然失业率一个百分点，实际GDP将低于潜在GDP两个百分点。换一种方式说，相对于潜在GDP，实际GDP每下降两个百分点，实际失业率就会比自然失业率上升一个百分点。

西方学者认为，奥肯定理揭示了产品市场与劳动市场之间极为重要的关系，它描述了实际GDP的短期变动与失业率变动的联系。根据这个定理，可以通过失业率的变动推测或估计GDP的变动，也可以通过GDP的变动预测失业率的变动。例如，实际失业率为8%，高于6%的自然失业率2个百分点，则实际GDP就将比潜在GDP低4%左右。

未来的一二十年是我国改革开放的关键时期，大量的农村富余劳动力要转移到城镇就业，城镇新增的适龄就业人员也有较大的就业需要，这就使得我国在未来这一二十年内面临着较大的就业压力。就业问题是我国政府宏观经济政策要解决的最主要问题之一。奥肯定理给我们提供了一个可能的解决方案，那就是一定要保持GDP的高速增长，这样一方面能迅速提高我国人民的生活水平，同时也能较好地解决未来的就业压力。

五、治理失业的政策

1. 扩张性财政与货币政策

扩张性财政与货币政策是指以刺激总需求为目的的财政政策与货币政策，包括增加政府支出、减税、增加货币供给量和降低利率等方面。

某项具体的财政与货币政策措施对就业会产生一种乘数效应，或者说它能直接或间接地引起就业人数的成倍增加。例如，政府投资修一条高速公路，直接给筑路工人带来就业机会。筑路需要筑路机械，可能增加机械厂的就业机会。筑路工人有了收入以后，可能要买小汽车或住房，又给汽车制造工人或建筑工人带来就业机会。但是，扩张性财政与货币政策的着眼点是刺激总需求，它只能解决需求不足性失业。

2. 人力政策

人力政策又称劳工政策，是指政府为使劳动者适应工作机会要求而采取的一系列政策措施，主要用于解决结构性失业问题。其具体内容有以下几点。

（1）提供职业训练

在技术不断变革的社会环境下，经济结构的变动会使一些部门出现失业，而这些失业者的素质又不能适应新的工作岗位的要求。为此，政府可以直接为失业者举办各种培训班，或者资助私人企业、学校或其他组织进行在岗或脱产的培训。

（2）提供就业信息

信息的不完全性是限制失业者找到工作的重要因素。为此，政府采取鼓励职业介绍所或其他就业服务机构的措施。政府还可利用经济预测方面的优势，对年轻人提供就业指导。当前存在大量空位的部门在若干年后可能不再有就业机会，而专业技能的获得与人力的培养需要较长时间。政府设立的各种研究机构在提供此类信息方面有特殊的优势，他们往往有更充分的信息，而且不必像私人就业服务机构那样考虑成本问题。此类信息有公共物品的特征，是私人机构提供的。

（3）反对歧视

在现实生活中的劳动市场存在歧视现象，特别是性别歧视和种族歧视。政府的职责是颁布各种反歧视立法，以减少和消除歧视带来的事业。

（4）增加劳动力的流动性

当一个矿区资源采掘殆尽，或一个地区经济发展走下坡路时，该地区的劳动者需要到其他地区寻找工作。在某些情况下，政府需要帮助失业者克服地区流动中出现的具体困难。如政府可以提供经费资助人们在其他地区定居。

3. 工资管制

在现实生活中往往存在工资的向下刚性，其产生原因在于：第一，工会以罢工相威胁，要求工资上升，并不允许工资下降。第二，隐形契约，即劳资双方达成默契，企业在衰退期间不降低工资，劳方在繁荣时期不要求提高工资。第三，局内人（即企业内部的劳动者）和局外人（希望到该企业工作的人）工资趋同，这是由于局内人担心局外人接受低工资会使他们取代自己，企业担心局外人在接受培训后因为低工资而转到别的企业工作。第四，企业担心减低工资会使高质量的劳动力转移到别的企业。第五，较高的工资会增加偷懒的机会成本，一旦被开除他们将无法在其他企业的得到同样高的工资，从而更加努力工作。

由于工资在高水平上存在向下刚性，限制了企业对劳动的要求，并从而造成失业。降低工资水平时，企业可以用人来替代机器从而增加就业。例如，修水库可以使用昂贵的挖掘机，也可以使用廉价的民工。如果民工的工资比较低时，使用人来代替机器是更加节约成本的生产办法。

正对这种情况，政府可能在特定时期进行工资管制，限制工资的上涨速度或冻结工资。但是，在现实生活中，发达国家一般较少采用这种工资管制政策，主要原因是由于这种政策会受到巨大的政治压力。

作为工资管制的变种，一些发达国家政府与工会和公司共同协商工资制定的原则，如工资增长与生产率增长保持一致的原则，或规定工资增长与物价增长的某种指数关系。

在许多国家，就业政策还可以通过地区政策或产业政策来实现。例如，政府向经济发展缓慢的地区投资，可以增加该地区的就业。发展中国家大力发展面向出口的劳动密集型产业，有助于农村剩余劳动力到非农业就业。

第二节 通货膨胀

经济繁荣往往并不意味着民众福利的同步增长，在现有的收入分配格局下，居民的收入增长长期低于经济增速，并无法分享太多的增长果实。而且，经济增长总是会带来物价上涨，通货膨胀会在悄无声息间吞噬普通民众的财富。通货膨胀严重到一定程度，也就从经济问题转换成了社会问题。

一、通货膨胀的含义与衡量

1. 通货膨胀的含义

通货膨胀（Inflation）是指经济运行中大多数商品和劳务的价格出现了全面、持续的物价上涨的现象。该概念强调物价上涨的全面性和持续性，如果仅有个别商品价格上涨不是通货膨胀，同样，如果由于偶然因素导致物价的短暂性上涨也不是通货膨胀。

2. 通货膨胀的衡量

宏观经济学通常用一系列指标来描述整个经济中的各种商品和劳务价格的平均水平变动。这些指标包括消费者价格指数（CPI）、生产者价格指数（PPI）和国民生产总值价格折算指数（GNP）。

（1）消费者价格指数

消费者价格指数（CPI）是表示居民购买的零售商品平均价格变动的指数。计算消费价格指数，首先要选择一组具有代表性的零售商品，计算出基期的支出总额；然后要计算出当期以现行价格购买同样数量商品的支出总额；最后，用后者除以前者，再乘以100，得到当期CPI指数（基期CPI指数为100）。

CPI＝（一组固定消费品按当期价格计算的价值/一组固定消费品按基期价格计算的价值）×100%

公式10-2

【课堂互动10-3】若我国2010年普通家庭每个月购买一组消费品的费用为1 060元，2009年购买同样一组消费品的费用是1 000元，则2010年消费价格指数是多少？

（2）生产者价格指数

生产者价格指数（PPI）是表示企业购买的批发物品平均价格变动的指数。计算生产者价格指数的步骤与计算消费者价格指数相同。但是，PPI度量的价格不是零售价格而是批发价格，因此，它成为一般价格水平变化的信号，被当作经济周期的指示性指标，备受政策制定者关注。

（3）国民生产总值价格折算指数

国民生产总值价格折算指数（GNP）是衡量各个时期一切商品与劳务价格变化的指标。

国民生产总值价格折算指数＝（名义国民生产总值/实际国民生产总值）×100%

公式10-3

在这三种指数中，消费者价格指数与人民生活水平关系最密切，因此，一般都用消费者价格指数来衡量通货膨胀。

通货膨胀的程度通常用通货膨胀率来衡量。通货膨胀率被定义为从一个时期到另一个时期价格水平变动的百分比。用公式表示为：

$$\pi t = [(P_t - P_{t-1})/P_{t-1}] \times 100\%$$

公式10-4

式中，πt是指t时期的通货膨胀率，P_t和P_{t-1}分别为t时期和$t-1$时期的价格水平。

【课堂互动10-4】如果用上面介绍的CPI来衡量价格水平，则通货膨胀率就是不同时期的消费价格指数变动的百分比。根据上面的资料计算2010年的消费品的通货膨胀率。

二、通货膨胀的类型及成因

按照产生通货膨胀原因可以分为需求拉动型通货膨胀、成本推动型通货膨胀、供求混合型通货膨胀和结构型通货膨胀。

1. 需求拉动型通货膨胀

需求拉动型通货膨胀是指总需求超过总供给所引起的一般价格水平持续显著的上涨。影响通货膨胀的主要因素之一是总需求的变动。前几章我们已经看到，消费、投资、政府支出和净出口的变化，都可以使总需求发生变化。由于需求方的货币竞相追逐有限的商品供给，从而将价格提升以平衡总需求和总供给。在我国，财政赤字、信用膨胀、投资需求膨胀和消费需求膨胀常常会导致我国需求拉上型通货膨胀的出现。我国1979年至1980年的通货膨胀的成因即是由财政赤字导致的。需求拉动的通货膨胀可以用图10-2来说明。

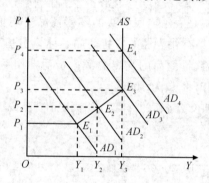

图 10-2　需求拉动型通货膨胀

如图10-2所示，图中，横轴 Y 表示总产量（国民产出），纵轴 P 表示一般价格水平。AD 为总需求曲线，AS 为总供给曲线。AS 曲线起初成水平状态，这说明，当总产量较低时，总需求的增加不会引起价格水平的上涨，产量从 0 增加到 Y_1，价格水平始终稳定。如果总需求继续增加，由 AD_1 右移到 AD_2，在 AS 不变（或总供给变动幅度小于总需求变动幅度）的情况下，必然导致价格上升，由 P_1 升至 P_2，此时就发生了需求拉动的通货膨胀。同时也伴随着国民产出的增加，由 Y_1 增加到 Y_2。当经济实现了充分就业以后，整个社会的经济资源得到了充分的利用，如果总需求继续增加，总供给不再增加，AS 曲线呈垂直状。这时总需求的增加只会引起价格水平的上涨。图中，总需求曲线由 AD_3 提高到 AD_4，产出仍为 Y_3，但价格水平已由 P_3 上升到 P_4。从以上分析可以看出，当经济实现充分就业后，扩大总需求更容易导致需求拉上的通货膨胀。其中，E_1 到 E_3 之间是资源被逐渐充分利用的过程，即随着生产的扩大，劳动力、原料和生产设备等资源变得逐渐稀缺而使成本提高，总供给曲线开始向右上方倾斜，从而引起价格水平的上涨。价格水平从 P_1 上升到 P_2、P_3 的线又被称作"瓶颈式通货膨胀"。

2. 成本推动型通货膨胀

成本推动型通货膨胀又称供给型通货膨胀，是指由于生产成本提高而引起的物价总水平上涨。工会要求提高工资，土地所有者提高地租，银行提高利率，进口生产资料涨价，都可能成为成本推动型通货膨胀的导火线。可以用图10-3来说明。总需求是既定的，不发生变动，只有总供给变动。当总供给曲线为 AS_0 时，总供给与总需求曲线的交点 E_0 决

定的总产量为 Y_0，价格水平为 P_0。当总供给曲线由于成本提高而移动到 AS_1 时，总供给曲线与总需求曲线的交点 E_1 决定的总产量为 Y_1，价格水平 P_1。这时总产量比以前减少，而价格水平上涨了。这就是由于成本增加所引起的，是成本推动型通货膨胀。

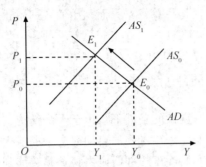

图 10-3 成本推动型通货膨胀

成本推动论认为，通货膨胀的根源不是在于总需求的过度，而是在于产品成本的上升。成本推动论者提出这一理论的目的是为了解释 20 世纪 50 年代以后存在的"滞胀"现象。成本推动的通货膨胀就是指在总需求不变的情况下，由于生产要素价格（包括工资、租金和利率等）上涨，致使产品成本上升，从而导致物价总水平持续上涨的现象。产品成本的上升主要是由于存在强大的、对市场价格具有操纵力量的团体，例如工会、垄断企业以及像石油输出国组织一样的国际卡特尔。当工会迫使厂商提高工资，并使工资的增长快于劳动生产率的增长时，生产成本就会提高，从而导致物价上涨。而物价上涨后，工会又会要求提高工资，又会对物价上升产生压力，工资与物价互为因果，互相推进，螺旋上升，形成所谓的"工资一价格螺旋"，这称为工资推动型通货膨胀。而当垄断企业凭借其垄断地位，通过提高价格来增加利润时也会导致物价的普遍上涨，这称为利润推动型通货膨胀。

进口成本推动型通货膨胀指重要的进口商品价格上升而带来的通货膨胀。在开放经济条件下，许多行业的原材料或其他投入品来自进口。这些进口物品价格的上升会提高生产成本，从而提高这些行业的产品价格。这些行业产品价格的上升又会通过一些连锁反应，带动各行业价格的普遍上涨。例如，20 世纪 70 年代石油输出国组织大幅度提高石油价格，使发达国家出现进口成本推进型通货膨胀。进口石油价格上升会产生一系列连锁反应。例如，发达国家一般用石油作为发电燃料，石油价格上升会导致电价上涨，使所有用电企业的成本上升。

与此相应，如果出口迅速扩张，以致出口生产部门的边际生产成本上升，国内市场的产品供给不足，也会导致国内物价水平上升。这种情况就是出口性通货膨胀。

3. 供求混合型通货膨胀

经济学家认为，单纯用需求拉动或成本推动都不能充分说明通货膨胀是一种持续的价格上涨行为，而应同时从需求和供给两方面及其相互作用来说明通货膨胀，即混合的通货膨胀。供求混合型通货膨胀，是指由于总需求和总供给两方面因素的共同作用所引起的一般价格水平上涨。

（1）如果通货膨胀的过程是从总需求方面开始的，这时过度需求的存在会引起物价水平上升，形成通货膨胀。但在这一过程中，物价水平的上升又会引起货币工资增加。因此，在需求拉动的通货膨胀中不能排除成本推动的作用。在需求拉动与成本推动的共同作用之下，通货膨胀就会持续下去。

（2）如果通货膨胀的过程是从总供给方面开始的，即货币工资的增加使成本增加，引起物价水平上升，那么，除非在这一过程中有总需求的相应增加，否则通货膨胀也不会持续下去。这是因为，没有总需求的相应增加，价格上升使需求减少，厂商不得不减少产量，从而失业增加，最终导致经济萧条，在这种情况下，通货膨胀也会停止。

4. 结构性通货膨胀

结构性通货膨胀是指在流动性的条件下，由于经济结构变动所引发的通货膨胀。在结构性通货膨胀中，需求结构变动是很重要的启动因素。那些更受人们偏好的商品由于需求增加而相应涨价，那些更受人们冷落的部门应当将资源转移到其他部门。但是，价格与工资一样，存在一种向下刚性。在现实生活中，市场结构主要表现为寡头市场。寡头厂商不会听任市场供求关系决定价格，他们会操纵产品的供给，通过减产来维持价格不变。于是，一些商品价格因需求增加而上涨，另一些商品价格并未因需求减少而下降，社会总的物价水平因此而上升，出现结构性通货膨胀。

技术结构的变动也可能引发结构性通货膨胀。在技术创新产业中，新技术可能给企业带来超额利润。这会引起一种攀比倾向，其他行业的寡头会变相提价以追赶这种高利润率，导致全社会的物价上涨。

行业结构的变动往往使某些行业的雇佣劳动者得到较高的工资。这种高工资是与其他较高的劳动生产率相联系的。本身并不会造成物价上涨，但是，其他行业的工会可能进行攀比，要求相应地提高工资。而后一种工资上升并未与劳动生产率提高有直接联系，于是企业只有涨价来满足工会的提高工资要求，引起全社会物价上涨。

三、通货膨胀对经济的影响

1. 对通货膨胀不同预期的经济影响

通货膨胀的经济影响在很大程度上取决于人们对它的预期。如果人们没有预料到通货膨胀，则产品价格的上升会先于或大于货币工资的上涨，厂商的劳动成本相对减少，从而会增雇工人扩大生产，带来失业率下降和国民收入增加。如果人们事先预料到通货膨胀的发生，现行要求提高工资或减少工资与物价同步上升，则通货膨胀便不再具有刺激生产和增加就业的作用。

2. 不同程度的通货膨胀的不同经济影响

一般来说，人们可用一位数字（10%以下）、两位数字（10%—99%）、三位数字（100%以上）来衡量通货膨胀的程度。通货膨胀的程度越高，它对经济的破坏作用越大。首先，它使现钞随着时间的推移而贬值，人们都竞相花掉贬值的货币，甚至出现物物交换的现象，经济运行中的货币渠道受到破坏。其次，它会助长囤积倾向和投机行为，物价越涨，人们越是抢购，企业和商店越要囤积，以便以后以高价出售；而产品的大量库存和积压必然会破坏经济正常运行的规律。

3. 不同资源配置情况下通货膨胀的影响

在市场机制较好地实现了资源配置的情况下，通货膨胀会导致资源配置的扭曲。例如，一些原来出现产品积压苗头的行业，由于通货膨胀助长了人们的囤积倾向，而这种抢购和囤积又助长了这些产品的价格上涨，造成供不应求的假象，促使这些行业进一步扩大生产。但是，由于计划经济向市场经济转轨的国家中，原有的计划价格不合理造成资源配置不合理。当放开价格引起物价普遍上升的过程中，供求缺口较大产业的产品价格会上升的较快，促使资源向这些产业流动，这有助于改善资源配置的效率。

4. 通货膨胀对收入分配的影响

通货膨胀的过程也是收入在分配的过程。在其他因素不变的前提下，通货膨胀使生产要素的价格下降，即实际工资、实际租金和实际利率下降。因此，它对生产要素的购买者即厂商有利，而对生产要素的供给者不利。其中，工人是最大的受害者，因为他们的收入较低，受通货膨胀的打击也较为严重。

通货膨胀对收入分配的影响还取决于各种契约关系的期限，较短的契约关系可使人们根据通货膨胀较快改变契约内容，从而减少通货膨胀对收入分配的影响。退休金领取者和社会养老金领取者所领取的退休金和养老金是固定的，这种固定收入集团最容易受到通货膨胀的打击，而且他们最缺乏自我保护的能力。近年来，许多国家都实行了按价格指数不同程度调整退休金和养老金的做法，在一定程度上减少了通货膨胀对他们的消极影响。

在实行累进所得税制的国家中，即使货币工资与物价同比例上升，人们的实际收入也会下降。这时因为货币工资上升使他们进入了更高的纳税等级，收入的更大比例要作为税收缴给国家。从这个角度来看，通货膨胀对国家的财政是有帮助的。

总的来看，通货膨胀对经济的影响是非常广泛的，在不同的国家和不同的历史时期，通货膨胀有着不同的作用。因此，只有把通货膨胀放在具体的经济环境下进行分析才有意义。但从长期来看，通货膨胀对经济的危害性是极大的，所以，一般都主张对通货膨胀进行控制。

【课堂互动10-5】通货膨胀本身到底会不会降低人们的实际购买力呢？通货膨胀究竟是好事还是坏事呢？

四、抑制通货膨胀的对策

从长期来看，通货膨胀的消极作用十分明显，积极作用很小，因此，各国政府都把抑制通货膨胀作为主要的，有时是首要的宏观经济目标。

1. 控制需求

通货膨胀的一个基本原因在于总需求超过了总供给。因此，治理通货膨胀首先是控制需求，实行紧缩型政策。紧缩型政策是当前各国对付通货膨胀的传统手段，是迄今为止运用得最广、最为有效的政策措施。其主要内容包括紧缩型财政政策、紧缩型货币政策、紧缩型收入政策等。

（1）紧缩型财政政策

紧缩型财政政策主要是通过削减财政支出和增加税收的办法来治理通货膨胀。削减财政支出的目的是通过限制支出而减少政府的需求，从而缩减总需求。其措施主要有：减少国家基本建设和投资支出，限制公共事业投资，削减政府各部门的经费支出，减少社会福利支出等。增加税收，主要是增加企业与个人的税收，增税以后，企业与个人收入减少，从而降低投资水平与消费水平。

（2）紧缩型货币政策

紧缩型货币政策又称为"抽紧银根"，通货膨胀的直接原因是货币供应量过多。因此要降低通货膨胀率，中央银行可以通过减少流通中货币供应量的办法来实现。具体措施包括以下两种。

①通过公开市场业务出售政府债券，回笼货币，减少经济体系中的存量。②提高利率，如提高再贴现率、贴现率、法定存款准备金率、银行存款利率等。利率的上升促使人们将更多的钱用于储蓄，从而使消费需求减少，利率的上升使投资成本上升，对投资需求也有抑制作用。

（3）紧缩型收入政策

紧缩型收入政策是对付成本推动型通货膨胀的有效方法。其主要内容是采取强制性的手段，限制提高工资和获取垄断利润，抑制成本的提高，从而控制物价的上涨。具体来说包括如下内容。

①工资管制。工资管制的办法主要有四种：第一，道义规劝和指导，即政府制定出一个工资增长的指导线，供企业参考，但政府只能规劝、建议，不能直接干预。第二，协商解决，即在政府干预下使工会和企业就工资问题达成协议。第三，开征工资税，即对增加工资过多的企业征收特别税款。第四，冻结工资，即政府强制性地将全社会工资或增长率固定，不能随便上涨。

②利润管制。指政府以强制手段对可能获得暴利的企业利润实行限制措施。利润管制的办法有管制利润率，对超额利润征收较高的所得税等。此外，有的国家还通过制定一些法规限制垄断利润，以及对公用事业产品直接实行价格管制等。

2. 增加供给

造成通货膨胀的原因是社会的总需求大于总供给，治理通货膨胀一方面要通过紧缩型政策减少总需求，另一方面要增加总供给。主要措施有：减税以提高劳动者的工作意愿和劳动生产率，增加企业的投资愿望，从而带动总供给的增加；减少政府对企业的限制，让企业更好地扩大商品供给；鼓励企业采用新技术，更新设备和调整产业结构。

3. 调整经济结构

由于引起通货膨胀的一个原因是经济结构的失调，所以治理通货膨胀的一个方案是调整经济结构，各产业部门之间保持一定比例，避免某些产品如粮食、原材料等供求因结构失调而推动物价上涨。

4. 其他反通货膨胀措施

（1）强调性的行政干预

这种措施主要为一些经济不太发达的国家所采用。其内容主要有：强制性停建一些工程项目，整顿市场流通，实行部分商品的经营垄断，实行消费品的凭票供应等。

（2）保持经济低速增长

由于经济的高速增长往往伴随着通货膨胀，近些年来，各国政府面临两种选择：或保持较高的经济增长速度，但同时保持较高的通货膨胀率；或降低经济增长速度，甚至以经济的衰退来压低通货膨胀率。不少发达国家往往选择后者。

【课堂互动 10-6】 财政部财政科学研究所所长贾康认为,"财政政策和货币政策是调控的主要手段,今年两者应该是一松一紧。货币政策转向稳健,加息通道将打开。尽管加息的节奏不好判断,但可以肯定的是,如果没有外部经济二次探底的冲击,未来两三年内继续加息将有很大可能性。"在物价上涨和通货膨胀预期的情况下,今年宏观调控的主要思路将会是怎样?加息对通货膨胀有何影响?

第三节 失业与通货膨胀的关系

失业和通货膨胀是当代世界存在的两个主要问题,两者的关系更是宏观经济所关注的问题。不同学派的经济学家对这一问题有不同的观点,并为之做出了不同的解释。

一、凯恩斯的观点

凯恩斯认为,在为实现充分就业(有失业存在),即资源闲置的情况下,总需求的增加只会使国民收入增加,而不会引起价格水平上升。这也就是说,在未实现充分就业的情况下,不会发生通货膨胀。在充分就业实现时,即资源得到充分利用之后,总需求的增加无法使国民收入增加,而只会引起价格上升。也就是说,在发生了通货膨胀时一定已经实现了充分就业。这种通货膨胀是由于总需求过度引起的,即需求拉动的通货膨胀。总之,按照凯恩斯的有效需求原理,失业与通货膨胀是不会并存的。

凯恩斯对失业与通货膨胀关系的这种论述,适用于 20 世纪 30 年代大萧条时的情况,但并不符合第二次世界大战后各国的实际情况。这样,经济学家就试图对这一关系作出新的解释。

二、菲利普斯曲线

1958 年,英国经济学家菲利普斯(A. W. Phillips)在深入研究了英国一个多世纪的失业和货币工资的有关资料之后,发现失业和货币工资之间存在着一种负相关关系。这种关系用曲线的形式反映出来就是菲利普斯曲线。该曲线表明,当失业率较低时,货币工资增长率较高;反之,当失业率较高时,货币工资增长率较低。这一替代关系可解释为:当失业率较低时,一方面,企业出于对劳动力缺乏的考虑会提高工资来吸引劳动力,另一方面工会组织也会要求提高工资,这两种压力将导致货币工资率的上升,平均劳动成本的提高反映在价格水平上即形成较高的通货膨胀率。相反,当失业率较高时,企业在劳动力市场上有较充分的选择权,工会组织也不敢贸然要求提高工资,工人要求增加工资的愿望并不强烈,因此货币工资率就比较低,从而通货膨胀率水平也比较低。菲利普斯曲线表明,较低的通货膨胀是可以实现的,但它的代价是较高的失业率。

这一发现后来被萨缪尔森和索洛发展为失业率和通货膨胀率之间替代关系的曲线,从而奠定了宏观经济政策分析的基石。修订后的菲利普斯曲线如图 10-4 所示。横轴 u 代表失业率,纵轴 π 代表通货膨胀率,PC 为菲利普斯曲线。PC 向右下方倾斜,表示通货膨胀率和失业率之间成反方向变动。在 A 点时,通货膨胀率为 10%,失业率为 6%;在 B 点时,通货膨胀率为 6%,失业率为 8%。这就是说,B 点失业率高表明经济处于萧条阶段，这时工资与物价水平都较低，从而通货膨胀率也就低；反之，A点失业率低表明经济处于繁荣阶段，这时，工资与物价水平都较高，从而通货膨胀率也就高。失业率与通货膨胀率之间存在反方向变动关系，是因为通货膨胀使实际工资下降，从而能刺激生产，增加劳动的需求，减少失业。

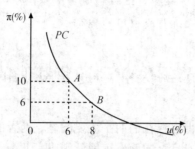

图10-4 菲利普斯曲线

菲利普斯曲线对分析短期的失业与通货膨胀的交互变动十分有用。因此，菲利普斯曲线提供的失业率与通货膨胀率之间的关系为实施政府干预、进行总需求管理提供了一份可供选择的菜单。它意味着可以用较高的通货膨胀率为代价，来降低失业率或实现充分就业；而要降低通货膨胀率和稳定物价，就要以较高的失业率为代价。政府必须在失业率与通货膨胀率之间权衡取舍，适度掌握调控力度，把二者控制在社会可承受的限度内。

【课堂互动10-7】 菲利普斯曲线与标准的凯恩斯理论是有差异的。"失业和通货膨胀两者是不会并存的，在未达到充分就业时增加总需求并不会引起通货膨胀，只有在充分就业后再增加总需求才会引起通货膨胀。"这是谁的观点？"失业和通货膨胀可以并存，两者为负相关关系，只有高失业率和高通货膨胀率才不会并存。"这是谁的观点？

【课堂互动10-8】 我国在宏观调控中提出的"软着陆"政策，是基于何种考虑？

三、货币主义的观点

菲利普斯曲线所表明的关系，得到大多数经济学家的赞同，但有些经济学家也提出了不同的观点。货币主义经济学家弗里德曼认为，菲利普斯曲线表示的通货膨胀率和失业率的交替关系只有在价格水平的变化没有被预期到的情况下存在，即它是一种短期现象。在长期，菲利普斯曲线不再向右下方倾斜。

依照弗里德曼等人的观点，一国经济总是趋于某种"自然失业率"，短期菲利普斯曲线将趋于较稳定的长期菲利普斯曲线。在经济处于自然失业率水平时，除非受到外界因素的作用，既不会产生通货膨胀，也不会导致经济衰退。在图形上，他们将长期菲利普斯曲线画成一条直线，在于表明根本不存在一种失业—通货膨胀率之间的替代关系，能够将失业率降低到自然失业率以下。在他们看来，通货膨胀率与失业率相联系的向下倾斜的曲线是一种短期的或过渡性的现象，它只是在预期的和实际的价格变动之间发生矛盾时才存在，一旦这种矛盾消失，向下倾斜的菲利普斯曲线也就不存在了。长期中，通货膨胀率与失业率不再存在相互替代关系，菲利普斯曲线是垂直于横坐标自然失业率点上的一条直线，如图10-5所示。

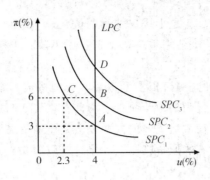

图 10-5 长期菲利普斯曲线

图 10-5 中，假定初始状态的经济处于自然失业率为 4% 的状态，实际通货膨胀率为 3%，人们的通货膨胀预期也为 3%，处在 A 点。政府为了进一步降低失业率，实施了赤字财政政策。在需求的拉动下，通货膨胀率上升到 6%。由于，人们的通货膨胀预期仍然是 3%，低于实际通货膨胀率，使企业成本下降利润增加，由此鼓励了生产、扩大了就业，于是失业率降到 2.3%，经济处于 C 点。但是，这种情况只能在较短的时期内保持。经过一段时间，人们会意识到了 6% 的实际通货膨胀率降低了他们的实际工资水平，于是，他们把通货膨胀预期从 3% 调整到与实际通货膨胀率相等的 6% 水平上，由此提出名义工资上涨的要求。经过调整，实际工资又回到原有的水平上，失业率又调整到 4% 的充分就业水平上。但此时，菲利普斯曲线由于预期的调高，曲线由 SPC_1 向上平移 SPC_2，经济社会在 B 点处实现均衡。同样，我们可以得到很多类似的点，如点 D，连接 A、B 和 D，我们就得到一条垂直于横轴、位于自然失业率的长期菲利普斯曲线（LPC）。

从经济决策上，长期内通货膨胀率与失业率的替换关系消失，因此，不能长期实行扩张的需求管理政策，不能用总需求管理政策去降低自然失业率和提高潜在增长率，否则，会加速通货膨胀率的持续上升，因此，只能采取促进长期经济增长的供给管理政策。

四、停滞膨胀

停滞膨胀是失业和通货膨胀同时并存的现象，简称停滞。上述菲利普斯曲线的变动，反映了资本主义经济陷入了高通货膨胀率与高失业率并存的两难困境，意味着资产阶级政府所推崇的"需求管理"的失灵。这种从 20 世纪 60 年代末 70 年代初以来所发生的通货膨胀—失业并发症，被西方经济学家称为"滞胀"。

1. 滞胀的起因

滞胀是当代发达国家经济中产生的一个突出的矛盾。因此，滞胀就成为西方经济学研究的中心问题。对于"滞胀"的起因，西方学者有各种不同的解释。

（1）失业与职位空缺并存，转化为失业与通货膨胀并存

美国经济学家詹姆斯·托宾和杜森贝认为，资本主义市场上存在两大劳动力量：一个是工会，一个是大公司，分别控制着工资和物价，形成"工资刚性"和"价格刚性"。从劳动市场看，劳动市场并不是一个整体，并且是不完全竞争市场。根据工人的工种、技术、性别、年龄、居住地区的不同，而细分成许多不同的市场，彼此不能互相替代。往往在工人找不到自己职业的同时，雇主找不到合适的工人，在此地许多工人找不到工作的同

时，彼地的雇主找不到工人，于是形成失业和职位空缺并存。

由于"工资刚性"，即使失业率很高，工资也不下降；由于失业和空位并存，厂商会出高工资吸引所需要的工人，引起工资上升。于是失业与空位并存，转化为失业与工资上升并存。又由于"价格刚性"，当工资上升以后，公司按成本定价，又使物价上升。于是失业与工资上升并存，又转化为失业与物价上涨并存，失业与通货膨胀并存。

根据这种解释，社会存在大量失业的同时，会发生通货膨胀。如果这时政府采取措施消除失业，就必然造成更猛烈的通货膨胀；如果这时政府要克服通货膨胀，就会引起更严重的失业。

(2) 从部门结构通货膨胀入手，解释滞胀的根源

英国经济学家希克斯从部门结构通货膨胀入手，解释滞胀的根源。

第一，在发生结构性通货膨胀时，经济中失业不会因物价上涨而减少，甚至会增加。例如，扩展中的部门，经济增长迅速、生产率提高较快；而衰退中的部门，经济增长率下降、生产率停滞。前者随着生产率的提高，工资率相应上升；而后者虽然生产下降，但工人也要"向钱看齐"，要求提高工资，工人工资增加，公司成本增加，物价就会提高，这种物价上涨，并没有使就业增加，反而可能因衰退中的部门赢利状况的恶化而削减工人。因此，一方面失业继续增加，另一方面物价持续上涨。

第二，在全社会需求不足被克服以前，在达到充分就业以前，总有某些部门的产品或某工种的工人较早地发生供不应求的情况，这会引起产品价格的上升或这些工人工资的增加，这也会波及其他部门，致使全社会价格上涨。这样，在经济中还保持较高失业率的同时，出现了通货膨胀。

第三，一旦世界市场价格上升，同世界市场联系密切的开放经济部门的价格会随之上升，这些部门的工人看到价格上涨，就要求提高工资。这又会影响到在开放的经济部门，其价格和工人的工资也会上升。这种物价与工资的上升，不会使就业增加，如果此时社会上存在着严重的失业现象，就会形成失业与通货膨胀并存的局面。

(3) 从区分不同商品类别或不同类别的经济部门出发，解释滞胀根源

英国学者卡尔多把经济活动分为三个部门：初级部门，它为工业活动提供必需的食品、燃料和基本原料；第二级部门，它将原料加工成商品以供投资和消费之用；第三级部门，为其他部门提供各种服务。如果初级部门产量的增长和工业制造部门生产增长之间出现比例失调，就会导致经济生活中停滞膨胀的出现。另外，卡尔多不定期从不同类型生产部门的产品价格的不同机制来解释发生世界性停滞膨胀的原因。他认为，在初级生产领域中，价格是由供求关系决定的，价格变动是调节生产和消费的"信号"。而在现代工业部门中，制成品价格是由生产成本而不是由市场决定的。其特点是对需求的变化反应迟钝，对成本的反应灵敏。由此认为农矿产品的价格上涨对工业品成本方面，具有较强的通货膨胀影响，从而在工业部门引起工资—物价螺旋式上升的通货膨胀，从而造成经济衰退，失业增长，于是发生滞胀。

2. 应对滞胀的策略

关于对付停滞膨胀的方法，西方不同学派也有不同的观点，因而他们所提出的摆脱停滞膨胀的对策也不同。

(1) 新古典综合派应对滞胀的策略

新古典综合派在坚持以需求管理为主要内容的宏观经济政策以外，又加进了各种微观经济政策作为补充。他们认为，宏观经济政策单独对付失业或通货膨胀是有效的，但当通货膨胀和失业同时出现时，必须采用微观经济政策。新古典综合派对付滞胀的主要措施是收入政策和人力政策。他们把通货膨胀的原因归结为经济社会中工会和垄断公司所引起的工资和利润的过度上升。要抑制通货膨胀，减少失业，就必须对各种收入实行限制，尤其是使工资增长率低于劳动生产的增长率。具体政策措施有工资物价管理、工资—物价指导线和利用税收控制工资增长等；人力政策方面有重视劳动力的再培训，提供就业信息等。

（2）货币学派应对滞胀的策略

货币学派强调货币供给量的变动是物价水平和经济活动发生变化的根本原因，因此，要解决通货膨胀与失业的问题，应该实行简单的货币规则。任何通货膨胀如果没有货币提供量增加的支持，或迟或早要趋于缓和或停止。人们对通货膨胀的预期也会随之改变。同时，要解决经济停滞的问题，政府应该减少对经济活动的干预，发挥市场机制的调节作用，以增进经济效益，促进经济的稳定增长。

（3）供给学派应对滞胀的策略

供给学派则认为，对付停滞膨胀最重要的方法是减税。减税不但增加了个人可支配收入和缴税后的资本收益，刺激消费需求和投资需求的增加，而且更重要的是提高了人们劳动的积极性和投资意愿，促进了总供给的增加。因此，减税将会增加国民收入，同时又降低通货膨胀率和增加就业。这是通过减税降低生产成本，刺激人们工作的热情和投资的积极性，进而提高劳动生产率和增加供给的方法缓和停滞膨胀。这种方法被里根政府所采纳并有一定效果。

失业和通货膨胀关系理论的发展，是西方国家经济实现的反映。凯恩斯的论述反映了20世纪30年代大萧条时的情况，菲利普斯曲线反映了20世纪50—60年代的情况，而货币主义和理性预期学派的论述反映了20世纪70年代以后的情况。凯恩斯主义者、货币主义者与理性预期学派围绕菲利普斯曲线的争论，表明了他们对宏观经济政策的不同态度。凯恩斯主义者认为，无论在短期还是在长期中，失业率与通货膨胀率都存在交替关系，从而认为宏观经济政策在短期与长期中都是有用的。货币主义者认为，短期中失业率与通货膨胀率存在交替关系，而长期中不存在这种关系，从而认为宏观经济政策只在短期中有用，而在长期中无用。理性预期学派认为，无论在短期或长期中，失业率与通货膨胀率都没有交替，因此，宏观经济政策就是无用的。

要点回放

1. 按照国际劳工组织的标准，失业是指在一定年龄之上，在参考时间内没有工作，目前可以工作而且正在寻找工作的人。这里所指的仅仅是公开失业，而不包括隐蔽失业。

2. 失业对个人和社会都会造成不良的影响。从整个经济看，衡量失业成本的最主要方法是利用奥肯定理，即经济增长率和失业率之间的经验关系：当实际国民收入增长率相对于潜在国民收入增长率下降2.5%时，失业率上升大约1%；当实际国民收入增长率相对于潜在国民收入增长率上升2.5%时，失业率下降大约1%。

3. 依据引起失业的具体原因，非自愿失业包括：摩擦性失业、结构性失业、需求不足性失业、隐蔽性失业和季节性失业。

4. 在弹性工资和完全竞争条件下，当合格工人在现行工资率下选择不工作的时候，就出现了自愿失业。周期性的失业反映的是工资刚性对劳动的过剩或短缺不能及时进行调整。适当的货币政策和财政政策可以减少这种失业。

5. 当一般价格水平上升时，通货膨胀就会发生。通货膨胀是指经济运行中大多数商品和劳务的价格出现了全面、持续的物价上涨的现象。通货膨胀的衡量指标包括消费者价格指数（CPI）、生产者价格指数（PPI）和国民生产总值价格折算指数（GNP）。

6. 在现实生活中，经济运行会受到价格的不断冲击。需求拉动和成本推进是迫使通货膨胀率偏离其惯性的两大主要冲击。

7. 菲利普斯曲线显示通货膨胀和失业之间的关系。在短期内，其中一个比率的降低便意味着另一个比率的提高。但是，随着时间的推移，若预期的通货膨胀和其他一些因素发生了变化，这种短期菲利普斯曲线也会发生变动。

8. 经济学家会通过经济衰退的方法来抑制通货膨胀，但这种方法的代价很大。此外他们还会寻求其他的方式解决这一问题，比如收入政策、工资—价格管制等方法。

技能训练

一、关键词

国际劳工组织　失业　摩擦性失业　结构性失业　周期性失业　技术性失业　季节性失业　充分就业　自然失业率　消费物价指数　国内生产总值物价平减指数　通货膨胀　需求拉上型通货膨胀　成本推动型通货膨胀　供求混合型通货膨胀　结构型通货膨胀　菲利普斯曲线　滞胀

二、单项选择

1. 充分就业的含义是（　　）。
   A. 人人都有工作，没有失业者　　B. 消灭了周期性失业的就业状态
   C. 消灭了自然失业的就业状态　　D. 消灭了自愿失业的就业状态

2. 引起周期性失业的原因是（　　）。
   A. 工资刚性　　B. 总需求不足
   C. 经济结构的调整　　D. 经济中劳动力的正常流动

3. 一般用来衡量通货膨胀的物价指数是（　　）。
   A. 消费物价指数　　B. 生产物价指数
   C. GDP 平均指数　　D. 以上均正确

4. 在通货膨胀不能完全预期的情况下，通货膨胀将有利于（　　）。
   A. 债务人　　B. 债权人
   C. 在职工人　　D. 离退休人员

5. 根据菲利普斯曲线，降低通货膨胀率的办法是（　　）。

A. 减少货币供给量 B. 降低失业率
C. 提高失业率 D. 增加财政赤字
6. 货币主义认为，菲利普斯曲线所表示的失业与通货膨胀之间的交替关系（　　）。
A. 只存在于长期 B. 只存在于短期
C. 长短期均存在 D. 长短期均不存在
7. 认为长短期失业与通货膨胀之间均不存在交替关系的经济学流派是（　　）。
A. 凯恩斯主义流派 B. 货币主义学派
C. 供给学派 D. 理性预期学派
8. 由工资提高导致通货膨胀的原因是（　　）。
A. 需求拉动 B. 成本推动
C. 结构性 D. 其他
9. 政府支出增加导致通货膨胀的原因是（　　）。
A. 需求拉动 B. 成本推动
C. 结构性 D. 其他
10. 通货膨胀使实物财产所有者利益（　　）。
A. 提高 B. 下降
C. 不变 D. 不确定

三、多项选择

1. 失业会产生诸多影响，一般可以将其分成（　　）。
A. 社会影响 B. 政治影响
C. 经济影响 D. 心理影响
2. 通货膨胀的收入再分配效应表现在（　　）。
A. 通货膨胀不利于变动收入者，有利于固定收入者
B. 通货膨胀不利于固定收入者，有利于变动收入者
C. 通货膨胀不利于储蓄者，有利于实际资产持有者
D. 通货膨胀不利于实际资产持有者，有利于储蓄者
E. 通货膨胀不利于债权人，有利于债务人
F. 通货膨胀不利于债务人，有利于债权人
G. 通货膨胀不利于公众，有利于政府
3. 在我国，（　　）常常会导致我国需求拉上型通货膨胀的出现。
A. 财政赤字 B. 信用膨胀
C. 投资需求膨胀 D. 消费需求膨胀
4. 货币学派强调货币供给量的变动是（　　）发生变化的根本原因。
A. 通货膨胀 B. 物价水平
C. 失业率 D. 经济活动

四、判断正误(T/F)

1. 充分就业就是人人有工作。（　　）

2. 需求不足的失业又称为周期性失业,或非自愿失业。(　　)

3. 物价上涨就是通货膨胀。(　　)

4. 失业对经济有危害性。(　　)

5. 通货膨胀对经济没有危害性。(　　)

6. 在供给型通货膨胀情况下,若扩张总需求,则价格水平提高。(　　)

7. 菲利普斯曲线表示的是失业率与经济增长率之间的关系。(　　)

8. 在任何经济中,只要存在着通货膨胀的压力,就会表现为物价水平的上升。(　　)

9. 在总需求不变的情况下,总供给曲线向左上方移动所引起的通货膨胀称为供给推动的通货膨胀。(　　)

10. 经济学家认为,引起工资推动的通货膨胀和利润推动的通货膨胀的根源都在于经济中的垄断。(　　)

五、简答

1. 失业的社会经济损失有哪些?
2. 自然失业率是由哪些因素决定?
3. 分析通货膨胀对经济的影响。
4. 通货膨胀产生的原因是什么?
5. 治理通货膨胀主要有哪些方法?

六、计算

1. 设统计部门选用 A、B 两种产品来计算消费价格指数,所获数据如下表所示:

	A 商品（Q）	A 商品价格（P）	B 商品（Q）	B 商品价格（P）
基期	100	1.00	50	0.5
报告期	150	1.20	40	1.50

请计算:

(1) 计算 CPI 及通货膨胀率。

(2) 如果货币供给增长 8%,实际产出增长 7%,货币流通速度加快 3%,通货膨胀率是多少?

2. 用以下就业国的信息回答问题。(人数单位是百万)

	2005 年	2006 年
人口	223.6	226.5
成年人	168.2	169.5
失业者	7.4	8.1
就业者	105.2	104.2

(1) 2005 年和 2006 年的劳动力是多少?

(2) 2005 年和 2006 年的失业率是多少?

(3) 从 2005 年到 2006 年，成年人增加了，而劳动力减少了，可能是什么原因？

(4) 如果该国的自然失业率为 6.6%，2005 年和 2006 年的周期性失业率是多少？两年中都经历了衰退吗？

3. 若物价指数 1950 年为 54，1960 年为 69，1970 年为 92，1980 年为 178，试问 20 世纪 50 年代、60 年代、70 年代的通货膨胀率各为多少？

七、论述

1. 利用短期菲利普斯曲线说明通货膨胀和失业之间的替代关系。
2. 如何理解我国近几年的"低通胀，高增长"现象？

八、案例分析

我国农村存在大量隐蔽失业人口

我国农村存在大量隐蔽失业人口，即边际产量为零的农业劳动力。例如，一个村子的农业劳力减少 5 个人，而该村农业总产量没有减少，则这 5 个人就属于隐蔽失业人口。

我国农村存在大量隐蔽失业人口是多种原因造成的。第一，我国社会主义市场经济发展不平衡，农村仍保留一定的自给自足特征，从而减少了就业机会。第二，我国农村居民向非农业转移，还存在一些制度上的障碍。第三，我国的社会保障制度在城市和农村发展不平衡，迫使农民仍然需要"养儿防老"，人口出生率高于城市。第四，我国对农村义务教育的投入不足，农村居民普遍缺乏参与市场竞争的知识与技能。

目前，我国政府正在采取一系列措施解决农村问题。总理亲自为农民工讨要拖欠的工资，并使按时发放工资制度化和法律化。如果政府的努力能够坚持下去，在未来 20 年，我国农村劳动力将会加速向非农产业转移，这对我国的经济发展将起到巨大的推动作用。

阅读上述材料，回答下列问题：

(1) 分析我国农村存在大量隐蔽失业人口的原因。
(2) 我国政府如何采取措施解决农村问题？

九、动手操作

由于就业难，目前中国大学毕业生群体中出现了"啃老族"和"校漂族"现象。前者指已经成年，并有谋生能力，却主动放弃了就业的机会，赋闲在家，依靠父母过活的年轻人；后者指大学毕业后不愿踏入社会就业，仍然滞留在学校周围，没有长期职业，利用学校食堂、图书馆、体育馆等资源生存，过着类似漂泊生活的大学毕业生。那么，针对这种大学毕业生就业难现象而提出的"毕业等于失业"这样的说法正确吗？以小组为单位展开辩论。

第十一章 经济周期与经济增长

> 经济周期是国内生产总值、总收入、总就业量的波动,持续时间通常为2~10年,它以大多数经济部门的扩张或收缩为标志。
>
> ——保罗·萨缪尔森

学习目标

- ● 知识目标
1. 理解经济周期与经济增长的含义;
2. 掌握保证经济稳定增长的措施和消除经济周期的影响;
3. 掌握最具有代表性的经济增长模型及原理;
4. 了解经济增长因素分析理论和新增长理论的基本观点。

- ● 能力(技能)目标
1. 能运用经济周期理论分析我国经济周期性波动;
2. 能通过数学模型揭示经济规律的经济学思维模式。

- ● 情感目标
1. 能领会经济增长对一国的重要性;
2. 能认知经济周期变动的规律性。

经济与生活

当前世界经济的形势与特点

世界经济刚刚经历了21世纪第一个黄金周期,这是世界经济近30年来增长最好最快的时期。这轮黄金周期有三个突出特点:第一,以中国、印度、俄罗斯和巴西为代表的新兴国家异军突起。2003—2007年,中国经济增速达到了年均10.6%,同期印度的经济增长率也达到了8.6%左右,俄罗斯的经济增长接近7%。印度、俄罗斯、巴西继中国之后,国内生产总值均突破 1 万亿美元，被高盛投资公司命名为"金砖四国"。第二，美国作为世界经济的领头羊，2003—2007 年 GDP 达到年均接近 3% 的增速。尽管在 2007 年 2 月美国就爆发了次贷危机，但处于金融风暴中心的美国经济 2007 年仍然保持了 2.2% 的增长率。对美国而言，这仍然是一个较好的增速。第三，世界其他主要经济体，包括欧元区和日本也保持了较好的经济增长局面。其中欧元区 2006 年经济增长 2.6%，2007 年是 2.2%；日本 2006 年经济增长 2.8%，2007 年也达到 2% 的增长率，2003—2007 年的年均增长率也达到 2.1% 左右的较好水平，呈现出走出经济低迷状态的发展态势。由于全球主要经济体和新兴国家均呈现较好的增长态势，世界经济平均增长速度达到 4.5% 这样一个较好的点位，成为 21 世纪第一轮的繁荣周期。2008 年，美国的次贷危机进一步演化成全球金融危机，并在实体经济领域不断蔓延和扩张，各国实体经济普遍遭受冲击，世界经济发展速度明显放慢，全球面临信用和信心的双重危机。世界经济从一个较为繁荣的时期，突然转向一个恐慌的危机时期，正面临着 1929—1933 年世界性经济大萧条以来最为严重的困难局面。当前世界经济的主要特点可概括为三点，即繁荣结束，危机加重，衰退逼临。

从经济活动的历史资料来看，经济增长与经济周期性波动的出现是不可避免的经济现象，而且经济周期性波动是围绕着一条经济增长的路径向前推进的。那么，经济增长是由什么因素决定的？经济增长能否不断地持续下去？经济周期发生的原因是什么？这将是本章要分析的问题。

第一节　经济周期

一、经济周期的含义、阶段与类型

1. 经济周期的含义

经济周期（Business Cycle）又称商业循环，是指总的经济活动中的扩张和收缩的交替，这种周期变动通过国民生产总值、工业生产指数以及就业和收入等综合经济活动指标的波动而显示出来。

萨缪尔森从经济周期的特征出发对其进行了比较形象的描述：经济情况很少静止不变。在繁荣之后，可以有恐慌与暴跌，经济扩张让位于衰退，国民收入、就业和生产下降，价格与利润跌落，工人失业。当最终到达最低点以后，复苏开始出现。复苏可以是缓慢的，也可以是快速的。新的高涨可以表现为长期持续的旺盛的需求、充足的就业机会以及增长的生活标准。它也可以表现为短暂的价格膨胀和投机活动，紧接而至的是又一次灾难性的萧条。简单说来，这就是所谓的"经济周期"。

经济学家在解释经济周期的定义时强调以下几点。

（1）经济周期的中心是国民收入的波动，由于这种波动而引起了失业率、物价水平、利率、对外贸易等活动的波动。所以，研究经济周期的关键是研究国民收入波动的规律与根源。

(2) 经济周期是经济中不可避免的波动。

(3) 虽然每次经济周期并不完全相同，但它们却有共同之点，即每个周期都是繁荣与萧条的交替。

2. 经济周期的几个阶段

经济周期可以分为两个大的阶段：扩张阶段与收缩阶段。收缩阶段常常短于扩张阶段，其振幅可能是收敛性的、发散性的或稳定性的。如果更细一些，则把经济周期分为四个阶段：繁荣、衰退、萧条、复苏。其中，繁荣与萧条是两个主要阶段，衰退与复苏是两个过渡性阶段。

图 11-1 对经济周期作了一般描述。直线表示潜在的 GDP 稳定的增长趋势，而曲线代表实际 GDP 变动情况。假定一个经济周期从繁荣阶段开始，此时的经济活动处于高水平，消费旺盛，就业人数多，投资迅速增加，社会总产出逐渐达到最高水平。繁荣阶段不可能长期保持下去，当消费趋缓、投资下降时，经济就开始下滑，走向衰退阶段。在经济的衰退阶段，随着消费需求的减少，投资也逐步减少，进而生产下降、失业增多，消费需求会进一步减少，最终使得经济跌落到萧条阶段。在萧条阶段，经济活动处于最低水平，萧条的最低点叫谷底。这一阶段存在着大量的失业，大批生产能力闲置，工厂亏损甚至倒闭。随着时间的推移，现有设备不断损耗和消费引起的库存减少，企业开始增加投资，于是就业开始增加，产量逐渐扩大，经济便进入复苏阶段。复苏阶段是经济走出萧条并走向上升的阶段。这一阶段的生产和销售逐渐回升，就业增加，价格有所上涨，整个经济呈现上升的势头。随着就业与生产的继续扩大，价格上升，经济又走向繁荣阶段，开始了又一个新的经济循环。

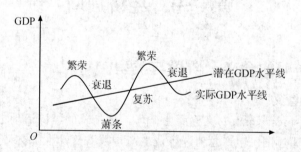

图 11-1　经济周期曲线图

3. 经济周期的类型

自 19 世纪中叶以来，人们在探索经济周期问题时，根据各自掌握的资料提出了不同长度和类型的经济周期。

(1) 朱格拉周期：中周期或中波

1860 年法国经济学家朱格拉提出的一种为期 9—10 年的经济周期。该周期是以国民收入、失业率和大多数经济部门的生产、利润和价格的波动为标志加以划分的。

(2) 基钦周期：短周期或短波

1923 年英国经济学家基钦提出的一种为期 3—4 年的经济周期。基钦认为经济周期实际上有主要周期与次要周期两种。主要周期即中周期，次要周期为 3—4 年一次的短周期。

这种短周期就称基钦周期。

（3）康德拉季耶夫周期：长周期或长波

1926年俄国经济学家康德拉季耶夫提出的一种为期50—60年的经济周期。该周期理论认为，从18世纪末期以后，经历了三个长周期。第一个长周期从1789年到1849年，上升部分为25年，下降部分为35年，共60年。第二个长周期从1849年到1896年，上升部分为24年，下降部分为23年，共47年。第三个长周期从1896年起，上升部分为24年，1920年以后进入下降期。

（4）库兹涅茨周期：另一种长周期

1930年美国经济学家库涅茨提出的一种为期15—25年，平均长度为20年左右的经济周期。由于该周期主要是以建筑业的兴旺和衰落这一周期性波动现象为标志加以划分的，所以也被称为"建筑周期"。

（5）熊彼特周期：一种综合周期

1936年，奥地利经济学家熊彼特以他的"创新理论"为基础，对各种周期理论进行了综合分析后提出的。他认为，每一个长周期包括6个中周期，每一个中周期包括三个短周期。短周期约为40个月，中周期约为9—10年，长周期为48—60年。他以重大的创新为标志，划分了三个长周期。第一个长周期从18世纪80年代到1842年，是"产业革命时期"；第二个长周期从1842年到1897年，是"蒸汽和钢铁时期"；第三个长周期是1897年以后，是"电气、化学和汽车时期"。在每个长周期中仍有中等创新所引起的波动，这就形成若干个中周期。在每个中周期中还有小创新所引起的波动，这就形成若干个短周期。

【课堂互动11-1】有资料显示，自80年代以来，我国已经走过三个经济周期，请画出我国经济周期运行图，并预测当前我国经济走势。

世界经济繁荣期（1983—1989年），中国经济第一次上升周期（1981—1988年）；

第21次世界经济危机（1990—1992年），中国经济第一次下降周期（1989—1991年）；

世界经济繁荣期（1993—1996年），中国经济第二次上升周期（1992—1994年）；

亚洲金融危机（1997—1999年），中国经济第二次下降周期（1995—1999年）；

第22次世界经济危机（2000—2001年），中国经济下降周期（2000—2001年）；

世界经济繁荣期（2002—2007年），中国经济第三次上升周期（2002—2007年）；

第23次世界经济危机（2008年—），中国经济第三次下降周期（2008年—）。

二、经济周期的理论概述

为什么会产生经济周期？长期以来西方经济学家对于这个问题进行了大量研究，提出了种种不同的说明和解释，形成了众多的经济周期理论。其中，除了后面专门介绍的凯恩斯主义的经济周期理论外，非凯恩斯主义的经济周期理论主要有以下几种。

1. 消费不足周期理论

早期的马尔萨斯与西斯蒙第等人以及近代以霍布森为代表的学者，持消费不足的观点。他们认为，由于收入分配不均，产生富人储蓄过度，致使消费品需求无法赶上消费品供给的增长，引起经济萧条，最终导致经济波动。

2. 投资过度周期理论

以哈耶克、密塞斯和卡塞尔为代表的经济学家们认为，投资的波动导致了整个经济的波动：经济扩张时，资本品的增长速度快于消费品，减缓扩张并导致衰退；经济衰退时，资本品的下降速度也快于消费品，减缓衰退并导致新的扩张。

3. 纯货币周期理论

以霍特里为首的经济学家认为，经济周期是一种纯粹的货币现象，银行货币和信用交替地扩大与紧缩导致了经济的周期波动。当银行货币和信用的扩张导致利率下降时，引起投资增加，经济走向繁荣；当银行货币和信用的紧缩导致利率上升时，引起投资减少，经济走向衰退。

4. 创新周期理论

经济学家熊彼特把经济的周期性波动归结为创新的结果，即各种发明创造引起了经济的周期性变化。由创新引起经济周期的过程是：创造为创新者带来超额利润，引起其他企业效仿，导致投资增加、生产增长，经济走向繁荣；随着创新的普及，超额利润消失，投资下降、信用收缩，经济走向萧条。所以，技术创新引起了经济周期性的波动。

5. 心理周期理论

以庇古、凯恩斯为代表的经济学家持心理预期论的观点，他们认为，人们在心理上对未来的乐观预期和悲观预期的交替出现是经济周期性波动的原因。

6. 太阳黑子周期理论

经济学家杰文斯认为，由于太阳黑子的出现，导致了农业减产，进而波及互有联系的工业、商业等产业领域，对消费、投资等方面产生消极影响，从而引起整个社会经济的萧条。太阳黑子的周期性出现，产生了经济的周期性波动。

7. 政治性周期理论

以诺德豪斯为代表的经济学家持政治说观点。政府出于政治目的（如选举等），交替使用消除经济衰退、增加就业的扩张性财政政策和货币政策，以及消除通货膨胀的紧缩性财政政策和货币政策，从而引起了经济的周期性波动。

综合以上各种不同的周期理论，可以把导致经济周期波动的因素分为外部因素和内部因素两大类，诸如太阳黑子、科技创新、政府行为等属外部因素，心理预期、消费、投资等属于内部因素。这样，经济周期理论也被相应分成外生经济周期理论和内生经济周期理论。经济周期是一种复杂的经济现象，既不能用纯粹的内生经济周期理论也不能用纯粹的外生经济周期理论来解释，而应该将两者结合起来。以萨缪尔森、希克斯等为代表的经济学家，运用乘数和加速系数的交互作用，来解释经济周期运动的产生，称为现代经济周期理论的代表之作。下面予以详细介绍。

三、乘数—加速数原理

1. 加速数原理

加速数原理（Accelerator Principle）是凯恩斯的继承者们对凯恩斯投资理论的重要补充和发展。他们认为，投资增长通过乘数的作用会引起总收入或总供给的增加，而总收入或总供给增加以后，将引起消费的增加，消费品数量的增加又会引起投资的再增加。不仅如此，这种投资增长的速度要比总收入或总供给增长的速度快，收入或消费需求的增加必然引起投资若干倍的增加，而收入或消费需求的减少必然引起投资若干倍的减少，这就是所谓"加速原理"的含义。简而言之，产出的变动与投资支出之间的数量关系被称为加速原理。

假设资本存量为 K，收入或产量水平为 Y，资本—产量比率为 v，即一定时期每生产一单位货币产量所要求的资本存量的货币额。在任何时候，企业总认为有一个最优的资本—产量比率。这个比率不仅在行业与行业之间差别很大，而且随着社会技术和生产环境的变动而发生变动。在宏观经济学中，为了减少复杂性，一般假设资本—产量比率固定不变：$v=K/Y$，其中 K 是存量，Y 是流量，所以一般情况下，$v>1$。

引入时期的概念，t 时期和 $t-1$ 时期 K 与 Y 之间的关系为：

$$K_t = vY_t \quad K_{t-1} = vY_{t-1}$$ 公式 11-1

11-1 式表明，如果产量从 Y_{t-1} 增加到 Y_t，资本存量的增加量 K_{t-1} 增加到 K_t。为了增加资本存量，需要投资支出净增加。记 I_t 为时期 t 的投资净额，即净投资，则有：

$$I_t = K_t - K_{t-1} = vY_t - vY_{t-1} = v(Y_t - Y_{t-1})$$ 公式 11-2

11-2 式表明，t 期的净投资取决于产量的变化。变动幅度大小取决于 v 的数值。资本—产量比 v 在这里通常被称为加速数。如果加速数为大于 1 的常数，资本存量所需要的增加量必须超过产量的增加量。

2. 乘数—加速数模型

美国经济学家汉森和萨缪尔森认为，凯恩斯的乘数理论只说明了投资变化引起国民收入和就业的变化，而没有说明收入变化反过来又会引起投资的变化。只有将加速数原理和乘数理论结合起来，才能解释资本主义经济周期性波动的原因和波动的幅度，提出了乘数—加速数模型，又叫"汉森—萨缪尔森模型"。这一模型基于以下收入函数：

$$Y_t = C_t + I_t + G_t$$ 公式 11-3

上式中 Y_t 为现期收入，C_t 为现期消费，I_t 为现期投资，G_t 为现期政府支出。这个公式是根据凯恩斯主义的国民收入决定理论，现期收入等于现期消费、现期投资与现期政府支出之和（不考虑开放经济中的净出口）。

现期消费取决于边际消费倾向 β 和前期收入 Y_{t-1}：

$$C_t = \beta Y_{t-1}$$ 公式 11-4

现期投资取决于加速系数 v 和消费的变动（$C_t - C_{t-1}$）：

$$I_t = v(C_t - C_{t-1}) = v(\beta Y_{t-1} - \beta Y_{t-2}) = v\beta(Y_{t-1} - Y_{t-2})$$ 公式 11-5

公式 11-5 说明了在考虑消费时，投资最终仍取决于收入的变动，即加速原理说明的关系。

设现期政府支出为既定的常数。把 11-4、11-5 式代入 11-3 式则得出：

$$Y_t = \beta Y_{t-1} + v\beta(Y_{t-1} - Y_{t-2}) + G_t$$ 公式 11-6

11-6 式就是汉森—萨缪尔森即乘数—加速数模型。

乘数—加速数模型的基本思想是：假设新技术的出现，使投资的数量增长，投资数量的增长通过乘数作用使得收入增加。当人们的收入增加后，消费增加，有效需求增加，从而整个社会的物品销售量增加,通过加速数的作用,销售量的增加会促进投资以更快的速度增长,而投资的增长又使得国民收入增长,如此循环往复,国民收入会不断增长,社会处于经济周期的扩张阶段。然而,由于社会资源的有限性,在经济达到周期的峰顶时,收入不再增长,从而销售量也不再增长,投资量下降为0,由于投资量下降,导致下一期的收入减少,在加速数的作用下,投资进一步减少,收入进一步下降,如此循环往复,国民收入会持续下降,社会处于经济周期的衰退阶段。衰退到谷底后,由于长期的负投资,生产设备不断折旧,所以仍在营业的一部分企业的设备有必要更新,进行重置投资,投资增加后,进入新一轮乘数-加速数循环。乘数和加速数的交替作用,导致了经济的周期性波动。

下面用表11-1中具体的数字例子来说明经济周期波动。在表11-1中,假设边际消费倾向 $\beta=0.5$,加速数 $v=1$,政府每期开支为 G_t 为1亿元。在这些假定下,若不考虑第一期以前的情况,那么从上期国民收入中来的本期消费为零,引致投资也为零。因此,第一期的国民收入总额就是政府在第1期的支出1亿元。

第二期政府支出仍为1亿元,但由于第一期有收入1亿元,在边际消费倾向为0.5的情况下,第二期的引致消费 $C_2=\beta Y_1=0.5$ 亿元,第2期的引致投资 $I_2=v(C_2-C_1)=0.5$ 亿元,因此,第二期的国民收入 $Y_2=C_2+I_2+G_2=2$ 亿元。

同样可算出第三期国民收入为2.5亿元,以后各期的国民收入也都以同样方法算出。

从公式11-6和表11-1可以看出,边际消费倾向越大,加速数越大,政府支出对国民收入的变动越大。

表11-1 乘数—加速数模型与经济周期表

时期 t	本期消费 C_t（亿元）	政府购买 G_t（亿元）	净投资 I_t（亿元）	本期收入 Y_t（亿元）	经济变动趋势
1	0.00 000 000	1.00 000 000	0.00 000 000	1.00 000 000	——
2	0.50 000 000	1.00 000 000	0.50 000 000	2.00 000 000	复苏
3	1.00 000 000	1.00 000 000	0.50 000 000	2.50 000 000	繁荣
4	1.25 000 000	1.00 000 000	0.25 000 000	2.50 000 000	繁荣
5	1.25 000 000	1.00 000 000	0.00 000 000	2.25 000 000	衰退
6	1.12 500 000	1.00 000 000	−0.12 500 000	2.00 000 000	衰退
7	1.00 000 000	1.00 000 000	−0.12 500 000	1.87 500 000	萧条
8	0.93 750 000	1.00 000 000	−0.06 250 000	1.87 500 000	萧条
9	0.93 750 000	1.00 000 000	0.00 000 000	1.93 750 000	复苏
10	0.96 875 000	1.00 000 000	0.03 125 000	2.00 000 000	复苏
11	1.00 000 000	1.00 000 000	0.03 125 000	2.03 125 000	繁荣
12	1.01 562 500	1.00 000 000	0.01 562 500	2.03 125 000	繁荣
13	1.01 562 500	1.00 000 000	0.00 000 000	2.01 562 500	衰退
14	1.00 781 250	1.00 000 000	−0.00 781 500	2.00 000 000	衰退

对于表 11-1 的特别说明如下：

1. 投资的变动取决于年产量（收入）的变动率，而不取决于年产量（收入）的绝对变动量。只要产量（收入）的增长率下降，即使其绝对数量还在增加，也会导致投资水平下降。或者说，要想使投资保持不变，消费必须持续增长，消费量只有以递增的幅度增长，才能保持加速作用对经济繁荣所产生的刺激。如果消费不持续上升，投资将会下降。仅仅由于消费量的停止增长，也会导致经济衰退。

2. 加速数与乘数的作用一样，都是双向的，即消费增加会导致投资成倍增加，消费减少也会导致投资成倍减少。

3. 加速原理只适用于设备得到充分利用的情况，如果设备没有得到充分利用，则加速原理无法发挥作用。

4. 影响投资的因素不仅有产量（收入），还有其他因素，加速原理实际上是在假定其他因素不变的条件下，分析产量（收入）对投资的影响。

第二节　经济增长

一、经济增长与经济发展

1. 经济增长

宏观经济学中，经济增长通常被定义为产量的增加，这里产量既可以表示为经济的总产量，也可以表示为人均产量。经济学家刘易斯将经济增长定义为一国人均产出的增长。

美国经济学家西蒙·库兹涅兹认为：一个国家的经济增长，可以定义为给居民提供种类日益繁多的经济产品的能力长期上升，这种不断增长的能力是建立在先进技术以及所需要的制度和思想意识之相应的调整的基础上的。这里包含三层意思。

（1）经济增长首先表现在经济实力的增长，即商品和劳务总量的增加，也就是国民生产总值的增加。这种增加不仅包含总量上的增加，也包含了人均指标的增长。

（2）技术进步是实现经济增长的必要条件，即经济增长是建立在技术不断进步的基础上。

（3）经济增长的充分条件是制度与意识的相应调整。即社会制度与意识形态的某种变革是经济增长的前提。

库兹涅茨还归纳出了现代经济增长的六个基本特征：

（1）按人口计算的产量的高增长率和人口的高增长率；

（2）生产率本身的增长也是迅速的；

（3）经济结构的变革速度是高的；

（4）社会结构与意识形态的迅速改变；

（5）经济增长在世界范围内迅速扩大；

（6）世界增长的情况是不平衡的。

表 11-2 给出了 2003 至 2008 年间按可比较的价格和汇率计算出来的世界不同国家和地区的 GDP 增长率。

在这个六个特征中,前两个数量特征属于总和的比率,中间两个属于结构的变化,后两个属于国际间扩散,库兹涅茨同时强调这些特征"全部都是一套共同因素的并存结果",表明这些特征是密切相关的。

表 11-2　2003－2008 年世界不同国家和地区 GDP 增长率

	2003	2004	2005	2006	2007	2008
全球经济平均	4.1	5.3	4.7	5.3	4.9	3.9
工业化国家平均	1.9	3.0	2.4	2.8	2.4	1.4
美国	2.7	3.9	3.1	2.9	2.2	1.1
欧洲	1.1	2.1	1.7	2.9	2.7	1.5
法国	1.1	2.3	1.7	2.2	1.9	1.4
德国	0.0	1.2	0.8	2.9	2.5	1.7
英国	2.5	3.3	1.8	2.9	3.1	1.7
日本	1.8	2.7	1.9	2.2	2.1	1.1
亚洲(除日本外)	7.0	7.9	7.9	8.6	9.2	8.0
中国	10.0	10.1	10.4	11.1	11.4	10.0
印度	7.4	7.0	8.7	9.6	9.1	7.5
韩国	3.1	4.7	4.2	5.0	4.9	4.9
拉丁美洲	2.1	6.1	4.5	5.4	5.6	4.2

数据来源:中商情报网,http://www.askci.com

2. 经济发展

经济发展不同于经济增长,它与经济增长既有联系又有严格的区别。

(1) 经济发展与经济增长的联系

经济发展与经济增长有着密切联系。经济增长不仅包含在经济发展之中,而且还是促成经济发展的基本动力和物质保障。一般而言,经济增长是手段,经济发展是目的;经济增长是经济发展的基础,经济发展是经济增长的结果。虽然在个别条件下有时也会出现无增长而有发展的情况,但从长期看,没有经济增长就不会有持续的经济发展。

(2) 经济发展与经济增长的区别

经济发展与经济增长是有区别的。如果说经济增长是一个"量"的概念,那么经济发展就是一个比较复杂的"质"的概念。经济增长只是指一国经济更多的产出,其增长程度仅仅以国民生产总值(GNP)与国民收入,以及它们的人均值的增长率这一单一指标来表示。而经济发展除了包括经济增长的内容外,还包括随着经济增长而出现的经济、社会和政治等方面的进展,其发展程度需要用能反映这种变化的综合性指标来衡量;经济增长的内涵较狭窄,是一个偏重于数量的概念,而经济发展的内涵则较宽,是一个既包含数量又包含质量的概念,在质和量的统一中更注重经济质态的升级和优化。虽然经济增长是经济发展的必要前提,但并不是一切经济增长都必然能带来经济发展。如果只是传统经济在原有结构、类型、体制基础上单纯依赖增加资源消耗来实现数量增长,而没有经济质态的升级和优化,就不可能带来经济、社会和政治的整体演进和改善。这种情况就是只有经济增长而无经济发展。

【课堂互动 11-2】 有人认为：经济增长越快越好，就可以使经济不断发展。你怎么认为？

二、经济增长理论概述

1. 古典经济增长理论

经济增长问题始于对财富的私人占有欲。从宗教反对战争掠夺财富开始，人们就开始重视伦理性的经济增长问题了。可以说，自从人类产生以来，经济增长就是学者们所关心的问题。经济增长理论的萌芽最早可以追溯到17世纪中期的重商主义者，他们把经济增长看成是纯货币的积累，实际上认为价值产生于流通领域。18世纪中叶，重农主义者认为只有农业才是生产性行业，一国的经济增长应该视农业收成的多寡而定。亚当·斯密在1776年所著的《国富论》一书中认为，分工对国民财富的增长起到决定性的作用，而自由经济制度则是促进国民财富增长的最有效途径。大卫·李嘉图在1817年出版的《政治经济学与赋税原理》中以劳动价值论为基础，把研究的重点放在工资、利润和地租的相互关系对经济增长的影响上。人口经济学家马尔萨斯认为，经济按算术级增长，而人口按几何级增长，最后会由于人口增长过快而出现人口爆炸使得经济崩溃。

2. 现代经济增长理论

第二次世界大战后，经济增长作为一个独立的研究领域被人们重视。我们把在此以后的经济增长理论称为现代经济增长理论。现代经济增长理论的内容非常广泛，以技术变量是内因还是外因，我们可以大致分成两个时期：第一个时期是20世纪50年代至20世纪80年代，这一时期主要是建立各种经济增长模型，探讨经济长期稳定发展的途径；对影响经济增长的各种因素进行定量分析，寻求经济增长的途径；研究经济增长的极限与价值。如以哈罗德—多马模型为代表的资本积累论在经济思想史中奠定了现代经济增长模式的基本框架。以索洛和斯旺等为代表的新古典经济增长理论对资本积累论进行了进一步的发展，为论证经济增长的机制，阐释各国经济增长水平的差距提出了一些独到的见解。第二个时期是20世纪80年代以后，经济增长理论出现了新的突破。以罗默、卢卡斯等人为代表，在对新古典增长理论重新思考的基础上，发表了一组以"内生技术变化"为核心的论文，探讨了长期增长的可能前景，重新引起了人们对经济增长理论和问题的兴趣，掀起了一股"新增长理论"的研究热潮。

三、经济增长模型

1. 哈罗德-多马经济增长模型

哈罗德—多马经济增长模型是以凯恩斯的有效需求理论为基础，考察一个国家在长时期内的国民收入和就业的稳定均衡增长所需条件的理论模型。哈罗德—多马模型是经济增长理论中的经典模型，它奠定了现代经济增长理论的基本框架，体现了经济增长理论研究在宏观经济学中的作用，是对凯恩斯主义的重要补充和完善。哈罗德模型以凯恩斯的收入决定论为理论基础，在凯恩斯的短期分析中加入了经济增长的长期因素，主要研究了产出增长率、储蓄率与资本产出比三个变量之间的相互关系，认为资本积累是经济持续增长的决定性因素。

(1) 哈罗德-多马经济增长模型的假定

哈罗德-多马经济增长模型包括以下一些假定：

第一，全社会所生产的产品只有一种，可为消费品，也可为资本品；

第二，只有劳动和资本这两种生产要素，且两种生产要素不能相互替代；

第三，产品的规模收益不变；

第四，不存在技术进步和资本存量的折旧。

(2) 哈罗德-多马模型基本方程

哈罗德模型是从国民收入、资本-产量比率和储蓄率三个经济变量及其相互关系的分析中来考察决定经济增长的因素。用 G 表示经济增长率，Y 表示国民收入，ΔY 表示国民收入的增量，ΔK 表示资本的增量，则有：

$$G = \Delta Y / Y \qquad \text{公式 11-7}$$

用 v 表示资本-产量比率，即前面提到的加速系数，则有：

$$v = K/Y = \Delta K / \Delta Y = I/Y \qquad \text{公式 11-8}$$

用 s 表示储蓄-收入比率（储蓄率），则有：

$$s = S/Y \qquad \text{公式 11-9}$$

由 11-8 式和 11-9 式稍作变形得到：

$$I = \Delta Y v \qquad \text{公式 11-10}$$

$$S = sY \qquad \text{公式 11-11}$$

使 $I=S$，经整理，并用 G 表示 $\Delta Y/Y$，于是得到 G、v、s 三者之间的如下关系：

$$G = s/v \qquad \text{公式 11-12}$$

公式 11-12 就是哈罗德模型的基本公式，它说明：第一，经济增长率与储蓄率成正比，储蓄率越高，经济增长率也越高。第二，经济增长率与资本-产量比率成反比，即资本-产量比率越高，经济增长率越低。哈罗德经济增长模型是以凯恩斯收入理论为基础的动态经济分析。

多马经济增长模型研究的是三个变量及其相互关系，这三个变量是：收入增长率（G）、储蓄在收入中的比例（s）、资本生产率（σ，又称投资效率），即每单位资本的产出或收入。前两个变量与哈罗德公式中的两个变量是一致的，后一个变量即资本生产率实际上就是哈罗德的资本-产量比率的倒数。

多马的基本公式是：

$$G = s\sigma \qquad \text{公式 11-13}$$

由于多马模型的基本公式 $G=s\sigma$ 与哈罗德的基本公式 $G=s/v$ 是完全一致的，因此，西方经济学家一般把两个模型相提并论，称作"哈罗德-多马模型"。

(3) 均衡增长率、实际增长率和自然增长率

哈罗德模型还用均衡增长率、实际增长率和自然增长率三个概念分析了经济长期稳定增长的条件和波动的原因。

均衡增长率又称合意的增长率，是指经济在实现充分就业条件下均衡的、稳定的增长

所需要的增长率。假设在充分就业条件下人们愿意的储蓄率为 S_w（称合意的储蓄率），用 v_w 表示合意的资本－产出比率，则为实现充分就业的有保证的均衡增长率（G_w）应是：

$$G_w = S_w / v_w \quad \text{公式 11-14}$$

实际的资本存量等于合意的资本存量，实际的与合意的资本存量增长率等于投资增长率亦等于储蓄增长率，同时总供给等于总需求时，经济就能在保持充分就业条件下获得均衡增长。

实际增长率就是在事后统计的实际达到的增长率。$G=s/v$ 中的数字 s、v 如果是实际的统计数字，则 G 就是实际增长率，此时的 G 可表达为 G_A。实际增长率可能大于均衡增长率，亦可能低于均衡增长率。

自然增长率是指与人口增长率相对应的经济增长率。从长期的经济发展来看，人口的增长和技术的进步对经济增长的影响是极其重要的。哈罗德的增长模型中引进了这两种因素，把人口增加归纳为劳动力增长，把技术进步归为劳动生产率增长。用 n 代表劳动力增长率，ε 代表劳动生产率增长率，则经济的自然增长率（G_n）等于两者之和，即：

$$G_n = n + \varepsilon \quad \text{公式 11-15}$$

哈罗德认为，只有实际增长率、均衡增长率、自然增长率这三个增长率相等，即：$G_A = G_w = G_n$，经济社会才能实现合乎理想的长期的均衡增长。但是，事实上要实现实际增长率、均衡增长率、自然增长率三者一致是极其困难的，而三个增长率常常不一致，就导致了经济的波动。

具体来说，实际增长率与均衡增长率的背离，会引起经济中的短期波动。当实际增长率高于均衡增长率，会引起累积性的扩张，这是因为实际的资本－产出比率小于合意的资本－产出比率，资本家会增加投资，使这两者一致，从而就刺激了经济的扩张。反之，如果实际增长率小于均衡增长率，则会引起累积性的收缩。在长期中，如果均衡增长率偏离自然增长率，也会使经济出现波动。当均衡增长率大于自然增长率，说明储蓄和投资的增长率超过了人口增长与技术进步所能允许的程度，这时的生产增长受到劳动力的不足与技术水平的限制，经济呈现长期停滞的趋势。反之，当均衡增长率小于自然增长率，说明储蓄和投资的增长率还没有达到人口增长同步所允许的程度。经济出现长期的繁荣、扩张的趋势。

综上所述，哈罗德－多马经济增长模型得出的结论是：尽管经济在长期中均衡增长的可能性是存在的，但经济的长期、均衡增长的可能性极小；一般情况下，资本主义经济很难稳定在一个不变的增长速度上，表现出的是或者连续上升或者连续下降的剧烈波动状态。

（4）对哈罗德－多马模型的评价

第一，模型继承了凯恩斯的基本思想而又加以发展，使静态的理论动态化，使短期的理论长期化，构成了后凯恩斯主义理论的重要内容；

第二，模型对发展经济学产生了巨大影响，为发展中国家加快经济增长指明了方向：资本的匮乏阻碍了发展中国家经济的增长，只要有持续的资本形成，就会有持续的经济增长。

第三，模型的假设过多、过于严格。经济长期稳定增长的途径是存在的，但是条件过于苛刻,实现起来很难,因此,经济学家将哈罗德—多马模型所描绘的稳定增长路径称为"刃锋",也称为"刀刃上的增长",可以想象它的实现难度。而且经济一旦偏离了均衡增长路径,不仅不能自我纠正,而且会偏离得越来越远。

2. 新古典经济增长模型

哈罗德—多马模型采用了固定的技术系数的生产函数,资本与劳动不能相互替代,这就使得充分就业和资源的充分利用不能共存于模型中,索洛与斯旺等经济学家建立了一套模型,引入了要素间可以相互替代的假设,这就是新古典经济增长模型。这一模型通过对假设前提的修正和对技术进步因素的重视得出了比哈罗德—多马模型更加乐观的结论,认为充分就业的稳定均衡增长是可以实现的。

（1）新古典经济增长模型的假设

第一,全社会所生产的产品只有一种,可为消费品,也可为资本品；

第二,劳动力按照一个不变的比率 n 增长；

第三,技术水平是可以改变的,即资本—劳动比率和资本—产出比率是可以变动的；

第四,生产的规模报酬不变,但是资本和劳动的边际生产力是递减的；

第五,在完全竞争的市场条件下,劳动和资本是可以通过市场调节而充分地相互替代。

（2）新古典经济增长模型的公式及其含义

新古典经济增长模型的公式为：

$$G = aVK/K + bVL/L + VA/A \quad \text{公式 11-16}$$

在上式中,VK/K 代表资本增加率,VL/L 代表劳动增加率,a 代表经济增长中资本所作的贡献,b 代表经济增长中劳动所作的贡献,a 与 b 之比即资本—劳动比率,VA/A 代表技术进步率。

这一模型的含义：决定经济增长的因素是资本投入和劳动投入的增加以及技术进步。新古典增长模型不像哈罗德—多马模型只强调投资对经济增长的作用,它强调了资本和劳动对经济增长的共同作用,同时认为技术进步不仅会改变劳动生产率,而且会改变资本—产出比率,并将其作为一个独立的变量加在经济增长模型中。

四、经济增长因素分析

经济增长是一个复杂的经济和社会现象,会受很多因素的影响。正确认识这些影响因素,对于认识并制定促进经济增长的政策具有重要意义,同时,经济增长的因素也是现代经济增长理论研究的重要部分。我们主要介绍美国经济学家丹尼森和库兹涅茨对经济增长因素的分析。

1. 经济增长的根源

关于影响经济增长的因素,西方经济学家认为,在自然资源（包括土地、矿山、森林、海洋资源）不变的前提下,长期经济增长的决定因素主要来自三个方面：资本积累、劳动的增加和技术进步。我们可以借助宏观生产函数来说明这一问题。

$$Y_t = A_t F(L_t, K_t) \quad \text{公式 11-17}$$

其中,Y_t 为 t 时期的总产出,L_t 为投入的劳动量,K_t 为投入的资本量,A_t 代表 t 时期的技术状况。当劳动投入增加、资本增加或技术进步时，经济社会产出的水平就会增加。

（1）资本积累

资本积累是一国国民经济增长的基础。没有相当数量的资本积累，任何一个国家的经济都不可能快速增长和保持经济长期稳定发展。资本可以分为物质资本和人力资本。物质资本又称有形资本，是指设备、厂房、存货等的存在。人力资本又称无形资本，指体现在劳动者身上的投资，包括劳动者的技能、健康状况等。在经济增长中，可参与工作的人口数量的增加和技能的提高是重要源泉。

（2）劳动的增加

劳动是指劳动力，又可分为劳动力数量的增加与劳动力质量的提高。劳动数量的增加有三个来源，即人口增加，人口中就业率的提高和劳动时间的增加。

（3）技术进步

技术进步在经济增长中起着最重要的作用。技术进步主要包括资源配置的改善、规模经济和知识的进展，体现在生产率的提高上，即同样的生产要素投入量能提供更多的产品。

美国经济学家库兹涅茨研究发现，在现代国民经济增长中，75%归于效率的提高，25%归于生产资源投入量的增长。而且，效率还在发挥着越来越大的作用。我们从表11-3美国科技贡献中可以看到科学技术在经济发展中的作用。

表 11-3 美国的科技贡献

年代	科技因素在经济增长中所占份额	年代	美国信息产业占国民生产总值的份额
50	20%	70	50%
70	50%	80	60%
90	70%	90	75%

数据来源：中国期刊网，《信息产业——21世纪的支柱产业》，朱贵玲 杨晓华

2. 丹尼森对经济增长因素的分析

美国经济学家丹尼森把经济增长因素分为两大类：生产要素投入量和生产要素生产率。经济增长是生产要素劳动、资本、土地投入的结果，其中劳动、资本是可变的，土地是不变的。具体而言，丹尼森把影响经济增长的因素归结为七个：（1）就业者人数和他们的年龄性别构成；（2）工作时数；（3）就业人员的受教育程度；（4）资本存量的规模；（5）资源配置状况；（6）规模的节约（以市场扩大来衡量）；（7）知识进展。

丹尼森分析经济增长因素的目的，就是通过量的测定，把产量增长率按照各个增长因素所作的贡献，分配到各个增长因素上去，分配的结果用来比较长期经济增长中各个因素的相对重要性。

丹尼森根据美国1929—1982年的历史统计数据，对经济增长因素进行了考察与分析。经过计算与分析，劳动力增加对经济增长的贡献相当大，部分原因在于劳动的产出弹性相对较大，劳动增长率就占有较大的权重。资源配置状况对经济增长也做出了重要贡献，比如劳动者转换工作、农村劳动力的流动等，都导致了产量或收入的增加。在收入的年平均增长中超过10%的部分来自于规模经济，因为规模的扩大使得单位产量的投入更少，可

以节约生产资源，从而带来规模经济效应。在所有因素中，知识进展对经济增长的贡献约为 2/3。

丹尼森据此得出结论：知识进展是发达资本主义国家最重要的增长因素。丹尼森所讲的知识进展包括的范围很广，包括技术知识、管理知识的进步和由于采用新知识而在结构与设备方面产生的更有效的设计，还包括从经验与观察中得到的知识。丹尼森认为，技术进步对经济增长的贡献是明显的，但也不能把生产率的增长主要归因于技术知识，因为管理知识也是非常重要的。管理知识更有可能降低生产资本、增加国民收入，它对国民收入增长的贡献比改善产品物理特性而产生的影响更大。因此，技术知识和管理知识都是很重要的，不能只重视技术知识而忽略管理知识。

3. 库兹涅茨对经济增长因素的分析

（1）库兹涅茨对经济增长因素的分析

美国经济学家库兹涅茨对经济增长因素的分析是运用统计分析方法，通过对国民产值及其组成部分的长期估量、分析与研究进行各国经济增长的比较，从各国经济增长的差异中探索影响经济增长的因素。库兹涅茨认为经济增长因素主要是知识存量的增加、劳动生产率的提高和经济结构的优化。

第一，知识存量的增加。随着社会的发展与进步，人类社会迅速增加了技术知识和社会知识的存量，当这种存量被利用的时候，它就成为推动经济增长的重要源泉。当然，知识本身并不直接是生产力，它转化为现实生产力需要一系列的诸如劳动力的训练、对适用知识的判断、企业家克服困难的能力等中介因素。在这些中介因素的作用下，知识才会转变为现实的生产力。

第二，劳动生产率的提高。库兹涅茨认为，现代经济增长的重要特征是人均产值的高增长率。通过对劳动投入和资本投入对经济增长贡献的长期分析，库兹涅茨得出结论，人均产值的高增长率来自于劳动生产率的提高。

第三，经济结构的优化。发达资本主义国家的经济增长过程中，经济结构迅速转变。比如，农业活动转向工业活动，再由工业活动转向服务性行业。与此相对应，劳动力的部门分配和社会产值比重也发生变化，第三产业劳动力数量占社会劳动力数量的比例和第三产业产值占国民收入的比重不断上升，特别在过去的一个世纪里，这两个比例迅速变化，这都是经济结构迅速变化的结果。同时，生产规模由家庭企业、独资企业发展到全国性甚至跨国性的大公司。发达国家现在的总体增长率与经济结构的变化速度比其现代化之前的要高得多。库兹涅茨也认为，不发达国家传统的生产技术和组织方式、劳动力在农业部门占有太大的比重、制造业结构不能满足现代经济的要求、需求结构变化缓慢、消费水平低等因素或状况，不能形成对经济增长的强有力的刺激。

（2）库兹涅茨"倒 U 字假说"

关于经济增长与收入分配的关系，库兹涅茨提出了"倒 U 字假说"。库兹涅茨认为，随着经济发展而来的"创造"与"破坏"改变着社会经济结构，并影响着收入分配。如果用横轴表示经济发展的某些指标（通常为人均收入），纵轴表示收入分配不平等程度的指标，则库兹涅茨揭示的收入分配与经济增长的关系呈现"倒 U 字"的形状，因而被命名为库兹涅茨"倒 U 字假说"，又叫库兹涅茨曲线，图 11-2 中的曲线就是库兹涅茨曲线。

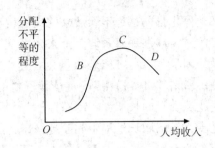

图 11-2 库兹涅茨曲线

库兹涅茨利用各国的资料进行对比研究，得出如下结论：在经济未充分发展的阶段，收入分配将随同经济发展而趋于不平等。其后，经历收入分配暂时无大变化的时期，到达经济充分发展的阶段，收入分配将趋于平等。

库兹涅茨在说明这一"倒 U 字形"时，将收入部门划分为农业与非农业两个部门，再用三个因素即"按部门划分的个体数的比例、部门之间收入的差别、部门内部各方收入的分配不平等程度"的变化来说明两个部门收入分配平等程度的变化。库兹涅茨推断这三个因素将随同经济的发展起到的作用是：①在经济发展初期，由于不平等程度较高的非农业部门的比率加大，整个社会的分配趋于不平等；②一旦经济发展到较高水平，由于非农业部门的比率居于支配地位，比率变化所起的作用将缩小；③部门之间的收入差别将缩小；④使不平等程度提高的重要因素——财产收入所占的比率将降低，各部门内部的分配将趋于平等，总的来说分配将趋于平等。

库兹涅茨的"倒 U 字假说"提出后，西方学者对"倒 U 字"的形成过程、原因以及平等化进程等进行过讨论。有人认为"倒 U 字假说"不符合第三世界国家的实际情况，或者说，随着第三世界经济发展的进程，收入不平等程度越来越大，而不是越来越平等。

【课堂互动 11-3】 从 2000 年开始，我国基尼系数已越过 0.4 的警戒线，2006 年已升至 0.496，2007 年为 0.48。面对我国不断变大的居民收入差距，有人根据库兹涅茨提出的关于收入分配差距和经济增长间关系的"倒 U 型假说"，认为无需政府干预。你认为呢？

五、经济增长极限论与经济增长怀疑论

1. 经济增长极限论

1968 年意大利菲亚特公司董事长帕塞伊邀请西方国家三十名科学家、教育家、经济学家和实业家讨论人类目前和将来的处境，这就是所谓的"罗马俱乐部"的形成。罗马俱乐部委托马塞诸塞理工学院麦多斯等人把讨论情况整理成书。1972 年，麦多斯出版了《增长的极限》一书，在世界范围引起震动，被认为是增长极限论的代表作。

这一理论认为，影响人类经济增长的主要因素有五个：人口的急剧膨胀、资本投资、粮食的供应、资源日趋枯竭和日益恶化的生态环境。这五种因素相互影响、相互制约。有关学者利用数学工具建立了一个世界模型，用以推演人类发展的前景。他们得出的结论是惊人的：如果人类按目前的人口、工业化、污染、粮食生产和资源消耗的增长趋势发展下去，将在 100 年内达到增长的极限。此后，整个人类经济将会彻底崩溃。并提出，人类要

避免这种灾难性的后果，必须停止目前这种不顾后果的经济增长，使人类经济转向一种人口数量稳定、资源消耗极慢的"全球性平衡系统"上来。

麦多斯等人将五种因素的因果关系尽可能地数量化，建立一个"世界模型"，利用这个世界模型对未来做出预测。所谓"世界模型"，一是其资料的世界性和其演绎的问题的世界性；二是其所涉及的问题和资料的长期性、动态性。

人们通常认为，技术进步在经济增长过程中起着越来越大的作用，它一方面可以提高现有资源的利用率，减少资源的浪费；另一方面又使人类不断发现新的资源，使人类不断地摆脱现有资源储量的束缚。但是，麦多斯等人将可能出现的各主要方面的技术进步（包括农业、能源、节育技术等）纳入其世界模型后得出结论：如果世界人口增长和经济增长仍旧持续下去，土地资源的严重不足和粮食产量的严重不足就不可避免；资源的最终枯竭和污染的日趋严重也不可避免，所以，单纯靠技术进步不足以避免增长的极限。

麦多斯等人在其世界模型显示的各种结果的基础上提出了"世界平衡"的一种可以避免最终经济崩溃的经济发展模型。这一发展模型有两个最基本的前提：一是人口必须保持不变；二是资本存量保持不变，从而使传统的以资本增加为基础的经济增长不再发生。而这又必须以人们价值观的转变为前提。这样再加上技术进步的因素，就可以使世界进入一种平衡发展的稳定状态。

麦多斯的有限增长理论（又称零增长理论）对经济增长持极度悲观的态度，引起了来自各方面的批评。西方经济学家称他们的世界模型是"崩溃的模型"或"世界末日模型"。

零增长观点一经提出，就引起西方社会的广泛讨论，持有异议的观点认为：第一，实行一种阻止经济继续增长的决策是不容易的；第二，零增长将严重损害在国内或国外消除贫困的努力；第三，经济零增长不容易对有效的环境保护提供资金。

2. 经济增长怀疑论

经济增长极限论说明经济增长的不可能性，但是，如果经济增长是可能的，这种增长就是应该的吗？美国经济学家米香从价值判断的角度对经济增长的必要性表示怀疑和否定，被称为"增长价值怀疑论"。

米香认为，技术进步及其所带来的经济增长仅仅是物质产品的增加，并非一定是人们生活水平的提高；相反，人们为经济增长所付出的代价，尤其在社会与文化方面，却是高昂的，这样是不合算的。而且，社会福利的主要来源不能在经济中找到，而只能在更有选择性的发展形式中找到，因为他们虽然也成为国民生产总价值的构成部分，但其福利的意义是值得怀疑的。一切美好的东西都成了增加国民生产总值的代价。在米香看来，人们是永远不知满足的，所以物品再多也不能使人幸福，而为此却必须牺牲闲暇、精神生活、健康和优美的环境，因此经济增长的代价太大了。即使持续的经济增长有可能实现，也是不值得向往的，是不可取的。

【课堂互动 11-4】 快乐，到底要如何追寻？2006年，英国最新公布的全球"快乐地球指数"或者能够给你提示。当地一个基金会向全球一百七十八个国家和地区进行快乐程度调查，结果发现，人口仅二十万、人民生活简单的太平洋岛国瓦努阿图是全球最快乐的国家。在亚洲国家和地区中，中国台湾排名八十四，中国香港八十八，日本九十五，韩国一百零二，新加坡一百三十一。然而，一些经济水平较低的亚洲地区排名较高，如越南排在第十二位，中国三十一，泰国紧随其后，马来西亚和菲津宾都在五十大之内。富国俱乐部中的八大工业国，全部被挤出五十大之外。其中，意大利排名最佳，但只位列六十六，其次是八十一的德国、一百零八的英国、一百一十一的加拿大和一百五十的美国。其中俄罗斯排在一百七十二位，几乎包尾。经济发展水平高的国家居民却不快乐，请思考经济增长的意义？

六、新经济增长理论

20 世纪 80 年代中期以来，经济增长理论的研究与经济发展理论重新联系起来，通过修正新古典经济增长理论的基本假设，把技术进步作为内生变量，把劳动力扩展为人力资本投资，增强与改善了对现实世界的解释能力，使沉默多年的经济增长理论出现重大突破。从事这方面研究的包括美国经济学家保尔·罗默尔（Paul Romer）、罗伯特·卢卡斯（Robert Lucas）和英国经济学家莫里斯·斯科特（M. Scott）等人。

1. 新经济增长理论产生的背景

20 世纪 80 年代以后，新古典增长理论日益暴露出一些不足或缺陷。一是生产规模报酬不变的假定与事实越来越不相符合。大多数工业化国家由于资源配置合理化、部门协调效率较高、信息传递有效等，其经济资源的利用率高，产生了规模报酬递增的现象，而发展中国家则由于种种原因出现了规模报酬递减的状况。二是该模型无法对劳动力增长率和技术进步率做出解释，也未能对控制人口增长、提高技术进步速度提出相应的建议。在新古典增长模型中，稳态增长率即人口增长率是外生变量，但人口增长率与技术进步率对经济增长至关重要。所以，许多西方学者认为增长率的外生化是新古典增长模型在理论上的主要缺陷。三是新古典增长理论在解释现实方面显得无力。新古典增长理论的一个重要结论是，具有相同的技术和相同人口增长率的不同国家的增长率具有趋同性，但许多国家的增长率存在着较大或相当大的差异的现实却与新古典增长理论的趋同论相悖。

正是在这样的背景下，20 世纪 80 年代以后，一些经济学家在对新古典增长理论反思的基础上，出现了研究经济增长理论的新成果，逐步形成了"新经济增长理论"。

2. 新经济增长理论概述

所谓新经济增长理论，是指用规模收益递增和内生技术进步来说明长期经济增长和各国增长率差异的理论总称。新增长理论的重要特征是将增长率内生化，又称内生增长理论。在规模收益递增的原因上，新增长理论大多强调技术的溢出效应。企业采用了新技术而增加了技术知识，从而对整个社会产生了有利影响，技术的这种正的外部性就叫技术的溢出效应。新增长理论还特别论证了知识对经济增长的极端重要性。

罗默在其博士论文《外国因素、收益递增和无限增长条件下的动态竞争均衡》中，建立了一个与实际情况基本相符的经济增长理论框架。与新古典增长理论相比，罗默的理论除了考虑资本和劳动力两个生产要素以外，还加进了第三种要素——知识。与新古典理论相比，罗默的理论更趋合理。这主要表现在：第一，罗默等人的理论承认知识能提高投资收益，这符合许多国家的投资收益率长期持续提高和高速经济增长并没有集中在劳动力与资本同步增长的国家的事实；第二，新古典增长理论认为技术进步只是偶然的，而罗默等人的理论则认为知识是一种生产要素，过去投入的资本可以使知识得到积累，并且知识又能刺激投资，投资的持续增长能够永久地提高一国的经济增长率，在经济活动中必然像投入机器那样投入知识；第三，罗默等人认为有可能存在投资促进知识积累、知识积累又促进投资的良性循环，从而得出投资的持续增长能永久性地提高一个国家的经济增长率的结论。这曾是传统理论一直否认的观点。

罗默还把生产要素分为四种：资本、非技术性劳动、人力资本（以受教育的年限来衡量）和新思想（可用专利来衡量）。这与西方主流经济学的完全竞争假设不相一致。完全竞争就意味着企业是价格的接受者。在传统理论的规模收益不变的假设下，这可以是事实。如果企业降低产品价格以赢得更多的市场份额，它们将得不到进一步的规模经济，从而可能出现亏损。在罗默的生产要素的理论中，规模收益不变的假定不见了，生产函数显示出规模收益递增：如果所有的要素投入增加了一倍，则产量的增加不止一倍。因此，企业可以降低价格，增加产量，并且由于成本的下降而可以比以前获得更多的利润。在收益递增的情况下，竞争变成了不完全的，企业成了价格的制定者，而不是接受者。这确实是对新古典增长理论的一个重大改变。

卢卡斯依据人力资本理论，沿着罗默的思路，进一步研究了一般的人力资本与个人的、特殊的人力资本的区别，提出"私人人力资本积累带动经济增长"的卢卡斯模式。这一理论将人力资本作为一个独立的因素，并将人力资本积累作为经济长期增长的决定性因素，使之内生化、具体化为个人的、专业化的人力资本，认为只有这种特殊的专业化人力资本积累才是增长的真正源泉。卢卡斯认为，人力资本的积累可以通过两种方式来进行：一种是通过脱离生产的正规和非正规学校教育，使经济活动中每个人的智力和技能得以提高，从而提高职工的劳动生产率；另一种是通过生产中的边干边学（即不脱离生产岗位，不通过学校教育）、工作中的实际训练和经验积累也能够增加人力资本。这种区分的意义在于它拓宽了人力资本形成的途径，尤其是为那些教育经费缺乏的穷国设计了一种提高人力资本形成的方法，即引进外国的高技术产品，通过直接操作新机器或消费高技术产品在实践中积累经验、掌握先进技术，从而提高穷国的劳动力素质并使它转化为人力资本。

3. 新经济增长理论的政策意义

应该看到，新经济增长理论强调知识和人力资本对经济增长的决定作用，突破了传统经济增长论中要素收益不变的假定，提出了要素收益可以递增的新观点，从而为经济增长论开辟了新思路，也为经济持续、永恒的增长找到了可靠的源泉和动力。

从新增长理论的内容来看，大多数新经济增长理论都强调了政策意义。这些理论认为，如果一个国家的政府认真考虑教育、投资、研究与发展、税收与贸易政策等问题，并实施正确的政策，就能够促进一国的经济增长。这些理论在实践上具有一定的指导价值。

要点回放

1. 经济周期，是指国民收入及经济活动的周期性波动。一个完整的经济周期包括扩张阶段和收缩阶段，扩张阶段可以分为复苏和繁荣两个阶段，收缩阶段可以分为衰退和萧条阶段，其中繁荣和萧条是两个主要的阶段，衰退和复苏是两个过渡性阶段。

2. 对于经济为什么会出周期性波动，宏观经济学给出了不同的解释，即内生经济周期理论和外生经济周期理论。内生经济周期理论认为是经济体系内部的因素导致了经济活动的周期性波动，外生经济周期理论认为是经济体系外部的因素导致了经济活动的周期性波动。

3. 乘数—加速数模型是一种具有代表性的内生经济周期理论，该理论认为经济周期中的不同阶段是乘数与加速数交互作用而形成的：投资影响收入和消费（乘数作用），反过来，收入和消费又影响投资（加速数作用）。这两种作用相互影响，形成累积性的经济扩张或收缩的局面。

4. 经济增长是指一国或地区为居民提供日益繁多的经济产品能力的长期上升，这种不断增长的能力是建立在先进技术以及所需要的制度和思想意识之相应的调整的基础上的。现代经济学认为经济增长的主要原因在于生产投入（自然资源、劳动和资本等）的增加和生产技术的改进。经济学家们一直致力于解释经济增长现象，并先后产生了哈罗德—多马模型、新古典经济增长模型等具有代表性的理论观点。

5. 影响经济增长的社会因素有很多，正确认识和估计这些因素对经济增长的影响，是现代经济增长理论研究的重要部分。美国经济学家丹尼森和库兹涅茨对经济增长因素的分析比较有代表性。

6. 新经济增长理论的研究与经济发展理论重新联系起来，通过修正新古典经济增长理论的基本假设，把技术进步作为内生变量，把劳动力扩展为人力资本投资，增强与改善了对现实世界的解释能力。

技能训练

一、关键词

经济周期　经济增长　乘数—加速数原理　资本—产量比率　哈德罗—多马模型
新古典经济增长模型　倒 U 字假说　有保证的增长率　实际增长率　自然增长率

二、单项选择

1. 经济增长的标志是（　　）。
   A. 城市化步伐的加快　　　　　　　　B. 社会福利水平的提高
   C. 工资水平的提高　　　　　　　　　D. 社会生产能力的不断提高

2. 经济增长很难保持稳定，呈现出剧烈波动的状态，这是（　　）。
   A. 哈罗德模型的结论
   B. 新古典增长模型的结论
   C. 哈罗德模型和新古典增长模型共同的结论
   D. 既非哈罗德模型的结论，又非新古典模型的结论

3. 经济周期是指（　　）
   A. 国民收入上升和下降的交替过程
   B. 人均国民收入上升与下降的交替过程
   C. 国民收入增长率上升和下降的交替过程
   D. 以上都正确

4. 经济周期的中心是（　　）。

A. 利率波动 B. 通胀率波动
C. 国民收入波动 D. 就业率波动

5. 一国在一段时期内 GNP 的增长率在不断降低,但是总量却在不断提高,从经济周期的角度看,该国处于(　　)阶段。

A. 复苏 B. 繁荣
C. 衰退 D. 萧条

6. 根据新古典增长模型,资本增长率小于劳动增长率,则 L/K(　　)。

A. 提高 B. 减少
C. 不变 D. 不确定

7. 根据新古典增长模型,若考虑技术进步,则资本增长率和劳动增长率的关系是(　　)。

A. 提高 B. 减少
C. 不变 D. 不确定

8. 根据新古典增长模型,在技术进步的情况下,人均产出增长条件是人均资本占有(　　)。

A. 增长 B. 负增长
C. 不变 D. 不确定

9. 加速原理认为(　　)。

A. 消费增加导致 GDP 数倍增加
B. GDP 数量增加会引起投资数倍增加
C. GDP 增长会导致消费数倍增加
D. 投资增加会引起 GDP 数倍增加

10. 当经济达到繁荣时,会因(　　)而转入衰退。

A. 加速系数下降 B. 边际消费倾向提高
C. 加速系数上升 D. 总投资为零

三、多项选择

1. 下列选项中,(　　)是新古典经济增长模型所包含的内容。

A. 均衡增长率取决于有效需求的大小
B. 在其他因素为既定的条件下,只要技术进步率为正数,就会提高经济增长率
C. 要实现均衡就业的均衡增长,就要使 $G=Gw=Gn$
D. 从长期看,由于市场的作用,经济总会趋于充分就业的均衡增长

2. 西方经济学中划分的经济周期类型有(　　)。

A. 朱格拉周期 B. 库兹涅茨周期
C. 熊彼特周期 D. 康德拉季耶夫周期

3. 当某一社会经济处于经济周期的衰退阶段时,(　　)。

A. 经济的生产能力超过它的消费需求
B. 总需求逐渐增长,但没有超过总供给
C. 存货的增加与需求的减少相联系

D. 总需求超过总供给
4. 如果某一时期内国民收入增加，但增长率趋于下降，则（　　）。
A. 净投资大于零　　　　　　　　B. 净投资小于零
C. 净投资持续下降　　　　　　　D. 总投资持续下降
5. 加速原理作用的前提条件是（　　）。
A. 社会上没有剩余生产能力　　　B. 资本—产出比率固定不变
C. 加速数固定不变　　　　　　　D. 生产技术不变

四、判断正误(T/F)

1. 哈罗德—多马模型认为经济活动自身可以自动趋向于均衡增长途径。（　　）
2. 哈罗德认为，要实现充分就业的均衡增长，必须使实际增长率、有保证的增长率、人口增长率三者相等。（　　）
3. 索洛认为，资本主义经济中不存在一条稳定的均衡增长途径。（　　）
4. 关于经济增长与收入分配不平等的关系，库兹涅茨提出了倒U字假说。（　　）
5. 消费不足论是凯恩斯的经济周期理论。（　　）
6. 哈罗德—多马模型假设劳动和资本是可以相互替代的。（　　）
7. 新古典增长模型假设劳动和资本是可以相互替代的。（　　）
8. 哈罗德—多马模型是凯恩斯理论的动态化，长期化。（　　）
9. 新古典增长模型认为经济活动总是趋向于一条均衡增长途径的。（　　）

五、简答

1. 简述新古典增长模型的公式及其含义。
2. 经济周期有哪些类型？
3. 经济增长和经济发展有何区别？
4. 经济增长的源泉是什么？

六、计算

1. 已知资本增长率为2%，劳动增长率为0.8%，产出增长率为3.1%，资本的国民收入份额α为0.25，在这些条件下，技术进步对经济增长的贡献为多少？
2. 假定某国经济的边际消费倾向0.9，加速数为2，每期政府支出为900亿美元，2002年的国民收入水平为5000亿美元，比上一年增加100亿美元，求2003年和2004年的总投资和国民收入水平。

七、论述

乘数—加速原理相互作用引起经济周期的过程是怎么样形成的？

八、案例分析

缘何中国高增长实际效果不尽如人意

日本在上世纪50年代至70年代，经过二十余年百分之十左右的高速增长，一跃成为世界第二强国。而中国从一九七八年开始,也经历了二十余年的高速增长,到现在却只达到了小康初级阶段。为什么会有这样的区别?

国家统计局某权威人士(2004 年)认为:首先,经济结构、运行模式、体制等方面存在问题。如优胜劣汰机制没有建立,大量资源由低效率企业支配。其次,企业追求自我循环,消耗高,第三产业程度低。再次,经济增长速度高,库存也很高。大量产品积压在仓库里,未转化为实际财富。中国经济发展中有以下一些偏向需要纠正:

——为了追求增量财富,破坏大量存量财富。一个典型的个案是大量拆除旧城区,创造新城区。今年挖,明天填;明天填,后天挖。创造百分之一的 GDP,却消耗了百分之二的存量财富。

——未明确创造财富的主体是政府,还是民间。过去过多地看重政府、国有经济,没有运用市场、民间的力量,效率较低。例如,国有金融一统天下,未建立多元的金融体系,一抓就死,一放就乱。

——只注重财富创造,未注重财富分配。分配关系未理顺,市场体系下的分配方式不尽合理,严重挫伤了各方的积极性。从 2000 年起,中国的基尼系数开始超过零点四的国际警戒线。

阅读上述材料,回答下列问题:

(1)你是否同意上述文中中国经济高增长而实际效果不尽如人意的看法?
(2)从体制上讲,你认为是什么影响了中国经济的高增长?
(3)中国的基尼系数超过国际警戒线意味着什么?

九、动手操作

经济增长理论认为,储蓄率决定投资,而投资决定产量,所以提高储蓄率有利于加快经济增长,愿意在今天做出牺牲的国家将来会有较高的生活水准。而凯恩斯的国民收入决定理论认为储蓄增加会使均衡国民收入减少,扩大消费有利于增加国民收入。那么,你认为究竟是多储蓄好还是少储蓄好?以小组为单位展开调查、讨论,进行总结。

第十二章　宏观经济政策

> 稳定经济的任务，要求我们能够控制住经济，使之不至于偏离持续高就业之路太远。就业率过高将导致通货膨胀，而过低又意味着衰退。灵活审慎的财政政策和货币政策，能够帮助我们在这两条路中间穿过一条"狭窄的通道"。
>
> ——约翰·肯尼迪

学习目标

● 知识目标
1. 掌握宏观经济政策的目标，了解宏观经济政策工具；
2. 掌握财政政策的含义，理解财政政策的手段与类型；
3. 掌握货币政策目标和工具，了解货币政策类型及其传导机制；
4. 了解财政政策和货币政策的异同及其协调配合。

● 能力（技能）目标
1. 学会运用宏观经济政策中的工具；
2. 能够利用财政政策和货币政策，针对国民经济的一些经济现象，给出对策。

● 情感目标
1. 能感知政府的经济政策给自己及家人的生活带来的影响；
2. 初步培养起运用宏观经济政策来解决经济问题的意识。

经济与生活

中国经济的"软着陆"

1992年，我国国民经济前所未有地蓬勃发展。但由于旧的宏观调控机制逐渐失效，新的宏观调控机制尚未完善，在经济生活中出现了一些新问题。党中央及时发现并作出了加强宏观调控的决策。1993年6月,党中央和国务院颁布了关于当前经济情况和加强宏观调控的十六条措施,主要包括实行适度从紧的财政政策和货币政策,整顿金融秩序和流通环节,控制投资规模,加强价格监督等。

到1996年年底,宏观调控取得显著成效。过度投资得到控制,金融秩序迅速好转,物价涨幅明显回落,通货膨胀得到有效控制。与此同时,经济发展依然保持着较高的速度,避免了经济发展大起大落,实现了从发展过快到"高增长、低通胀"的"软着陆"。这在新中国建立以来是没有过的,在世界上也是不多见的。

市场不是万能的,它存在着垄断、外部性和公共物品等市场失灵的情况。这些问题市场解决不了,该怎么办?这就需要政府来解决。当经济波动超出范围时,政府就会采取适当的经济政策来调整经济使其恢复到正常轨道。政府是如何运用经济政策来解决经济问题、增进社会福利的呢?

第一节 宏观经济政策

宏观经济政策在当代西方经济学中占有重要地位,各国都把制定宏观经济政策作为政府的重要职能。宏观经济政策来源于凯恩斯的宏观经济理论。这一理论主要体现于凯恩斯的著作《就业、利息和货币通论》。宏观经济学认为,在市场机制作用下,宏观经济运行会交替出现收缩和扩张的周期性波动。因此,需要国家通过宏观政策来影响总需求或总供给,达到充分就业状态下的经济均衡,熨平经济的波动,实现经济稳定增长。二战后,出于实际需要,西方市场经济国家采纳了凯恩斯宏观经济理论,并以此为基础,加大了干预经济的力度,实施了一系列的宏观经济政策,且取得了良好效果。中国政府在宏观经济政策的运用中不断得到提升,这对中国经济的发展起到了重要作用。

一、宏观经济政策的含义与目标

1. 宏观经济政策的含义

宏观经济政策就是指国家运用一定的政策和手段,对社会经济总量进行调解和控制,使之符合一定的社会和经济发展目标的要求。它是政府为了达到一定的经济目的在经济事务中有意识的干预。政府总是有意识、有计划地运用一定的政策工具,调节控制宏观经济运行,以达到一定的政策目标。

2. 宏观经济政策的目标

当代西方宏观经济学普遍认为宏观经济政策有四大目标,即:充分就业、物价稳定、经济增长和国际收支平衡。

(1) 充分就业

所谓充分就业是指包含劳动在内的一切生产要素都以愿意接受的价格参与生产活动的状态。充分就业包含两种含义:一是指除了摩擦失业和自愿失业之外,所有愿意接受各种现行工资的人都能找到工作的一种经济状态,即消除了非自愿失业就是充分就业。二是指包括劳动在内的各种生产要素,都按其愿意接受的价格,全部用于生产的一种经济状态,即所有资源都得到充分利用。失业意味着稀缺资源的浪费或闲置,从而使经济总产出下降,社会总福利受损。因此,失业的成本是巨大的,降低失业率,实现充分就业就常常成为西方宏观经济政策的首要目标。

(2) 物价稳定

物价稳定是指物价总水平的稳定。一般采用价格指数来表示价格水平的变化。价格稳定不是指每种商品价格的固定不变,也不是指价格总水平的固定不变,而是指价格指数的相对稳定。价格指数又分为消费物价指数(CPI),批发物价指数(PPI)和国民生产总值折算指数(GNP Deflator)三种。物价稳定并不是通货膨胀率为零,而是允许保持一个低而稳定的通货膨胀率,所谓低,就是通货膨胀率在 $1\%-3\%$ 之间,所谓稳定,就是指在相当长时期内能使通货膨胀率维持在大致相等的水平上。这种通货膨胀率能为社会所接受,对经济也不会产生不利的影响。

(3) 经济增长

经济增长是指在一定时期内经济社会所生产的人均产量和人均收入的持续增长,即在一个时期内经济社会所生产的人均产量或者人均收入的增长。它包括:一是维持一个高经济增长率;二是培育一个经济持续增长的能力。一般认为,经济增长与就业目标是一致的。经济增长通常用一定时期内实际国民生产总值年均增长率来衡量。经济增长会增加社会福利,但并不是增长率越高越好。这是因为经济增长一方面要受到各种资源条件的限制,不可能无限地增长,尤其是对于经济已相当发达的国家来说更是如此。另一方面,经济增长也要付出代价,如造成环境污染,引起各种社会问题等。因此,经济增长就是实现与本国具体情况相符的适度增长率。

(4) 国际收支平衡

国际收支平衡是指一国汇率保持稳定,同时进出口达到基本平衡,没有过度的国际收支赤字和盈余。国际收支平衡的目标要求做到汇率稳定,外汇储备有所增加,进出口平衡。国际收支平衡不是消极地使一国在国际收支账户上经常收支和资本收支相抵,也不是消极地防止汇率变动、外汇储备变动,而是使一国外汇储备有所增加。适度增加外汇储备被看作是改善国际收支的基本标志。一国国际收支状况不仅反映了这个国家的对外经济交往情况,还反映出该国经济的稳定程度。

宏观经济政策的四大目标之间既存在互补关系,也存在交替关系。互补关系是指一个目标的实现对另一个目标的实现有促进作用。如为了实现充分就业水平,就要维护必要的经济增长。一国政府往往是将几个目标同时作为经济政策实施的目标。交替关系是指一个目标的实现对另一个目标有排斥作用,也就是说这些目标之间也存在着矛盾。因此,在制定经济政策时,必须对经济政策目标进行价值判断,权衡轻重缓急和利弊得失,确定目标的实现顺序和目标指数高低,使各个目标能有最佳的组合,使所选择和确定的目标体系成为一个和谐的有机的整体。

【课堂互动 12-1】除了抑制通货膨胀、保持物价稳定之外,西方经济学理论中还有哪些宏观经济目标?

二、宏观经济政策的工具

宏观经济政策的工具是用来实现宏观经济政策目标的手段和措施。如何根据所要达到的经济目标以及各种宏观经济政策工具的性质、作用方式和作用特点来选择与运用各种政策工具,是实施宏观经济政策的关键。一般说来,政策工具是多种多样的,不同的政策工具都有自己的作用,但也往往可以达到相同的政策目标。常用的宏观经济政策工具有需求管理、供给管理和对外经济管理。

1. 需求管理

需求管理是指通过调节总需求来达到一定政策目标的政策工具。它包括财政政策和货币政策。需求管理政策是以凯恩斯的总需求分析理论为基础制定的,是凯恩斯主义所重视的政策工具。

需求管理的目的是要通过对总需求的调节,实现总需求与总供给的均衡,达到既无失业又无通货膨胀的目标。它的基本政策有实现充分就业政策和保证物价稳定政策两个方面。当总需求小于总供给时,会产生失业,政府应采取扩张性的政策措施,刺激总需求增长,克服经济萧条,实现充分就业;当总需求大于总供给时,过度需求会引发通货膨胀,政府应采取紧缩性的政策措施,抑制总需求,以克服因需求过度扩张而造成的通货膨胀。

2. 供给管理

供给管理是指通过对总供给的调节来达到一定的宏观经济目标的政策工具。在短期中影响供给的主要因素是生产成本,特别是生产成本中的工资成本。在长期中影响供给的主要因素是生产能力,即经济潜力的增长。供给管理政策具体包括控制工资与物价的收入政策、指数化政策、人力政策和经济增长政策。

3. 对外经济管理

国际经济政策是对国际经济关系的调节。一国经济不仅影响其他各国,而且要受其他各国的影响。一国的宏观经济政策目标中有国际经济关系的内容(即国际收支平衡),其他目标的实现不仅有赖于国内经济政策,而且也有赖于国际经济政策。因此,在宏观经济政策中也应该包括国际经济政策。这些政策主要包括对外贸易政策、汇率政策、对外投资政策以及国际经济关系的协调等。

三、宏观经济政策的发展与演变

20 世纪 30 年代以来,宏观经济政策的发展大致经历了三个阶段。

第一阶段:从 20 世纪 30 年代到第二次世界大战前是第一阶段。20 世纪 30 年代的大危机迫使各国政府走上了国家干预经济的道路。凯恩斯 1936 年发表的《就业、利息与货币通论》正是要为这种干预提供理论依据。这时是宏观经济政策的试验时期,其中最全面而且成功的试验是美国罗斯福总统的"新政"。这一时期,总的趋势是要借助国家的力量克服市场经济本身所固有的缺陷。

第二阶段:第二次世界大战以后,1944 年英国政府发表的《就业政策白皮书》和 1946 年美国政府通过的《就业法》,都把实现充分就业、促进经济繁荣作为政府的基本职责。这标志着国家将全面而系统地干预经济,宏观经济政策的发展进入了一个新时期。这一时期的宏观经济政策是以凯恩斯主义为基础的,主要政策工具是财政政策与货币政策。

第三阶段：20 世纪 60 年代末、70 年代初至今，西方国家出现了高通货膨胀率与高失业率并存的"滞胀"局面。滞胀，即停滞膨胀，又称为萧条膨胀或膨胀衰退，是指 20 世纪 60 年代末、70 年代初以来资本主义国家经济表现出的经济停滞或衰退、大量失业和严重通货膨胀以及物价持续上涨同时发生的情况。这种经济现象迫使西方经济学家对国家干预经济的政策进行反思。于是，宏观经济政策在这个阶段的最重要特征是自由放任思潮，主张减少国家干预，加强市场机制的调节作用。因此，经济政策的自由化和多样化，成为当今宏观经济政策发展的一个新动向。

第二节 财政政策

一、财政政策的含义

财政政策是指政府通过对财政收入和支出总量的调节来影响总需求，使之与总供给相适应的经济政策。它是当代西方经济学主张的国家干预经济的主要手段之一。财政政策在宏观经济管理中占据着重要的地位。首先，财政政策体现了政府对国民经济财力的管理。对宏观经济的管理从根本上来说，无非是从宏观上对构成经济活动要素的资金、物资、劳动力等进行的管理。其中，对资金的管理就是对国民经济财力的管理，它在宏观经济管理中发挥主导作用，制约着对物资和劳动力的管理，而这一财力管理主要是由财政与信贷来实现的。其次，财政政策体现了对国民经济的分配管理。财政是国家从宏观上对一部分社会产品进行分配的最直接、最主要的手段。一方面，通过对一定的生产条件或生产要素的分配，实现资源的合理配置，以形成合理的生产结构，使经济得以发展；另一方面，对一部分生产成果进行分配，实现生产与消费的协调发展，平衡社会总供给与社会总需求，使经济得以稳定。

财政政策根据稳定经济的需要，主要通过财政支出与税收政策来调节总需求。增加政府支出，可以刺激总需求，从而增加国民收入；反之则抑制总需求，减少国民收入。税收对国民收入是一种收缩性力量，因此，增加政府税收，可以抑制总需求从而减少国民收入；反之，则刺激总需求，增加国民收入。

财政政策的核心内容是财政政策目标，即通过财政政策的运用与实施所要达到的目的。一国的财政政策目标是由该国的社会制度、经济发展状况以及各种政治的、经济的、社会的因素所决定的。在不同的时期，不同的经济环境中，财政政策的目标会有所变化。作为宏观经济政策的主要组成部分，财政政策的制定和实施所要达到的预期目的，总是由国家社会经济发展的总目标决定，因此，财政政策目标与宏观经济政策目标总是一致的。

二、财政政策的工具

财政政策的手段是国家为实现财政政策目标所采取的经济、法律、行政措施的总和。经济措施主要指财政杠杆；法律措施是通过立法来规范各种财政分配关系和财政收支行为，对违法活动予以法律制裁；行政措施指运用政府机关的行政权力予以干预。财政政策工具的选择是由财政政策的性质及其目标决定的。一般说来，财政政策的工具主要包括政府支出、税收、公债和政府预算。

1. 政府支出

政府支出是指整个国家中各级政府支出的总和。政府支出按支出方式可分为政府购买和转移支出。政府购买是政府对商品和劳务的购买。转移支出指政府在社会福利保险、失业补助和救济金等方面的支出。此外，政府对农业的补贴也被视为是一种政府转移。

西方经济学认为，政府购买和转移支出同属于支出但是具有不同性质。政府购买涉及本年生产出来的商品和劳务，因而它被认为是国民收入的一个组成部分；而政府转移支付的量与当年生产出来的商品和劳务无关，被认为是货币性质支出，仅仅通过政府将一些人的收入转给了另一些人，不影响全社会的总收入，因而它不被算作是国民收入的一个组成部分。

2. 税收

西方国家的政府收入在国民生产总值中的比重相当大。而在政府收入中，税收是最主要的部分。税收可以根据不同的标准进行不同的分类。根据征收对象不同，税收分为财产税、所得税和货物税三类；根据纳税的方式不同，税收可分为直接税和间接税；根据收入中被扣除的税收比例不同，税收可分为累进税、累退税和比例税三种。

3. 公债

公债是政府的债务，包括中央政府的债务和地方政府的债务。其中，中央政府的债务被称为国债。公债是政府运用信用形式筹集财政资金的特殊形式，也是政府应对财政收入的一个来源。政府可以通过发行债券来筹集资金。例如国库券、政府票据、政府债券。政府也可以向外国政府、金融机构和一些国际组织借款。

在西方国家，公债现在不仅是政府应对财政赤字的一个经常性手段，而且是配合货币政策通过影响货币供给以调节宏观经济活动的一个重要工具。

【课堂互动12-2】有人说只要能够偿还，不管政府发行多少公债，对公民的财富都没有影响。这种说法对吗？为什么？

4. 政府预算

政府预算是财政政策手段中的基本手段，它是政府直接集中和使用的货币资金的总和，是财政年度预期收支的总计划，经立法机构批准后具有法律效力。政府预算能全面反映国家财政收支的规模和平衡状况，综合体现各种财政手段的运用结果，制约其他资金的活动。

政府预算对经济的调控主要是通过调整政府预算收支之间的关系实现的。政府预算收支差额一般表现为三种形态：盈余预算、赤字预算和平衡预算。它们分别体现着扩张性财政政策、紧缩性财政政策和中性财政政策，是针对社会总需求与总供给的不同状况而制定的。当社会总需求大于社会总供给时，可以通过实行政府预算收入大于预算支出的盈余预算政策进行调节，预算盈余可在一定程度上削减社会需求总量；反之，社会总需求小于社会总供给时，可以实行政府预算支出大于预算收入的赤字预算政策来扩大社会总需求，刺激生产和消费。

三、财政政策的运用

财政政策的运用主要是政府根据所要实现的经济目标,通过有意识地改变和调整税收、政府购买和政府转移支付来调节总需求。政府运用财政政策的主要手段有:改变税率、改变政府购买水平和政府转移支付水平。

1. 改变税率

在西方国家政府的财政收入中,所得税在税收中所占的比重最大,因此,改变税率主要是改变所得税税率。改变所得税税率的基本做法是:在经济萧条时期,有效需求不足,失业率上升,政府采取减税措施,降低所得税税率,给个人和企业多留一些可支配收入,以增加有效需求和消除衰退;在通货膨胀时期,社会总需求过度,价格水平持续上涨,政府采取增税措施,减少个人和企业的可支配收入,以抑制过度需求,消除通货膨胀。因此,减税是反衰退的重要措施,增税是反通货膨胀的重要措施。

【课堂互动12-3】 若政府没有主动实施财政政策,当经济进入衰退时税收收入如何变动以及对经济有什么影响?

2. 改变政府购买水平

通过改变政府购买水平是实施财政政策的基本做法。在经济萧条时期,由于总需求不足,导致失业率上升,此时财政政策的目标是反衰退。因此,应提高政府购买水平,增加政府对商品和劳动的购买支出(如政府兴办公共工程,修建铁路、公路、水利工程等)来扩大社会总需求,从而消除经济衰退;当总需求过度,出现通货膨胀时,财政政策的主要目标是反通货膨胀,此时,政府应降低政府购买水平,减少政策对商品与劳务的购买以抑制社会总需求增长。

3. 改变政府转移支付水平

通常在经济衰退时期应增加政府转移支付水平以增加社会有效需求,在通货膨胀时期应减少政府转移支付以抑制过度需求。

西方经济学家认为,运用财政政策调节总需求的原则是"逆经济风向行事"。即当社会总需求不足,失业持续增加时,应采取刺激总需求的扩张性财政政策,以消除失业和经济衰退;当社会总需求过度,出现持续通货膨胀时,应采取抑制总需求的紧缩性财政政策,以消除通货膨胀。

【课堂互动12-4】 若政府没有主动实施财政政策,当经济进入衰退时政府支出如何变动以及对经济有什么影响?

四、财政制度中的内在稳定器

当代西方经济学认为,财政制度本身具有某些内在的自动稳定的功能,当经济出现波动时,这些内在稳定器便会自动发挥作用,减轻或消除经济波动。内在稳定器主要通过以下三项制度来发挥作用。

1. 政府税收的自动变化

当经济衰退时,国民生产水平下降,个人收入减少。在税率不变的情况下,政府税收会自动减少,人们的可支配收入也会自动地会减少一些,从而使消费和需求也会自动少下降一些。

2. 政府的转移支付

同税收的作用一样，政府转移支付有助于稳定可支配收入，从而有助于稳定在总支出中占很大比重的消费支出。政府转移支付包括政府的失业救济和其他社会福利支出，按照失业救济制度，工人被解雇后，在没有找到工作以前可以领取一定期限的救济金，另外，政府也对穷人进行救济。这些福利支出对经济具有稳定作用。当经济出现衰退与萧条时，由于失业人数增加，穷人增多，符合救济条件的人数增多，失业救济和其他社会福利支出就会相应增加，从而间接地抑制人们的可支配收入的下降，进而抑制消费需求的下降。当经济繁荣时，由于失业人数减少和穷人减少，福利支出额也自行减少，从而抑制可支配收入和消费的增长。

3. 政府维持农产品的价格政策

这一制度实际上是以政府财政补贴这一转移支付形式，保证农民的可支配收入不低于一定水平，从而维持农民的消费水平。农产品价格维持制度有助于减轻经济波动。当经济萧条时，国民收入下降，农产品价格下降，政府依照农产品价格维持制度，按支持价格收购农产品，可使农民收入和消费维持在一定水平上。当经济繁荣时，国民收入增长，农产品价格上升，这时政府减少对农产品的收购并抛售农产品从而限制农产品价格的上升，抑制农民收入和消费水平的增长。

政府税收和转移支付的自动变化，农产品价格维持制度都是财政制度的内在稳定器，是自发的经济机制，被称为政府稳定经济的"第一道防线"，在轻微的经济萧条和通货膨胀中往往起着良好的稳定作用。但是，内在稳定器的作用是有限的。它只能配合需求管理来稳定经济，而本身不足以完全维持经济的稳定；它只能缓和或减轻经济衰退或通货膨胀的程度，而不能改变它们的总趋势。因此，当代西方经济学家认为，要确保经济稳定，实现宏观调控的政策目标，还要靠政府审时度势，主动采取变更收入或支出的财政政策。

【课堂互动12-5】下述中哪项不是经济的内在稳定器：累进税率制、与国民收入同方向变动的政府开支、社会保障支出和农业支持方案。

五、酌情使用财政政策

酌情使用财政政策是政府根据经济形势的分析，主动采用增减政府收支的决策。当认为总需求非常低，即出现经济衰退时，政府应通过削减税收，降低税率，增加支出或双管齐下以刺激总需求。反之，当认为总需求非常高，即出现通货膨胀时，政府应增加税收或减少支出以抑制总需求。我们称前者为扩张性（膨胀性）财政政策，称后者为紧缩性财政政策。究竟什么时候采取扩张性财政政策，什么时候采取紧缩性财政政策，应由政府对经济发展的形势加以分析权衡，斟酌使用。

酌情使用财政政策是凯恩斯主义的需求管理的内容。凯恩斯分析的是需求不足型的萧条经济，因此他认为调节经济的重点应放在总需求的管理方面，使总需求适应总供给。当总需求小于总供给出现衰退和失业时，政府应采取扩张性财政措施以刺激经济，当总需求大于总供给出现通货膨胀时，政府应采取紧缩性财政措施以抑制总需求。但是，在采用以上财政政策过程中会遇到许多制约因素影响其作用的发挥。主要有以下几点。

1. 时滞效应

财政政策的时滞效应是财政政策的政策滞后问题,是指财政政策发挥作用的时间对这一运行状态的滞后。产生政策滞后的原因主要有以下几个方面:对经济形势的判断需要时间;研究和制定对策需要时间;政策实施需要时间;政策发挥作用又需要时间。由于这种时滞效应的存在,针对某一经济形势制定的经济政策措施到发挥作用时经济形势已经改变,甚至相反,因而限制了财政政策的效果。

2. 挤出效应

挤出效应是指政府支出增加所引起的私人消费或投资降低的效果,即以政府开支代替了私人开支。由于增加政府投资可能导致财政赤字,如果用发行公债的方式弥补赤字,当大量政府公债投入市场时,提高了对资金的需求,从而提高了市场利息率,结果可能因公众投资转向公债而减少私人投资,政府投资所增加的国民收入可能因为私人投资减少而被全部或部分地抵消,或者说挤掉了一部分私人投资,从而扩张性财政政策刺激经济的作用就被减弱,这就是所谓财政政策的挤出效应。

3. 政治阻力

财政政策也会遇到到政治上的阻力和不同阶层与集团的反对,这些阻力可能使得政府不得不倾向于偏重政治目标而非经济目标。例如,增税会削弱投资的积极性,引起社会的不满,甚至会造成政府不稳定;减少政府购买会遇到大厂商的反对;减少转移支付则会遇到一般平民及其同情者的反对。

4. 其他因素

外在的不可预测的随机因素的干扰,也可能导致财政政策达不到预期效果。例如国际政治关系的变动,自然灾害等等。另外,预期的心理因素也会对政策的效应产生影响。

 一般大选前夕,政府不大会采用增税等明显损害选民利益的政策。为什么?

第三节 货币政策

货币政策是当代西方发达国家政府干预经济的主要政策之一。20 世纪 60 年代后,美国的凯恩斯主义经济学家强调货币政策的重要性,主张财政政策和货币政策双管齐下来调控经济。

一、货币政策的基本知识

为了便于了解货币政策的内容,在前面已经掌握的货币有关知识的基础上,还应当对西方国家的银行知识有一些基本的了解。

1. 西方的银行制度

货币政策通常是由中央银行代表政府通过银行体系来实施的。西方国家的银行分为中央银行(Central Bank)和商业银行(Commercial Bank)。

(1) 中央银行

中央银行是代表政府对商业银行和其他金融机构的货币政策进行最终调控的机构。它是一国金融体系的核心,具有特殊的地位与功能。中央银行的职责主要有三个方面:发行的银行、政府的银行、银行的银行。

作为发行的银行,中央银行拥有一国的货币发行权,它是硬货币和纸币的唯一和最终来源。作为政府的银行,中央银行代理国库;提供政府所需要的资金;代表政府与外国发生金融业务关系;执行货币政策;监督、管理全国金融市场活动。作为银行的银行,中央银行接受商业银行的存款和商业银行的保证金;为商业银行提供贷款;为商业银行集中办理全国的结算业务。

(2) 商业银行

商业银行是私人办的银行,其性质与一般的企业相同。商业银行所从事的业务包括吸收存款、发放贷款和代客结算。它从这些业务活动中获得利润。

商业银行的资产主要有准备金、证券和贷款,其负债业务主要有活期存款、储蓄存款和定期存款。

2. 银行创造货币的机制和货币乘数

在货币政策调节经济的过程中,商业银行体系创造货币的机制有着重要作用。银行创造货币的机制与法定准备金制度以及银行的贷款转化为客户的活期存款等制度有着直接的关系。

(1) 银行创造货币的前提条件

在现代西方银行中,商业银行的主要盈利手段是通过接受客户的存款,将吸收存款的大部分用来放款或购买短期债券。商业银行只把一部分存款作为准备金,是因为很少会出现所有储户在同一时间里取走全部存款的现象。为了维持商业银行的信用,西方国家银行都实行部分存款准备金制度。商业银行的存款创造有两个基本前提条件。

第一,部分储备金制度。商业银行的储备有法定储备和超额储备之分。所谓法定储备是指商业银行按照中央银行规定的"法定储备金率"对其所接受的存款按一定比例必须保有的储备额,法定储备一般表现在中央银行的负债方的项目。所谓超额储备指商业银行持有的超过法定储备金的储备部分,也称过度储备金。

第二,非现金结算制度。在非现金结算制度下,所有经济(支付)往来均通过开出银行支票的形式,或转账的办法进行结算。只要当商业银行开立活期存款账户(可开支票的),则所有支付结算业务由银行来完成,因此人们对现金的需要转而成为对存款的需要,银行才具备创造存款这一能力。

(2) 存款创造货币的过程

所谓存款创造货币,西方经济学家认为,银行体系中的部分存款准备金制度能使存款扩大为原始存款的若干倍,这是银行存款的货币创造。下面我们举例来说明。

假定商业银行的法定准备金率都为20%,A银行吸收一储户100万美元存款,该银行按20%的法定准备金提取20万美元作为准备金,把80万美元贷给一债务人,该债务人用80万美元购买了第三者的商品,而这个第三者将钱存入B银行,B银行按20%的法定准备金提取16万美元作为准备金,把64万美元贷出去。如果这64万美元最终存入C银行,C银行按20%的法定准备金提取12.8万美元作为准备金,把51.2万美元放出去。

这个过程会继续下去，货币每存入银行一次，银行就进行一次贷款，更多的货币就会创造出来。各个银行的存款总额便为：500万美元。

初始存款　　　　　　　　　100万美元
A银行　　　　　　　　　　80万美元（100万美元×0.8）
B银行　　　　　　　　　　64万美元（80万美元×0.8）
C银行　　　　　　　　　　51.2万美元（64万美元×0.8）
　⋮　　　　　　　　　　　　⋮

存款总额 D＝100＋100（1－0.2）＋100（1－0.2）（1－0.2）＋100（1－0.2）×3＋⋯＋100（1－0.2）n＝100×（1/0.2）＝500万美元

银行的总贷款＝80万美元＋64万美元＋51.2万美元＋⋯＝400美元

银行通过存款和放贷"创造"货币，这个过程就是银行存款创造货币的过程，如图12-1所示。

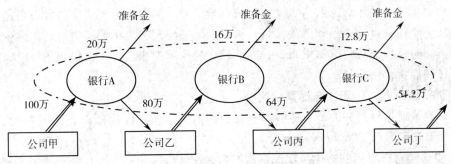

图 12-1　银行创造存款的过程

（3）存款创造乘数

从上例可见，原始存款100万美元，它会创造出最终货币500万美元。最终货币是初始货币的5倍，这5倍就是货币创造乘数。它表示存款总额与原始存款和法定储备率之间存在一定的关系。设 D 表示活期存款总额，R 表示原始存款，rd 代表法定准备金率，则它们间的相互关系是：

$$D = R \cdot (1/rd)$$ 　　　　　　　公式 12-1

在上例中，有：

100万美元×（1/20%）＝500万美元

货币创造乘数是指增加存款所创造出货币的倍数，等于法定储备金率的倒数。用 K 表示：

$$K = 1/rd$$ 　　　　　　　公式 12-2

假定存款额既定，则法定准备金越低，银行存款和放款所增加的倍数就越大；假设法定准备金率不变，则银行吸收的存款越多，银行"创造"的货币总额就越大。

与投资乘数一样，货币创造乘数要从两个方面来看，一方面它可以使银行存款与贷款多倍地扩大，另一方面也可以使银行存款和贷款多倍的收缩。因此，中央银行调整法定准备金率对货币供应会产生重大影响。

二、货币政策及其作用

所谓货币政策，是指政府为实现一定的宏观经济目标所制定的关于货币供应和货币流通组织管理的基本方针和基本准则。货币政策对宏观经济进行全方位的调控，调控作用主要表现在几个方面。

1. 通过调控货币供应总量保持社会总供给与总需求的平衡

货币政策可通过调控货币供应量达到对社会总需求和总供给两方面的调节，使经济达到均衡。当总需求膨胀导致供求失衡时，可通过控制货币量达到对总需求的抑制；当总需求不足时，可通过增加货币供应量，提高社会总需求，使经济继续发展。同时，货币供给的增加有利于贷款利率的降低，可减少投资成本，刺激投资增长和生产扩大，从而增加社会总供给；反之，货币供给的减少将促使贷款利率上升，从而抑制社会总供给的增加。

2. 通过调控利率和货币总量控制通货膨胀，保持物价总水平的稳定

无论通货膨胀的形成原因多么复杂，从总量上看，都表现为流通中的货币超过社会在不变价格下所能提供的商品和劳务总量。提高利率可使现有货币购买力推迟，减少即期社会需求，同时也使银行贷款需求减少；降低利率的作用则相反。中央银行还可以通过金融市场直接调控货币供应量。

3. 调节国民收入中消费与储蓄的比例

货币政策通过对利率的调节能够影响人们的消费倾向和储蓄倾向。低利率鼓励消费，高利率则有利于吸收储蓄。

4. 引导储蓄向投资的转化并实现资源的合理配置

储蓄是投资的来源，但储蓄不能自动转化为投资，储蓄向投资的转化依赖于一定的市场条件。货币政策可以通过利率的变化影响投资成本和投资的边际效率，提高储蓄转化的比重，并通过金融市场有效运作实现资源的合理配置。

三、货币政策工具

中央银行一般通过公开市场业务、调整再贴现率和改变法定存款准备金这三大货币政策工具来改变货币供给量，以达到宏观经济调控的目标。

1. 公开市场业务

公开市场业务是指中央银行在金融市场上公开买卖政府债券，以控制货币供给和利率的政策行为。中央银行在金融市场上公开买进或卖出政府债券，通过扩大或缩减商业银行存款准备金，导致货币供给量的增减和利率的变化，最终决定物价和就业水平。这是中央银行控制货币供给量最重要也是最常用的工具。

当经济过热时，即中央银行认为市场上货币供给量过多，出现通货膨胀，便在公开市场上出售政府债券，承购政府债券的既可能是各商业银行，也可能是个人或公司。当商业银行购买政府债券后，准备金会减少，可以贷款的数量也减少。通过货币乘数的作用，整个社会的货币供给量将会倍数减少。反之，当经济萧条时，市场上出现银根紧缩，这时中央银行可在公开市场上买进政府债券，商业银行通过政府的购买增加了准备金，个人或公司出售债券所得现金也会存入银行。这样，各商业银行的准备金增加，银行的贷款能力也

可以扩大,再通过货币乘数的作用,整个市场的货币供给量倍数增加。

中央银行公开市场业务的另一种作用是影响市场利率。中央银行公开市场业务,买卖债券的数量十分巨大。中央银行大量出售债券,会使债券的价格下跌,市场利率提高,增大借入资金的费用,减少社会投资,抑制国民经济发展过程中过旺的投资和消费势头。反之,中央银行大量购买债券,则会提高债券价格,降低市场利率,增加货币供给量,刺激国民经济的扩展。

2. 调整再贴现率政策

贴现政策是指中央银行直接调整对合格票据(如短期商业票据、短期政府债券等)的贴现率(Discount Rate),以影响利率水平,实现对贷款规模和货币供给量的调节。

贴现和再贴现是商业银行和中央银行的业务活动之一。一般商业银行的贴现是指客户将所持有的未到期票据,因急需使用资金,而将这些票据出售给商业银行,兑现现款以获得短期融资的行为。商业银行在用现金购进未到期票据时,可按该票据到期值的一定百分比作为利息预先扣除,这个百分比就叫做贴现率。商业银行在将贴现后的票据保持到票据规定的时间向票据原发行单位自然兑现。但商业银行若因储备金临时不足等原因急需现金时,则商业银行可以将这些已贴现的但仍未到期的票据售给中央银行,请求再贴现。中央银行提高贴现利率,商业银行就会因融资成本上升而提高放款利率,从而减少社会对借款的要求,最终达到收缩信贷规模及货币供给量的目的。降低贴现率,则会出现相反的结果。

中央银行从商业银行手中买进已贴现了的但仍未到期的银行票据的活动就称为再贴现。并且在再贴现时同样要预先扣除一定百分比的利息作为代价,这种利息就叫做中央银行对商业银行的贴现率,即再贴现率。中央银行通过变动再贴现率可以调节货币供给量。若中央银行感到市场上银根紧缩,货币供给量不足时,便可以降低再贴现率,商业银行向中央银行的"贴现"就会增加,从而使商业银行的准备金增加,可贷出去的现金增加,通过货币乘数的作用使整个社会货币供给量倍数增加。反之,若市场上银根松弛,货币供给量过多,中央银行可以提高再贴现率,商业银行就会减少向中央银行的"贴现",于是商业银行的准备金减少,可贷出去的现金也减少,通过货币乘数的作用,社会上的货币供给量将倍数减少。

调整贴现率还有一种所谓的"告示性效应",即贴现率的变动,可以作为向银行和社会公众宣布中央银行政策意向的有效办法。贴现率变动会通过各种途径影响利率,并对外资的流入或流出也有影响。例如,为吸引外资流入,可以提高贴现率;反之,则会减少外资流入。

3. 法定存款准备金率

法定存款准备金率是指中央银行在法律赋予的权限内,规定商业银行对于存款所必须保持的最低储备金的比率。按规定,法定存款准备金必须存入中央银行的户头,因此,它是商业银行的资产,中央银行的负债。其目的就是以此来改变商业银行持有的储备金额数,使商业银行的信贷规模发生变化,达到金融控制和调节货币供给量的目的。

在经济萧条时,为刺激经济的复苏,中央银行可以降低法定准备金率。在商业银行不保留超额储备的条件下,法定准备金率的下降将给商业银行带来多余的储备,使它们得以增加贷款。这样,商业银行的存款和贷款将发生一轮一轮的增加,导致货币供给量的增加。货币供给量的增加又会降低利率,从而刺激投资的增加,最终引起国民收入水平的倍数增加。反之,在经济过热时,中央银行可用提高法定准备金率的方法减少货币供给,以抑制投资的增长,减轻通货膨胀的压力。从一般情况来看,西方国家的中央银行是不主张提高银行法定准备金率的。

【课堂互动12-7】 2007年以来,我国连续提高法定存款准备金率的原因是什么?它对宏观经济会产生哪些影响?

货币政策三大工具各有特点,表12-1是中央银行执行货币政策的最重要的手段,它们可以单独使用,也可以配合使用。一般说来,由于调整法定准备金率对整个经济的影响程度很大,因而在实践中较少使用。变更贴现率可以间接地控制商业银行的准备金,因而在实践中较为常用。公开市场业务不仅便于操作,而且很容易进行数量控制,因而在实践中是最重要最常用的工具。

表12-1 三大货币政策工具

货币政策	政策的变动	变动的结果	政策归类
公开市场业务	卖出政府债券	货币供给量减少	紧缩性
	买入政府债券	货币供给量增加	扩张性
法定储备金率	提高	货币供给量减少	紧缩性
	降低	货币供给量增加	扩张性
贴现率	提高	货币供给量减少	紧缩性
	降低	货币供给量增加	扩张性

除了上述三种调节货币供给量的主要工具外,中央银行还有其他一些次要的货币政策工具。例如道义上的劝告以及"垫头规定"的局部控制。随着中央银行宏观调控作用的重要性加强,货币政策工具也趋向多元化,因而出现了一些供选择使用的新措施,这些措施被称为"选择性货币政策工具"。例如优惠利息、证券放款法定保证金、消费信贷管制等。

四、货币政策的运作

货币政策的运作主要是指中央银行根据客观经济形势采取适当的政策措施调控货币供应量和信用规模,使之达到预定的货币政策目标,并以此影响整体经济的运行。通常将货币政策的运作分为紧的货币政策和松的货币政策。一般来说,在经济衰退时,总需求不足,采取松的货币政策;在经济扩张时,总需求过大,采取紧的货币政策。

1. 紧的货币政策

其主要政策手段是:减少货币供应量,提高利率,加强信贷控制。如果市场物价上涨,需求过度,经济过度繁荣,被认为是社会总需求大于总供给,中央银行就会采取紧缩货币的政策以减少需求。

2. 松的货币政策

其主要政策手段是:增加货币供应量,降低利率,放松信贷控制。如果市场产品销售不畅,经济运转困难,资金短缺,设备闲置,被认为是社会总需求小于总供给,中央银行则会采取扩大货币供应的办法以增加总需求。

上述理论只是一个方面的问题,政府还必须根据现实情况对松紧程度作科学合理的把握，还必须根据政策工具本身的利弊及实施条件和效果选择适当的政策工具。

五、影响货币政策的因素

货币政策是政府宏观干预的重要手段之一。但是，在实际应用中，货币政策的影响会受到下列因素的制约。

1. 流动偏好陷阱

依照凯恩斯理论，当利息率降低到一定程度时，流动偏好引起的货币需求趋向于无穷，即人们处于流动偏好陷阱。此时，无论货币供给量增加多少，其降低利息率的作用都非常小。这表明，当经济处于流动偏好陷阱状态时，货币政策通过降低利率来刺激投资的作用是有限的。

2. 政策时滞的影响

与财政政策一样，货币政策的效果也受到政策时滞的影响。中央银行从对经济形势作出判断、分析、制定政策到实施，都会产生滞后。这些滞后制约着货币政策准确有效地发挥作用。

3. 货币政策手段本身的局限性

变更再贴现率是中央银行间接控制商业银行准备金的重要手段，但这种手段的效果受到商业银行行为的制约。例如，当中央银行降低再贴现率时，商业银行未必增加贴现，至少不一定按照中央银行的意图增加再贴现数量。

以上原因使得货币政策在实践中的作用受到一定的限制。西方经济学普遍认为，货币政策是调节宏观经济运行的间接手段，它对通货膨胀的影响程度要大于对收入的影响。

第四节 供给管理政策

在西方经济学里，财政政策和货币政策是针对总需求变动对于国民经济的影响提出来的。实际上，从宏观经济的角度看，总供给一方对宏观经济的影响也是很大的。20世纪70年代开始，很多经济学家提出了供给管理方面的一些政策主张，我们在这里概述其主要内容。

一、收入政策

收入政策是供给管理中的一个主要的政策，它是从供给角度提出的对付通货膨胀的政策。它是指通过限制工资收入增长率限制物价上涨率的政策，因此也叫工资和物价管理政策。通货膨胀有时是由成本特别是由于工资成本的增加所造成的，因此要制止这种通货膨胀，就必须控制工资增长率，同时还要控制物价水平。收入政策的目的就是制止通货膨胀。收入政策一般有三种形式。

1. 工资物价的冻结

这是指政府采用法律和行政手段禁止在一定时期内提高工资与物价，这些措施一般是在特殊时期采用，例如战争时期。但在严重通货膨胀时也会被采用。冻结物价会引起企业反对。在成本难以下降的情况下,冻结物价要导致供给减少,甚至形成黑市,物价上涨会更加剧烈。冻结工资是一种极端的措施,有时会引起工会反对,政治上出现动荡不安,所以政府不会轻易使用冻结措施。

2. 工资与物价指导线

这是指政府为了控制通货膨胀,根据劳动生产率和其他因素的变动,规定工资和物价上涨的限度,其中主要是规定货币工资增长率。政府要求企业和工会都要根据这一指导线来确定工资增长率,企业也必须据此确定产品的价格变动幅度,如果违反,政府便以税收或法律形式予以惩戒。由于这一措施比较灵活,在20世纪70年代以后被西方国家广泛使用。但是,签订工资和物价协议,有的企业和工会都不能很好遵守,往往流于形式,不起作用。但是这一政策也会遇到困难,例如工会和企业不听政府摆布,虽然政府制定了工资—物价指导线,又以增减税收为奖罚工具,但是,企业和工会还是根据自身最终得到实惠多少,来对付政府。

3. 税收刺激政策

这是指政府以税收为手段来控制工资增长的一种措施。政府规定货币工资增长率,也就是工资指导线,以税收为手段实施。当企业的工资增长率符合该规定时,予以减税;相反,当企业的工资增长率超过该规定时,课以重税。不过,这种手段在实施中常常会遭到工会和企业的反对。

二、指数化政策

当代西方经济学认为,通货膨胀会引起收入分配的变化,使一部分人受益而另一部分人受害,这样对经济产生不利影响。所以提出了种种指数化政策来解决这一问题。指数化政策是指定期地根据通货膨胀率来调整各种收入的名义价值,以使其实际价值保持不变。指数化政策的具体措施有以下几种。

1. 工资指数化

工资指数化是指按照通货膨胀率来调整货币工资,以保持实际工资的不变。当通货膨胀发生,如果工人的货币工资不变,那么实际工资便下降了。为了保持工人的实际工资不变,政府可以要求在工资合同中确立有关条款,规定在一定时期按照物价上涨指数来相应地调整货币工资。这项措施可以使实际工资不下降,从一定程度上维护经济和社会的稳定。但是也有不少经济学家认为,实际工资指数化也会引起工资成本上升推动的通货膨胀。

2. 税收指数化

税收指数化是指根据物价指数自动调整个人收入调节税的措施。当发生通货膨胀时,通常是实际收入不变而名义工资增加了,这样纳税的起征点实际上是降低了。在累进税制度下,纳税者名义收入的提高使原来的实际收入进入更高的税率等级,从而使交纳的实际税金增加了。如果不采取税收指数化,这种变动使收入分配不利于公众而有利于政府,成为加剧通货膨胀的动力。如果此时根据通货膨胀率调整税收,可以缓解矛盾。除此之外,西方经济学家还主张利率也应该根据通货膨胀率来加以调整。

三、人力政策

人力政策又称就业政策,是针对"劳动力市场的不完全性",解决失业与职位空缺并存的矛盾，增加就业机会的政策。劳动力市场的不完全性和结构性失业的论述是人力政策的理论依据。人力政策的主要措施有以下几种。

1. 人力资本投资

这项措施是由政府或有关机构向劳动者投资，以提高劳动者的文化技术水平与身体素质为目标，使他们适应劳动力市场的需要。从长期看，人力资本投资的主要内容是增加教育投资，普及教育。从短期看，是对工人进行培训，增强工人的就业能力，以便从劳动力供给质量方面入手尽可能减少失业与职位空缺并存的现象。人力资本政策在实施中常常会遇到一些困难，例如经费困难、不易适应经济技术的变化等。

2. 完善劳动市场

当代西方经济学认为，造成失业的一个重要原因是劳动力市场不完善。因此提出政府应该不断完善和增加各类就业介绍机构，为劳动的供求双方提供迅速、准确而完全的信息，使劳动者找到满意的工作，企业也能得到其所需的员工的理论，也就是我们说的完善劳动力市场措施。

3. 协助劳动力的流动性

在当代西方经济学里，劳动者在地区、行业和部门之间不能迅速流动被看作是失业的一个重要原因。劳动者在地区、行业和部门之间流动，有利于劳动的合理配置与劳动者人尽其才，也能减少由于劳动力的地区结构和劳动力的流动困难等原因而造成的失业。因此，政府应该实行对工人流动予以协助的政策。主要包括提供充分的信息、必要的物质帮助与鼓励，以及制定各种有利于劳动力合理流动的优惠政策。但是，西方国家在长期中形成的社会文化、社会心理、生活和习惯都难以转变，这使得劳动力流动非常困难。有些人宁愿在大城市失业，也不愿意到边远地区工作。

四、经济增长政策

从长期来看，影响社会经济总供给的最重要因素还是经济潜力或生产能力。提高生产能力或生产潜力的经济增长政策是供给管理政策的重要内容。其主要内容有以下几点。

1. 增加劳动力的数量和质量

增加劳动力数量的方法包括提高人口出生率、鼓励移民入境等。提高劳动力质量的方法有增加人力资本投资等，这个理论我们在上面已经讲过。

2. 增加资本积累

资本的增加可以使资本－劳动比率提高，也就是提高每个劳动力的资本装备率，从而可以发展资本密集型的生产技术，利用更为先进的机器装备来提高劳动生产率。资本的积累主要来源于储蓄，政府可以通过减少税收，提高利率等途径来鼓励人们增加储蓄和投资率，增加资本积累。

3. 加快技术进步

技术进步在现代经济增长中起着越来越重要的作用。因此，促进技术进步成为各国经济政策的重点。加快技术进步的主要措施包括：国家对科技发展进行规划与协调；国家直接投资重要的科学技术项目；政府采取鼓励科学技术发展的政策措施，等等。另外，加强对科技人才的培养也是促进技术进步的一项重要措施。

第五节 宏观经济政策的应用

财政政策和货币政策各有特点,作用的范围和程度不同,可以单独使用,也可相互补充、配合使用,这就涉及宏观政策的协调问题。

一、宏观经济政策的选择

1. 相机抉择

相机抉择是指政府在进行需求管理时,应根据宏观经济活动状态的客观要求和各项政策手段的特点,灵活机动地决定和选择某项或某几项政策措施。

宏观财政政策与宏观货币政策各具特点。

(1) 猛烈程度不同。例如政府支出的增加与法定准备金率的调整作用都比较猛烈,税收政策与公开市场业务的作用都比较缓慢。

(2) 政策效应"时滞"不同。例如货币政策可以由中央银行决定,作用快一些,而财政政策从提案到议会讨论、通过,要经过一段相当长的时间,作用相对慢一些。

(3) 政策影响范围不同。例如政府支出政策影响面就大一些,公开市场业务影响的面则小一些。

(4) 政策阻力因素不同。例如增税与减少政府支出的阻力较大,而货币政策一般说来遇到的阻力较小。

因此,在需要进行调节时,究竟应采取哪一项政策,采取哪些政策,或者如何对不同的政策手段进行搭配使用,并没有一个固定不变的程式,政府应根据不同的情况,灵活地决定。

2. 财政政策与货币政策的搭配

由于财政政策和货币政策各有其局限性,以及各自所采用的各种手段的特点、对国民收入产生的影响不同,因此,在进行宏观调控时,必须将二者有机地协调起来,搭配运用,才能有效实现预期政策目标。两种政策的搭配方式,主要有三种协调配合模式。

(1) "双松"的搭配。这是指扩张性财政政策与扩张性货币政策的搭配。当经济萧条时可以把扩张性财政政策与扩张性货币政策混合使用,这样能更有力地刺激经济。扩张性财政政策使总需求增加但提高了利率水平,采用扩张性货币政策就可以抑制利率的上升,以消除或减少扩张性财政政策的挤出效应,使总需求增加。

(2) "双紧"的搭配。这是指紧缩性财政政策与紧缩性货币政策的搭配。当经济出现严重通货膨胀时,可实行"双紧"组合,即采用紧缩性财政政策与紧缩性货币政策来降低需求,控制通货膨胀。一方面采用紧缩性的财政政策,从需求方面抑制了通货膨胀;另一方面又采用紧缩性的货币政策,从货币供给量方面控制通货膨胀。由于紧缩性财政政策在抑制总需求的同时会使利率下降,而紧缩性货币政策使利率上升,从而不使利率的下降起到刺激总需求的作用。

(3) "松紧"或"紧松"的搭配。"松紧"搭配即扩张性财政政策与紧缩性货币政策的搭配。"紧松"搭配即紧缩性财政政策与扩张性货币政策的搭配。当经济萧条但又不太严重时，可采用扩张性财政政策与紧缩性货币政策相混合。这样是为了刺激总需求的同时又能抑制通货膨胀，这种混合的结果往往是对增加总需求的作用不确定，但却使利率上升。当经济中出现通货膨胀又不太严重时，可采用紧缩财政政策与扩张性货币政策相配合，用紧缩性财政政策压缩总需求，又用扩张性货币政策降低利率，以免财政过度紧缩而引起衰退。

二、政策目标的矛盾与协调

前面提到，宏观经济政策目标有充分就业、物价稳定、经济增长和国际收支平衡。这些目标在实现的时候相互之间会产生矛盾。

1. 政策目标间的矛盾

(1) 充分就业和物价稳定的矛盾。为了实现充分就业，就需要运用扩张性财政政策和货币政策，而这些政策往往因为货币供应量的增加等引起通货膨胀。

(2) 充分就业和经济增长的矛盾。

经济增长与充分就业有一致的方面，经济增长会提供更多的就业机会。但也有矛盾的一面，现代化大生产中，经济增长主要依靠技术进步，技术进步有可能排斥劳动力就业；经济增长率越高，经济结构变动越快，知识老化速度加快，结构性失业难以避免。

(3) 物价稳定与经济增长的矛盾。降低利率刺激投资是促进经济增长的重要手段，但降低利率易造成信贷膨胀，引起物价上涨。提高资本边际效率是实现经济增长的重要条件，在技术水平一定的条件下，只有物价上涨的速度高于工资的增长速度，投资者增加投资才有利可图。总需求随着经济的增长也会增加，其增长速度超过总供给增长速度时也会造成物价水平上涨。而这些又会阻碍经济的进一步增长。

(4) 国际收支平衡和充分就业的矛盾。充分就业的实现会引起国民收入的增加，而在边际进口倾向既定的情况下，这又会引起进口的增加，从而引起国际收支的恶化。

2. 政策目标的协调

(1) 财政支出政策的微观化。通过财政支出使有利于经济增长的行业优先发展，促进部门经济结构的优化。即实行财政政策不仅要考虑调节支出总量，而且要考虑支出结构。

(2) 财政收入政策的微观化。通过税收结构变化和征税范围调整，促进经济资源的充分利用，使税收政策有利于某些部门产品增加和吸收就业，既维持物价稳定，又能扩大就业。

(3) 货币政策的微观化。针对不同市场、不同部门和不同行业就贷款限额、信贷条件和利率进行局部调整，增加资本的流动性，既促进净增长，又增加就业，还不影响物价。

(4) 人力政策。通过"人力投资"提高劳动力质量，推动经济增长；通过劳动训练，解决结构性失业问题。

(5) 能源政策。制定合理的能源政策，调节能源的供给和需求，对三个政策目标都有重要作用。

总之，不同的政策搭配方式各有利弊，应针对经济运行具体情况，审时度势，灵活适当地相机抉择。一般来说，一种政策搭配运用一段时间后，应选用另一种政策搭配取而代之，形成交替运用的政策格局，这也是财政政策与货币政策协调运用的重要形式。

要点回放

1. 宏观经济政策，是指国家运用一定的政策和手段，对社会经济总量进行调解和控制，使之符合一定的社会和经济发展目标的要求。宏观经济政策有四大目标，即：充分就业、物价稳定、经济增长和国际收支平衡。宏观经济政策的工具是用来实现宏观经济政策目标的手段和措施。常用的宏观经济政策工具有需求管理、供给管理和对外经济管理。

2. 宏观财政政策，是指政府通过对财政收入和支出总量的调节来影响总需求，使之与总供给相适应的经济政策。财政政策主要内容有政府支出、税收和公债。财政政策的运用主要是政府根据所要实现的经济目标，通过有意识地改变和调整税收、政府购买和政府转移支付来调节总需求。政府运用财政政策的主要手段有：改变税率、改变政府购买水平和政府转移支付水平。财政制度本身具有某些内在的自动稳定的功能，当经济出现波动时，这些内在稳定器便会自动发挥作用，减轻或消除经济波动。酌情使用财政政策是政府根据经济形势的分析，主动采用增减政府收支的决策。

3. 宏观货币政策，是指政府为实现一定的宏观经济目标所制定的关于货币供应和货币流通组织管理的基本方针和基本准则。货币政策的基本手段主要是公开市场业务、调整再贴现率和改变法定存款准备金这三大货币政策工具。货币政策的运作主要是指中央银行根据客观经济形势采取适当的政策措施调控货币供应量和信用规模，使之达到预定的货币政策目标，并以此影响整体经济的运行。

4. 从宏观经济的角度看，总供给一方对宏观经济的影响也很大，很多经济学家提出了供给管理方面的政策主张。供给管理主要包括收入政策、指数化政策、人力政策和经济增长政策。宏观政策的协调是指根据各种经济政策的特点、作用的范围和程度不同而进行选择或配合使用。相机抉择是指政府在进行需求管理时，应根据宏观经济活动状态的客观要求和各项政策手段的特点，灵活机动地决定和选择某项或某几项政策措施。

技能训练

一、关键词

宏观经济政策　政府购买　转移支付　税收　公债　政府预算　动稳定器　斟酌挤出效应　时滞效应　法定准备金　再贴现　公开市场业务　供给管理　货币创造乘数

二、单项选择

1. 在失业率较高时，一般不能采用下列哪项政策措施。（　　）
   A. 减税　　　　　　　　　　B. 增加政府支出
   C. 增加货币供给　　　　　　D. 减少货币供给

2. 在通货膨胀率较高时，一般不能采用下列哪项政策措施。（   ）
   A. 增税   B. 增加政府支出
   C. 减少货币供给   D. 中央银行买进有价证券
3. 中央银行在公开市场上买进政府债券将导致商业银行的存款（   ）。
   A. 不变   B. 增加
   C. 减少   D. 以上情况都可能
4. 属于紧缩性财政政策工具的是（   ）。
   A. 减少政府支出和减少税收 B. 减少政府支出和增加税收
   C. 增加政府支出和减少税收 D. 增加政府支出和增加税收
5. 通常认为，紧缩货币的政策是（   ）。
   A. 中央银行买入政府债券   B. 增加货币供给
   C. 降低法定准备金率   D. 提高贴现率
6. 紧缩性货币政策的运用会导致（   ）。
   A. 减少货币供给量；降低利率   B. 增加货币供给量，提高利率
   C. 减少货币供给量；提高利率   D. 增加货币供给量，提高利率
7. 法定准备金率越高，（   ）。
   A. 银行越愿意贷款   B. 货币供给量越大
   C. 越可能引发通货膨胀   D. 商业银行存款创造越困难
8. 双松政策国民收入（   ）。
   A. 增加较多   B. 增加较少
   C. 减少较多   D. 减少较少
9. 松货币紧财政使利息率（   ）。
   A. 提高很多   B. 提高很少
   C. 下降很多   D. 下降很少
10. 扩张性财政政策对经济的影响是（   ）。
    A. 缓和了经济萧条，减少了政府债务
    B. 缓和了经济萧条，但增加了政府债务
    C. 缓和了通货膨胀，增加了政府债务
    D. 缓和了通货膨胀，但减少了政府债务

三、多项选择
1. 下列哪项属于财政政策的自动稳定器？（   ）
   A. 累进税制   B. 政府转移支付
   C. 农产品的价格维持制度   D. 政府购买支出
2. 宏观经济政策的目标包括（   ）。
   A. 充分就业   B. 物价稳定
   C. 经济增长   D. 国际收支平衡
3. 财政政策主要由（   ）构成。
   A. 政府收入   B. 政府支出

C. 税收 D. 公债
4. 商业银行的资产主要有（　　）
A. 准备金 B. 证券
C. 存款 D. 贷款
5. 人力政策包括（　　）。
A. 人力资本投资 B. 增加劳动力数量和质量
C. 完善劳动市场 D. 协助劳动力的流动性

四、判断正误(T/F)
1. 降低贴现率将增加银行的贷款意愿，同时导致债券价格下降。（　　）
2. 内在稳定器能保持经济的稳定。（　　）
3. 中央银行与商业银行都可以与一般客户有借贷关系。（　　）
4. 商业银行体系所能创造出来的货币量与法定准备率成反比，与最初存款成正比。（　　）
5. 凯恩斯主义货币政策的目标是实现充分就业，而货币主义货币政策的目标是实现物价稳定。（　　）
6. 中央银行购买有价证券将引起货币供给量的减少。（　　）
7. 凯恩斯主义货币政策和货币主义货币政策是相同的，都是通过货币供给量来调节利率，通过利率来影响总需求。（　　）
8. 提高贴现率和准备金率都可以减少货币供给量。（　　）
9. 收入政策以控制工资增长率为中心，其目的在于制止成本推动的通货膨胀。（　　）
10. 工资指数化是按通货膨胀率来调整实际工资水平。（　　）

五、简答
1. 宏观经济政策的目标有哪些？
2. 什么是内在稳定器？具有内在稳定器作用的财政政策主要有哪些？
3. 货币政策的工具有哪些？如何运用货币政策？
4. 什么是需求管理和供给管理？
5. 什么是货币创造乘数？其大小主要和哪些因素有关？

六、计算
1. 假定现金存款比率 $rc=0.25$，准备率（包括法定的和超额的）$rd=0.15$，求货币创造乘数。
2. 某社会的法定准备率是0.16，假定原始存款为1 200亿元，求该社会的货币创造乘数和存款总和。

七、论述
1. 财政政策的工具包括哪些？如何运用财政政策？
2. 简述不同市场条件下财政政策与货币政策的配合方式及搭配的效果。

八、案例分析

中国人民银行上调存款类金融机构人民币存款准备金率

中国人民银行在2006年下半年连续三次上调存款类金融机构人民币存款准备金率。

2006年7月5日　　　　上调0.5%至8%；
2006年8月15日　　　　上调0.5%至8.5%；
2006年11月15日　　　上调0.5%至9%。

中国人民银行在2006年4月28日起上调金融机构贷款利率0.27个百分点。存款利率保持不变。

中国人民银行自2006年8月19日起上调金融机构人民币存贷款基准利率0.27个百分点。长期利率上调幅度大于短期利率上调幅度。

中国人民银行2006年5月16日向部分商业银行定向发行了1 000亿元1年期定向票据，发行利率为2.1138%，远低于当时公开市场业务利率水平。此后的6月14日和7月13日，央行又分别发行了1000亿元和500亿元定向央行票据，和第一次一样，均主要针对发行贷款规模较高的银行，发行利率2.1138%，具有明显的惩罚意味。

阅读上述材料，回答下列问题：
(1) 结合相关的宏观经济理论分析我国当前实行的货币政策的理论依据。
(2) 提出你对我国当前货币政策的评价及建议。

九、动手操作

如果现在市场一片繁荣昌盛，商品物价急速上涨，你的工资也在不断上涨。当人们都在为国家经济"腾飞"欢欣雀跃时，政府应该采取怎样的宏观经济政策？

参考文献

1. 高鸿业. 西方经济学 [M]. 北京：中国人民大学出版社，2001.
2. 高鸿业. 西方经济学 [M]. 北京：中国人民大学出版社，2007.
3. 吴易凤. 当代西方经济学 [M]. 北京：中国财政经济出版社，2004.
4. 丁冰. 当代西方经济学原理 [M]. 北京：首都经济贸易大学出版社，2004.
5. 丁冰. 现代西方经济学说 [M]. 北京：中国经济出版社，2002.
6. 方福前. 当代西方经济学主要流派 [M]. 北京：中国人民大学出版社，2004.
7. 刘凤良. 西方经济学 [M]. 北京：中国财政经济出版社，1999.
8. 黄亚钧，郁义鸿. 微观经济学 [M]. 北京：高等教育出版社，2000.
9. 唐华山. 好好学点经济学 [M]. 北京：人民邮电出版社，2009.
10. 吴德庆，马月才. 管理经济学. 北京：中国人民大学出版社，2006.
11. 吴文洁. 经济学概论 [M]. 西安：西北大学出版社，2006.
12. 史忠健. 经济学基础 [M]. 北京：高等教育出版社，2006.
13. 刘源海. 经济学基础 [M]. 北京：高等教育出版社，2006.
14. 华志峰. 西方经济学（微观部分）同步辅导 [M]. 上海：科学技术文献出版社，2007.
15. 梁小民. 微观经济学纵横谈 [M]. 北京：生活·读书·新知三联书店，2000.
16. 梁小民. 经济学原理 [M]. 北京：北京大学出版社，2006.
17. 梁小民. 宏观经济学纵横谈 [M]. 北京：生活·读书·新知三联书店，2002.
18. 梁小民. 寓言中的经济学 [M]. 北京：北京大学出版社，2005.
19. 张士军，施立奎. 现代经济学基础 [M]. 北京：北京大学出版社，2008.
20. 苏忠义. 经济学基础 [M]. 上海：立信会计出版社，2008.
21. 徐炽强. 经济学基础 [M]. 北京：清华大学出版社，2006.
22. 刘华. 经济学案例教程 [M]. 大连：大连理工出版社，2007.
23. 陈鹏飞. 大经济小故事 [M]. 北京：新华出版社，2008.
24. 曼昆著，张帆译. 宏观经济学 [M]. 北京：中国人民大学出版社，2009.
25. 张远超，孟祥忠. 宏观经济学 [M]. 济南：山东大学出版社，2006.